重访民族志丛书

何　明　高志英　主编

时间·空间·仪式

陶云逵《碧罗雪山之栗粟族》重访民族志

高志英　杨晓龙　著

商务印书馆
创于1897 The Commercial Press

图书在版编目(CIP)数据

时间·空间·仪式:陶云逵《碧罗雪山之栗粟族》重访民族志/高志英,杨晓龙著.—北京:商务印书馆,2023
(重访民族志丛书)
ISBN 978-7-100-21785-9

Ⅰ.①时… Ⅱ.①高… ②杨… Ⅲ.①傈僳族—民族志—研究—云南 Ⅳ.① K285.6

中国版本图书馆 CIP 数据核字(2022)第 194684 号

重访民族志丛书
时间·空间·仪式
陶云逵《碧罗雪山之栗粟族》重访民族志
高志英 杨晓龙 著

商 务 印 书 馆 出 版
(北京王府井大街 36 号 邮政编码 100710)
商 务 印 书 馆 发 行
江苏凤凰数码印务有限公司印刷
ISBN 978-7-100-21785-9

2023 年 3 月第 1 版 开本 880×1240 1/32
2023 年 3 月第 1 次印刷 印张 15⅝

定价:98.00 元

探寻发现社会文化新知识的另一条路径

——《重访民族志丛书》总序

何　明

田野工作是人类学最主要的知识生产方式。受实验科学和实证主义思潮的影响，1898 年至 1899 年剑桥大学教授哈登率领考察队赴托雷斯海峡调查，开启了人类社会文化研究的新时代。后经由英国功能主义学派代表人物马林诺夫斯基等人的归纳、完善与倡导，田野工作成为人类学认知与解释人类社会文化、生产新知识的必经之路。田野工作的地方，即所谓“田野点”，往往被视为人类学知识生产的起点和源头。

有些田野点在某项调查研究完成之后，仍然被该项调查研究者或其他研究者作为调查研究对象，即进行所谓“再研究”，继续着社会文化的知识生产。再研究的一种模式为追踪研究，即研究者对自己的田野点“回访”。许多人类学家会在某一个田野点完成调查研究并出版民族志成果之后，或连续或间断地返回该田野点进行调查研究，如林德夫妇(Robert Lynd and Helen Lynd)对于中镇(Middle-town)的回访、雷蒙德・弗思(Raymond Firth)对于提科皮亚(Tikopia)的回访、玛格丽特・米德(Margaret Mead)对于南太平洋的美纳斯人(Manus)的回访、费孝通对于开弦弓村和大瑶山的回访、林耀华对于黄村和凉山的回访等。在这一模式中，人类学家与其田野点在一定时间内持续着研究与被研究的关系。另外的一种模式为接续研究，即其他研究者对他人调查的田野点的“重访”。一些人类学家曾经调查研究过的田野点受到其他人类学家的关注和调查研究,如罗伯特·雷德菲尔德(Robert Redfield)对玛格丽特·米德著作《萨摩亚人的成年》田野点的研究、庄孔韶对林耀华《金翼》田野点的研究、周大鸣对葛学溥(Daniel Harrison Kulp)《华南的乡村生活》田野点的研究、褚建芳对田汝康《芒市边民的摆》田野点的研究、梁永佳等人对许烺光《祖荫下》田野点的研究等等。关于再研究的知识生产意义已有为数不少的学者做了比较深入的论述[①],在此不再赘述,仅引他人的论说以明之:“在社会人类学形成时期所做的许多研究,其资料犹如分散的岛屿一般,彼此是孤立的。这些研究之所以有价值是因为它们提供了人类社会的各种实例,人们可以把这些实例作为基础来研究社会的一般理论。但是,如果研究都是孤立的,那么,对社会过程的了解无论是从实际知识的角度或从科学分析的角度来说,其作用都是有限的。有关具体地区的一些资料很快会过时,它们只能提供关于变迁的可能性和原因方面的一些推测,因为每一具体地区的资料只能描述某一个时期的情况。然而,如果后来,同一个作者或其他作者,在过去研究的基础上能继续以同样的精确性对同一个社会进行描述,情况就会大不相同。从不同阶段的比较就能得出关于社会过程的有效成果,其价值也就超过各个孤立的研究。”[②]

云南大学人类学、民族学和社会学一直秉持“从实求知”的学术传统,从20世纪30年代末至40年代中期的“魁阁时代”,到21世纪初的“跨世纪云南少数民族村寨调查”“中国少数民族农村调查”及近些年开

---

① 参见庄孔韶等:《时空穿行:中国乡村人类学世纪回访》(北京:中国人民大学出版社,2004年),潘乃谷、王铭铭:《重归“魁阁”》(北京:社会科学文献出版社,2005年)。

② 葛迪斯:《共产党领导下的中国农民生活——对开弦弓村的再调查》,载费孝通:《江村农民生活及其变迁》,兰州:敦煌文艺出版社,1997年。

展的西南民族志、边疆民族志、东南亚及其他区域的海外民族志研究，始终把田野工作作为人类学和民族学知识生产的基础和人才培养的重点，并努力探索推动从田野工作激发知识创新的新路径。

探索之一是“村民日志”及其后出版的《新民族志实验丛书》（中国社会科学出版社出版第一辑，学苑出版社出版第二辑）。从 2003 年至今，云南大学民族学与社会学学院在云南少数民族农村建设了 14 个调查研究基地，该项目的内容之一是请当地村民从“我者”的视角记录本村发生的事情，目的是释放被遮蔽或压抑的文化持有者的话语权，使其拥有自主的文化叙述与解释权利，形成独特的文化持有者的文化撰写模式。

探索之二是《反思民族志丛书》（人民出版社出版）。负责各调查基地的老师撰写反思民族志，就村寨的社会文化与村民进行“对话”。如果说“村民日志”是文化持有者的“单音位”的“独唱”，那么《反思民族志丛书》则力求为研究者和研究对象搭建起共同的“多音位”的“对唱”与“合唱”的舞台。通过来自异文化的学者与文化持有者村民分别对村寨的社会文化的解释并形成讨论或互文，呈现研究者与研究对象之间交互主体性的建构过程及其所达成的程度，反思中国学者研究中国的民族志知识生产。

探索之三是田野调查基地的回访。我们最早的田野调查基地建于 2003 年，交由相关教师负责管理并开展持续的跟踪调查研究，以改变国内许多田野调查“一次性”的状况。在这一过程中，有的教师因工作变动或其他原因中途退出，但多数田野点负责人一直坚持下来，他们与其负责的田野调查基地村民保持着密切的互动关系，并经常返回田野调查基地调查。迄今，有的学者对田野调查基地已进行了持续近二十年的跟踪研究，发表了一系列高质量成果，产出了一些具有原创性的知识和思想。我认为,这一探索对于推动田野调查和社会文化解释的细化和深化,促进中国人类学和民族学知识创新,成效非常显著。

探索之四是重返前辈学者田野点的再研究,成果即本套丛书。我们鼓励与支持一批学者重返前辈学者的田野点进行再调查和再研究,接续人类学和民族学中国研究的学术脉络,呈现与解释社会文化变迁,与先贤们进行学术交流与对话,以期能够对中国社会文化研究提供新见解、新知识和新方法。

是以为序。

2021年3月20日于白沙河寓所

目　录

导论　相同的空间，不同的时间

——重访碧罗雪山傈僳族[①]

一、陶云逵与碧罗雪山傈僳族

如果没有陶云逵与云南人类学、社会学的深厚渊源，那么，陶云逵的学术生涯或许不会与傈僳族有如此亲近的关系。而今，举凡研究傈僳族者，必定绕不开陶云逵的《碧罗雪山之栗粟族》[②]与《云南怒山上的栗粟人》[③]，以及《俅江纪程》[④]《云南土著民族研究之回顾与前瞻》[⑤]《几

---

① 1950年代进行民族识别之后，中华民国时期及以前所写的"栗粟族"改为"傈僳族"。本专著中尊重陶云逵与民族识别后各自的族称写法，即前者用"栗粟族"，后者用"傈僳族"。

② 陶云逵：《碧罗雪山之栗粟族》，载《中央研究院历史语言研究所集刊》第17本，1948年；又见陶云逵：《碧罗雪山之傈僳族》，载《陶云逵民族研究文集》，北京：民族出版社，2012年，第189—291页。

③ 力生（陶云逵）：《云南怒山上的栗粟人》，《旅行杂志》，1942年第16卷第3期；又见陶云逵：《云南怒山上的傈僳人》，载《陶云逵民族研究文集》，第184—188页。

④ 陶云逵：《俅江纪程》，《西南边疆》，1941年第12、14、15期；又见陶云逵：《陶云逵民族研究文集》，第57—91页。

⑤ 陶云逵：《云南土著民族研究之回顾与前瞻》，《边政公论》，1942年第1卷第5、6期；又见陶云逵：《陶云逵民族研究文集》，第57页。

个云南土族的现代地理分布及其人口之估计》[①]与《几个云南藏缅语系土族的创世故事》等著述[②]。或者说，正是陶云逵从1934年至1944年这十年间对于"三山夹两水"的傈僳族主要分布地——云岭、碧罗雪山、高黎贡山与澜沧江、怒江区域的深入调查，以及对中外学者关于傈僳族的文献记载和研究成果的广泛搜集，才使傈僳族成为当时与后世人类学研究的重要对象而蜚声海内外。这正如洛克之于《中国西南古纳西王国》[③]，费孝通之于《云南三村》[④]，许烺光之于《祖荫下》[⑤]与田汝康之于《芒市边民的摆》[⑥]等，他们的研究使其各自的研究对象与田野点随着这些经典著作的诞生而名扬海内外，碧罗雪山与傈僳族也因陶云逵而闻名中外人类学、历史学、宗教学与社会学界。所以说，陶云逵与傈僳族之间是一种互相成就的关系：陶云逵因为傈僳族而尽管生涯短暂，却也学术灿烂；傈僳族因为陶云逵而尽管地处僻壤，却也声名鹊起，并与之前李根源撰写于1910年代的《滇西兵要界务图注》[⑦]，尹明德撰写于1930—1940年代的《滇缅界务北端调查报告》[⑧]《云南北界勘察记》[⑨]

---

① 陶云逵：《几个云南土族的现代地理分布及其人口之估计》，载《中央研究院历史语言研究所集刊》第7本第4分，1938年；又见陶云逵：《陶云逵民族研究文集》，第115—148页。

② 陶云逵：《几个云南藏缅语系土族的创世故事》，《边疆研究论丛》，1945年第2期；又见陶云逵：《陶云逵民族研究文集》，第149—163页。

③ 约瑟夫·洛克：《中国西南古纳西王国》，刘宗岳译，昆明：云南美术出版社，1999年。

④ 费孝通、张之毅：《云南三村》，北京：社会科学文献出版社，2006年。

⑤ 许烺光：《祖荫下：中国乡村的亲属、人格与社会流动》，王芃、徐隆德译，台北：南天书局，2001年。

⑥ 田汝康：《芒市边民的摆》，昆明：云南人民出版社，2008年。

⑦ 李根源著、李根沄录：《滇西兵要界务图注》，载方国瑜主编：《云南史料丛刊》第10卷，昆明：云南大学出版社，2001年。

⑧ 尹明德：《滇缅界务北段调查报告》，1940年铅印本。

⑨ 尹明德：《云南北界勘察记》，1933年铅印本。

和《天南片羽》[1]，以及张正东[2]撰写于1940年代的《云南傈僳族及贡山福贡社会调查报告》[3]和1990年代由成书于民国年间的怒江沿边各县志汇编而成的《怒江旧志》[4]一道，掀起了一股不小的"傈僳研究热"，为后来的傈僳族研究打下了难能可贵的基础。

从篇幅来看，《碧罗雪山之栗粟族》在陶云逵所有学术成果中仅次于《车里摆夷的生命环》[5]，内容自然也相对丰富。该作品以章节形式谋篇布局，是一部结构完整的傈僳族民族志。第一章"栗粟之名称及其现代分布"，指出其时傈僳族的分布范围，自维西至思茅[6]（接近缅甸边境的全长），以及缅甸境内从葡萄厅东北角[7]到南掸地[8]，都有傈僳分布。沿澜沧江各地，南及北纬26度，扬子江上游（即金沙江）及至与昆明同经度的地方，均可找到傈僳。第二章"栗粟之自然环境与社会环境"，介绍了傈僳族分布地的山脉与江河走向，及其所导致的交通之"便于南北，而碍于东西"的特点，并说气候、植被皆呈垂直分布状态，傈僳族在此自然环境中孕育了与之相适应的文化。其社会环境，是在傈僳族"鸭蛋形"或"椭圆形"的分布格局中，与周围的麽些（纳西族）、古宗（藏族）、西番（普米族）、怒子（怒族）、俅子（独龙族）、民家（白族）及汉人

① 尹明德：《天南片羽》，1940年铅印本。

② 张正东，曾用名张征东，自1960年5月19日起正式使用"张正东"。本文中以不同版本出版物上的署名对应相应的书籍。

③ 该报告由西南民族大学图书馆于1986年完成汇编，内容多雷同于陶云逵对傈僳族的研究成果。

④ 怒江州志办公室：《怒江旧志》，1998年。该书收录了《泸水志》《纂修云南上帕沿边志》《征集菖蒲桶沿边志》等篇目。

⑤ 以《陶云逵民族研究文集》统计，《车里摆夷的生命环》有105页，《碧罗雪山之栗粟族》有102页。

⑥ 今云南省普洱市。

⑦ 今缅甸北部克钦邦葡萄县。

⑧ 今缅甸北部掸邦。

等同处，并存在着语言、政治与商业等关系。需要注意的是，陶云逵的表述并未沿用封建史家惯用的加反犬旁的族名，即充满文化偏见的“猓”“猓”，而是用了两个中性的汉字“栗”“粟”。这在他之前以及同时期的外界调查者、研究者中是不多见的，也由此开启了人类学对傈僳族文化的研究。第三章是该民族志的重头戏。第一节“物质文化”分食品、房屋、衣饰、交通、狩猎等，对各种物件的形状、材料、制作过程与使用等无不“深描”之，呈现了傈僳族就地取材、因地制宜的生存智慧。第二节为“社会方面”，下分男女社交、嫁娶、生育及命名、丧葬、姓氏与部落、战争与武器等内容，皆不厌其烦地做了细致描述，同样反映出傈僳族社会的区域性与民族性特点。第三节“精神方面”，包括宗教、艺术、语言、传说，则突出了傈僳族作为山地、迁徙民族的个性及其动因。此三节对物质、社会以及精神，皆分门别类地进行了详细介绍和描述，并结合前两章内容进行了比较和分析，使作为山地民族的傈僳族的文化特征、生存智慧跃然纸上。第四章为“结论”，重点讨论了“栗粟族在云南各土族中的位置与关系”与“栗粟族来源之推测”，可谓既着眼于傈僳，又跳出傈僳来研究傈僳。纵向梳理该民族来源，横向厘清傈僳族在周围民族中的位置与关系，从而从历时性与共时性的整体性视野出发，系统论述了傈僳族的历史与现状及其文化特征，以及背后的自然与社会环境因素。[①] 总之，无论是从篇幅到内容，还是对它所包含的文化意涵的探讨，《碧罗雪山之栗粟族》不仅开了傈僳民族志之先河，而且就碧罗雪山傈僳民族志而言，应该说至今无人可出其右。

《云南怒山上的栗粟人》同样来源于1935年陶云逵的澜沧江、怒江

① 陶云逵：《碧罗雪山之栗粟族》，载《中央研究院历史语言研究所集刊》第17本，1948年，第327—408页。

与俅江独龙江之行，但直到1942年才刊发问世，而且篇幅也不长，可谓是对《碧罗雪山之栗粟族》的补充与概括。怒山，也即碧罗雪山，因最早是“卢鹿蛮”，即后来的“卢蛮”“潞蛮”“怒蛮”居住而得名，但在明清以后以吸纳了一部分“卢蛮”的傈僳族为主体民族，[①]故而山名也从“怒山”变为有“美丽的‘卢蛮’分布地”之意的“碧罗雪山”。“碧”为傈僳语的“美丽”之意，“罗”即源于“卢”的同音异写。此文第一部分说云南是个“山国”，首先概述山地与坝子“土族”的传统文化和汉文化的垂直分布，然后介绍了“栗粟人”的区位（主要分布在怒江、澜沧江之间的怒山，亦即碧罗雪山上）、人口（12万余人）、语言（藏缅系）、文化（与罗罗[②]很接近）、交通（汽车、骑马、溜索、徒步）及其到丽江、昆明的距离。文中说到维西是汉文化的最后一站，怒山是傈僳的大本营，说明傈僳在汉藏之间的藏彝走廊内，其南部为汉族与接受汉文化程度较深的白族、纳西族，其北为藏族。第二部分讲述维西、福贡一带坝子与山地不同的民族分布与生计方式，并从中区分了傈僳族的传统生计与汉化了的生计，如养牛。牛在傈僳族社会里，既是宗教祭品、娶妻聘礼，也是家庭财富象征；后来也将牛用于犁耕，而有了名为“一架”的较模糊的土地面积单位。因此，牛可以作为解构傈僳族社会的重要之“物”。第三部分主要描述怒山上傈僳人的狩猎及其工具、猎物的分配，由此透视出部落酋长在猎物分配中的特权，同时也表明狩猎在傈僳族社会中长期占有重要地位。第四部分写傈僳人的饮酒、通宵达旦的宴会、歌舞、男女青年的社交与幽会，以及吃兽头、以兽头摆阔。第五部分描述怒山傈僳人就地取材进

① 高志英：《流动的文化和文化的流动——唐代以来傈僳族的迁徙及其文化变迁研究》，《学术探索》，2007年第3期，第123—127页。

② 指彝族。

行的房屋建筑、火塘、一年四季的作息，以及火塘边民族神话的传承。[①]陶云逵从上述颇有侧重的几个方面，对《碧罗雪山的栗粟族》的内容与理论分析做了补充。因此，后来者开展重访民族志研究时，也不能不关注此文。

陶云逵另外几篇文章，也或多或少谈到了傈僳文化。从题目上看，《俅江纪程》的关注点是俅江（独龙江）俅子（独龙族），但陶云逵的俅江之行首先途经怒山（碧罗雪山），且从历史到其时，独龙族与同属藏彝走廊西部边缘氐羌系统民族的傈僳族都有着极为密切的关系[②]，这使得傈僳族也成为该文的重要内容之一。如政治上，独龙族受傈僳强人的侵凌与压迫；经济上，傈僳族充当了将内地生产的生活用品销售到独龙江，再将独龙江及缅北独龙族土产贩卖到澜沧江岸维西、兰坪的主力军，独龙族就同时受其不等价交换的剥削压榨；文化上，独龙江一带特别是南部独龙族深受傈僳族文化影响。而且，文中不论是去途还是返程，都记录了大量有关傈僳族文化的所见所闻。特别是在返程中，陶云逵还冒险到福贡去观察傈僳“民变”，从中了解到了民国政府官员、汉族商人与傈僳族的紧张关系。另外，陶云逵也对上百名傈僳人进行了体质人类学调研。因此，本文与其说是“俅江纪程”，倒不如说是“俅江、怒山纪程”，或者是兼顾澜沧江、怒江与独龙江傈僳族、怒族与独龙族的“三江纪程”。[③] 因而在本重访民族志中，也引用了不少《俅江纪程》中的资料。

《云南土著民族研究之回顾与前瞻》一文，则以语言学的视角进行

① 陶云逵：《云南怒山上的栗粟人》，载《陶云逵民族研究文集》，第184—188页。

② 高志英：《藏彝走廊西部边缘民族关系与民族文化变迁研究》，北京：民族出版社，2010年。

③ 陶云逵：《俅江纪程》，载《陶云逵民族研究文集》，第57—91页。

分析研究，指出云南“土族”可分出“藏缅语系”“泰语系”与“猛吉篾语系”三大语系。陶云逵将“栗粟”列入“藏缅语系”，并在按“国人（研究）部分”“外人（研究）部分”分类进行的学术回顾中提及前人对傈僳族的研究。这是在李根源调查报告对傈僳族汉文献梳理的基础上，对傈僳族古今中外文献资料与研究成果进行的首次系统综述。在研究的前瞻部分，陶云逵提出“得综合各种探讨的方法，择善而取，做个全面的研究。……以应当今之需而树百世之基”，并表示“因为人力不够，势不能全加调查，宜应选择几个关键区域与部族作抽样研究”。[①] 从其调查与成果看，傈僳族便是被选中的对象之一，由此也为后人积累了宝贵的文献资料。

《几个云南土族的现代地理分布及其人口之估计》一文，则是陶云逵有关当时傈僳族地理分布与人口（估计）的重要材料，“其现代分布中心是在东经 98°—99°30′，北纬 25—27°30′之间。即云南西北，毗连藏康高原地带。栗粟却又住此高地带的山巅，即云岭雪山、碧罗雪山、高黎贡山，分属于维西县、贡山、康乐、碧江、泸水等设治局。在金沙江右岸之武定、元谋，据戴维斯、白朗思、佛莱塞（即富能仁、弗雷泽），均称有栗粟。北纬 26°以南，腾越县及其毗连，亦有栗粟，但其中心，则在首述地带……据佛莱塞的调查，在腾冲一带的栗粟，也是住在高山上，平地及河边为异族所居”。文中专门介绍了陶云逵所经过的贡山设治局傈僳村寨，其海拔高度从 1400 到 3000 米不等。[②] 在“人口之估计”版块里，陶云逵对当时的云南傈僳族人口列表统计如下：

---

① 陶云逵：《云南土著民族研究之回顾与前瞻》，载《陶云逵民族研究文集》，第 112 页。

② 陶云逵：《几个云南土族的现代地理分布及其人口之估计》，载《陶云逵民族研究文集》，第 131 页。

表 0-1 1930 年代云南省傈僳族人口统计表(陶云逵作)①

县名	人口总数	栗粟之%数及人口约数	
元谋	39136	5	1957
华坪	79589	7	5571
武定	129274	7	9049
中甸(香格里拉)	28591	5	1430
云龙	77434	10	7743
维西	42628	55	23445
康乐(福贡)	14680	80	11744
碧江②	14956	75	11217
泸水	17098	30	5129
腾冲③	291349	15	43702
贡山	8333	20	1667
以上各县人口总数 743048 之 16.51%			
云南全省人口总数 11795486 之 1.04%			

陶云逵做学问极为严谨，反复强调“估计”“约数”，也是在当时的社会环境与研究条件下难以得到傈僳族人口确数使然。但更重要的是，这些材料首次让外界了解到了傈僳族的分布与人口的基本情况，这对外界认知“化外之地”山民傈僳族意义非凡。

陶云逵的《几个云南藏缅语系土族的创世故事》一文，则收录了除已载入《碧罗雪山之栗粟族》者以外的几则创世故事，这些故事分别是

① 陶云逵：《几个云南土族的现代地理分布及其人口之估计》，载《陶云逵民族研究文集》，第 146—147 页。

② 1986 年，碧江撤销建制，其北部乡镇划归福贡县，南部划归泸水县。

③ 包括今腾冲市、盈江县与梁河县。

在怒江岸贡山设治局茨开村、澜沧江岸维西县罗锅村与岩瓦村搜集到的。这些也是陶云逵从澜沧江、怒江至独龙江沿途所经过的主要傈僳族村寨。陶云逵首先介绍了调查地点，然后是相关民族的分布示意图，最后才是创世故事本身。不同区域的三则创世故事放在一起，可以看出同一创世母版在不同区域傈僳族当中的口传差异。把傈僳创世神话与同属于藏缅语系的其他"土族"的创世神话放在一起，同样能看出同源异流民族的分化、交融在创世神话中的映射。因此，其价值远远超过了民俗学意义上的创世神话，还具有人类学、历史学与宗教学意义。[①]

上述硕果大多产生于陶云逵1935年的碧罗雪山、高黎贡山地区的田野考察，"自（维西）叶枝往碧罗雪山西，走北路澜沧江越碧罗雪山、怒江、高黎贡山至毒龙河[②]，然后走南路向东渡越同名的山、江之南段到达小维西[③]。这条路线及其所包括的区域，很少有人到过"。[④] 正是在前人罕至的这一区域一路走、一路调查的过程中，诞生了傈僳族的第一篇（本）民族志——《碧罗雪山之栗粟族》。它和各有侧重地概述了傈僳族基本概况的《云南怒山的栗粟人》以及上述与傈僳族历史文化有关的《俅江纪程》《几个云南土族的现代地理分布及其人口之估计》《几个云南藏缅语系的创始故事》等文章，共同构成了傈僳族历史文化研究体系，首次全面、系统地呈现了作为"山国"民族的傈僳族的文化特色。因此，主要分布在这个"很少有人到过"的中缅未定界澜沧江、怒江流域的傈僳族，也首次被列入中国早期人类学研究的主要对象行列，陶云逵由此成为中国人类学的开拓者之一。所以说，他写下的《碧罗雪山之栗粟

① 陶云逵：《几个云南藏缅语系土族的创世故事》，载《陶云逵民族研究文集》，第149—163页。

② 又称为曲江、俅江，即今天之独龙江，为缅甸伊洛瓦底江支流恩梅开江源流之一。

③ 小维西，即今迪庆藏族自治州维西傈僳族自治县白济汛乡统维村委会小维西村。

④ 陶云逵：《俅江纪程》，载《陶云逵民族研究文集》，第57—91页。

族》,也是中国人类学的重要经典著作之一,因而有列入此套《重访民族志》之必要。

二、从“山国”“族国”异文化的陌生人到“云南通”

如果不是因为对其青少年时代尚属冷门的人类学情有独钟,那么,陶云逵或许不会跟云南这个民族众多的“山国”“族国”有什么关联。① 但也正是因为云南“族国”对于中国人类学家陶云逵的吸引力,他不仅成为云南,乃至西南人类学研究举足轻重的奠基者,更成了中国人类学极为重要的开拓者之一。在此过程中,陶云逵自己也完成了学术上从“德奥学派”到“魁阁学派”的转型,以及面对研究对象时的角色从“异文化”的陌生人到“云南通”的转变。②

(一)陶云逵云南民族研究的背景与目的

陶云逵四十年的人生很短暂,十几载学术生涯并不长,其学术之花开于云之南,也凋零于云之南,但已硕果累累、影响深远,享有著名社会学家、人类学家和西南边疆社会研究拓荒者之誉。③ 这一方面表明其学术功力与敏锐的学术研究问题意识,另一方面则体现了他对西南,特

① 陶云逵:《云南土著民族研究之回顾与前瞻》,载《陶云逵民族研究文集》,第 93 页。

② 杨清媚:《文化与民族精神:陶云逵及其作为“精神科学”的人类学遗产解读》,载《车里摆夷之生命环:陶云逵历史人类学文选》,北京:生活·读书·新知三联书店,2017 年,第 1 页;杨绍军:《陶云逵先生在西南联大》,《学术探索》,2010 年第 3 期,第 145、147 页。

③ 李国太:《陶云逵:绽放“云之南”》,《中国民族报》,2013 年 6 月 14 日第 7 版。

别是对云南"异文化"的执着与沉迷。概括起来，陶云逵的学术生涯可以分为两个阶段：1934—1936 年间，他以南开大学研究员的身份赴滇西北与滇西南进行滇缅未定界考察；1938—1944 年，陶云逵再赴云南，将研究重点放在滇东南，并长住云南，最终把生命的最后时光也献给了云南的民族研究。他英年早逝前每一个阶段的学术研究，都是从对云南"异文化"的陌生人向"云南通"的更进一步。直至 1944 年 1 月 26 日因不幸身染田野点的热病而逝于昆明，陶云逵的田野调查足迹遍布云南，涉猎民族之众多，了解文化之深入，已成为当时中国学界之佼佼者。

为什么会选择云南，并成就于云南？陶云逵在其论著中多次阐明缘由。在 1941 年刊发的《俅江纪程》中，陶云逵说：

> 自 1934 年至 1936 年，我走了不少的路。单先把这段日记发表，是因为：自叶枝往西，走北路渡澜沧江越碧罗雪山、怒江、高黎贡山至毒龙河（独龙江），然后走南路东渡同名的山江之南段而达小维西这条路线，及其所包括的区域，很少有人到过。而到俅子地（就是毒龙河流域）的，尤其少。……因此社会上对于此一带的情形很隔膜。我把这段日记写出来，也许有点实际的用处，就是给预备到那区域的人，一个途纹上的参考。①

在 1942 年刊发的《云南土著民族研究之回顾与前瞻》中，陶云逵也说："云南不但是个'山国'，而且是个'族国'……这现象为我国大多数

① 陶云逵：《俅江纪程》，载《陶云逵民族研究文集》，第 57 页。

省份所无的。”①

《关于麽些之名称、分布与迁移》中也提到：“1934年秋至1936年春，研究院给作者机会，在云南作人种调查。历时一年有半，北及毒龙河，南至九龙江（车里一带②），尚有相当收获。……此种名称不一的现象，深给对麽些问题有兴趣的人许多的困难。即在今之丽江人心中，也时刻在盘旋此问题而渴欲求一圆满之解释。”③

《大寨黑夷之宗族与图腾制》中则说：“大寨是鲁魁山上十九个寨子之一。……本文所述是根据作者卅一年（1942）夏的实地调查。……罗倮部族中有可称为图腾制的制度，本文所述当为第一次。”④

《碧罗雪山之栗粟族》中又说：“民国二十四年（1935年）八九月，作者在澜沧江及怒江上游碧罗雪山栗粟族住区，做民族学调查。……栗粟分布的中心区域的大部分，作者幸喜都得机会亲自涉历到。……这三座山（云岭、碧罗雪山、高黎贡山）和两条江（澜沧江、怒江），作者均亲自走过。”⑤

《云南土著民族研究之回顾与前瞻》中则说得更明白：“自抗战以来，西南、西北研究突显重要，利用边地人物资源乃刻不容缓之事。而开发边疆之枢纽端在边疆人群之能合作。欲动员边民，首在文化建设。质言之，即使其文化的变迁趋势跟中原社会一样趋向近代化。欲指导文化变迁，首重指导的技术。这样，我们颇希望功能与体相派的生理

① 陶云逵：《云南土著民族研究之回顾与前瞻》，载《陶云逵民族研究文集》，第93页。

② 今西双版纳。

③ 又见陶云逵：《关于麽些之名称、分布与迁移》，载《陶云逵民族研究文集》，第292—294页。

④ 陶云逵：《大寨黑夷之宗族与图腾制》，载《陶云逵民族研究文集》，2012年，第397、414页。

⑤ 陶云逵：《碧罗雪山之傈僳族》，载《陶云逵民族研究文集》，第189页。

学、腺学、体格学式的研究方法去研究边疆民族文化。但是功能与体相研究的大前提，是在知道其文化形态之后。因此，历史重造派的详尽的文化形态描写也为必不可少的入手步骤。我们须得综合各法，择善而取，以应当今之需而树百世之基。……至于云南土著研究，为今之计因为人力不够，是不能全加调查，宜应选择几个关键区域与部族作抽样调查。云南非汉语人群占全省大多数(此为估计)。其语言约分为三个系统，即藏缅语系、泰语系与猛吉篾语系。”①

依据1934—1936年调查著成的《几个云南土族的现代地理分布及其人口之估计》中也说：“云南土族是很零星分散的，我虽有两年的时间，并只限于几个民族。而且，关于这几个民族，我只求一个普遍的调查。然而相信一定还有许多遗漏的地方，这些遗漏的地方，以后有新事实，当随时补正。”②

在《边疆与边疆社会》中，陶云逵还说过：“社会与文化这个庞大而复杂的现象的研究，有许多的看法是意中事。因此，我们在未谈西南边疆社会之先，先要把我们对社会，文化的解释与研究方法叙述一下。否则我们听了一耳朵西南边疆文化的事实，会感到杂乱无章而茫无头绪，不但为许多未读过社会学、人类学的同学，把社会与文化之性质阐明一下，是一种方便。即对读过社会学、人类学的同学，因为派别与看法的不同，也有相当的裨益。”③

上述可见，陶云逵起初是在中国西北、西南遭遇边境危机的社会背

---

① 陶云逵：《云南土著民族研究之回顾与前瞻》，载《陶云逵民族研究文集》，第112页。

② 陶云逵：《几个云南土族的现代地理分布及其人口之估计》，载《陶云逵民族研究文集》，第120页。

③ 陶云逵：《边疆与边疆社会》，《云南日报》，1944年2月16日第2版；又见陶云逵：《陶云逵民族研究文集》，第598页。

景下被裹挟进西南研究的，同时可能更主要的是被这里丰富多彩的异文化所吸引而开展的学术研究，之后则从个案研究转向对“文化”本质的思考，然后进一步探讨文化与国家、边民与边疆的关系，进而在此基础上顺利转向边疆、民族现实问题研究，随即发生了人类学向边政学的转变。[①] 但是云南这样一个“山国”兼“族国”，一开始对来自内地的陶云逵而言完全是“异文化”。[②]

（二）用脚步丈量滇云边地的“云南通”

1904 年农历十月二十五日，陶云逵出生在江苏武进一个书香门第之家，由曾任河南临颍知县，并与金城等人创办“中国画学研究会”的父亲陶瑢取名为祖逵，字似龙。1924 年，陶云逵毕业于天津南开中学，继而升入南开大学，受教于陶孟和、蒋廷黻、李济、汤用彤、罗常培诸名师，对人类学、社会学兴趣尤为浓厚。陶云逵尤其受到被张光直先生誉为“中国考古学之父”的中国第一位人类学博士李济的启蒙与影响，对人类学中的体质人类学产生了浓厚兴趣。

1927 年，立志“要入第一流大学，从第一流的大师”的陶云逵深受父母双亲离世的打击，幸得五姨父变卖房产资助，远赴人类学德奥学派核心地德国，先后就读于汉堡大学和柏林大学，跟随体质人类学名师欧根·费雪(Eugen Fischer)学习，完成了人类学、遗传学和民族学的学术训练。1931—1933 年间，陶云逵写成早期重要学术论文《华欧混合血种——一个人类遗传学的研究》。该论文通过在德、法、英等国的调

---

① 高志英、段红云：《20 世纪前半期云南边政学研究述评》，《学术探索》，2013 年第 6 期，第 43—50 页。

② 陶云逵：《俅江纪程》，载《陶云逵民族研究文集》，第 57—91 页。

查，分别选取华德、华法、华英等混血样本140人，并对多项指标进行测量和观察，证明了生物遗传学家孟德尔的遗传定律可以用在华欧血种混合的遗传现象上。研究发现，“真正的纯种在现代人类中是找不到的，那只是理论上的名词”。① 该论文体现了学术研究的严谨规范性和方法上的科学性特征，②不仅有详细的研究综述，而且对整个研究的过程、样本的选取、研究的方法、测量仪器以及研究中存在的问题，都有具体的交代，各项测量结果都一一列表加以统计分析，同时还附上了大量的照片，③可谓开启了中国社会学与体质人类学研究的先河。可以想见，出生于汉文化浓郁之地江浙、学成于德奥学派摇篮的陶云逵，走进云南这样山高谷深、民族众多的“山国”，无疑是走进了一个异文化的世界。

1933年，陶云逵学成归国，进入中央研究院历史语言研究所工作，1934年秋赴云南参与滇缅边界未界定民族考察时，陶云逵便与云南“相识”，与凌纯声、芮逸夫等一道，在北及毒龙江(独龙江)、南达九龙江(车里，今西双版纳)的区域内进行广泛的人种调查。④ 这次调查历时两年，至1936年春才结束。陶云逵与赵至诚一路，调查区域东南至文山麻栗坡、红河河口，南至普洱、澜沧，西至保山腾越、泸水，北达怒江兰坪、丽江、迪庆维西，主要任务为考察边疆人种及语言。他们携带了进口设备，准备了人体、面部、头部测量尺、眼色表、皮色表、发色表、照相机、录音机等先进仪器设备，以便更为全面地搜集资料。⑤ 此次历时两

---

① 陶云逵:《陶云逵民族研究文集》，第6页。

② 杨绍军:《陶云逵先生在西南联大》，《学术探索》，2010年第3期，第145、147页。

③ 李东晔:《导读:寻找逝去的情怀》，载《陶云逵民族研究文集》，第3页。

④ 陶云逵:《关于麽些之名称、分布与迁移》，载《陶云逵民族研究文集》，第292页。

⑤ 王建民:《中国民族学史:1903～1949(上卷)》，昆明:云南教育出版社，1998年，第181页。

年的田野调查，不仅奠定了陶云逵先生的西南研究基石，同时也促使其学术研究发生“从体质到文化”的重要转移。“尽管这次调查的初衷是研究‘人种’，……他却关注到了大量‘人种’以外的文化事项。”[①]

此行的目的在于“滇西南之摆夷[②]及滇西北之麽些、栗粟、曲子[③]”，[④]即对傣族、纳西族、傈僳族、独龙族等做体质测量，同时调查其风俗习惯，并对这些民族的历史、文化诸方面进行详细的考察、记录与研究。

对人类学青睐已久、学科训练与素养深厚的陶云逵由此走进云南“山国”兼“族国”，历时两年的调查也给陶云逵带来了颇丰的收获，产生了一批重要的学术成果，如《几个云南土族的现代地理分布及其人口之估计》《关于麽些之名称、分布与迁移》《碧罗雪山之栗粟族》《云南怒山上的栗粟人》《麽些族之羊骨卜及卜》[⑤]《几个云南藏缅语系土族的创世故事》《车里摆夷之生命环》[⑥]《车里摆夷情书汉译》[⑦]《一个摆夷神话》[⑧]《云南摆夷族在历史上及现代与政府之关系》[⑨]《十六世纪车里宣慰使

---

① 李东晔：《导读：寻找逝去的情怀》，载《陶云逵民族研究文集》，第 6 页。

② 即今傣族。

③ 即今独龙族，又同音异写为“俅子”。

④ 陶云逵：《云南土著民族研究之回顾与前瞻》，载《陶云逵民族研究文集》，第 57 页。

⑤ 陶云逵：《麽些族之羊骨卜及卜》，《边疆人文》，1943 年第 1 卷第 1 册；又见陶云逵：《陶云逵民族研究文集》，第 149—163 页。

⑥ 陶云逵：《车里摆夷之生命环》，《边疆研究论丛》，1949 年第 3 期；又见陶云逵：《车里摆夷的生命环》，载《陶云逵民族研究文集》，第 443—548 页。

⑦ 尧父(陶云逵)：《车里摆夷情书汉译》，《中国青年》，1942 年第 6 卷第 2、3、4 期；又见陶云逵：《陶云逵民族研究文集》，第 415—442 页。

⑧ 尧父(陶云逵)：《一个摆夷神话》，《中国青年》，1942 年第 7 卷第 1 期；又见陶云逵：《陶云逵民族研究文集》，第 436—442 页。

⑨ 陶云逵：《云南摆夷族在历史上及现代与政府之关系》，《边政公论》，1942 年第 1 卷第 9、10 期；又见陶云逵：《陶云逵民族研究文集》，第 549—563 页。

司与缅王室之礼聘往还》[①]《俅江纪程》等。陶云逵在调查中收集到丰富的第一手资料，包括数千个案的体质测量资料、大量的统计图表和图片、民族文献与调查记录，都是极为难得的原始文献。通过这个阶段的调查，陶云逵积累了学术资料，结出了学术果实，对云南这块人类学、社会学研究宝地产生了深切的了解与深厚情感，为进一步开展调查研究奠定了坚实的基础。[②]

经历上述与“异文化”的接触与碰撞，以及震撼之后的适应，陶云逵才成为了一个地地道道的“云南通”。且不说梳理清楚云南土著民族研究的过去与未来，也不说1936年对云南几个藏缅语系土族创世故事调查后的感慨：“神话故事在简单社会中不只是茶余饭后说一说的消遣品，乃是认为在以往真发生的史实。……从神话，我们不难窥见其人群之信仰，道德和规定社会行为的法则。”[③]也不说在系统调查西南等部族鸡骨卜的形式、意义与分布后所言：“此种占卜方式为非汉语部族之文化产品。汉语社会中行通‘鸡卜’，乃自非汉语部族传入。”[④]也不说调查高黎贡山南部傈僳族时经过供有“天地国亲师”牌位的坝子时，对“走夷方”传统心生的亲切感，以及进入碧罗雪山这一汉藏文化交界地时初见溜索，“看去十分可怕”[⑤]，“眼望江心、波涛滚滚；远望溜索，又复

---

① 陶云逵：《十六世纪车里宣慰使司与缅王室之礼聘往还》，《边政公论》，1944年第3卷第1期；又见陶云逵：《陶云逵民族研究文集》，第564—571页。

② 苍山：《陶云逵与边疆人文研究室》，《云南大学学报(社会科学版)》，2014年第3期，第2、113页。

③ 陶云逵：《几个云南藏缅语系土族的创世故事》，载《陶云逵民族研究文集》，第150页。

④ 陶云逵：《西南部族之鸡骨卜》，《边疆人文》，1943年第1卷第2册；又见陶云逵：《陶云逵民族研究文集》，第164—183页。

⑤ 陶云逵：《云南怒山上的傈僳人》，载《陶云逵民族研究文集》，第185页。

细小如丝。不免为之胆寒,以后也就惯了”[①]。可见过澜沧江与怒江、翻越碧罗雪山与高黎贡山后到俅江调查的过程,尤其揭示了陶云逵对陌生的异文化经历的由初见、恐惧、尝试到老练的过程:“虽然是簇新的溜索,我仍有点胆寒。……请了一位善溜的古宗(藏族),我猿攀在他身上,并以袋系之,彼则自系于溜板之上。溜去,速度甚快,溜在(澜沧江)半空中,但闻耳旁风声。刹那间,已还彼岸。……此次(过怒江)我们都老练了些,单人过去,不用人带了。”[②]此种描述将地处高山峡谷间的“山民”的生存智慧体现得淋漓尽致。[③] 可见,陶云逵能从云南“山国”“族国”异文化的陌生人成长为老练者,离不开他一步一个脚印的丈量与积累。

(三)陶云逵短暂而不凡的学术生命史

实际上,陶云逵第一次云南调查的不少成果也是在抗日战争时期才整理、刊发的。这源于他长达六年之久的第二次云南之行,而他的生命最终也凋零于云南这块土地。

抗日战争爆发后,与北方诸多大学的师生一样,陶云逵也辗转到了云南,并在1934—1936年首次云南民族调查的基础上,开启了长达六年的科研活动。1938年秋,国立云南大学社会学系成立,吴文藻先生出任系主任,陶云逵应邀加入该系并任教授,先后讲授了民族学、人口问题、社会学导论、社会心理学及西南边疆社会等课程。之后,吴文藻

---

① 陶云逵:《碧罗雪山之栗粟族》,载《中央研究院历史语言研究所集刊》第17本,第365页。

② 陶云逵:《俅江纪程》,载《陶云逵民族研究文集》,第60、64页。

③ 陶云逵:《碧罗雪山之栗粟族》,载《中央研究院历史语言研究所集刊》第17本,第365页。

先生赴重庆任职，陶云逵任代理系主任。在此期间，陶云逵增聘林耀华、吴富恒、李树青等多位学术名家到系任教，并为田汝康等青年学者到边疆考察创造有利条件，促进了社会学系建设，同时也促进了云南社会学、人类学的发展。1944 年，瞿同祖追忆道："陶云逵任云南大学社会学系主任时，学系开办才一年，一切都在草创试办中。吴文藻先生虽已创立一个新基地，但后继的工作仍极艰巨，云南大学社会学系得有今日的规模和成绩，自不得不归功于云逵的努力。他对于行政工作并不擅长，但凡是曾与他共事的人没有不为他的办事热诚和对人的诚恳所感动。"①由此可见，新创的云南大学社会学系与社会学、人类学学科正是在陶云逵与同仁的同心同德中发展起来，成为中国社会学的摇篮。

陶云逵同时也是云南大学社会学研究室的重要人物。由于日军对昆明轰炸加剧，研究室主任费孝通先生与陶云逵一起将研究室搬迁到陶云逵曾居住过的呈贡魁星阁，"魁阁"从此成为研究室的代号。他们共同创造了中国人类学、社会学史上辉煌的"魁阁"时代。他们率领着一批年轻学者，在广泛深入的社会调查的基础上，组织以"席明纳"(Seminar)方式开展学术讨论。费孝通先生在《物伤其类——哀云逵》一文中深情地说：

> 其实在它(魁阁)刚刚开始的时候，就是一个各学派的混合体；而且在经常的讨论中，谁都改变了他原来的看法。我们在讨论会中，谁也不让一点人，各人都尽量把自己认为对的引申发挥，可是谁也不放松别人有理的地方，因为我们目的相

① 瞿同祖：《悼云逵》，《边政公论》，1944 年第 3 卷第 9 期。

同,都想多了解一点中国社会和文化的实情。①

费先生回忆说,那时陶云逵住在龙街,他自己住古城,离魁阁都有一点路程,可即使天雨泥泞,他们谁也没有缺席过。陶云逵曾对费先生说:"我们之间不是没有辩得不痛快的时候,可是我实在喜欢这种讨论会。"②在这样的学术氛围中,产生了兼具中国人类学南北两派之特点,又因陶云逵而吸纳了德奥学派之长的"魁阁学派",③成就了一大批中国人类学家。

陶云逵在此时期的另一成就是"边疆人文研究室"的组织工作。限于当时的条件,《边疆人文》的第一卷至第三卷皆用蜡纸刻写油印,第四卷才改用铅印发行,最初每期的印数仅仅两百册。但刊物一问世,就受到学界的广泛关注,多被引用,传播日广,成为抗战时期在西南乃至全国有重要影响的学术名刊。④ 这些用西南地区最廉价的毛边纸装订而成的刊物,保存了抗战期间闪烁着科学光芒的学术成果,为西南民族的研究开辟了阵地。⑤

抗战进行到1940年代初期,滇缅公路和滇越铁路已成为国际交通要道。1942年,云南省政府决定修建一条由滇南的石屏通往滇边的佛海(今勐海)的铁路,与滇越铁路连接。石佛铁路筹备委员会遂向学术机构提供经费,委托其调查石佛铁路沿线的地理环境、社会经济、民风

---

① 费孝通:《物伤其类——哀云逵》,载《费孝通文集》第3卷,北京:群言出版社,1999年,第146页。

② 费孝通:《物伤其类——哀云逵》,载《费孝通文集》第3卷,第146页。

③ 岳小国:《试析德奥传播理论在中国的传播及影响》,《贵州民族研究》,2008年第3期,第57—62页。

④ 苍山:《陶云逵与边疆人文研究室》,《云南大学学报(社会科学版)》,2014年第3期,第2、115页。

⑤ 李国太:《陶云逵:绽放"云之南"》,《中国民族报》,2013年6月14日第7版。

民情、语言文化等各方面情况，以供建路时参考和应用。南开大学争取到这个机会，于是年 6 月创办了“南开大学文科研究所边疆人文研究室”。陶云逵先生被聘为研究室主任，并兼任西南联大教授与云南大学教授。陶云逵以他对云南民族历史文化的了解、经验与课题需要，将研究室分为边疆语言、人类学(包括社会人类学及体质人类学)、人文地理、边疆教育四组，并聚集了邢公畹、高华年、黎宗献、黎国彬、赖才澄等多位优秀的青年学者。研究室一成立，陶云逵就带领几名青年学者经玉溪、峨山、新平、元江、金平，顺江河而下，对沿途民族地区的自然、社会及人文状况开展调查，成就了其在云南另一区域的人类学研究。

经过两个多月艰苦细致的田野调查，调查组取得了大量珍贵资料。[①] 1943 年，他们又继续开展思普(普洱、西双版纳)茶业、澜沧江河谷地区土地利用、彝族社会组织与宗教、手工艺术等方面的调研，历时八月有余。调研成果中的一部分如约提供给了石佛铁路筹委会，如石佛沿线少数民族语言分布状况图表、铁路员工应用的语言手册以及石佛铁路沿线社会经济调查报告等，并以云南石佛铁路筹委会与南开大学边疆人文研究室的名义编印成册，[②]受到委托方的好评和学界的充分肯定：“他们这种不畏艰难，深入少数民族聚居的穷乡僻壤，努力把案头研究与实地调查结合起来，把社会理论与中国实际相结合的研究方法，堪称学术研究的典范。”[③]这些调查报告包括了陶云逵的《西南部族之鸡骨卜》《纳苏宗教与巫术调查》等，与之前的傈僳族、彝族、傣族、独

---

① 聂蒲生、朱朝建:《抗战时期陶云逵在云南的田野调查述评》,《民族论坛》,2013 年第 5 期,第 25—29 页。

② 苍山:《陶云逵与边疆人文研究室》,《云南大学学报(社会科学版)》,2014 年第 3 期,第 2、115 页。

③ 聂蒲生:《论抗战时期在滇民族语言学家对云南汉语方言和少数民族语言的调查研究》,《学术探索》,2003 年 04 期,第 84—87 页。

龙族等宗教、巫术与神话研究一起,共同奠定了陶云逵作为中国宗教人类学研究开拓者之一的地位。其中,《西南部族之鸡骨卜》是陶云逵生前最后一篇调查报告,也是他对中国现代文化人类学研究做出的重要贡献。他说:"综据现在调查及以往记载,鸡骨卜分布于粤、桂、湘、黔、川、滇,其最北之分布止于川南,亦即我国西南。西南非汉语部族之三大族群,每群均有若干部族行用此种占卜方式。此种占卜方式为非汉语部族之文化产品。汉语社会中行'鸡卜'乃自非汉语部族传入。"①对这篇论文,陶云逵的同事邢公畹先生评价说:"其重要性在于指出我国西南藏缅、苗、傣诸语族人民都有或曾有鸡骨卜的风俗,并且详细记载了鸡骨卜的方式,是从文化人类学上研究鸡骨卜的第一篇论文。"②

图 0-1　陶云逵与当地居民的合影

---

① 陶云逵:《西南部族之鸡骨卜》,载《陶云逵民族研究文集》,第 183 页。

② 邢公畹:《抗战时期的南开大学边疆人文研究室——兼忆关心边疆人文研究的几位师友》,载南开大学校史研究室编:《联大岁月与边疆人文》,天津:南开大学出版社,2004 年,第 357—378 页。

抗战时期，也是陶云逵在1934—1936年首次滇边调查基础上拓展田野点、扩大研究对象、产生更多学术成果的辉煌时期。陶云逵在组织研究室同仁开展调研的同时，参加并推进了“魁阁学派”团队的发展，其学术研究硕果累累，先后在《边疆人文》《边政公论》《西南边疆》《战国策》《史语所集刊》及《云南日报》等刊物上发表了大量学术论文，除前文已论及的诸篇，还有《人类学研究的实用问题》[①]《论边地汉人及其与边疆建设之关系》[②]《边政人员专门训练之必要》[③]《开化边民问题》[④]《文化的本质》[⑤]《文化的属性》[⑥]《个人在文化中的参与》[⑦]等等。由此可见，陶云逵这一时期的学术研究在坚持之前人类学田野调查、学术回顾与历史研究的基础上，转向了人类学、边政学基本概念的界定与理论探讨。这与抗战时期中国诸多知识分子从象牙塔走向务实的学术转向轨迹相一致。

1943年6月，新成立的南开大学边疆人文研究室聘请陶云逵任主任。他以历史人类学教授之名接受南开大学聘书，全面主持业务工作，此乃全国首例。研究室刚一成立，已有八年云南民族研究经验积累的

① 陶云逵:《人类学研究的实用问题》,《云南日报》,1943年10月17日;又见陶云逵:《陶云逵民族研究文集》,第653—659页。

② 陶云逵:《论边地汉人及其与边疆建设之关系》,《边政公论》,1943年第2卷第1、2期;又见陶云逵:《陶云逵民族研究文集》,第621—632页。

③ 陶云逵:《边政人员专门训练之必要》,《边政公论》,1941年第1卷第3、4期;又见陶云逵:《陶云逵民族研究文集》,第633—642页。

④ 陶云逵:《开化边民问题》,《西南边疆》,1940年第10期;又见陶云逵:《陶云逵民族研究文集》,第600—620页。

⑤ 陶云逵:《文化的本质》,《自由论坛》,1943年第1卷第5、6期;又见陶云逵:《陶云逵民族研究文集》,第575—580页。

⑥ 陶云逵:《文化的属性》,《自由论坛》,1944年第2卷第1期;又见陶云逵:《陶云逵民族研究文集》,第581—588页。

⑦ 陶云逵:《个人在文化中的参与》,《自由论坛》,1944年第2卷第4期;又见陶云逵:《陶云逵民族研究文集》,第589—593页。

陶云逵就制定了《南开大学文学院边疆人文研究室章程》，明确规定研究室的主要实地调查计划：社区人口调查和主要群体及各种群体之分布及其人口状况，物产及自然环境与人文社会环境的调查，主要群体的文化概况（包括亲族组织、社会结团形式、政治制度、经济与技术方式、法律机构、教育制度、宗教和语言、衣食住用等物质生活），主要群体与社区内少数群体以及区外邻近的他语群体的社会关系、他语群体对主要群体在生活等各方面的影响。① 实际上，这也是对之前两次云南调查研究的再拓展和再深入。

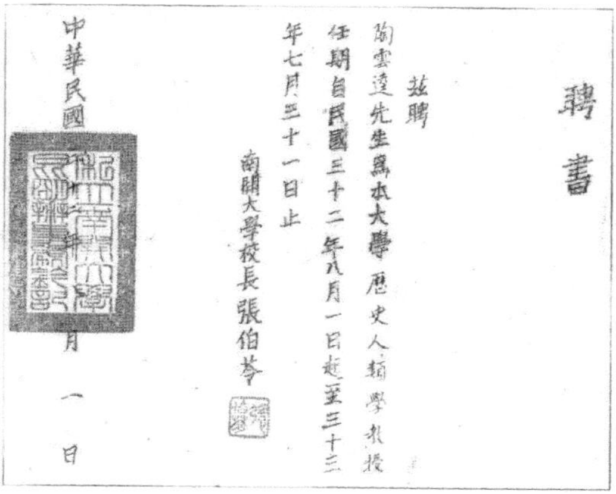
聘書

茲聘

陶雲逵先生為本大學歷史人類學教授

任期自民國三十二年八月一日起至三十三年七月三十一日止

南開大學校長張伯苓

中華民國 月 一 日

图 0-2　陶云逵先生的聘书

遗憾的是，天妒英才，1944 年 1 月 26 日，陶云逵病逝于云南大学医院，永远离开了他所挚爱的人类学研究与他所沉浸的云滇大地，给后人留下云南民族研究的众多开创性成果和“云南通”的徽号。② 其生命

---

① 《人类学家陶云逵：殒身边陲之地的学者》，西南联合大学在昆建校暨云南师范大学建校 80 周年专网，2018 年 10 月 21 日，http://80th.ynnu.edu.cn/info/1008/1479.htm。

② 苍山：《陶云逵与边疆人文研究室》，《云南大学学报（社会科学版）》，2014 年第 3 期，第 2、115 页。

之花可谓“绽放于云之南，也凋谢于云之南”，虽短暂，却芬芳。①

纵观陶云逵以中央研究院历史语言研究所研究员、南开大学“边疆人文研究室”主任，以及云南大学社会学系主任、西南联大“魁阁”重要创办者等身份经历的几个学术阶段，在那些丰硕的学术成果中，傈僳族研究始终是重要的一环，蕴含着其文化人类学、宗教人类学、历史人类学、边政学的方法积淀与理论思考，使当时的傈僳族研究登上中国人类学研究的最高平台，并开创了傈僳族民族志研究之先河。

图 0-3　呈贡大古城魁阁学者雕塑②

三、陶云逵面对的傈僳族多重时空叙事

人类生存于宇宙之间，任何民族、个人皆不可能超然于宇宙而存

---

① 李国太：《陶云逵：绽放“云之南”》，《中国民族报》，2013 年 6 月 14 日第 7 版。

② 左起：瞿同祖、吴文藻、谷苞、林耀华、陶云逵、田汝康、许烺光、费孝通、张之毅、胡庆钧、史国衡。（杨晓龙摄。本书除特别标注外，图片均由杨晓龙拍摄、提供。）

在。华夏民族很早以前就开始探索何为宇宙，早在战国时期的尸佼就说："天地四方曰宇，往古来今曰宙。"①可见，宇宙亦即时空观：上下左右四方的空间和古往今来的时间的统一。生活于三江并流区域的傈僳族也自有一套传统的时空认知体系，即其朴素的宇宙观。而到近现代，傈僳族越来越受到周围民族文化的影响，其时空观念也随之发生变迁。1930 年代陶云逵走进该区域傈僳族村寨时，所面对的傈僳族时空观或者说宇宙观已纳入其论著中。因此，由此切入，无疑是解构傈僳族社会的本质、核心与特点的理想视角与路径。

（一）王朝史视野下的碎片化、污名化时空叙事

关于时间，奥古斯丁(St. Augustine)曾说过一段很精辟的话：

> 时间是什么？没有人问我时，我知道。一旦要我向问者解释，我却茫然了。我确信我知道：我知道如果没有无论任何事物逝去，则没有过去的时间；如果没有任何事物将要到来，则没有未来的时间。如果没有任何事物存在，则亦没有现在的时间。②

可见，时间以"逝去""存在"与"到来"的形式附着于过去、现在与未来，从而被人类感知。如果说在同一文献中出现了不止一种时间形式，

① 尸佼著，汪继培辑，朱海雷撰：《尸子译注》，上海：上海古籍出版社，2006 年，第 47 页。

② 奥古斯丁：《奥古斯丁忏悔录》，向云常译，北京：华文出版社，2003 年，第 285 页。

可能是在告诉我们不同时间形式产生了不同的表述。① 那么，陶云逵在傈僳族历史文化研究中所援引的中外文献以及他自己的田野调查，就是在告诉我们傈僳族诸多时间形式所产生的表述背后，还存在着多重社会文化与政治意涵。

从外界对傈僳族的时间表述来看，主要采用的是一种从古到今的线性时间表述方式。陶云逵对傈僳族进行专题记录与研究的学术成果中，其实地调查时间不过是1934年到1936年的两年间，而从田野调查到整理、撰写、刊发问世，如按首次进入云南的1934年算起，到他1944年病逝于昆明，也只经过了十年。但是陶云逵以其严谨的学术训练背景与丰厚积淀，使他的傈僳族研究既是关注当下各区域傈僳族共时性的人类学研究，更是关注古今历时性的历史学研究。换言之，从历史到当下，陶云逵将所有能够搜集到的傈僳族文化事项、政治事件都放在时空交错之中，以他所进行的短短两年的调查研究折射傈僳族上千年的历史与文化。

最为典型的《碧罗雪山之栗粟族》，开篇就用大量的笔墨呈现历史文献记载中的"傈僳族"，且并未盲从于史籍中的固化描述，而是在表达自己见解的同时，呈现傈僳族自古到今的社会、经济与文化变迁：

> 栗粟一称，最初见于樊绰《蛮书》（唐咸通四年，西历863），距今千余年前。《皇清职贡图》谓楚庄蹻开滇时已有此种，是则当时必有栗粟之名称，但不知根据何书，兹暂存疑。
>
> 唐樊绰《蛮书·名类》第四："栗粟两姓蛮，雷蛮、梦蛮，皆

① K.里德伯斯编：《时间》，章邵增译，北京：华夏出版社，2011年，第39页。

在茫部台登城东西散居,皆乌蛮、白蛮之种族”。①

作为一个严谨的人类学家,陶云逵只是引用了直接出现“栗粟”族称的唐代《蛮书》;对于后世《皇清职贡图》将栗粟上溯到战国时期庄蹻开滇之时,他说并没有见到史料记载,因此表示“兹暂存疑”。实际上,不仅傈僳文献是否首现于唐代,就连《蛮书》(《云南志》)所载的到底是“栗粟两姓蛮”还是“粟栗两姓蛮”,学界也一直没有定论。② 所幸陶云逵开启的傈僳族民族志研究秉承着尊重历史、严谨治学的学风,并援引北宋宋祁等所撰的《新唐书·南蛮传》作为佐证:

勿邓地方千里,有邛部六姓。一姓白蛮也;五姓乌蛮也。又有初裹五姓,皆乌蛮也,居邛部台登之间……又有栗蛮二姓、雷蛮二姓、梦蛮三姓,散处黎、巂、戎数州之鄙,皆隶勿邓。

从“栗粟两姓蛮”到“粟蛮两姓”,虽有一字之差,却为后来者研究“栗粟”族称的源流提供了线索,也为后来的学者理清“卢鹿蛮”“卢蛮”与“粟蛮”之间的关系埋下了伏笔。③ 又因元明时期并无“栗粟蛮”“栗

① 陶云逵:《碧罗雪山之栗粟族》,载《中央研究院历史语言研究所集刊》第17本,第328页。

② 冯魄:《“栗栗”与“栗粟”考》,《民族研究》,1990年第5期,第71—78页;杨毓才:《对〈“栗栗”与“栗粟”考〉一文的校正》,《中央民族学院学报》,1992年第5期,第24页;樊绰撰,向达原校,木芹补注:《云南志补注》,昆明:云南人民出版社,1995年,第65—66页;樊绰撰,向达校注:《蛮书校注》,北京:中华书局,1962年,第105页;樊绰著,赵吕甫校释:《云南志校释》,北京:中国社会科学出版社,1985年,第173页。

③ 高志英:《唐至清代傈僳族、怒族流变历史研究》,《学术探索》,2004年第7期,第98—102页。

蛮”的文献记载，[1]陶云逵没有对史料阙如的这段历史妄加揣测，而是以留白的方式待后来者研究弥补，遂将傈僳的历史从唐代跳到清代，其碎片化特征是很明显的。可见对于史实、文献的远略近详原则，陶云逵熟记于心。对有清一代关于傈僳的越来越丰富的文献记载，陶云逵并未断章取义或以偏概全，而是不厌其烦地加以全面罗列：

清顾炎武《天下郡国利弊书·云南种人》：“力些，惟云龙州有之。”

清《古今图书集成》一千五百十九卷《职方典·力些考》：“力些，惟云龙州有之。”

清《皇清职贡图》卷七：“栗粟，相传楚庄蹻开滇时便有此种，无部落，散居姚安、大理、永昌四府……其居赤石崖、金沙江边地与永北连界者，依树木岩穴，迁徙无常……”

清王凤文《云龙记往》：“嘉靖三十五年(1556)，文显(段氏土司)卒，耀(文显之侄)率夷类栗粟五百余人，抄其家，尽杀文显妻子。”

清余庆远《维西见闻录》：“栗粟近城四山、康普、弓笼、奔子栏皆有之。”

清阮元《云南通志稿·南蛮志·种人》：“在大理名栗粟，在姚安名栗獥，有生熟二种。”

又该志稿《武备志·戎事》：“嘉庆七年(1797)壬戌，维西栗獥横乍绷作乱，总督觉罗琅玕讨平之。”又：“道光元年(1821)辛巳，永北栗獥滋事，总督庆保讨平。”

清王文韶《续云南通志稿·戎事杂记》：“光绪十八年(1892)，永北

① 高志英、李勤：《族际关系对中缅北界傈僳族的跨界迁徙与民族认同的影响》，《学术探索》，2010年第5期，第80—85页。

厅力些丁洪溃等,假名活佛降世……”①

清檀萃《滇海虞衡志》卷十三《志蛮》:“力些,一名栗苏,一名栗粟,一名栗獓,有生熟二种……现在维西跳梁者,即是此种……”

清《永昌府志》:“栗粟居高山极冷之地……凡江外(按即澜沧江之西)深山之间均有之。”②

清《腾越厅志·诸夷志》:“所列种人有栗粟。”③

清《永北直隶厅志》:“北胜州所属夷人种类④,力些一种性枭雄……北胜州土州所属夷人种类力些一种,无姓氏,居山崖箐间。羊坪土千总所属夷人种类,力些一种,住居高山,刀耕火种。”

清《大姚县志》:“栗粟即力些,性犷悍……”

民国二十二年(1933)《云南边地问题研究》卷三(云南昆华民众教育馆出版)李生庄《云南第一殖边区域内之人种调查》:“三,栗粟……散布地点,多在腾冲县古永琅牙山脚,古永西部江边,五行政区内,江心坡内及潞江流域⑤,凡菖蒲桶⑥、上帕⑦、知子罗⑧、泸水各行政区,又兰坪、

① 清高宗乾隆三十二年(1767),改永北府为永北直隶厅,1913年废除区划,即今丽江市永胜县。

② 永昌府位于今云南省保山市,东汉就置永昌郡,南诏置永昌节度,大理承袭之,治今云南省保山市。辖境约为今云南保山、潞西二市和永平、龙陵、腾冲、耿马、昌宁、镇康、永德、盈江、陇川、梁河等市县及缅甸八莫、景栋等地区。

③ 腾越厅,清代行政区划。嘉庆二十四年(1819)升腾越州置,治今云南省腾冲县。直隶云南省。辖境相当于今云南省潞西、瑞丽、腾冲、梁河、盈江、陇川等市县地。道光二年(1822)改属永昌府。1913年废厅,改腾冲县。

④ 北胜州,在今丽江市永胜县。

⑤ 潞江,即怒江,因“潞蛮”(“卢蛮”)分布而得名,或是“潞蛮”(“卢蛮”)因分布于“潞江”而得名。

⑥ 菖蒲桶,即今怒江傈僳族自治州贡山县。

⑦ 上帕,即今怒江傈僳族自治州福贡县。

⑧ 知子罗,早年为怒江州州府所在地,州府迁址后仍为碧江县的县城所在地,1986年碧江县裁撤。现属福贡县匹河乡。

维西境内皆有此种人。”

民国二十二年(1933)尹明德主编的《云南北界勘察记》卷一尹明德报告:“南甸、干崖、盏达各土司地[①]……居民有汉人、僰夷、野人、栗粟、崩龙[②]、阿昌等类”。卷二尹明德报告:“栗粟亦夷人之一种……散居于云南西面,澜沧江、潞江上游,及高黎贡山、西岔角江、拉打阁、拱路、戛并[③]、腾冲西北边界。”卷三杨斌铨、王继先报告:“甲,栗粟,此种人多散居于潞、狘各江沿岸。”卷四张元钦、王玺报告:“片马、拖阁、罗孔[④]、鱼洞一带……各寨人种,多为茶山[⑤]、栗粟、浪速[⑥]三种……”卷七张元钦报告:“江心坡……其人种有五,即蒲蛮[⑦]、浪速、僰夷[⑧]、栗粟、客弄是也。其中以……栗粟最少。”卷八狄寿榕报告:“江心坡、茶山、浪速区域,有茶山,浪速、俅夷、栗粟四种。”又《勘察记》附光绪三十二年(1906)夏瑚《怒俅边隘详情》报告:“曲江[⑨]……江尾曲、栗杂处。”又云:“脱落江[⑩]……两岸地势较曲江为平,曲、栗杂处。”

民国二十三年(1934)曲木藏尧《西南夷族考查记》一书中虽曾提及栗粟,但未指出地点。全书所述,系四川南部鸦礲江(雅砻江)、安宁河、

---

① 南甸、干崖、盏达,在今德宏傣族景颇族自治州盈江、梁河等县。

② 崩龙,即今天的德昂族。

③ 西岔角江、拉打阁、拱路、戛并,在今缅甸克钦邦东北部。

④ 拖阁、罗孔,在1960年中缅划界后属于缅北克钦邦。

⑤ 茶山,即勒期,为景颇族一个支系,在中国主要分布于怒江傈僳族自治州泸水市片马镇。

⑥ 浪速,为景颇族一个支系,在中国主要分布于怒江傈僳族自治州泸水市片马等地。

⑦ 蒲蛮,可能是今天佤族、布朗族或景颇族中的一部分。

⑧ 僰夷,即“摆衣”的同音异写,为中国傣族、缅甸掸族。

⑨ 曲江,即“俅江”的同音异写,为今独龙江,其下游为缅甸恩梅开江,在江心坡汇入伊洛瓦底江。

⑩ 脱落江,又写做驼落江,为独龙江以西河流,今属于缅甸克钦邦葡萄县。

大渡河流域间之土族状况。[1]

上述陶云逵所搜集的从唐代到民国二十三年大约 1100 年的傈傈族历史、文化，所用纪年，是中国汉文献传统的王朝史纪年法，此其一；其二，文献记载详今略古，而且是碎片化的，映射的是外界对傈傈族的接触和了解的日渐增加；其三，"生傈傈"与"熟傈傈"的出现，主要动因是相对靠近内地的这部分傈傈受汉文化影响而产生分化；其四，越到后世，充满汉文化中心主义视角下的对傈傈族历史文化的污名化描写越来越多，从以下两处对历史文献的取舍就可以看出作为人类学家的陶云逵的立场、视角与方法。

如清代乾隆年间成书的《维西见闻纪》就载：

栗粟，近城四山、康普、弓笼、奔子栏皆有之。男挽髻戴簪，编麦草为缨络，缀于发间，黄铜勒束额，耳带铜环。优人衣旧，则改削而售其富者衣之。常衣杂以麻布、棉布、织皮。色尚黑，袴及膝，衣齐袴，臁裹白布，出入常佩利刃。妇挽发戍箍，耳带大环，盘领衣，系裙，曳袴。男女常跣。喜居悬岩绝顶，垦山而种，地脊则去之，迁徙不常。刈获则多酿为酒，昼夜沉酣。数日尽之，粒食罄，遂执劲弩药矢猎，登危峰石壁，疾走如狡兔，妇从之亦然。获禽兽或烹或炙，对坐共食，烹俟水一沸即食，不尽无归。餍复采草根、木皮食之。采山中草木为和合药，男女相悦，暗投其衣，遂奔而从，跬步不离。婚以牛聘，丧则弃尸，不敬佛而信鬼。借贷，刻木为契；负约，则延巫祝，置膏于釜，烈火熬沸，对誓，置手膏内，不沃烂者为受诬。失物，令巫卜其人，亦以此法明焉。触忿，则弩刃俱

[1] 陶云逵：《碧罗雪山之栗粟族》，载《中央研究院历史语言研究所集刊》第 17 本，第 328—330 页。

发，着毒矢处肉，辄自执刀剜去。性刚狠嗜杀，然麽些[①]头目、土官能治之，年奉头目麦、黍共五升，新春必率而拜焉。栗粟种类在滇省各夷中为最劣。维西者，杂处于各夷中，而制于麽些长，犹较驯顺。[②]

此文对傈僳族生产生活的描述充满了内地汉族学者对异文化的猎奇心理，字里行间满是对傈僳族的“刚狠嗜杀”“最劣”的文化偏见。但陶云逵只摘录了“栗粟，近城四山、康普、弓笼、奔子栏皆有之”。这并不是他嫌余庆远记录烦琐，而是有其作为人类学家的文化价值判断，因而不愿人云亦云，更愿意自己去实地调查后求得真相。

又如清代嘉庆年间官方史志对恒乍绷事件的妖魔化描述如下：

嘉庆七年(1802)壬戌，维西傈僳恒乍绷作乱，总督觉罗琅玕讨平之。恒乍绷，澜沧江外傈僳，幼学为端公，占卜治病，人称为“沙泥”。华言“活佛”。在康普打鼓念经，夷众悦服。头人禾品仁惧惑众，责逐。六年冬，岁歉雪大，众傈僳向康普、古刹两寨借粮，不允。恒乍绷挟禾品仁责逐之嫌，遂纠众抢劫，总督琅玕派兵往剿，江内傈僳纷纷投降。恒乍绷逃往江外，官兵分别撤留。七年冬，江内降夷复勾结恒乍绷劫掠各村寨，上命琅玕再往剿。八年九月擒恒乍绷，正法，并掘其祖墓。傈僳平。[③]

这是云贵总督觉罗琅玕镇压恒乍绷起义后给清廷的一份奏折，从

① 麽些，即今纳西族。

② 余庆远：《维西见闻纪》，载方国瑜主编：《云南史料丛刊》第12卷，第64—65页。

③ 道光《云南通志》卷一百五《戎事五》。

文中“作乱”“纠众抢劫”与“劫掠”等词汇就足以看出其立场、态度。其后，封建史家在正史中为觉罗琅玕写传记时更是有过之而无不及：

> （雍正）七年（1729），维西夷恒乍绷与其党腊者布作乱，禿树、出亨附之。琅玕率总兵张玉龙入山剿捕，克阿喃多贼寨，进攻诸别古山，获禿树；玉龙克小维西夷人，缚腊者布献军前磔之。进攻康普，恒乍绷遁澜沧江外，获其孥。分兵攻吉尾、树苗，琅玕驻剑川，断贼后路，败之于通甸、小川，克回龙厂。寻围剿上江山箐贼，歼其渠，余众乞降。琅玕以恒乍绷势蹙，疏请撤兵，提督乌大经率兵二千驻防。贼诇官军已退，乘水涸潜渡，纠江内降傈，复肆劫掠。琅玕驰抵剑川，恒乍绷遁走。八年，上以首逆未获，命永保接办军备。琅玕已擒斩汉奸张有斌，临江划筏，声言渡兵江外，傈傈震悚，诣军门乞降，琅玕令诱导诸寨擒贼自效。九月，恒乍绷潜匿山箐，官军搜获之，余党尽歼。事平，予议叙。①

对此清代官方史家大书特书的“作乱”事件，陶云逵在文献综述时也只用了一句：“又武备志戎事：‘嘉庆七年壬戌，维西栗恒乍棚作乱，总督觉罗琅玕讨平之’。”他巧妙地表明其立场、态度，并将此时期维西傈僳族官逼民反的史实渗融于《碧罗雪山之栗粟族》中的社会环境与族际关系等章节。这便是王朝史视野下的傈僳族历史文化与人类学家陶云逵所写历史文化的根本区别。前者，在时间上，只有内地中央王朝的朝代更迭、皇帝年号纪年；在文化上，只有主体民族的才是正统的、先进

① 赵尔巽等撰：《清史稿》，北京：中华书局，1977年，第11342页。

的，而少数民族的是野蛮的、落后的；在政治上，内地中央王朝是正统的，反之是“作乱”的。这是中国史家由上而下地从内地看边疆、从主体民族看少数民族的传统史观，但到1930年代被陶云逵“反转”，从而开启了从边疆、少数民族视角看内地、看主体民族的傈僳族人类学研究。

需要注意的是，陶云逵罗列的前人文献资料中，我们还可以发现一个奇妙的问题：这些记述有头（唐代）有尾（陶云逵调查之前），却缺少中间部分（宋元明时期），这似乎与傈僳族的祖先崇拜（其中以近祖崇拜和远祖崇拜尤为突出）有某种关联。至于其深层内涵，还需进一步探讨，但可以想见的是，这三个朝代的傈僳族一方面正处于因其生存空间被挤压，而从洱海以北、金沙江流域迁徙到澜沧江、碧罗雪山与怒江高黎贡山一带，逃离中央王朝统治、自由游弋于偏远地区的一个历史时期，同时也处于与内地互通有无、经济互补关系越来越密切，而西徙自然资料更丰富的中缅未定界，从事采集、狩猎与游耕的重要历史时期，故其时间观念和节律更多的是以花开鸟鸣的物候变化为基础。并且，从金沙江流域（古称“泸水”）西迁的“卢鹿蛮”“卢蛮”，因为迁徙过程中经历了分化与交融，汉文献对其的记载不再出现唐代所用的“栗粟”一词，到了《元一统志》则只有丽江路西部的“卢蛮”记载，清代文献又突现“栗粟”族称。族名的时隐时现，“栗粟”与“卢蛮”的交替，也是傈僳族与内地中央王朝亲疏关系的映射。[①] 对此，我们不能苛求于陶云逵，而应看到傈僳族汉文献史实际上也是一部与中央王朝关系的时间史——“纪年的创立和废弃成了政治策略行为。纪年的延续不只是年号的延续，

① 高志英、邓悦：《族群认同、区域认同与国家认同的跨境互构——以中、缅、泰傈僳族弩弓文化的位移与重构为视角》，《云南师范大学学报（哲学社会科学版）》，2020年第5期，第96—106页。

更与它的纪年对象有关”。① 因此，从时间制度视角审视傈僳族历史，尤其是傈僳族与内地中央王朝的关系史是一个很好的切入点。从陶云逵摘录自历代汉文献的资料，我们可以发现一部汉文化中心主义视角下的时间和空间被碎片化、文化被污名化的“傈僳族历史文化”。对此，陶云逵做民族志的方法将遮蔽于王朝纪年之下的花鸟历法重新呈现在世人面前。这是作为人类学家的陶云逵对于异族的传统时间制度的尊重与重视。

（二）近代边疆危机背景下的傈僳时空叙事

自从1840—1842年的中英第一次鸦片战争与1824—1885年的缅英战争之后，伴随中缅被英国殖民程度的加深，为配合西方殖民中缅的国家战略，一批以西方洋历为时间制度和纪年的“探险家”与基督教传教士先后进入傈僳族地区“探险”“考察”与传教，并首次留下一些有关傈僳族的记载。陶云逵对此也尽量加以搜集，显示出留洋归国的人类学的世界视野。如《碧罗雪山之栗粟族》所述：

> 安德生(John Anderson)在他的《云南调查报告》②以及

---

① Conrad, S., "'Nothing is the way it should be.': Global Transformations of the Time Regime in the Nineteenth Century," *Modern Intellectual History*, 15(3), 821-848, 2018. 译文见：塞巴斯蒂安·康拉德：《“不是非得这样”：19世纪时间制度的全球转变》，陈荣钢译，载公众号“译窟”，2022年6月12日，https://mp.weixin.qq.com/s/mOnhszsRL-WGc-p-VvPANDA。

② Anderson, J., "A Report on the Expedition to Yunnan via Bhamo," Calcutta 1971. ——陶文原注

《从蛮得里[①]到腾冲》[②]二书中，曾提到腾冲与缅甸交界之间的户撒(Hutha)[③]与盏达(Sanka)[④]各山中有栗粟生存。并且说他所见到的这些栗粟(Lisu)与古柏氏(Cooper)在云南北界及西藏交界处所见名为浪速(Leisu)者相同。

斯格德(J. George Scott)在他的《缅甸通志》"种人"一节把瓦克(H. B. Walker)、乔治(E. C. S. George)、斯德林(G. C. B. Sterling)，以及其他人的作品搜集在一起，斯格德好像把离消(Lihsaw)或离骚(Lisaw)与栗粟分开，认为他们两个是不同的种族。[⑤]

欧涟公爵亨利(Prince Henry of Orleans)说在他同胡(Rous)与布里佛(Briffand)在怒江流域的旅行中，遇到栗粟土族。[⑥]

李顿(G. J. L. Litton)，英国驻腾冲领士，对于栗粟有相当调查，在他死后，佛林斯德(Forrest)曾将其旅行记录在英国《地理学会杂志》第三十二卷发表。

杨氏(E. C. Young)在他的《从云南到阿萨》旅行记里说："从云南到阿萨，有不少的栗粟村寨。"[⑦]

戴维士(H. R. C. Davies)在所著《云南》一书中，自第 391

---

① 即今缅甸北部重要城市曼德勒。

② Anderson, J., "Mandalay to Momien," London 1876. ——陶文原注

③ 即今德宏州陇川县户撒乡。

④ 即今德宏州盈江县盏达乡。

⑤ "Gazetteer of Upper Burma and the Shanstates," Vol. I, pp. 587-588, Rangoon, 1900. ——陶文原注

⑥ Prince Henry of Orleans, "From Tonkin to India," London, 1898. ——陶文原注

⑦ Young. E. C, "A Journey from Yunnan to Assam," *Journal R. G. S.*, Vol. XXX, No. 2. 1907. ——陶文原注

至392页,对于栗粟有较详的记载:栗粟族的大本营,是在怒江上游,约在北纬25°30′到27°30′之间,东方直达到澜沧江的右岸,西方达到恩梅开江的上游,就是大金沙江的东支流。他们在滇缅交界北纬25°也有相当的数目,看情形好像在龙江(即瑞丽江)上游腾冲之北(北纬25°东经98°30′)从前为栗粟所居住。这些栗粟,现在都变成汉人了。栗粟这个民族像是对于移殖很智慧的,在大金沙江以东野人山以及北方摆夷土司地,都可以见到零散的栗粟人群,他们甚而至于延展到景东(Kengtung)的南方摆夷土司地。在法属牢省(Lao)的猛龙(Manglung,北纬20°55′,东京101°45′),我曾听见有个叫辙底(Chedi)的部族,我相信他们就是栗粟,因为摆夷叫他们辙里。摆夷语中的l,常被牢人讹成d。在云南中部与东部的大部分是没有栗粟,因为他们是云南省西部的居民。但是其中有少数向东方迁移,并且我听说在上营盘(Ying-pan在北纬26°,东经102°30′)也有栗粟。旁的旅行家曾经报告,在永北厅附近也有栗粟生存着(永北在北纬26°45′,东经100°45′)。①

罗斯(A. Rose)与白兰恩(J. C. Brown)在他们的《中缅交界之栗粟》,报告其在怒江上游栗粟的调查,并附有栗粟分布图。按其图,则栗粟之主要分布地,为怒江上游澜沧江流域之一部(北纬22°45′到25°之间),但在金沙江流域之武定、永北、丽江,又腾冲以及缅甸境内之瑞丽江流域均有之。②

---

① Davies, H. R, "Yunnan," Cambridge, 1901. ——陶文原注

② Rose, A. and Brown, J. G., "Lisu (Yawyin) Tribes of the Burma-Chinese Frontier," *Memoirs of the Asiatic Society of Bengal*, Vol. III, No. 4. pp. 249-277, Calcutta, 1910. ——陶文原注

> 佛瑞塞(F.O.Frazer)《栗粟语言》一书，关于栗粟分布有以下一节："在云南，几乎缅甸边境的全长，自维西以至思茅。在缅甸境内也是一样的路线，自葡萄厅东北角以至南掸地(Southern Shan State)，都有栗粟。沿澜沧江各地，南及北纬26°，沿扬子江上游(即金沙江)及至昆明同经度的地方，均可找到栗粟。在元谋县一带的栗粟说一种方言，与在缅边的很不同，甚至彼此不能明了，相同的字几乎不到百分之五十。实际上说他们是否属于一族，很是个问题，因为只有汉人叫他们为栗粟，而他们自称是'栗泡'(Lihpaw)。"①

上述可知，陶云逵将国外"探险家"、传教士(如弗雷泽，又写作富能仁)对清末至民初(1927)傈僳族的相关记录，也尽可能搜集完备。而之前的中国官方与地方史志，除了余庆远的《维西见闻纪》源于实地调查之外，多数是辗转抄袭而来，其中不乏以讹传讹，并充满汉文化中心主义的论调；其次，上述资料多数从实地调查得来，前者是基于从内地到边疆的视角，而后者的调查路线是从边疆到内地，且不可避免于"西方中心论"，甚至基督教文化优越论，②二者整合并加以互证，就可以相对完整地呈现清末、民国时期中缅傈僳族分布、人口、经济与文化概貌。

可以说，陶云逵是因其学科背景、语言优势遍搜国外傈僳族研究资料的第一人，在为后人研究提供境外傈僳族文献线索的同时，他自己也

---

① Frazer, F.O., "Handbook of Lisu Language," pp. iii-iv, Rangoon, 1927. ——陶文原注

② 仲为民：《"西方中心论"的"非"与"是"》，《人民论坛·学术前沿》，2020年9期，第84—92页。

自然而然地对中国传统史家与国外“探险家”传教士的历史叙事、史观、文化观进行比较，由此开启立足于古今中外前人文献记载基础的傈僳族民族志研究。其中，中西方时间制度在陶云逵研究中的并置，正好是清末民初中西方时间制度在中缅交界地的傈僳族地区“相遇”史实的映射。从此，在全球化洪流之下，不惟傈僳族传统的花鸟自然历法，中国主流的农历亦与西方公元纪年并处。这种多套时间制度的并行不悖，体现了傈僳族文化的包容性。

当然，如果说汉文化中心主义视角对傈僳族历史文化的记载，免不了“只见森林不见树木”之嫌，那么，上述西方“探险家”与传教士撰写的傈僳族文献，则因进入傈僳族地区的路径、考察与活动范围、时间、语言所限，又难免有“只见树木不见森林”的缺陷。而陶云逵则是从楚雄“东部傈僳”走到碧罗雪山、高黎贡山“西部傈僳”核心分布地，对傈僳族开展了全面、系统的实地调查；又因其人类学学科背景，从而能够在《碧罗雪山的栗粟族》中兼顾宏观与微观、历史与当下、中国与西方。所以，陶云逵的傈僳族研究，是一种跨越时空边界的民族志研究尝试，所面对的是研究对象身置多套时间体系、制度的特殊历史时期，因而呈现出在傈僳族研究中前所未有的研究价值。

（三）时间制度选择与对自然、文化空间的重合认知

总的来看，难得陶云逵在“突然”闯入傈僳族世界的情况下，还做了如此充分的文献准备工作，而这也确保了他能对傈僳族的田野调查点与主要调查群体的选择做到胸有成竹。在田野调查过程中，陶云逵对于调查重点有着强烈的问题意识，能够很快进入研究状态。其原因在于，陶云逵首次用他者的文献（包括中外官方与非官方学者对于傈僳族

的记载）廓清了一条傈僳族从唐代至民国的历史变迁脉络，从而透视出傈僳族的历史是如何被捆绑到外界历史框架中的。在此，历史即时间，傈僳族历史融入外界主流历史的过程，也是融入外界主流时间的过程。在这些文献里，我们看到的是历代皇帝年号的纪年法，中华民国纪年，以及越来越通行的公元纪年。这也体现了傈僳族的时间观从本民族的花鸟物候纪年到汉文化纪年，乃至全球化的公历（西历、阳历）纪年的变迁过程。因此，从唐代帝王年号纪年到民国纪年、西方基督教纪年的进入、并存，透视出的是外界时间观在傈僳世界的投射。这应该是傈僳族的一种"历史意识"，"它要求时间是线性的，时间的行进如离弦之箭，连接着一个起点和一个所谓'世界末日'的终点"。[①] 但当时的傈僳族对于传统的花鸟历与内地传入的农历，并非盲目存废，而是有主体性地加以选择，才能够使两套时间制度得以灵活运用。

在陶云逵自己的田野调查中，虽然没有对傈僳族的时间制度进行明确归纳，但其民族志的字里行间都有时间轴显现，且线性时间与循环时间并具：

> 怒江、澜沧江，更是一种东西交通的阻碍，因为他不能航行。即有能航行的地方，也是极短的一段，而且需在干季，即是国历的九、十月至次年的五、六月。……只有待干季有舟方往来。但是干季是在冬春，而高黎贡山、碧罗雪山、云岭雪山的脊梁一到国历的十一月尾雪便"封山"了，到次年的三月尾才"开山"。而前两个山，有几处积雪通年不化。作者所走的

---

① 罗米拉·塔帕尔：《早期印度的循环时间观和线性时间观》，载 K. 里德伯斯编：《时间》，第 24 页。

路径上，曾遇到两个地方有积雪搭成的所谓雪桥，时间是九月底和十月中。所以在干季，雪一封山，便无人敢走山。①

他们播种的时期，按国历计算，当如下述：三月——黄瓜；四月——谷、小米；五月——玉米、高粱、鸡脚稗；十月——荞、青菜。收获时期是：六月——黄瓜；七月——谷、小米；九月——玉米、高粱、稗；十二月——其他。②

上一则文字从交通的角度，以雪积雪融、水涨水落作为时间表征；下一则文字以庄稼播种、收获作为时间表征，表明傈僳族自有一套有别于外界帝王纪年的时间体系与制度。千百年来水涨水落、雪积雪化，似乎时间是静止、凝固的，但正是人类的翻山过江、春种秋收，赋予了时间以过去与现在、短暂与永恒、线性与循环等多个维度。这实际上也是傈僳族对时间、空间也即宇宙的探索与认知，表明其时间观与空间观始终相交集，呈现的是三江并流区域傈僳族时空交集下的历史与文化事项的整体性与动态演变性。

另外，透过陶云逵搜集到的多则傈僳族创世故事，也同样可以看到其“从古到今”的线性时间观。在怒江贡山茨开村搜集到的创世故事讲述了洪荒过后兄妹成婚、人鬼分离与族群分化的故事，③呈现的是傈僳族从过去（洪荒时代）到现在（人鬼殊途，人以群分）的线性时间变迁下的社会变迁。在澜沧江维西罗锅村调查到的创世故事则将洪荒之世分

① 陶云逵：《碧罗雪山之栗粟族》，载《中央研究院历史语言研究所集刊》第17本，第334—335页。

② 陶云逵：《碧罗雪山之栗粟族》，载《中央研究院历史语言研究所集刊》第17本，第343页。

③ 陶云逵：《几个云南藏缅语系土族的创世故事》，载《陶云逵民族研究文集》，第154页。

为“朱甫涯”“谬输谬香涯”与“洼崖谢每涯”三个时代，从身小力微到洪荒时代，巨魔“洼崖谢每”治世，人类因与山中猿猴结婚而灭绝，再到后来天降大神令从葫芦中诞生的兄妹结婚，并产官、“尼帕”（巫师）与工匠三人与民女结婚而有人类。① 此类创世神话同样是基于线性时间的视角，但把时间延长、空间范围拓展了。这也是傈僳族在自然地理空间上活动范围拓展、在族际关系上交往交流交融增多的投射。可见，傈僳族的时间观与空间观，或者说是时空观、宇宙观，既具有其地方性知识的特征，又具有普遍性意义。

对于空间这一研究对象，很多学者更关注的是自然空间（自然环境）。在陶云逵之后十年，由另一位人类学家完成的《云南傈僳族及贡山福贡社会调查报告》也是如此。该调查报告从地位（位置、面积、疆域）、地形（地势、山脉、地质、土壤）、气候（温度、雨量）、物产（动物、植物、矿产）四个方面介绍了傈僳族分布地的自然空间特征，②但是并未对其文化空间给予只言片语的介绍，而陶云逵则是用了一整个章节，从自然空间到文化空间皆进行了细致全面的描述。

如果说《云南怒山上的栗粟人》是移步换景式的傈僳族自然空间概述，那么，《碧罗雪山之栗粟族》则是非常规范的自然空间介绍。后者从地势入手，一下子将读者带到了三山（云岭、碧罗雪山、高黎贡山）纵立、三江（金沙江、澜沧江、怒江）并流的自然环境里，并指出山脉河流走向与人口迁徙的关联，其文化空间的意涵跃然纸上：

---

① 陶云逵：《几个云南藏缅语系土族的创世故事》，载《陶云逵民族研究文集》，第156页。

② 张征东：《云南傈僳族及贡山福贡社会调查报告》，西南民族学院图书馆编，1986年，第19—23页。

河流有时是交通的利器，有时是交通的阻碍。在我们所述的情形之下，怒江、澜沧江对于东往西，或西往东的交通是一种阻碍。但是自北往南，或自南往北，未尝不是一条天成的大道。因为虽然不能行舟，但是沿河而行的便利是很引诱人的。设如我们很笼统地叙述夹着这两条河（澜沧江、怒江）的山脉形式和方向，则高黎贡山、碧罗雪山以及云岭雪山三者山脉，也多是自北而南的。这种形式，在交通方向上的便利与阻碍，和前述的河流是一样，就是便于南北而碍于东西。[①]

这种山高谷深的自然环境造就了傈僳族特殊的空间观念，即其空间的词汇里更多的是东方（太阳升起的方向）与西方（太阳落的方向）、上（江源头）和下（江尾）的观念，而少有平原民族“四面八方”的空间观念。

陶云逵注意到了山势与河流走向对于交通的影响，并在不厌其烦地介绍傈僳族所处自然环境的地势之后，就通过自己一行人爬山过程中衣服的厚薄变化来体现其垂直气候。接下来又关注傈僳“对动植物之适应”中的空间意识：

栗粟则是居高临下地过山上生活。在山上，除了能生包谷[②]、荞、麦、高粱、麻[③]而外，还有许多的野兽，如鹿、麂、熊、虎、狼、野牛。这给栗粟以打猎的机会，是在较平的无森林的

① 陶云逵：《碧罗雪山之栗粟族》，载《中央研究院历史语言研究所集刊》第17本，第332—334页。

② 即玉米，在三江并流各区域民族中分别有“包谷”“包麦”“玉麦”等称呼，下文依据不同场域尊重报告人的习惯而分别使用，皆指玉米。

③ 麻，在傈僳族历史上有人工种植的大麻、野生的荨麻与火麻，三种皆可用来织麻。

> 地方所得不到的。山上森林很多。有可以容五六个人睡的大树心。因此，地域虽寒，但是栗粟用不着对于柴担心。……其余在栗粟分布区域中，植物还产黄莲、贝母，以及其他草药。均是野生，栗粟们去采来卖给汉商。[①]

就是因为有高山作为屏障，深谷作为天堑，又有适应高山的农作物可供衣食，还有野生动物可以果腹，柴火可以取暖，野生药材可以用来与外界交换生产生活必需品，傈僳族才可以“居高临下地过山上生活”，因而被西方学者归类为长期实践“逃避统治的艺术”的“佐米亚”民族。[②] 实际上生产生活的变迁，正是其与内地通过朝贡交换土产、山货的结果。

但与此同时，藏彝走廊各民族层级关系就是在高山深谷间的自然空间里突破、交错的。[③] 周围强势民族向碧罗雪山的每一次推进，都会营造出一个新的社会环境，或是新的社会文化空间。对此，陶云逵选择以“与邻族的关系”角度来切入讨论：

> 我们所讨论的栗粟区域，是个鸭蛋形，即是椭圆形的。其四周是被非栗粟族的包围。而在其本区中，在高度的高下，自然也有分别。就是在高度低的，是异族；在高度高的才是住着栗粟。如果把鸭蛋放在桌子上，则蛋之向上部分才是栗粟的区域。在这个区域之东（即维西、丽江、兰坪之一部）有麽些；

---

① 陶云逵：《碧罗雪山之栗粟族》，载《中央研究院历史语言研究所集刊》第 17 本，第 335—336 页。

② 詹姆士·斯科特：《逃避统治的艺术：东南亚高地的无政府主义历史》，王晓毅译，北京：生活·读书·新知三联书店，2016 年，第 34 页。

③ 高志英：《藏彝走廊西部边缘民族关系与文化变迁研究》，第 162—230 页。

其北(即德钦设治局,及藏康交界地)有古宗①、西番②、怒子③;其西(即高黎贡山之西)有俅子④;其南及东南(即云龙属之漕涧,以及云龙县治一带)有民家(白子)⑤及名那马的民家支系。这可以说是鸭蛋的四周。至于蛋的下半面,即是栗粟区域高度较低的地带,则在怒江流域,有怒子;在澜沧江流域,有麽些。但是无论何处,都有汉人的踪迹,主要是经商,但在栗粟境域为数很少就是了。⑥

陶云逵对于澜沧江峡谷各民族小聚居的垂直分布样态的描述,已经将各民族之间空间上区隔、经济文化上交往交流的关系也呈现了出来。这也是其时傈僳族脚步所及、视野所及的空间范围,并在其创世神话里以兄妹成婚、兄弟析分至不同区域、产生不同文化特征的同源异流民族等情节加以呈现。

对于当时傈僳族与其他民族大杂居的分布格局,陶云逵在《碧罗雪山之栗粟族》与《几个云南土族的现代地理分布及其人口之估计》中皆有形象描述,⑦图示如下:

① 古宗,即藏族。

② 西番,即普米族。

③ 怒子,一般指怒族,有时也指分布于怒江中上游的民族,即怒族与傈僳族。

④ 俅子,指独龙族,因分布俅江(独龙江)而得名;或者俅江因俅人分布而得名。

⑤ 民家,指白族。

⑥ 陶云逵:《碧罗雪山之栗粟族》,载《中央研究院历史语言研究所集刊》第17本,第336页。

⑦ 陶云逵:《几个云南土族的现代地理分布及其人口之估计》,载《陶云逵民族研究文集》,第115—148页。

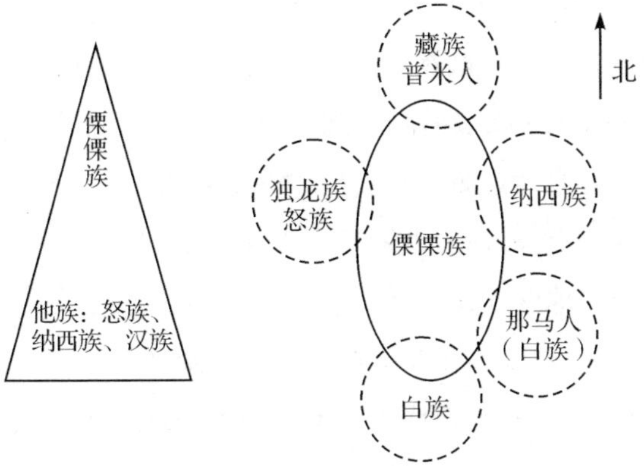

图 0-4　碧罗雪山区域民族垂直、水平分布示意图

碧罗雪山的傈僳族就是这样被周边民族所包围的,或者说该区域每个民族皆处于"大杂居、小聚居"格局中,既被周围其他民族所包围,同时又包围着其他民族。但其族际关系中的社会层级却不尽相同,有的是傈僳族的统治者,有的则是傈僳族的被统治者,并且也有与傈僳族地位等级相同者。所以,在一定意义上,傈僳族的族际关系与族际观念,便是基于其自然与文化空间叠合下的空间层级观念。图示如下:

俅子←怒子(能事者)[1]←栗粟(强人)←麽些(土司、商人)←汉人(官员)

←民家(土司、商人)

碧罗雪山两侧的澜沧江与怒江流域的傈僳族,在政治上一北一南分受丽江、维西纳西族土司与兰坪、云龙、泸水白族土司和彝族土司统治,族内强人又统治着怒江与独龙江流域的怒族、独龙族,这种双重身份是其自然空间与社会空间的叠合导致的。具体而言,傈僳族在自然空间内占有的空间广,获取的自然资源相对较多,能够养活更多的人

① 《纂修云南上帕沿边志》,载怒江州志办公室编:《怒江旧志》,第 55 页。

口，并集聚成相对强大的势力；在文化空间上，更有充当内地生产生活必需品与碧罗雪山及其以西怒族、独龙族山货土产交换的桥梁，因而被澜沧江流域的政府官员、纳西族与白族土司等所倚重，代其收取象征性的“土贡”。这种自然资源与社会资源的双重获得，无不与其所处自然空间与社会空间有关，从而也拓展了其活动的空间范围与空间认知，并以宇宙观的方式隐含于其创世神话。

从明代以来，丽江纳西族土司与吐蕃在金沙江与澜沧江并流区域发生长期拉锯式战争，傈僳族不得不往该区域高寒山区与西部怒江流域迁徙，就形成了以山高谷深的澜沧江、碧罗雪山为中心，西部与怒江、高黎贡山相连，东部与金沙江、云岭雪山相接的分布格局。到清代雍正年间，代表中央王朝的维西纳西族土司与兰坪白族土司、云龙（后为泸水）白族土司和彝族土司也接踵而至，迫使其向更高海拔、更西部的山区迁徙。这样一来，更多的生产生活必需品取之于山，但同时也通过野生名贵药材、山货交易，与其东部的纳西族、白族，北部的藏族，进而与汉族保持经济互补关系，又以不等价交换，甚至公开勒索的方式，从更偏远、自然资源更丰富的怒族、独龙族那里获得名贵山珍与药材资源。① 在此过程中，俅子、怒子不敢越界到傈僳区域②，麼些、民家也不敢贸然深入此区域③，皆因自然环境艰险与“山民”傈僳之强悍。也可图示如下：

怒族、独龙族 ⟺ 傈僳族 ⟺ 纳西族、白族、汉族

① 夏瑚：《怒俅边隘详情》，载方国瑜主编：《云南史料丛刊》第 12 卷，第 150、155—159 页。

② 余庆远：《维西见闻纪》，载方国瑜主编：《云南史料丛刊》第 12 卷，第 65 页。

③ 李根源著，李根沄录：《滇西兵要界务图注》，载方国瑜主编：《云南史料丛刊》第 10 卷，第 802 页。

这样复杂的经济文化交往交流关系，在傈僳族的创世神话里就被构拟成同源异流的同胞兄弟关系，呈现的是区域内外族际关系基础上的文化空间图景，因而倍受陶云逵的重视。实际上，傈僳族在三江并流区域的空间观总是与其时间观相对应的，因为种植业、狩猎业与采集业皆依循自然节律而行。因此，得益于高山深谷作为屏障天堑，他们也长期保持了依循自然节律靠山吃山的生计方式。这才是陶云逵所谓对“动植物适应”的要义所在。其中，除了传统高寒作物荞麦、高粱以及麻的种植外[①]，玉米这种既有较强适应力又高产的农作物的引进，也使傈僳族可以“居高临下”处在碧罗雪山与高黎贡山、云岭雪山上。

另外，陶云逵还从文献记载里的族称（他称）呈现了傈僳族的社会环境：

> 汉人称之为栗粟，其自称为 Lesuo；分布于此族邻近之民族，如怒子，称栗粟为栗粟，麽些（那希）称之为鲁苏（Lusu），俅子（毒龙河上游流域之土族[②]）称之为栗粟。[③]

“栗粟”“鲁苏”族称在上述民族语言中出现，正好说明他们彼此之间存在关联。这与傈僳族分布与迁徙的史实相吻合，所以陶云逵在无法从傈僳族内部得到族称含义时，就转而到其他民族那里寻找。首先就是到传说中从葫芦里诞生的三兄弟当中，把文字留在石头上的“黑人”（那希）[④]那里寻找傈僳族族称之意：

---

① 实际上稗子（鸡脚稗）、燕麦与旱谷的种植也曾是比较普遍的。

② 即今之独龙族。

③ 陶云逵：《碧罗雪山之栗粟族》，载《中央研究院历史语言研究所集刊》第 17 本，第 327 页。

④ 即纳西族族称的同音异写。

> 他们两兄妹拿着刀割开瓜一看，由瓜内出来五个人，三个白的，一个黑的，一个生翅膀的。三个白的就变成了栗粟；一个黑的变成了那希(丽江的麽些)；有翅膀的那一个，在开瓜时一怕，飞跑到山崖上，变成鬼。世上有鬼，自此始。后来天上遣下一神来，教给他们识字。……行到途中饿了，找不着东西吃。饿得无可奈何，就将带着字的皮子吃了，学来的字只是会说而不会写。黑者学的字写在石头上，忘了的时候，就看看石头。所以栗粟现在会说不会写，无文字。①

这个创世神话所映射的是，傈僳族与纳西族有很亲近的族源与地缘近邻关系。但是，傈僳族因为无文字，其早期历史多半是被有文字的纳西族记录的，不仅少量记录于其象形文字中，还通过纳西族分布核心地的地方史志被外界认知。就此，傈僳族长期成为无文字记录的历史的民族，从而激发汪忍波(哇忍波)在民国时期创制了民族文字。② 因为纳西族头人早在元初，即世祖忽必烈于今丽江奉科一带“革囊渡江”时就归附蒙古军队，明清时获敕封土司职位③，纳西核心分布地丽江相较于傈僳族主要分布地三江并流区域也更靠近内地，所以内地中央王朝或迁入本区域的汉人很可能是通过纳西族来了解傈僳族的。有意思

---

① 陶云逵：《碧罗雪山之栗粟族》，载《中央研究院历史语言研究所集刊》第17本，第402—403页。

② 哇忍波：《哇忍波自传》，木玉璋翻译，李汝春整理，载中国人民政治协商会议云南省维西傈僳族自治县委员会文史资料委员会编：《维西文史资料》第1辑，1989年，第1—11页。

③ 郭大烈、和志武：《纳西族史》，成都：四川人民出版社，1994年，第254—258、270—271、358页。

的是，汉人、怒子、俅子皆称傈僳族为“栗粟”，唯有麽些称之为“鲁苏”。其意义不在于“石生人”的理解是否确切，而是其读音与“卢”“卢鹿”之接近——口传易变，而文字却易于保留。即麽些称其为“鲁苏”，正好给了后人一个清晰的从金沙江（古称“泸水”）流域的“卢蛮”而到“鲁苏”“栗粟”的历史变迁脉络。

上述可知，陶云逵在《碧罗雪山之栗粟族》中不厌其烦地引述了维西汉族官员、纳西族土司与维西傈僳族之间的矛盾冲突，如对维西傈僳族“尼帕”恒乍绷事件，文中就引用了《云南通志·军备志·戎事》、师范《滇系事略》的有关记载，“端公”、“沙尼”（活佛）[①]、“邪教”、医卜、“尼叭”（“尼帕”）、“妖言惑众”等文化标签比比皆是。这一案例同样体现了傈僳族所处的山水阻隔的自然空间，同时是自由遵循自然节律来安排生产生活的文化空间，也是充满了被外界赋予的异文化偏见的文化空间。文字的历史书写权力与其社会地位一致，才产生了关于文字从有到无的历史叙事。因此，最早传入傈僳族中的文字或文字记载的文化，往往就是历法。即从花鸟历到内地中央王朝纪年、汉族农历、藏历，进而到公元纪年。这是傈僳族时间与空间上与外界产生交集的结果。

总之，陶云逵的研究对象，就是上述有着从民族花鸟历、内地帝王纪年到农历（部分地区还有藏历）、公元纪年的多元时间制度，而且自然空间与文化空间并存、叠合的碧罗雪山之傈僳族。陶云逵所著的傈僳

---

① “沙尼”一词疑为当地纳西语音译。“沙尼”“桑尼”“达旭帕”，在维西康普、叶枝一带的纳西语中意为“巫师”，并主要指代有别于常言的“东巴”的宗教师。前者的宗教技能、法力通过“阴传”获得；后者则有明确师传关系，并需通过后天系统学习才能担任。从另一角度说，当地纳西族民众认为“沙尼”能看到鬼神，而“东巴”则不能。《云南维西县地志全编》中则提到：丧礼……傈僳则跳撒尼。此处的“撒尼”当为“沙尼”的异写，概为当地的纳西族等对傈僳族宗教师的称谓。见屈之春：《云南维西县地志全编·风俗》，1921 年手抄本。

族首部民族志就是呈现在此时空舞台上的傈僳族的生产生活图景。并且,该舞台还具有时空的延展性,时间回溯到创世神话时期,空间拓展到傈僳分布地之外,从而揭示了宇宙观层面的意义。

第一章　时空交集视野下的碧罗雪山腹地同乐傈僳古寨

陶云逵对碧罗雪山一带调查研究的成果问世后，对傈僳族的“三分法”一直畅行至20世纪末。所谓“三分法”，即依照分布的区域、传说、习俗等，将傈僳族分为“花傈僳”“黑傈僳”“白傈僳”三大板块：

> 栗粟族分为三个支系或族部，一白栗粟，二黑栗粟，三花栗粟。关于此三支系的来源，栗粟有个传说：
>
> “从前有个天女名 Mëmi，生有三子。长子名 Lëjengoup'a，次子名 Läshuoup'a，三子名 Dzop'a。长子喜穿白麻衣，种白米，吃白饭。次子喜穿黑麻衣，种黑粮，吃黑饭。三子喜穿花麻衣，种花荞，吃花荞饭。后来三子各分地居住，长子 Lëjengoup'a 之子孙，其日用之衣与食，俱尚白色，故谓之白栗粟。次子 Läshuoup'a 之子孙，其日用之衣与食，俱尚黑色，故谓之黑栗粟。三子 Dzop'a 之子孙，其日用之衣与食，俱尚花色，故谓之花栗粟。”
>
> 但今怒江上游之栗粟着白底蓝横条之麻布衣，澜沧江上游之栗粟着白麻布衣，至其名称则均为黑栗粟。腾冲一带之

花栗粟妇女之衣饰则甚鲜艳，男子着深蓝布衣。①

1950年代前，依据文化特征，这种区分似乎成了“权威”，外界也就想当然地认为傈僳族有三个支系。因当时的傈僳族中识汉字者不多，也就无人对傈僳族内部三个文化群体是否可以用“支系”概念加以概括进行反思。其间，张正东在前人基础上，对此区分进一步加以佐证、论述：

黑傈僳自称为栗庶能。查本族(傈僳)语，“栗庶”等于傈僳；“能”等于黑也。“栗庶能”直译为傈僳黑。因本(傈僳)语文法组织有异于汉文法，每为名词在前，形容词在后，“栗庶能”意即为黑傈僳也。于后又自称为“尼挪扒”。傈僳语中“尼挪”为维西，“扒”为人，盖指为驻维西之傈僳族也，并表明由维西傈僳族系分派之族类矣。

白傈僳自称为栗庶铺。查傈僳语，“铺”等于白，“栗庶铺”等于傈僳白，即白傈僳之义也。于后又自称“勇伯扒”。查傈僳族语，谓永胜为[iy-lpy]，也即指明由永胜傈僳族系中分派之支也。

花傈僳自称为栗庶迦能。傈僳语谓黑白相间者为“迦能”，花之意也。“栗庶迦能”意谓花傈僳也。于后又自称为楞梅扒。查傈僳语称恩梅开江为“楞梅”。所谓楞梅扒者，盖指为住恩梅开之傈僳族也。②

① 陶云逵：《碧罗雪山之栗粟族》，载《中央研究院历史语言研究所集刊》第17本，第382—383页。

② 张征东：《云南傈僳族及贡山福贡社会调查报告》，第2页。

张正东在对这三种称谓进行介绍后，对三大板块的分布区域以及所受异族文化的影响进行了分析，认为黑傈僳主要受到了“麽些”的影响，而白傈僳和花傈僳则主要受到了“汉人”的影响。[①] 但张正东没有注意到的是，与此同时还有一种傈僳族“两分法”的客观存在，即“东傈僳”与“西傈僳”[②]。西傈僳大概即“黑傈僳”与“花傈僳”，东傈僳则是“白傈僳”。陶云逵与张正东的文本无论是访谈傈僳族获得，还是访谈傈僳族周围的其他民族获得，都显示出傈僳族的“黑”“花”“白”与外界交往交流的程度，同时也是其与以汉文化为主的外界文化的交融程度。而且，这三个板块的傈僳族的分布，正好反向对应从内地到边境、远达缅北的分布格局，意味着西南边疆少数民族在时间、空间上融入中华民族的循序渐进的过程。

而今，“三分法”已受到一些傈僳族学者[③]的质疑与否认。但陶云逵依据傈僳族的分布区域及文化共性，将傈僳族分成三大群体来加以研究，在傈僳学史上系首次出现，使读者首次了解到傈僳族内部所具有的文化多样性。其中，陶云逵所调查的是碧罗雪山一带的傈僳族，即所谓的“黑栗粟”。换言之，“黑栗粟”亦即“碧罗雪山之栗粟”。张正东亦

---

① 张征东：《云南傈僳族及贡山福贡社会调查报告》，第5—8页。

② 此类分为东西两大分布区的方式与傈僳族的方言分布相契合，因为从较大的方面而言，傈僳语可以分为怒江、禄劝两个方言。见斯陆益主编：《傈僳族文化大观》，昆明：云南民族出版社，1999年，第13—14页。

③ 部分由其他作者编著、发表的书籍和论文中还能看到此“三分法”的影子，如《傈僳族简史》。而傈僳族学者的研究成果中，多不言及此分类，如《中国傈僳族》《傈僳族文化大观》《傈僳族文化论》等。再如侯兴华等学者也对此分类方式提出了质疑。见《傈僳族简史》编写组、《傈僳族简史》修订本编写组：《傈僳族简史》，北京：民族出版社，2008年；欧光明编著：《中国傈僳族》，银川：宁夏人民出版社，2012年；斯陆益主编：《傈僳族文化大观》，昆明：云南民族出版社，1999年；侯兴华、张国儒：《傈僳族支系划分探究》，《思想战线》，2011年第6期，第133—134页。

将碧罗雪山之傈僳族作为调查研究的重点,并着重关注了澜沧江上游维西一带的傈僳族。张桥贵等人在整理傈僳族的原始宗教资料时,也特别关注了碧罗雪山两侧,即澜沧江与怒江中上游地区,并认为此区域中怒江流域一带的傈僳族的社会组织制度、原始宗教保存最为完好,鲜受外来文化的影响。[①] 但由于民国时期基督教的传入,怒江流域在1980年代后便因"福音谷"之名而被外界所关注[②],傈僳族的原始宗教文化圈也因基督教的传播而受到了挤压。当下,相对而言,曾经的碧罗雪山傈僳族传统生产生活圈腹地,其原始宗教、传统习俗的保存以澜沧江流域较为完备。

因此,本文选取了曾经作为傈僳族研究一大"圣地"的维西来开展"重访"研究,并以风俗习惯保存较好的同乐傈僳古寨作为傈僳族时空观及其仪式呈现的田野点,同时兼顾了周围傈僳族村寨。

第一节 空间:自然与文化空间叠合的同乐古寨

如果说三江并流区域的金沙江、澜沧江与怒江是民族文化流动之江,那么云岭雪山、碧罗雪山与高黎贡山便是藏彝走廊各民族的双面书

---

① 蔡家麒主编:《傈僳族卷》,载吕大吉、何耀华总主编:《中国各民族原始宗教资料集成:纳西族卷·羌族卷·独龙族卷·傈僳族卷·怒族卷》,北京:中国社会科学出版社,2000年,第705—709页。

② 林茨是较早提出"福音谷"这一称谓的人员之一。见林茨:《福音谷》,石家庄:河北教育出版社,2003年。

架，一面承载着自然，一面承载着文化。[①]

同乐村[②]是碧罗雪山区域一个典型的傈僳族村寨，2019 年共有 137 户，602 人。[③] 该村隶属于迪庆藏族自治州维西傈僳族自治县叶枝镇同乐行政村，傈僳语称之为“洛拖拉”，该区域纳西族称之为“洛托洛”，村民在交流时多称“大村”“同乐大村”，旅游宣传及地图则将其称为“同乐傈僳古寨”。因该村寨传统建筑保护得很好，又为国家级非物质文化遗产项目“阿尺木刮”的主要传承地，而先后被评为云南省第一批民族民间传统文化保护区（2006 年）、云南省第七批省级文物重点保护单位（2012 年）、云南省“土风计划”文化传承示范村（2013 年）、云南省民族传统文化生态保护区（2013 年）、云南省第一批 50 个民族特色旅游村（2015 年）与第八批全国重点文物保护单位（2019 年）等。得益于保存良好的建筑、民族文化以及上述头衔，同乐大寨被外界学者与媒体所关注。

一、自然空间：碧罗雪山腹地背山临水的村寨空间

同乐大寨位于碧罗雪山东侧、澜沧江东岸，由东向西流入澜沧江的同乐河右畔海拔 2200 米的山腰上，地处叶枝镇政府所在地叶枝村的东南侧。村内民居建筑以傈僳族传统的木楞房为主，密集而又层层叠叠

---

① 范稳：《人类的双面书架——高黎贡山解读》，昆明：云南人民出版社，2000 年，第 366—367 页。

② 该村隶属于同乐行政村，故常与行政区划意义上的“同乐村”混淆。村民大都称该村寨为“大村”“同乐大村”，本文依据山地民族古村寨特色，及同乐区位、海拔、民族及其山地生计与村寨边界意识，称之为“同乐大寨”。

③ 数据由同乐村委会提供。

地分布在一个背东面南的山坡上。如果以高山为父，以江河为母，那就是碧罗雪山父亲与同乐河（澜沧江）母亲养育了世世代代同乐人。但作为三江并流区域中澜沧江流域的一个傈僳族村寨，只有将其放在更广阔的地理空间，才能够解释清楚"同乐古寨"的自然空间特点。此乃"一方水土养一方人"，是"三江并流区域"的山山水水养育了该区域的傈僳人民。陶云逵也是从高山、江河切入对傈僳族主要分布地自然空间的介绍的：

> 现代栗粟分布的中心区域是在怒江、澜沧江上游，即是高黎贡山、碧罗雪山之北段山中。……我们知道，从西藏高原，向南及东南，流出扇子形的五条大江，就是扬子江（在康滇境内名金沙江）、澜沧江、怒江、伊洛瓦底江（即中国旧书上的大金沙江）和布拉马普德江。扬子江是由北向南而转向东，布拉马普德江是由北向东南而转向西南。澜沧江、怒江、伊洛瓦底江是自北而南，无有大的方向上的转移，除非是将入于海的下游一段。我们所调查的栗粟是居住在自北而南的怒江、澜沧江上游。……夹于峻岭之间，河面非常之狭，而河床因为山石的崩落，和沙砾的沉积，成了急湍，是不能航船的。栗粟就是在这不能航船的，靠近西藏高原自北而南的澜沧江、怒江上游居住。河流有时是交通的利器，有时是交通的阻碍，在我们所述的情形之下，怒江、澜沧江对于东往西，或西往东的交通上是一种阻碍，但是自北往南，或自南往北，未尝不是一条天成的大道。因为虽然不能行舟，但是沿河而行的便利是很引诱人的。设如我们很笼统的叙述夹着这两条河的山脉形式和方向，则高黎贡山、碧罗雪山以及云岭雪山三者山脉，也多是自

> 北而南的。这种形式，在交通方向上的便利与阻碍，和前述的河流是一样，就是便于南北，而碍于东西。这三座山和两条江，作者均亲自走过。但所走的途径并非其山之最高点，而是"交通的要道"，所以是比较的低道路。[①]

三江并流，是指金沙江、澜沧江和怒江这三条发源于青藏高原的大江，在云南省境内自北向南并行奔流170多公里，穿梭于担当力卡山、高黎贡山、怒山和云岭等崇山峻岭之间，形成的"江水并流而不交汇"的奇特自然地理景观。其间澜沧江与金沙江最短直线距离不到70公里，澜沧江与怒江的最短直线距离不到20公里。三江并流自然景观涵盖了怒江、澜沧江、金沙江及其流域内的山脉，面积达170万公顷，包括位于云南省丽江市、迪庆藏族自治州、怒江傈僳族自治州的9个自然保护区和10个风景名胜区。三江并流区域地处东亚、南亚和青藏高原三大地理区域的交汇处，是世界上罕见的高山地貌及其演化的代表地区，物种丰富，数十种动植物被列入《濒危野生动植物种国际贸易公约》(CITES)、国际自然与自然资源保护联合会(IUCN)的世界濒危动物红皮书。[②] 处在毗邻东亚、东南亚和西藏生物地理分布区的交界地上，该区域同时为众多的物种提供了一个满足并达到它们各自分布界线的走廊。那么也可以想象，此地的各民族在漫长的历史时期里就是得益于该区域丰富的自然资源而繁衍生息。中国70多万傈僳族中的绝大部分就繁衍生息于此区域，是三江并流区域孕育了傈僳族历史悠久而别

① 陶云逵:《碧罗雪山之栗粟族》,载《中央研究院历史语言研究所集刊》第17本,第332—334页。

② 杨学军主编:《世界自然与文化遗产·10》,延吉:延边大学出版社,2005年,第106—110页。

具一格的山地、迁徙文化。其中以怒江傈僳族自治州、迪庆州维西傈僳族自治县与丽江市相关县乡为突出，影响到该区域各族选择因地制宜的生计方式繁衍生息。①

维西傈僳族自治县位于云南省西北部，东经 98°54′—99°34′，北纬 26°53′—28°02′之间。该县地处世界自然遗产“三江并流”腹地，迪庆藏族自治州西南端，东与香格里拉市隔江相望，东南与丽江市玉龙县接壤，南与怒江州兰坪县相连，西与怒江州贡山县、福贡县为邻，北与迪庆州德钦县衔接。维西傈僳族自治县县境东西最大跨径 70 公里，南北纵距 122 公里，总面积 4661 平方公里。其中云岭山脉东濒金沙江，西临澜沧江，自北往南延伸；碧罗雪山矗立于澜沧江与怒江之间，连绵起伏，形成天然屏障。维西整体地势由南往北呈阶梯状抬升，西北部的查布朵嘎峰和南端的澜沧江与碧玉河交汇口，分别为全县最高和最低点。②

维西地貌类型复杂多样，有高山、河谷、山间小盆地和高山褶断。凹陷枯湖沉积地或草甸，由于河水冲刷和自然风化，形成典型的“V”型地貌。坡积、冲积和冰积物形成的河谷区和高山草场、林场，是村民们放牧之地；高低不等的河谷台地、洪积扇地和滩地，则为主要的村寨及其周围农作山地。陶云逵就分析了傈僳族所处环境的自然资源：

> 澜沧江两岸，即是河边平地或碧罗雪山东麓与云岭雪山西麓的三角洲，均为汉化了的麽些人与汉人所居住，也有汉化了的栗粟。他们种水田，有棉花。栗粟则是居高临下的过山上生活。在山上，除了能生包谷、荞、麦、高粱、麻而外，还有许

---

① 高志英：《藏彝走廊西部边缘民族关系与民族文化变迁研究》，第 16—18 页。

② 维西傈僳族自治县志编纂委员会编：《维西傈僳族自治县志》，昆明：云南民族出版社，1999 年，第 1 页。

> 多的野兽，如鹿、麂、熊、虎、狼、野牛。这给栗粟以打猎的机会，是在较平的无森林的地方所得不到的。山上森林很多。有可以容五六个人睡的大树心。因此，地域虽寒，但是栗粟用不着对于柴担心。一位很幽默的贡山设治局长说："我们这里最富有的是柴，烧不完，用不尽，这一点我们颇足以自豪。"贡山即昔菖蒲桶，在怒江上游西岸，高黎贡山的东麓。其余在栗粟分布区域中，植物还产黄莲、贝母，以及其他草药。均是野生，栗粟们去采来卖给汉商。①

维西傈僳族自治县地处低纬高原，属西藏华西类康滇区的亚热带与温带季风高原山地气候，冬长无夏、春秋相连，仅有冷暖、干湿和大小雨季之分。又因地质结构复杂，海拔高差悬殊，光、温、降水分布皆不均匀，形成典型的立体气候。这样的高原立体气候特点，也深深影响着该区域村民的生计方式，即不得不长期依赖山地狩猎与采集经济。当地山高林茂，江河纵横，水网密布。由北向南纵贯全境的澜沧江流经 6 个乡（镇），金沙江过境流程达 13 公里。全县大小山溪、河流共 763 条，属于澜沧江支流且流程达 10 公里以上的河流有 12 条。② 维西众多的村寨及其田地就是分布于沿江、沿河地区山间台地。因此也可以说，就是这些汇入澜沧江、金沙江的众多的河流哺育了维西各族儿女。

再从生物资源来看，深藏"三江并流"腹地的维西的生物多样性也极为突出。飞禽走兽中如羚牛、云豹、穿山甲、赤斑羚、小熊猫、棕熊、滇金丝猴、红腹锦雉、红腹角雉、大绯胸鹦鹉、黑顶长尾雉、金猫、雪豹、白

---

① 陶云逵：《碧罗雪山之栗粟族》，载《中央研究院历史语言研究所集刊》第 17 本，第 335—336 页。

② 维西傈僳族自治县志编纂委员会编：《维西傈僳族自治县志》，第 1—2、89 页。

尾梢虹鸡等，均为国家保护的珍稀动物。其中的一级保护动物滇金丝猴，更是继大熊猫之后的又一国宝。维西县植物资源以建材、药用、食用菌和观赏类植物为主，资源极为丰富，其中有秃杉、珙桐、榧木、三尖杉、红豆杉、长苞冷杉、丽江铁杉等珍稀名贵树种。药用植物之中，红豆杉、八角莲、胡黄莲、天麻、虫草、雪上一枝蒿、雪莲花等均属名贵药材。珍贵美味野生食用菌有松茸、羊肚菌、金耳、黑木耳、香菌、鸡油菌、牛肝菌、竹荪等。观赏类植物有杜鹃、兰花、龙女花、马桑绣球、云南山梅花、灯笼花、秋水仙、龙胆草、百合花、报春花、绿绒蒿等 360 多种。这些丰富的动植物资源是傈僳族长期沿袭采集、狩猎经济的必要条件，傈僳族也用采集、狩猎而来的名贵山货、药材与外界交换生产生活必需品，使其得以繁衍生息。①

因此，在前禁猎、禁采时代，丰富的自然资源使该区域各族能够长期依赖狩猎、采集作为农业的重要补充，一方面导致农业经济的发展稍缓，另一方导致其为了寻找更丰富的自然资源而不断迁徙。其中的傈僳族，就特别具有山地、迁徙民族的典型特征。于是，该区域各族村民长期沿袭着兼行山地农业、狩猎与采集的多样化生计方式。山高谷深的地形地貌限制了可耕种面积，自然灾害也对村民的生产生活造成了威胁。而且，基于山地生计方式对自然环境的依赖，其自然崇拜根深蒂固，并与灵魂崇拜、祖先崇拜、图腾崇拜乃至生殖崇拜相辅相成。②

作为本研究田野点的同乐大寨，可谓三江并流区域的傈僳族尤其是澜沧江流域碧罗雪山傈僳族传统文化的一个活态展演场。上述自然空间所孕育的傈僳族传统山地文化在此场景中无时无刻不在呈现，为

① 维西傈僳族自治县志编纂委员会编：《维西傈僳族自治县志》，第 2—3 页。

② 高志英、苏翠薇：《云南原始宗教史纲》，昆明：云南大学出版社，2016 年，第 28 页。

我们解构该区域傈僳族传统社会、解读傈僳族传统文化提供了一个理想的自然场域。

二、文化空间:多民族大杂居小聚居分布格局中的傈僳古寨

迪庆藏族自治州—维西傈僳族自治县—叶枝镇—同乐行政村的历史沿革,与位处藏汉交界地、藏彝走廊的"丽江"的历史沿革、族际分布格局及族际关系密切关联。

从历史沿革来看,维西傈僳族自治县是云南省迪庆藏族自治州的下辖县之一,县境位于云南省西北部,是通往印、缅、康藏的驿运通道之一,又是滇西北"茶马互市"的汇集点。由唐至宋,县境先后受吐蕃、南诏、大理国地方政权管辖。元至元十四年(1277),置丽江路临西县,为县境设治之始。明代,临西县的建制仍然延续。成化四年(1468)之后的百余年间,丽江木氏土司与吐蕃军队进行争夺临西之战,攻战临西县地,至万历年间(1573—1620),维西全境复归丽江军民府统辖。清雍正五年(1727)改土归流,建维西厅,疆域东跨金沙江,北接今西藏芒康县境,西至怒江,西北延伸到独龙江,包括今维西、德钦、贡山、福贡四县和香格里拉县的五境乡,维西厅初归鹤庆管辖。① 乾隆二十一年(1756)后改属丽江府。此段历史在余庆远《维西见闻纪》有载:

> 维西于唐为吐蕃东封,明以前无可考。万历间,丽江土知

① 维西傈僳族自治县志编纂委员会编:《维西傈僳族自治县志》,第51—52页。

府木氏浸强,日率麽些兵攻吐蕃地,吐蕃建碉楼数百座以御之,维西之六村、剌普、其宗皆要害,据守尤固。木氏以巨木作碓,曳以击碉,碉悉崩,遂取各要害地,屠其民而徙麽些戍焉。自奔子阑以北[1],番人惧,皆降。于是,自维西及中甸[2],并现隶四川巴塘、里塘,木氏皆有之,收其赋税,而以内附上闻。本朝康熙十三年(1674),吴三桂畔,其孙世璠败,乃割其宗以北地赂青海求援,维西复沦于吐蕃。数年后,旋收复,隶四川,以土官羁縻之。达赖喇嘛事我朝甚恭,未之据也。雍正七年(1729),以其为云南西北门户,乃分隶鹤庆府,移通判治之,建城设兵,于旧头目七人,给土千总衔三、土把总衔四,分治其地,而受约束于通判。罽衣之俦,衣冠跄跻,皆中华风。重译之外,怒子入贡,盖我圣朝德威被暨之远矣。乾隆十九年(1754),以地距丽江较近,改隶丽江府。[3]

民国二年(1913),改设维西县,德钦、福贡、贡山先后划出。民国三十七年(1948),第十三行政督察专员公署曾设置于县城。

1949 年 5 月 12 日,中共维西党组织领导下的人民武装暴动成功,推翻了国民党领导的维西县政府,建立了临时性的人民政权;同年 10 月 1 日正式成立维西县人民政府,属丽江专区管辖。1957 年划归迪庆藏族自治州。1985 年 6 月 11 日,国务院批准撤销维西县,成立维西傈僳族自治县,自治县人民政府于同年 10 月 13 日正式成立,仍隶属于迪庆州。1961 年五境区划归中甸县,现香格里拉市。1965 年 12 月 8 日,

---

① 今德钦县奔子栏镇。

② 今香格里拉市。

③ 余庆远:《维西见闻纪》,载方国瑜主编:《云南史料丛刊》第 12 卷,第 58 页。

怒江州兰坪县第六区10个公社，共115个生产队，1950户，8071人，划归维西傈僳族自治县。2001年，维西傈僳族自治县辖1个镇、9个乡：保和镇、叶枝乡、塔城乡、永春乡、白济汛乡、巴迪乡、康普乡、攀天阁乡、中路乡、维登乡。2002年7月23日，云南省政府批准塔城乡撤乡建镇，叶枝乡撤乡建镇。目前维西傈僳族自治县辖3个镇、7个乡：保和镇、叶枝镇、塔城镇、永春乡、攀天阁乡、白济讯乡、康普乡、巴迪乡、中路乡、维登乡，共有3个居委会、79个村委会。

从族际关系而言，由上可以看出，维西的历史沿革始终与其北部的藏族聚居区及其以北的西藏、四川藏区，其南部的丽江纳西族分布地区、大理白族自治州，西部的怒江傈僳族自治州存在关联。实际上，这也反映了维西傈僳族与北部的藏族，南部的纳西族、白族与汉族，以及西部的怒江傈僳族、怒族、独龙族在漫长历史时期中的交往交流交融关系。维西可以说是从川滇藏交界地向西部怒江输入傈僳人口的重要基地，因此，傈僳族人口多、比例高，同时又是藏族人口南下，纳西族、白族人口北上的重要场域。2019年末2020年初，维西全县总户数46972户，总人口157279人，少数民族人口137930人，占总人口的87.70%。其中：傈僳族人口90377人，占总人口的57.46%，占少数民族人口的65.52%；纳西族18851人，占总人口的11.99%，占少数民族人口的13.67%；藏族12878人，占总人口的8.19%，占少数民族人口的9.34%；白族10000人，占总人口的6.36%，占少数民族人口的7.25%。[①] 维西这种多民族并存，具体表现为“大杂居、小聚居”的分布格局的形成历经漫长的历史过程，实际上也是藏彝走廊西部边缘民族

① 参见《2019年维西傈僳族自治县国民经济和社会发展统计公报》，载云南省统计局编：《2018年云南统计年鉴》，北京：中国统计出版社，2018年；全国第七次人口普查数据。

分化与交融的一个历史过程。这在陶云逵所搜集的文献中也有历时性的呈现：

> 长裈蛮，本乌蛮之后，部落在剑川，属浪诏。其本俗皆衣长裈曳地，更无衣服，惟披牛羊皮。南诏既破剑浪，遂迁其部落，与施、顺诸蛮居，养给之。……
>
> 施蛮，本乌蛮种族也。铁桥以北到施赕、小施赕、剑寻赕皆其所居之地。男以缯布为缦裆绔。妇人从顶横分其发，当额并顶后各为一髻。男女终身跣足，披羊皮。部落主承上，皆吐蕃伪封为王。贞元十年南诏攻城邑，虏其王寻罗并宗族置于蒙舍城，养给之。
>
> 顺蛮，本乌蛮种类，初与施蛮部落参居剑、共诸川。咩罗皮、铎罗望既失邓川、浪穹，退而逼夺剑、共，由是迁居铁桥以上，其地名剑羌。在剑寻赕西北四百里，男女风俗，与施蛮略同。其部落主吐蕃亦封为王。贞元十年，南诏异牟寻虏其王傍弥潜宗族，置于云南白岩，养给之。其顺蛮部落百姓，则散隶东北诸川。……
>
> 栗粟两姓蛮、雷蛮、梦蛮，皆在茫部台登城东西散居，皆乌蛮、白蛮之种族。丈夫妇人以黑缯为衣，其长曳地。又东有白蛮，丈夫妇人以白缯为衣，下不过膝。……
>
> （铁桥城）长裈、磨些……等十余种。①

这是对于傈僳族先民施蛮、顺蛮、栗粟两姓蛮与长裈蛮的最早记

① 樊绰：《云南志》，载方国瑜主编：《云南史料丛刊》第2卷，第36—38、44、55页。

载，可以看出，因游牧与采集生计，加之遭遇唐代南诏地方政权统一洱海流域的战争，他们曾发生从洱海以北向远近四境的迁徙。[①] 有的往南迁徙到大理南部的白岩，有的迁徙到西南部的巍山、永昌（今保山），二者可能皆融入当地主体民族中而不再见于史册。有的北迁到铁桥与吐蕃接壤地，形成从洱海以北、丽江玉龙到维西、德钦南部的纵向分布带。有的东迁到永北（今永胜），在地望上与唐代"栗粟两姓蛮"的分布地相近，后来也的确连成一片；有的西迁到澜沧江中上游，有的甚至西迁到了怒江流域，就从维西、兰坪向东往玉龙、永胜、华坪、宁蒗、川西，并南下大理、楚雄、昆明、禄劝，向西到怒江流域上下，形成傈僳族横向分布带。这种纵横交错的空间分布情态，核心地就在维西。这除了维西位处横断山脉腹部，具有丰富的自然资源而便于生存之外，还因此地为多行政区域、多民族的边缘地带，便于傈僳族生存于周围强势的纳西族、藏族、白族与汉族之间。到明清以后，维西位处北部吐蕃与南部纳西族木氏土司两大政治、军事势力之间，藏族人口南下至此，纳西族人口北上至此，二者在此区域展开长期拉锯战与民族人口迁徙，使傈僳族生存空间受到挤压。故此，从明代嘉靖年间开始，维西傈僳族就大规模往地广人稀、其他民族统治力量鞭长莫及的怒江流域迁徙。到清代雍正年间改土归流伊始，又有越来越多的纳西族、白族与汉族人口迁徙至维西。对傈僳族生存空间的挤压更为突出，因此爆发了多次傈僳族村民的反抗斗争。在清王朝军队与异族地方武装镇压下，他们屡战屡败，不得已继续向西迁徙到怒江流域。[②]

与此同时，由于长期沿袭的由狩猎、采集生计方式导致的往西迁徙

---

① 高志英、徐俊：《元明清"藏彝走廊"西端滇、藏、缅交界地带民族关系发展研究》，《甘肃社会科学》，2008 年第 6 期，243—247 页。

② 《傈僳族简史》编写组、《傈僳族简史》修订本编写组：《傈僳族简史》，第 24—37 页。

与原居住地的往山区迁徙，从明清至民国，傈僳族分布地在空间上越来越拓展，遍布三江并流核心区域及其沿江南下的三江流域中下游地区，如金沙江两岸的迪庆、丽江与凉山、攀枝花与楚雄、昆明（禄劝）等州市，又如澜沧江两岸的怒江、保山、德宏、临沧与普洱等州市，再如怒江两岸的怒江、大理、保山、德宏等州市。时至今日，怒江傈僳族自治州与维西傈僳族自治县仍然是傈僳族人口最多的县，再加上其南部的腾冲市与丽江市人口可观的傈僳族，这一区域仍然是中国乃至世界傈僳族的大本营。这个傈僳族大本营的特点是，以傈僳族为主体民族，在更大空间范围内与纳西族、藏族、白族、汉族、怒族、独龙族以及普米族、彝族等大杂居、小聚居。以小聚居支撑傈僳族社会、经济与文化的延续，又以大杂居满足经济交往、文化交流的需求，从而促进傈僳族社会、经济与文化的发展。故而陶云逵选择该区域作为其傈僳族民族志研究的重要田野点，而本研究重点关注的同乐大寨便是其中的一个缩影。

三、山间小路：同乐大寨与外界时空交集的网络

陶云逵调查时关注到了碧罗雪山区域傈僳族的交通及运输："在作者调查的区域中，多高大山岭，江川又为多曲折的急湍，详情上面已经说过了。在这种自然环境之下，非有大规模的，较高技术的工程，是不能克服这种显然的交通阻碍。但栗粟的兴趣不在此，他们对交通的努力，只有以下几点可述，这也只能说在作者所调查的区域中有，而不能一定说是栗粟的创造。陆上交通，除了用两条腿走以外，栗粟是不畜马

的，所以无骑马的事，虽然有些畜黄牛，但只用他耕地，不用他运输物品。没有车，崎岖的道路是不能行车的。运输是靠人背。每个人至多能背四十华斤，但栗粟所需背的东西很少，通常背的是柴，迁移时背的是些竹木的用具。因为不经商，所以没有多量东西可背。背东西的方法，和在饮食节中所叙述的背水是一样的，背水是用竹筒，背物件是用竹篓。是将凹形的木板嵌在颈背上，此凹板之两端，各凿一洞，以头发或棕毛编的或皮的两头窄中间略宽的带子之两头，系在此板之洞眼中，而将此带顶在额上，盛物之篓的下部留出两个洞眼，另以一藤蔑或棕毛或麻做的带子或绳子串之，此索带之一端，于背前先系于凹板之一眼中，俟背起之后，将其另一端，系于凹板之另一眼上，如是则可使篓子紧贴背上。物件的重心是落在额上，但有的亦以手在篓下扶助，使额部不致过于吃力。”[①]这也是同乐大寨傈僳族村民传统的交通及运输方式，他们由此保持与外界的交往交流。

据调查，同乐大寨在 1950 年代以前有四条小路与外界相连[②]：一条顺坡伸向西方，过“哈独嘎”，沿同乐河南下，或翻过同乐大沟盘绕的山梁，可抵澜沧江畔的叶枝、新塘以及叶枝东侧半山腰上的姑腊，并可经此北上维西县巴迪乡、“阿墩子”——今迪庆州德钦县及其以北藏区，亦可由此道经新塘南下维西县城保和镇，再南去丽江、大理等地。一条则过同乐大寨西侧小山梁上的“怒帕佐作”“斯比林”，西北向“波拉”及“打俄底”一带。一条向南出村尾，环山转向西南，可抵大寨斜对面的白

① 陶云逵：《碧罗雪山之栗粟族》，载《中央研究院历史语言研究所集刊》第 17 本，第 363—364 页。

② 这四条小路沿用至今，往东的小路现在仍是赶牛上高山牧场的主路，其余三条小路则因公路开通、交通工具繁多、村民步行出门（前往白值洛、打俄底、达尼洛、姑腊、叶枝、新塘等地）较少而逐渐荒废。

值洛；翻过该村背后的垭口，又可到康普寿国寺[①]、岔枝村、康普村，并可由此向南到维西县城保和镇一带，继续南下达丽江、大理。此外，还有一条向东进山的小路，过村民开荒种地的“里卡场”“詹本”等地，翻雪山可到金沙江岸维西内塔城与丽江外塔城，继续南下到丽江、大理；如果沿金沙江北上则达德钦霞若乡等地，再继续北上到滇藏交界地。同乐村向东与向西北的两条路虽可与外界交流，但因沿途人烟稀少、道路崎岖，很少作与外界连通用，主要是村民种地、赶牛上场、打猎、砍木料常走的生产道路。此外，大寨居民下山到了澜沧江边以后，亦可通过江上的溜索渡江西行，过碧罗雪山到达怒江流域，这是维西傈僳西徙怒江的通道之一。

图 1-1　同乐大寨远眺[②]

① 寿国寺于清雍正十二年(1734)由女千总禾娘捐修，后于乾隆十年(1745)烧毁，又于乾隆三十五年(1770)选址重建。清代福建籍官员谢圣纶于乾隆丁丑年(乾隆二十二年[1757])赴维西任职，其在《滇黔志略》中提到：余任维西，所属有兰经、寿国二寺，则红教喇嘛(嘎玛噶举派)所居。见《云南维西县志续编》，王国瑞手抄本，1966 年，第 60—63 页；谢圣纶辑，古永继点校，杨庭硕审定：《滇黔志略点校》，贵阳：贵州人民出版社，2008 年，第 163、174 页。

② 图中依稀可见四条小路，分别通向图中左中、左下、右下、右上。

同乐大寨通过常走的两条路，如藤蔓般与外界串联起来，与之较近的几个村子为白值洛、新塘、打俄底、叶枝、姑腊，是傈僳族、纳西族与汉族聚居或杂居的村寨。同乐大寨与这些村落的关系，也便成为傈僳族内部和傈僳族与纳西族、汉族之间的经济交往、文化交流、婚姻互通关系。傈僳族再通过这些村寨或民族与藏族、纳西族、汉族更深入地交往，从而受到这些民族文化的影响。

其中白值洛为傈僳族村寨，与同乐大寨有较多的通婚关系，和归康普乡管辖的岔枝村、喇嘛寺村等分列一山两侧，与外界的接触较同乐大寨多且早，因而受纳西族、汉族文化影响也比同乐更早。

新塘是一个多姓居住的汉族村寨，因清代曾在该村设汛塘而得名。① 其历史较短，如梁姓、谭姓先祖为 20 世纪 40 年代前后因逃难而在此落户，村内迁来时间最长的高姓据传也不超过两百年②，概与汉族迁入维西的时间相对应。

打俄底也是一个傈僳族村寨，村名在傈僳语中意为蕨菜坪，因建村地生长蕨菜而得名。③ 早年同乐大寨村民去该处开荒种地，后逐渐发展为一个村子，因此可谓是同乐的子寨，二者关系更为亲密。④

叶枝，其名出自纳西语，意为起蛟的地方，历史上村旁山箐曾发生

---

① 维西傈僳族自治县人民政府编：《云南省维西傈僳族自治县地名志》，1987 年，第 21 页。

② 村内现有小庙一座，称“如意庙”，村民称之为“寡子庙”，相传该庙最初供奉高氏先人所捏的泥菩萨，后逐渐成庙，近年来再次翻修，名为“如意庙”。庙旁的香柏树传为高氏先祖所栽，现为迪庆州三级古树，树龄在 200 年左右。

③ 维西傈僳族自治县人民政府编：《云南省维西傈僳族自治县地名志》，第 28 页。

④ 打俄底一带早年是同乐大寨的庄房，村民在该地开有田地。20 世纪三四十年代，打俄底村民在同乐大寨还有宅基地。1950 年代，常住打俄底的村民单独划成了一个村。（2019 年 2 月 17 日，笔者在同乐其宅对村民 C 的访谈。）

过泥石流,故有此称。[1] 该村现为叶枝镇政府所在地,也是先前纳西族王氏土司衙门所在地,是一个纳西族村寨。历史上同乐大寨属于王氏纳西族土司的管辖地,因而村落诸多历史与王氏土司及其所在地叶枝相关联。

姑腊村,村名为藏语"古拉"的音变,意为"上面",村在山坡上,故名姑腊。[2] 该村民族成分较杂,有汉族、藏族、纳西族、拉玛人[3](白族支系),但现全都纳西化了,讲纳西语,行纳西风习。

图 1-2 同乐大寨周边村寨及生活点示意图[4]

---

① 维西傈僳族自治县人民政府编:《云南省维西傈僳族自治县地名志》,第 21 页。

② 1987 年的《云南省维西傈僳族自治县地名志》中载:姑腊位于澜沧江东岸,共 54 户,人口 300 人,有纳西、汉、藏三种民族。参见维西傈僳族自治县人民政府编:《云南省维西傈僳族自治县地名志》,第 21 页。

③ 白族支系,《维西见闻纪》中作"那马",《维西县志稿》中作"喇妈",当下维西县内的写法作"拉玛人""拉马人""那玛人"。

④ 图中"气球"表示村寨,扳手表示同乐大寨主要的劳作地点。(截图自奥维互动地图浏览器中的谷歌卫星图,比例尺为 1∶200000。)

同乐大寨与周边的白值洛、打俄底两个傈僳族村寨都属于选址较高，且不易从江边"官道"上被人察觉的隐秘村寨，其选址高于分布在澜沧江畔河谷的叶枝、迪满、新塘、姑腊等村。依据海拔，形成了纳西族、汉族与白族在江边山脚，傈僳族在半山腰，藏族在山顶的立体分布格局。正如陶云逵所说的"其四周是被非栗粟族的包围，而在其本区中，在高度的高下，自然也有分别，就是在高度低的，是异族；在高度高的才是住着栗粟"。[①] 由此选址，可以看出傈僳族的山地生计方式和与外界既联系又隔离的传统。这也是该区域及其以西怒江地区傈僳族相对较少受到外界文化的影响，而保留民族传统文化较多，由此被称为"黑栗粟（傈僳）"的原因，显然也是陶云逵选择最具代表性的该区域完成其傈僳族民族志的原因之一。

另一方面，没有任何一个民族、区域可以完全隔绝于外界而独立存在。同乐大寨傈僳族亦如此。尽管交通险阻，他们从未与外界隔绝，而是长期与外界，或者说是与周围同一民族乃至其他民族保持着经济文化的交往、交流、交融。于是，外界文化在民国以前就已如涓涓细流，浸润着傈僳族传统文化，这也被陶云逵关注到了。甚至在陶云逵之前的余庆远便提到：性刚狠嗜杀，然麽些头目、土官能治之。[②] 而陶云逵则说："在管理栗粟的，如维西叶枝的王土司是麽些（纳西族），兰坪，兔峨的罗土司是民家（白族）。云龙六库的段土司，名义上说是四川汉人落籍，而实际也是民家。这些土司可以算是栗粟的'土司'。至今在维西属之澜沧江段的栗粟，其头目之官衔名字，仍是用麽些的名称。古宗（藏族）、西番（普米族）与栗粟的社会关系较松弛。因为在西与西北有

① 陶云逵：《碧罗雪山之栗粟族》，载《中央研究院历史语言研究所集刊》第 17 本，第 336 页。

② 余庆远：《维西见闻纪》，载方国瑜主编：《云南史料丛刊》第 12 卷，第 65 页。

曲子(独龙族)与怒子(怒族)为屏障,在东北有麽些(纳西族)隔着;但多少是有些关系的。其中较显著的是古宗、西番的喇嘛教,在有栗粟居住的地方,也极力去作宗教上的宣传;但在怒江之菖蒲桶以南,沧江边之叶枝以南就没有喇嘛寺了(维西县治之附近亦有,其地则为麽些较多,而栗粟较少的)。栗粟族与其邻族在商业上的交往很少。除了和汉人,但也是在最近二十多年才较多起来。"①

这种傈僳族与外界在政治、文化与经济多个方面的从无到有、从少到多的关系,就是基于与外界的交通而形成的。同乐大寨傈僳族与外界、异族的多重关系也是基于上述山路通道而发生的时空交集。

当然,从1949年以后,特别是2000年左右修通同乐到澜沧江边的公路后,与外界、异族的交往交流就更为方便而繁多了,外界文化也越来越强烈地影响着同乐傈僳村民的生产生活,从而使他们在政治、经济与文化上越来越与内地趋于一致。

第二节 时间:山林到村寨的同乐建寨历史

同乐大寨傈僳族先民"筚路蓝缕、开启山林"至今,也自有其时间轴。在时间上由远而近,越来越将人类的生产生活行为烙印于此,成为碧罗雪山大山深处的一个古老傈僳村寨。

---

① 陶云逵:《碧罗雪山之栗粟族》,载《中央研究院历史语言研究所集刊》第17本,第340页。

一、众说纷纭：被建构的同乐大寨建寨时间

如同鲁迅所说的“路”一般，现在我们在三江并流区域所看到的傈僳村寨，在古时皆是山林；直到唐宋元之际傈僳等山地民族的足迹踏入该区域，尤其是到清代开始定居半定居以后，山林才逐渐开发成了大小不一的村寨。这种因为人类的干预，而使得自然、地理空间变为文化空间的过程，甚至延续到近现代的傈僳族生活中。如“达尼洛”在 20 世纪 50 年代前是一大片植被丰茂的森林，后来开水田、修水沟时，才逐渐被砍伐、垦荒成田地，如今已成“阡陌交通，鸡犬相闻”的宝地。

一般而言，宜居的山林先被一两户开荒居住，而后傈僳各个氏族的先民多方聚拢而来，村寨才慢慢地形成一定规模。但因为同乐村内各个氏族的来源和历史在其口传历史记忆中较为模糊与碎片化，研究者难以借各氏族的迁居历史来推断大寨建村的确切时间。

2016 年 4 月 10 日，迪庆藏族自治州人民政府在同乐大寨村口立了两块石碑，标有“云南省文物保护单位——同乐傈僳族传统民居建筑群”，碑上说：同乐村已有 200 多年历史。而村内球场旁所贴的《云南省同乐傈僳族传统文化保护区概述》中则提到：

> 在公元 794 年（唐贞元十年），南诏异牟寻夺取神川都督府，施蛮被击破[①]，施蛮百姓大部分迁往维西境内，聚居在澜

① “施蛮”为傈僳族先民之一。见尤中：《云南民族史》，昆明：云南大学出版社，1994 年，第 176—178 页；高志英：《藏彝走廊西部边缘民族关系与民族文化变迁研究》，第 28 页。

> 沧江上游，成为了维西傈僳族的先民，从那时起同乐就有了傈僳族人民生活的历史足迹。随后他们以叶枝为中心，不断向怒江一带迁徙。

在一个村内先后出现了村寨历史介绍的两个时间相差甚大的版本，且其差值达千年之久，这很让人费解。将建村的时间、村寨的历史等问题抛向村民时，村民大都一脸茫然；也有村民提到“大概猿进化成人的时候，这个村子就有人住了吧”。足见我们想要弄懂村寨的历史脉络及时间长度时，对于历史的记录与时间的描述，虽隐含于村寨里口口相传的故事中，但并无确切的答案。因村内的氏族历史记忆难以支撑村寨时间推断，所以只能从村民口传的故事切入。由此可以看到同乐大寨的历史长于周边的叶枝、新塘等纳西族、汉族村寨，而且应该也不晚于姑腊村。概括起来，有如下几个可能的建寨时间：

(1)同乐大寨的建村时间①早于叶枝村建盖土司衙门、新塘村设汛建村时间。主要体现在村里流传着的“大寨村民给叶枝土司上税缘由”的传说里：

> 叶枝的土司，据说是“黑本国”人，是“艾余”人。从前，在藏区打仗，那个时候呢，说同乐一个保②，就是从“白汉底”往上，白汉底是康普乡附近了。之前叶枝还没有土司的时候，上租啊这些是要向“尼纳阿兹”③上租的。所以去禾娘那里上

① 此处所谓的建村时间，即从开始有人定居起算。

② 宋以后地方实行保甲制，若干甲作一保，一保之头目叫“保正”，一甲之长叫“甲长”。

③ 即禾娘，叶枝、巴迪一带的纳西族称其为“尼纳阿兹阿阔”，此处指代康普禾氏土司。

(交)租呢,上上下下的就经常在那里住了。以前拉波洛和松洛呢,只算一个乡。那么从白汉底上来的高登龙吧①、麻栗坪都只算是一个保,也就是同乐保。新乐是新乐一个保,梓里也是一个保。你那边的一个保有多少人,我的这一个保有多少人,那么每个保都要有一个队长(保长)了嘛。

据说之前的队长呢,是黑边各村②人,打仗的时候胜利了回来,就说要在叶枝开水田,要在那里建房子。所以他就摊派了任务,你那边那个保要出多少木料,这边这个保要出多少木料。这么分配以后,来修他的房子。叶枝的房子修好了,他说要开水田,那里都是几人合抱的那种大树,松树啊麻栎树,百多种树子。那里是石头地,也是之前泥石流、洪水冲积下来的平地。房子修好了以后呢,那边的那条河据说是姑腊人管着的。那么(只有)招待了他们,敬酒请饭之后,才能放水到叶枝。房子建好以后呢,就分好了面积,让他们(村民)开水田。叶枝土司分了土地,但是没有人来种,"你们不来种,那还是我自己种吧"。那个时候,土司家有很多水田了,于是就请了人种水稻。

那个时候呢,同乐人的份额也在下头(叶枝),土司家就说:"你们赶牛来耕地吧,没有牛的就用锄头挖吧。"土司家就给他们中午饭和晚饭,白天呢就给点水酒,给点粑粑;晚上呢就给他们搅了米酒(喝)。那样了以后呢,喝酒的人醉了,便生气了。只扛了把锄头的(村民)倒是不用生气了,扛着走就好

① 地名,康普寿国寺所在的村寨。

② 音"黑本国",据传此处曾修过寺庙,遂名。参见维西傈僳族自治县人民政府编:《云南省维西傈僳族自治县地名志》,第 21 页。

了；(但)赶牛来耕地的人醉了，还要扛犁架，还要赶牛，怎么办呢？所以，“只有一把锄头可以扛出来的人家也出两斗[①](粮食)，我们有一架牛的也出两斗”。犁地的人呢，犁了一架地[②]，(粮种)撒在那一架地里，粮食也能出两斗了。所以就在回来的路上那么商量，到了村里以后也这么商量。后来就报到了土司家里，“哦，既然连扛一把锄头的人家也交两斗，那就那样吧”。于是就要上租了，不用下来(江边)犁地了，也不用下来挖地了。但是因为有牛的人家说好了两斗(租子)，所以只有锄头的人家也不好得说什么了。关于给土司家上租，就是这么商量的时候说出来的了。(这是)旧社会的事了。[③]

在这个传说中，同乐大寨村民曾经参与叶枝土司最早的开田、建屋等工作，向叶枝土司上租是为了抵消帮叶枝土司干活的劳役。所以，依据传说内容，同乐大寨的历史当比叶枝村开水田、种水稻的历史长，至少比叶枝土司在叶枝村建盖土司衙门的时间要早。据美国博物学家、人类学家洛克所著《中国西南古纳西王国》记载，叶枝土司建盖叶枝土司衙门的时间在雍正七年(1729)土流并治、分封维西境七土司之后。又据余庆远《维西见闻纪》记载，叶枝土司产生于清代雍正七年，建盖叶

① 关于纳粮两斗的记录，张正东亦提到：土司之山租系按户计算，如维西叶枝乡方面，每一土司之百姓年纳春粮(麦子)二斗，秋粮(玉米或荞子)二斗。见张征东：《云南傈僳族及贡山福贡社会调查报告》，第103页。

② “一架”，一般指“一架”牛(两牛共拉一犁)一天能犁出的面积，因土壤含石量、土壤硬度(湿度)、土地坡度不同而会存在一定的差异，翻地的深度对之亦有影响，故而仅是一个较模糊的面积单位，大致为2—5亩。张正东在记录中认为是“一牛每日所能耕作之面积，约合三亩”(张征东：《云南傈僳族及贡山福贡社会调查报告》，第32页)，疑误，因早年间直至现在，饲养黄牛的滇西北山地民族多用“一架牛”，即双牛耕地。

③ 2019年5月8日，笔者在同乐其宅对村民C的访谈。

枝土司衙门的时间也应大致相同，即雍正七年及其后的几年。这就说明，同乐大寨建村时间要早于此，即距今300年左右。换言之，约在300年前，同乐傈僳开始从半定居向定居过渡，并与维西叶枝纳西族土司产生联系。二者之间主要是一种地主与佃户的租地、交租关系，后以缴纳粮食代替劳役。如《维西见闻纪》记载：

(麽些)二三百户，或百余户，或数户一头目。建设时①，地大户繁者为土千总、把总，为头人，次为乡约，次为伙头。皆各子其民，子继弟及，世守莫易，称为"木瓜"，犹华言官也。对之称为"那哈"，犹华言主也。所属麽些，见皆跪拜奉物。及对，则屈一膝，讼也赴讼，有不率，头目鞭笞之。农时，助头目工三日，谷将熟，取其青者，蒸而舂脱粟，曰"扁米"，家献二三升；臈奉鸡米。元日，头目以酒饭劳之。火头见头人土官，则拜而侍坐。火头，又头人之所属也。宾主为礼，俯首，以手抚胸，久不见及节序则交拜。②

可见，纳西族头人被敕封为管辖一方的土司，其中就有叶枝的王氏土司。在土司与手下、子民的交集中，彼此交往的礼仪制度也被带到此地。这个传说也可与村里老人在提到新塘的历史时所说的相互印证：

传说中呢，一个叫"夫撒玛"的人住在新塘那里，新塘现在的水田据说都是他开垦的。"夫撒玛"这个人啊，在那里经常

---

① 即雍正五年(1727)改土归流。

② 余庆远：《维西见闻纪》，载方国瑜主编：《云南史料丛刊》第12卷，第62页。

被人抢，所以在那里住着的时候没法富起来。后来就搬到了现在新塘村上头住着的那几家那里，他原先的老地基那里呢就被汉族、四川人住了[①]，房屋呢也被四川人给占了，地基也被占了，后来啊，田地也被他们占了。三代左右以后呢，那里就全被四川人给占着了。[②]

新塘村是清王朝塘汛制度[③]下的产物。云南汛塘研究专家秦树才就说：

经过雍正、乾隆时期对兵防的二次调整，云南的汛塘制度有了较大变化：分布于汛塘的绿营兵成为整个绿营兵的主要部分，汛塘、汛塘兵丁都由清初的以云南腹里发达地区为分布中心，向着腹里发达地区、腹里欠发达地区、边疆地区均衡分布的方向发展，并最终形成了乾隆三十五年(1770)后以边疆地区为分布重心的态势。这一变化，标志着清王朝对云南的统治已深入到了边疆和山区，极大地促进了云南，尤其是边疆和山区的经济开发、民族融合。[④]

村民对于新塘村发展的过程有一定的记忆，而且对"汉族""四川

---

① 村民对外界、异族不熟悉时，常出现族名、地名混淆的情况，这里指的是内地来的汉族，当然也包括四川汉族。

② 2019 年 4 月 30 日，笔者在同乐其宅对村民 C 的访谈。

③ 又称"汛塘制"，系在云南险要山区分设汛、塘、关、哨、卡等岗，驻兵多携家属长期戍守，开垦山地以实现自给。于清代改土归流后实行，具有一定军屯性质。

④ 秦树才：《论雍正、乾隆时期汛塘制度在云南的发展及变化》，《云南民族大学学报》，2004 年第 4 期，第 112—116 页。

人”记忆深刻，正好反映了维西地设立土司制、汛塘制以后，越来越多的包括四川人在内的内地汉族军民迁徙于此，使傈僳族的生存空间再次受到了挤压，而不得不离村他迁，即迁往人迹罕至的山区密林。至此，傈僳族在该区域迁徙的原因，就不仅是为了逃避该区域吐蕃与纳西族土司的战争以及纳西族土司的统治，还有来自内地的汉族官民对其生存空间的冲击。与此同时，还包括了游耕、游猎与采集传统生计方式延续下的迁徙。因此可以肯定，距今300年左右的清代雍正年间的碧罗雪山傈僳族的居处方式，已经逐渐转向定居、半定居，同时还在一定程度上长期延续着“迁徙无常”的传统。这在清中后期与民国时期的调查报告和《怒江旧志》，以及20世纪50—60年代的傈僳族社会历史调查中得到印证。[①]而新塘建村时间也应该是雍正之后，即维西进入土流并治时代之后。

(2)同乐大寨建村最迟为清初康熙年间。大寨村民中有一个传说将姑腊村与同乐大寨联系在了一起，表明同乐建寨的另一个时间点。

> 以前呢，据说腊普[②]那里有过一个王。那么像小伙子啊、小孩啊，他们家[③]好像都很喜欢。那个时候，同乐大寨的一对父母双亡的兄弟呢，就去了腊普那里。一个叫“木毕”，一个叫“哇恒那”，哇恒那是大的。因为他们两弟兄在村子里经常被

---

① 维西一带是清代滇西北汛塘空间分布的最北端，上述变化则发生在乾隆三十五年以后，至今大约300年。当然，该民间传说也不等于可信的历史，但将文献记载与村民口述历史记忆加以对照整合，便会发现，同乐村的建村历史大概有两三百年。这是该区域傈僳族从游猎、游牧与采集向定居、半定居的游猎、游耕与采集过渡的阶段，从而也是该区域从自然、地理空间转向文化空间的过程。

② 村名，隶属于维西县塔城镇，位于腊普河边。

③ 即腊普的王。

村民欺负嘛，所以听到村民说话也总感觉是在说他们；别人说自己的事，他们俩也感觉是在说他们俩。所以他们俩呢就去了腊普。那两个小孩回来的时候呢，在腊普王家里练了武（功）回来。据说以前打粮食的时候，两边各站七八个人，用连枷打粮，他们俩能把两边的连枷都抓住。"这两个小孩的武艺很高超了。"但他们俩都是能吃三斗（粮食）的人啊。那么只能打一点粮食的人家呢，粮食全被他们两兄弟背走了；（粮食）能打得多的那些（人家）呢，（他们）也照收不误。那两个孩子呢，后来找了两个媳妇。那么富人家打粮食的时候呢，他们就拿着口袋，背走了四袋粮食，就好像是背自家的粮食一样。①

这两个村里的孤儿自"腊普王"家归来，武艺高超、饭量惊人。对于两兄弟的"厉害"之处，村民还讲道：

"木毕"和"哇恒那"那两个人呢，我们的长辈说没有见过，但是（他们的）老一辈的讲过。以前粮场里打粮嘛，就用杆杆也就是连枷来打了，这边站一排那边站一排，那样（面对面并排地）打着。木毕开玩笑玩的时候啊，"飒"一声跳下来，中间是铺着麦子了嘛，他一跳到那里，两边的连枷、杆杆都全部被他收走了，一个（人）都拿不住啊。从一边的角落里跳下来嘛，然后两边的杆杆都被收走了。他们（两兄弟）打弩弓啊，你根本见不到他们怎么拉（弦）、怎么瞄（准）。松树，十多公分粗的那种松树，有一人多高的那种，一下子就变成了七截，怎么砍

① 2019年4月22日，笔者在同乐其宅对村民C的访谈。

> 的都不知道。这么一砍，就变成了七截。刀子收下来以后呢，树子就自己掉下来了。木毕和哇恒那是那样的人。那个呢，现在倒是成了故事一样，但是据说以前是真的。以前听老人家讲过，就是我们大寨的了。①

从村民集体面对面用连枷打粮（一般是麦子）来看，当时粮食种植已经达到一定规模，因而减少了对传统采集经济的依赖。也就是说其时同乐傈僳族已经过渡到了定居农业为主的时代。

据说后来，因为两兄弟蛮横无理、为害乡里，村里人便请了人要除掉这两兄弟：

> 为了杀掉这两个人呢，就把"达尼洛"的那座山（送）给了新乐人（作为报酬）。新乐人呢（因为此山邻近姑腊）就再把这么大的一个坝子卖给了姑腊人，然后换得一头不大的小母牛，杀了吃了。所以那时候开始呢，达尼洛那边的坝子才是由姑腊人管的。随后呢，这边发了洪水，所以才说（沟）那边是姑腊人来管的了。②

为了除掉"木毕""哇恒那"两兄弟，同乐大寨与姑腊村在故事里有了联系。由此，我们可以粗略地认为同乐大寨与姑腊村的建村时间相差不多。

姑腊村村民及同乐大寨村民都提到，姑腊村先民是康普禾氏土司

① 2019年4月23日，笔者在同乐其宅对村民F的访谈。
② 2019年4月22日，笔者在同乐其宅对村民C的访谈。

的“子民”。据考证，禾氏土司祖先原为丽江木土府麾下弁目，纳西族，名不详。[①] 明英宗正统二年(1437)，吐蕃占据临西县境。从成化四年(1468)开始，丽江木氏土知府溯金沙江、澜沧江而上进军“你那”[②]，在金沙江流域进军“照可”，与吐蕃进行夺地之战。战争持续170多年之久，直至明末。[③]

> 约在明嘉靖至万历年间，由木土府委任其为‘你那’大管军，驻康普下村，节制境内所有土弁目。传至第四代，名禾戟目，因遭姑腊[④]禾妈吉之乱[⑤]，逃至丽江20余年；乱平，木土府仍令其回康普作管军。戟目之后两代，传至禾娘之夫，早丧，子年幼，由禾娘袭替土职。清雍正五年(1727)改土归流，封授土千总世职。雍正十年(1732)禾娘73岁，将土职传儿媳禾志明袭替。[⑥]

---

① 维西傈僳族自治县志编纂委员会编：《维西傈僳族自治县志》，第543页。

② 今维西。

③ 维西傈僳族自治县志编纂委员会编：《维西傈僳族自治县志》，第669页。

④ 原始材料中作“姑纳”。见《云南维西县志续编》，王国瑞手抄本，1966年，第59页。

⑤ 这一事件记录于禾娘等人给予寿国寺的执照中，该执照载：因氏夫家世守斯土，劈草开荒，代享成平。不幸遭姑纳禾妈吉之乱，我祖禾戟目逃至丽江二十余年。刘茂棣认为，禾戟目和禾妈吉分别是当时木氏土司西路军的大总管(大阿寨)和大兵管(大木瓜)，分别拥有行政权和军权，而禾妈吉之乱是地方性军政之间矛盾激化的表现；他还认为禾妈吉之乱发生在崇祯年间。禾妈吉去世以后，木氏土司才加委禾戟目为管军的大木瓜，令其返回并实行军政一体的管理制度。参见《云南维西县志续编》，王国瑞手抄本，1966年，第59页；刘茂棣：《维西土司》，载中国人民政治协商会议云南省维西傈僳族自治县委员会文史资料委员会编：《维西文史资料》第7辑，2008年。

⑥ 维西傈僳族自治县志编纂委员会编：《维西傈僳族自治县志》，第543页。

此处所说的“姑腊禾妈吉之乱”当发生在现叶枝姑腊村[①]。而禾戟目能够受木氏土司委派，顺利回到康普并管辖地方，说明当时维西康普、叶枝一带尚在丽江木氏土司的实际控制之中，也即处在尚未分封维西土司的时代。

1668年，即康熙七年，“(吴三桂)又将原管江外照可、你那、香罗、鼠罗、中甸[②]五大地方割送吐蕃，以为和好之计”。[③] 至此，丽江木氏土司对维西全境的统治告终，故而可知禾戟目自丽江返回康普至迟为1668年。相应地，姑腊村的建村时间当不晚于1640年代末，即明永历与清顺治交替年间。因此，我们可以认为同乐大寨建村的时间不晚于1650年代前后的康熙年间(1662—1722)，距今近380年。

(3)于明代嘉靖年间建寨的时间重构。讲到同乐大寨的“木毕”和“哇恒那”两兄弟，就不得不联系到傈僳族历史上赫赫有名的民族英雄“刮(括)木比”。如果“木毕”与“刮(括)木比”为同一人，那建寨时间就可上溯到明代天顺二年(1458)，即纳西族木氏土司抗击吐蕃南下的战争伊始。

怒江及其以西缅北一带的傈僳族都传说是从维西一带西迁去的[④]，其中荞氏族的首领“木毕”很有名，被认为是最早(即嘉靖、万历年间)进入怒江一带的傈僳族的首领。相关记述如下：

---

① 康普和叶枝乡政府所在地是维西县北部澜沧江边最大的两个“坝子”，适合驻军。自维西县白济汛乡往北，澜沧江畔的康普乡、叶枝镇、巴迪乡以及德钦县澜沧江畔的乡镇(云岭、佛山、燕门)中，仅有叶枝镇有名为“姑腊”的村寨，故而认为“禾妈吉之乱”的发生地——姑腊，即为现今叶枝镇姑腊村。地名主要参见维西傈僳族自治县人民政府编：《云南省维西傈僳族自治县地名志》；德钦县人民政府编：《云南省德钦县地名志》，1987年。

② 中甸，即今迪庆州香格里拉市。

③ 《木氏官谱》，载方国瑜主编：《云南史料丛刊》第5卷，第548页。

④ 高志英、邓悦：《族群认同、区域认同与国家认同的跨境互构——以中、缅、泰傈僳族弩弓文化的位移与重构为视角》，《云南师范大学学报》，2020年第5期，第96—106页。

据傈僳族老人世代口传,最早进入怒江区域的是属于荞氏族(括扒)的“木必”家族。明嘉靖、万历年间,丽江木土司在和藏族争夺临西(今云南维西县)的战争中,木土司指挥下的一支傈僳族军队打得很出色,多次击败藏兵的进攻。领导这支傈僳族军队的首领名叫“木必”,他是属于荞氏族(括扒)中的一个家族头人,因此傈僳族尊称他为“括木必扒”,即荞氏族的木必(头人)。木必与藏族多次交锋,连续取胜。后来,由于藏族骑兵大量增援,木土司为求自保,便撒手不管,木必寡不敌众,便带领这支傈僳族武装撤退到澜沧江西岸。到达澜沧江西岸时,天色已晚,但藏兵还在穷追,企图架竹筏过江。这时,木必急中生智,在数百只羊角上扎起火把,并把火点燃。黑夜之中,羊群漫山遍野乱跑乱跳,兵丁们喊杀声震天。藏兵隔江远望,只听人声鼎沸,火把遍山,误认为傈僳族援兵已到,便将骑兵撤回临西(今维西)。

木必见藏兵已退,便带领伙伴越过碧罗雪山,进入怒江。从此,怒江所属知子罗(原碧江县城,今属云南福贡县)、上帕(今云南福贡县城)地区便被木必据有,木必成为统治怒江地区的大首领。原先居住怒江区域的土著居民是怒族和独龙族(贡山茨开以上),这时也受制于木必,于是傈僳族在怒江区域成为统治民族。

相传这时碧江、泸水沿江两岸还居住着称为“白依”①的部落,这些“白依”还有食人之风,见怒族便捕食。在怒族部落

① 白依,即“摆衣”的同音异写。盖因傣族先民嚼槟榔、口舌血红,而被误认为食人。

头人“阿畔”(第十一代祖)的请求下,傈僳族便配合怒族把“白依”部落赶到怒江下游的泸水及保山一带。

远在木必进入怒江之前,怒江区域已经处于丽江纳西族木土司的管辖之下。按照惯例,木土司每隔一年都要派下属到怒江向怒族征收贡礼,怒族便按村寨隔年轮流向木土司缴纳兽皮、麻布、黄蜡。在木必统治怒江区域的第二年,木土司又派员来怒江征收贡礼。木必对木土司派来的属员说:要征收贡礼可以,但必须依我件请求:我们二人比试弓法,如果我输了,我愿意永为木土司臣民,世代纳贡;如果你比输了,你必须依我请求。木土司的属员答应了,二人便比弓法。木必手执弩弓,百步之外射穿树叶;五百步外,射死麂子。但土司属员都未射中,失败了。土司属员十分赞赏、佩服木必的弓法,便向木必说:你需要什么?我代你向木土司请求。木必回答说:“我什么都不要,请把你们吃剩下来的汤水给我喝一口就行了。”属员知道这是什么意思,返回丽江后,便如实禀报了木土司。木土司同意把怒江上段划归木必管辖。①

该传说的时间跨度有100多年,作为口述历史记忆,很难据此确定具体的时间点。但可以肯定的是,“刮木比”率族西迁怒江的历史,也是一部傈僳族与周围纳西族、藏族、“白衣”、怒族的关系史。换言之,是明王朝势力日渐深入滇西北区域的时间、空间交集导致了“刮木毕”西徙历史事件的产生。实际上,事件主体传说中的“明代嘉靖、万历年间”,是木氏土司与吐蕃军队战争相对激烈的时期,历史上从明代正统二年

① 《傈僳族简史》编写组、《傈僳族简史》修订本编写组:《傈僳族简史》,第15—16页。

(1437)至万历四十一年(1613)前后持续了近200年的拉锯战。其中，最为激烈的战事发生在“嘉靖、万历年间”，因而深深烙印于傈僳族历史记忆中。

因同乐大寨中流传的故事的主人公与傈僳英雄故事的主人公同名(同音)，近来也有论著与媒体将同乐大寨视为傈僳英雄故事中西迁怒江一带的傈僳族的“老家”。如同乐大寨球场旁所贴的《云南省同乐傈僳族传统文化保护区概述》中便说道：

> 公元1548—1549年，澜沧江沿岸的部分傈僳族不堪忍受封建地主的压迫，在首领同乐人木毕、哇恒那率领下，渡过澜沧江，翻过碧罗雪山，迁徙到怒江居住，后在17世纪至19世纪的200多年中，先后有过两次大的迁徙。自此，傈僳族就一直生活在澜沧江、怒江一带。

实际上，就村内流传的“木毕”“哇恒那”的故事来看，此“木毕”当非彼“木必”。因为，在村民的讲述中，同乐大寨的“木毕”“哇恒那”两兄弟是鱼氏族的[①]，而非荞氏族。且就故事的后续来看，“木毕”被杀，而其兄“哇恒那”脱逃后不知所终：

> 那个叫木毕的人呢，据说是一个很坏的人。但是他呢，被岩瓦洛的人给杀了。新乐人呢派了一个岩瓦洛人来杀他，是给了(木毕)一顿饱酒之后才杀的。木毕呢，没有住在同乐大寨里，而是住在山上。在山上搭了个棚子，垫着些松毛。那个

① 2019年4月22日，笔者在同乐其宅对村民C的访谈。

新乐人呢，就细细地观察好木毕的举动，然后是用木毕的砍刀把他砍死的。杀木毕的时候呢，本来木毕已经醉了，但是一下子就醒过来了。木毕呢，枕着砍刀睡着，他妻子睡在一边。那个新乐的人呢，就抓住砍刀的刀把，用力一拉，把木毕的一只手给割断了。这之后才砍他的脖子，把他砍死了。哇恒那呢，后来就逃走了，没有被杀掉。他有一个老庚[①]，他老庚呢就带着口粮放在了山里。哇恒那好像是留着长头发的，他便用刀把头发和头皮一起削下来，拿给他的老庚，"去告诉他们你已经把我杀了吧"。他与老庚他们俩关系很好。那个时候呢，还没有什么王嘉禄他们的家族呢，迪满（村）也还没有，叶枝（村）还没有，那些地方树子都是几人合抱的大刺栗树。[②]

传说中同乐人以借刀杀人之计杀了木毕，或许不是因为别的什么"坏"处，而是他食量太大，将别人的粮食也占为己有，就必然影响到其他氏族或村民的生存，才不得已而除之。至于两兄弟携妻子住在山林的情节，是村民已定居下来生产生活的影射，而已经形成雏形的村寨中的村民惧于他们两兄弟争夺生存资源，所以要杀掉他们。那么木毕之死可能晚于傈僳族大规模西迁怒江，即各民族（氏族）在此已经一同生活了一段时间，民族矛盾已经让位于族内的资源竞争。因此说，当下村民与外界对于同乐建寨时间的如此"考证"，亦有些许重构之嫌。

总之，传说明确指出，同乐村早于纳西族王氏土司家族的统治建立之时，那么至少在清代雍正年间之前。具体可以回溯到何时，可能是明

---

① 当地汉语方言，意为异姓结拜兄弟，即拟血缘亲属关系，亦泛成关系较好的朋友。

② 2019 年 4 月 22 日，笔者在同乐其宅对村民 C 的访谈。

代万历年间的17世纪初之后,到清代雍正年间的百年之间,即距今约250年。

“木毕”在傈僳语意为“大胡子”,是依外貌特征取的人名,也有可能是诨名,故而西迁怒江的傈僳族首领和同乐大寨的“木毕”当不是同一人,而是分属于荞氏族与鱼氏族的两个络腮胡男人。那么也可以看出,在明至清代,傈僳族社会里氏族头人占有重要地位,往往是本领异于常人者。从傈僳族有诸多氏族来看,氏族头人也应该众多。至于其命运,有的在与其他氏族的资源竞争中被杀害,有的因带领族人找到新的生存空间而被后人赞颂。那么,虽然难以考证同乐建寨的具体时间,大概可知的就在万历年间纳西族土司与吐蕃战争稍平之后,要不然村民的历史记忆也应该类似怒江傈僳族,对于残酷的民族战争还有或多或少的历史记忆。

由上可知,将同乐作为西迁怒江傈僳族的具体“大本营”,而且是在明代嘉靖、万历年间西迁的说法,尚待进一步考证。但是,同乐与同处于澜沧江、碧罗雪山区域的众多傈僳村寨、傈僳各氏族一样,基于寻找更便于游猎、游耕与采集生计的经济资源,以及为了逃避该区域长期的民族战争而不断西迁或上山建村立寨,是符合历史事实的。那么,传说也有可能将更多氏族中的“木毕”时空位移后叠加、勾连起来。对此,有必要将之置于具体时空场景中加以考证。

二、避险上山:同乐大寨建寨及其神圣化历程

同乐大寨坐落在一个背山面南向河(同乐河)的山坡上,外加树木

和山梁的阻挡，在澜沧江边新塘村向北前往叶枝的古道[①]上，看不到藏在大山褶皱里的大寨的村貌。这或许就是约瑟夫·洛克[②]和陶云逵[③]都沿澜沧江东岸北上抵达了叶枝村，却未对途中这个较大的村寨[④]加以关注并记录的原因。当然这应该也是早期同乐大寨傈僳先民在此选址建寨的原因之一，即与外界保持一定的空间距离，以确保安全。

傈僳族选择山地而居，陶云逵也确实注意到了这一特点，并提到“在其本区中，在高度的高下，自然也有分别，就是在高度低的，是异族；在高度高的才是住着栗粟”[⑤]。对此空间位置的选择，一来可以利用更多的山地自然资源；二来可以避开江边瘟疫、瘴气与洪涝灾害；三来与外界保持一定的空间距离与自然边界，既可以满足傈僳不受异族控制的自由天性，也可避免被土匪、强盗与军队骚扰。这在1940年代编纂的民国《怒江旧志》也多有记载。[⑥]

至于大寨傈僳族先民的具体来处，或言原居住地在维西县攀天阁

---

① 据村民C介绍，1950年代前的叶枝和新塘之间的大路并非沿着澜沧江延伸，而是穿过两村间山梁的半山腰。笔者前去寻找了两次，但均未果。

② 约瑟夫·洛克自丽江北上，经句甸抵达维西，随后沿澜沧江东岸北上抵达叶枝。从康普到叶枝的过程中，他所记载的村寨、地点依次如下：康普—寿国寺—嘎拉舍—尤堆（叶枝平坝）。该行程经过寿国寺便回到了澜沧江边，但洛克也没有留下对江边的新塘和半山腰的同乐大寨的描述。参见约瑟夫·洛克：《中国西南古纳西王国》，第206—209页。

③ 当下能看到的陶云逵的论著中，《俅江纪程》一文记录了自维西叶枝经茨中、贡山、独龙江再返回小维西的路上的所见所闻，但因其起点是叶枝村，我们难以看到是否有同乐大寨的记录。

④ 据村内最年长的村民回忆，20世纪四五十年代，同乐大寨的户数达到了60余户。1987年同乐大寨一共77户，496人。参见维西傈僳族自治县人民政府编：《云南省维西傈僳族自治县地名志》，第28页。

⑤ 陶云逵：《碧罗雪山之栗粟族》，载《中央研究院历史语言研究所集刊》第17本，第336页。

⑥ 《纂修云南上帕沿边志》《征集菖蒲桶沿边志》，载怒江州志办公室编：《怒江旧志》，第68、135—136页。

乡的阿喃多一带：

> 同乐人呢，很早以前据说是从二区阿纳多(阿喃多)搬过来的，当初只是几户、几个人而已。所以老一辈的会说他们在阿纳多有亲戚，当然，现在倒是不知道了，也没有走动了。从攀天阁下来，然后到阿纳多了嘛，好像是从江西搬来的。至于同乐大寨的人呢，是姓余(鱼)的先来的，还是哪些先来的，我就不知道了。别说我(不知道)了，我也没听老人家讲过。①

就傈僳族祖先崇拜以近祖崇拜为主来看，加之历史上没有民族文字，远一些的历史就较为含糊，是可以理解的。但其姓氏就如行走的历史或祖先，无论走到哪里，都把源自图腾崇拜的氏族姓氏带到哪里。同乐大寨的鱼氏族就是如此，对于所属氏族的记忆与认知是明确的，但是对其祖源地及其迁徙过程就只能说个大概了。但也有村民对此表示否认，可能是村寨里不同的氏族来自不同的地方。

对于迁徙至此、会聚成村的原因，有逃婚、找可耕地、打猎②到此等解释，而且大都认同打猎一说。这类似于新乐一带的傈僳族迁来的缘由：

---

① 2019年4月12日，笔者在同乐其宅对村民C的访谈。

② 对傈僳族而言，射获野禽与野畜(如飞鼠)也是其重要的生产方式，因而用“射猎”更为恰当。

据该村居民凹士波[1]君表示，初来岩瓦洛[2]之傈僳虽发现该地可种谷物，然彼等仍从事于狩猎生活，并未遽行从事定居之农耕生活，直至最初前来之人在西康边境狩猎遇害后，其同伴方返回原住地，邀集另一族人偕同前来岩瓦洛村开垦以迄今日。由此传说中，吾人可窥知傈僳原为狩猎之部族。[3]

这是早年傈僳族从狩猎到种植生计方式的过渡时期。即便发现有可种之地，也仍然更偏好于狩猎。而到西康边境狩猎遇害，就说明因近处猎物资源减少，不得不远到与西康——今滇川藏交界地狩猎，可能就由此超越了族群区域边界，因而被害。也即在狩猎资源日渐减少的情况下，傈僳族才不得已转向定居农业经济。

傈僳族曾为狩猎民族，在唐代至清末、民国诸多调查报告与旧志里也有记载，只不过各个时期狩猎在生计中所占比例不同罢了。一般而言，至迟在唐代以前，他们以游牧、采集为主，在从甘青高原到滇川藏交界地金沙江一带，乃至洱海以北，一边游牧采集，一边沿藏彝走廊南迁，进而其中的部分“卢蛮”西移澜沧江流域。唐代贞元十年(794)在南诏统一洱海流域之后，傈僳族先民“施蛮”“顺蛮”与其中的“长裈蛮”[4]大量北迁、东移、西徙于横断山脉高山丛林，于是其射猎、采集生计因该区域自然资源的丰富而得以沿袭，其游牧业则因山高谷深而受到限制。又因长期游弋于横断山脉三江并流区域腹地，较少受到外界的影响，但

① 当为“哇忍波”之名的异写，因其创造了傈僳族的音节文字，张正东一行于 1945 年 10 月 24 日曾对之进行了访谈。访谈时间参见张征东：《云南傈僳族及贡山福贡社会调查报告》，第 43 页。

② 岩瓦洛，即今天的维西县叶枝镇岩瓦村。

③ 张征东：《云南傈僳族及贡山福贡社会调查报告》，第 40 页。

④ 笔者认为长裈蛮也属于施蛮、顺蛮，不过是以其服饰而有异称。

同时又需要用山地狩猎、采集所得的名贵药材与外界交换生产生活必需品，故其狩猎与采集生计长期延续下来。因此，跟该区域其他傈僳村寨一样，在同乐先民们选取了植被丰茂、便于藏匿、靠近水源的同乐大寨一带作为居住地后，村民的记忆里有过数次近距离搬迁的经历。

另一方面，在横断山脉高山、密林、深谷与溪流间的生产生活，尽管以狩猎、采集与游耕为主，但可能也兼行捕鱼。因此，源自其早期生产生活的傈僳族图腾姓氏里，就有基于狩猎的虎（胡、虎）、熊（熊）、鼠（褚、汉、浩）、鸟（雀、念）、麂（姬、金）、鸽（谷），基于采集的竹（祝、马）、蜂（丰、封、密、蜜、田、唐、谭、丁）、麻（麻、子、字）、菜（蔡）、漆①（秦、齐），以及基于捕鱼的鱼（余）、船（李）等等。这些氏族名称也是其图腾崇拜的对象。傈僳族的这些以自然物为主的图腾姓氏给我们呈现了一幅人与自然交互关系的文化空间图，傈僳族就是在此空间的时间延续中生老病死、繁衍生息。而且这也吻合傈僳族游耕、游猎经济下"食尽即迁"的习俗。②

就同乐大寨建寨的搬迁历程而言，村民的讲述趋于一致，表示同乐大寨的先民最早住在现今"吧金咪"③一带：

① 漆树籽用来熬制漆油，是傈僳族重要的食用油脂。

② 即在一个地方建村，并围绕村寨开荒耕种、射猎、采集三五年后，待野粮、野菜与野生药材采集殆尽，野生动物被射猎殆尽，山地的自然肥力也消耗殆尽，就需要迁徙到不远处自然资源丰富之地。因此，当时傈僳族的定居实际上是一种定居与半定居的结合。在附近每隔三五年或者更长的时间，从A村迁徙到B地后，又同样再搬迁到C……如此过了二三十年，最早的村寨附近的自然资源得到休养生息而恢复，村民又搬迁回来。但在此过程中，人口增长，就有可能从中离析出一部分，可能是在资源竞争中处于弱势的氏族，也可能是某个氏族中的某人，离开母氏族远走他乡，形成该氏族的新的居住地。他们还把母氏族故居地的名称与氏族名称一路带到新居住地，因而在澜沧江流域西迁怒江、缅甸乃至泰国傈僳族中，都可以看到相同的地名与氏族名（后改为汉姓）。如同乐村最多的鱼氏族（汉姓余，傈僳语"汪""凹"）在怒江、保山、德宏与缅甸、泰国皆有，并皆说来自"哇巴"，即澜沧江中上游的维西一带。

③ 意为棉花地，指同乐河和波罗河相汇一带。

> 以前同乐大寨的前辈在搬到现在的位置之前，是在“哈独嘎”住的。在住到“哈独嘎”之前呢，是先住在吧金咪①的河对岸（南岸）那边，好像只是一两家。②

可能是因为“吧金咪”一带水势浩大，有洪涝隐患，先民便搬到了位于“吧金咪”东侧半山腰的“哈独嘎”。那是一个山体滑坡形成的山腰小平地，现仍有早期先民居住的墙圈，但已多被开垦成农田，种上了果树。先民在“哈独嘎”居住时的场景和搬离的原因在故事中稍具神话色彩：

> 传说中，住到“哈独嘎”的时候是鬼和人混住在一起的，所以人（口）发展得不是很好。搬到了“哈独嘎”那里后，那里虽然有点平，但是那里是滑坡地带，是很早以前山体从上边滑下来形成的，于是就住在那里。到了那里呢，好像就住了一家人和一家鬼。就让小孩子去找火种，结果那家鬼夹了人骨给小孩。所以小孩子拿到家的时候呢，家里就没法烧火了，因为那个不是火炭嘛。于是又让孩子去找，结果就被那家鬼给吃了。就是那么一个时间段了。③

古时，家中火种的保存关系到一家人的生产生活，横断山区的村民一般烧林中的炭栗树来保存火种，这才有了“四季不灭的火塘”。这个故事里是因为与“吃人的鬼”同住时，即“人鬼混住”时期，受鬼的影响人

---

① 村民对于在“吧金咪”居住时期的历史记忆较少。

② 2019 年 4 月 12 日，笔者在同乐其宅对村民 C 的访谈。

③ 2019 年 4 月 12 日，笔者在同乐其宅对村民 C 的访谈；2019 年 4 月 23 日，笔者在同乐其宅对村民 F 的访谈。

口不发展才不得不搬离。至于所谓的“人鬼混住”，当是大寨先民对外界存在认知偏差所导致的，也有可能是与其他民族关系紧张的神话隐喻，或者是氏族间存在文化偏见而将另一氏族归为“鬼”类或是会作祟的放蛊者，但因资料匮乏而难以考证。但张正东在维西一带做调查时搜集到的一则创世神话，可与之相互印证：

> 太古的时候，有七对太阳，七对太阴（月亮），天地距离很近，热得非常难当。“别饶时”的族人就把太阳射伤，太阳没有出来，天便愈低，地便愈高。① 去去来来的人将要撞破脑袋的时节，有位造物的女神背着小孩说：“天也高些吧！地也低些吧！”这样，天也渐高了，地也渐低了。那时的大地上闹成一塌糊涂；人同鬼混，真伪不明；人声鬼语，莫能分辨。②

由此可见，“人鬼混住”的说法也以故事性的表达将先民在“哈独嘎”居住的时间推到了创世时期③。这实际上不过是把自然压力转嫁在有别于己氏族的异氏族身上，以妖魔化后的族群边界强化与自然压力的边界区隔，因而显然是对沉重自然压力的一种逃避。但从别饶时（即蜂氏族）将太阳射伤的故事情节来看，该故事中的傈僳先民尚处于采集、狩猎经济时代。也就是说，伴随着采集（蜂蜜、蜂蛹）与狩猎野生禽兽经济的发展，傈僳族原生宗教中的鬼灵观念也已产生。而所谓的

---

① 张正东按：“别饶时”为傈僳图腾之一，一意为“蜂”的氏族，现从姓丰。相传姓丰这族人因打过太阳，所以到现在，该族仍很忌讳用铁桑木做的弩弓，而旁族的人都是用铁桑木做的弩弓。

② 张征东：《云南傈僳族及贡山福贡社会调查报告》，第 25—26 页。

③ 这也是同乐大寨村民历史记忆的一个特点，祖父以上的祖先的故事大都带有神话色彩。

“鬼”，不过是在生产生活中的自然压力幻化成的超自然力量，用傈僳语称之为“尼”，即鬼灵之意。

就“哈独嘎”的环境而言，搬离该处也有其客观原因。其一，“哈独嘎”作为山体滑坡形成的山腰平地，土质虽好，但是地质不稳定，仍有滑坡的危险：

> “哈独嘎”那边经常滑坡，面向白值洛的那边就因为滑坡，整片都垮下去了。之前老人说，大寨的路都是从那边（河边）走的。现在的水利沟①的沟头那里之前有一个泉眼，那眼泉水也就是住在“哈独嘎”时候的饮用水了。老人说到“哈独嘎”的路就是从那个地方往上走了，但是后来因为滑坡了就（把路）给（掩）盖了。大概是我七八岁的时候吧②，有一个叫“哇里塌”的人做我们的“头头”，他也是吃了很多苦的，家境也不是很好。现在的“哈独嘎”到“佐巴林”的路呢，就是他组织起来挖的，也就是现在走的那条小路。③

这段传说，除了表明因该地山体滑坡而不得不迁徙之外，还告诉我们傈僳族会选择有山泉泉眼之地居住建村。这也是傈僳族自然崇拜中的龙潭崇拜的来源，毕竟龙潭水之多寡影响到其生存发展，因而他们总以为有一种看不见的超自然力量在作用于自然、作用于人类。因此，上述神话故事里的“人鬼混住”情节反映了村民匍匐于自然压力之下而萌

① 水利沟，即政府组织村民兴修的水渠。现阶段，此类人工水渠大都以水泥铺灌，因沟底与两侧光滑，外加工程名的影响，多称为“三面光”。

② 大致为20世纪40年代初期。

③ 2019年4月12日，笔者在同乐其宅对村民C的访谈；2019年4月23日，笔者在同乐其宅对村民F的访谈。

发的宗教观念。

其二,位于“哈独嘎”西南侧的白值洛垭口处风很大,而该垭口正对着“哈独嘎”:

> 对面白值洛的垭口呢是一个大风洞,那个风洞里头风大起来时,吹来一些石头,砸在房子上。祖先们就觉得这个地方有鬼,不能在了。然后呢,当时这些地方都是大原始森林,在这里安家,结果风刮来石头,就不敢住了,所以就搬家了。①

可见,在对自然认知有限的条件下,大风等天灾可能会被认为是超自然力量——“鬼”(尼)在作祟,因而会选择以搬家逃避其威胁。总之,受地质不稳、风大等因素的影响,同乐大寨的傈僳先民被迫再次搬迁,才最终迁到了现在的位置。这说明历史上傈僳族的迁徙动因甚多,其“逃离”也不仅仅逃离异族统治,而是对自然环境的“趋利避害”,而要找到一个理想的安居之地非常不容易。这应该是横断山区高山深谷迁徙民族的空间选择共性。因此,人们对迁徙、定居事件也很看重,甚至用“神意”强调了新居住地的神圣性。相应地,对于此次搬迁选址的故事,村民大都记得“白纸自天而降,指示了宅基地、水源地”的片段,可大致分为三个版本。

(1)第一个版本,认为是先民去找人算命,从而得到棉纸三张,并通过这三张棉纸的“引领”,找到了宅基地和水源地:

> 住在“哈独嘎”的时候呢,人口没有涨上来,哑巴一样的

① 2019年4月11日,笔者在同乐其宅对村民E的访谈。

（残疾人）也多，就去算命了嘛。有一点想象力（聪明）的那几个人去算命，所以才住到了现在的大寨那里。那个算命的给了三张纸，算命的要他们在房子上头烧一堆火，也就是“绰巴记”①了，就把这三张纸放到烟子里，然后纸飘走了嘛，就根据那个去找。

那么，第一张落着的地方呢，就是村子的底下（下边）。算命的说，第一张纸落着的地方呢，就可以做村子的底下（下限）了，也就是现在的“坎门”那里了。那里有一个大石头嘛，据说是落在那里，也就是（现在）余忠家房子下头。

另外一张呢，算命的说那一张落着的地方就可以做村头了。那里有一个石头，撬也撬不动，现在，有人就在上头修了猪圈了，因为没有地基嘛，就（把大石头掩）埋在底下了。

还有一张呢，算命的说，落着的地方就可以做村里的水源了。就是现在大寨的东边，（当时）一个村子的人（全）去找，都找不到啊。找到（村子）上边山上去呢，也找不到，在白纸落着的周围也找遍了，也没有见到水。有些人呢就上山找去了，有一个人呢就睡在那张白纸落着的地方了，（他是个）懒人。有一种草叫“康噗别”，有水的地方就会长着。那个人就躺在那种草下头（睡着）了。他躺下去的时候呢，什么都没有听到。但是他醒来的时候，听到了“咕咕咕”的水声。后来，一挖，水就出来了。底下是石头，水从石头里钻下去了。石头上面呢又是土巴，所以看不出来，就是（水）从（石头）底下淌下去的那

① 与藏族的煨桑相类似，在滇西北的民间宗教仪式中较常见，一般译作烧天香、烧青香，即用松明烧一些青松枝，有时还会加上杜鹃枝，并在上头放酒、肉、饵块等物。

种。所以，就挖木槽，把水引下来吃了。据说是先住在（底下）一组的，慢慢地才往上住的样子。[1]

傈僳族善卜卦，但多用竹签、羊骨、刀子等卜卦[2]，而该区域用纸卜卦的，一是纳西族的东巴，二是藏传佛教（喇嘛教）喇嘛。或者说，纸质经书成为无文字的傈僳族与有文字，而且是神圣性文字的纳西族、藏族的边界区隔符号。因此，该传说虽然并未指明是找何人或何族卜卦的，但从其用纸卜卦来看，可能就是维西傈僳族受到其南部的纳西族及东巴教与其北部、东部藏族及其藏传佛教影响的隐喻。总之，所谓卜卦与以卜纸飘落地作为村寨上下边界，以及泉水所在地，无非是要强调新搬迁地的神圣性，并由此形成一个村内与村外、安全与危险的无形边界区隔。[3] 此神话故事除了试图说明人口不发展的"原因"外，还说了生出的孩子多"哑巴"。尽管皆归因于看不见、摸不着的超自然力量的化身——"鬼"，似乎幼稚且迷信，但也说明傈僳族会思考和选择适合居住、便于发展之地。这是其长期游弋、迁徙于横断山脉三江并流之地积累的生产生活经验与智慧。

（2）第二个版本提到了算命的人的名字，认为三张棉纸是一个有民族、宗教属性并会算命的人（喇嘛）帮忙放的：

搬到"哈独嘎"住了三四代以后，人还是不发展。那个时候啊，（就）去找了一个叫"登巴"的喇嘛算，"我写好文书，放到

---

① 2019年4月23日，笔者在同乐其宅对村民F的访谈。

② 陶云逵：《碧罗雪山之栗粟族》，载《中央研究院历史语言研究所集刊》第17本，第395—396页。

③ 道格拉斯：《洁净与危险》，黄剑波等译，北京：民族出版社，2008年。

风里去”。于是在白值洛垭口那里，“水该在哪里找”“人该在哪里住”，（登巴喇嘛）写好天书以后呢，就让纸张随风飘走了。所以有一张落在了“一绰辟刮”，同乐大寨的村尾那里落了一张，还有现在展览室上头，我们的老房子下头那里落了一张，一共是三张。那时候啊，没有人住，都是很粗的松树，所以就砍了松树修建房子住在里头了。[①]

在这一则神话里直接点明了是一位“喇嘛”帮卜算的。如果联系维西一带纳西族因北靠藏区，叶枝、康普的纳西族土司至迟在禾娘时代（雍正年间）就皈依藏传佛教，并修建了寿国寺等藏传佛教寺院[②]，作为其子民的傈僳族村民也很有可能在信仰自己民族原始宗教的同时，与纳西族土司、村民一道接受了藏传佛教，并以制度化的藏传佛教的“神”“佛”来对付、制服其原生宗教的“鬼”，以给村民更多的安全感。由此也说明，当时的傈僳人面对的自然压力何其大，因而不得不借用藏传佛教解决其生产生活中的困惑和压力。《维西见闻纪》对该区域的藏族的来源、历史与文化也有记录：

古宗，即吐蕃旧民也，有二种，皆无姓氏，近城及其宗、喇普，明木氏屠未尽者，散处于麽些间，谓之“麽些古宗”；奔子栏、阿墩子者，谓之“臭古宗”。语言虽同，习俗性情迥异。……土官头目，剃头辫发，入城用华人衣冠，归则易之，惟帽檐

① 2019年4月30日，笔者在同乐其宅对村民C的访谈。

② 明代，木氏土司为了维持其逐渐扩张并掌控的北部涉藏地区的控制，与当时雪域实力较盛的藏传佛教噶玛噶举派的上层人士有较为频繁的交往，故而维西一带纳西族信奉藏传佛教当不晚于清初禾娘修建寿国寺。

以织金锦为别。……喇嘛家以藏佛经为富，皆古宗字，来自西藏，曰“番藏部”，二百余函，多藏至三四部，皆缯帙锦缄，髹椟金饰。其学即习佛经，字如鸟迹篆，自左至右横书之。能历法，月大、小及闰，与时宪书有前后之异，日、月食，时刻皆同，分秒则不能推矣。①

据《维西见闻纪》记述，纳西族也有文字，以及纳西族除了本民族的东巴教以外，还深受藏传佛教的影响：

(麽些)有字，迹专象形，人则图人，物则图物，以为书契。……喇嘛之长至，则头目率少长男女礼拜，视家所有布施；家贫，虽釜俎之属取以奉之；西藏大喇嘛至，礼拜布施益甚，得其片楮只字，以数十金计；贫者得其粪溲，奉之家中佛龛，焚香而拜；或伏于道左，俟其过，举其马尾以拭目，谓可却疾。头目有二三子，必以一子为喇嘛，归则踞坐中庭，父若母皆拜。病不医药，延其巫，曰“多巴”②禳祝，皆竭资以酬。③

上述《维西见闻纪》里有关藏传佛教与藏文、东巴教与东巴文，都是以纸作为载体。同一区域的同乐傈僳就传说以纸找村址，因而在傈僳族村寨历史记忆中找到了藏族藏传佛教与纳西族东巴教的痕迹。

(3)第三个版本则通过自然现象来解说搬迁的选址过程：

① 余庆远：《维西见闻纪》，载方国瑜主编：《云南史料丛刊》第12卷，第62—63页。
② 多巴，即纳西语“东巴”的同音异写。
③ 余庆远：《维西见闻纪》，载方国瑜主编：《云南史料丛刊》第12卷，第62页。

他们又不敢在那里(哈独嘎),所以就放蜜蜂[①],找到了水源地。找到水源地以后呢,就要找人居、安居地了。结果,风吹着玉米叶子(落)到了现在的“坎门”[②]那里,玉米叶子落在了那里,他们觉得那里可以安家,所以就在那里安家了。[③]

上文已经提到傈僳族中的蜂氏族射日传说,此处又说利用蜜蜂找水源,足见蜜蜂在傈僳族采集经济中举足轻重。傈僳族找蜂窝自有其技巧,即在晨露正浓,蜜蜂翅膀受潮不能起飞之际,用一根头发在其身上拴一白色显眼物。待太阳升起,潮气退去,蜜蜂飞舞采花粉后飞回蜂巢,人跟其踪迹,就可以找到蜂巢。《光绪丽江府志》就记载:“(栗粟)登山捷若猿猱,以土和蜜充饥”。[④] 说明傈僳族登山攀岩采蜜能力极强。由此便可知,为何在傈僳族的图腾崇拜中有蜂图腾崇拜。而且据调查,如今蜂氏族的人也在迁徙中遍布中国西南、缅北与泰北,有的还远迁到美国、澳大利亚,都保持有蜂氏族的姓氏及传说,是傈僳族中一大氏族。这也就意味着最早建同乐村寨的村民可能是蜂氏族,或者是与另外的氏族一同建村立寨。蜂氏族在长期蜂资源丰富的横断山区繁衍生息,蜜蜂、蜂蛹在其摄入糖分、高蛋白,以及与外界进行的资源交换中占有重要地位,因而被其神化,并成为氏族图腾崇拜物。那么,借用蜜蜂找村址,也便是其对蜜蜂的神圣化神话表达。

关于同乐大寨的村名“洛拖拉”,村委会的文化墙上将之写作“怒妥

① 按照当下可见的举措看,此举当为追蜜蜂(如马蜂)。常见的方法是用一小块鲜肉引诱马蜂,趁马蜂前来吃肉,在其身上拴草花或白纸等,随后顺着这只被标记的马蜂留下的踪迹找到蜂巢。

② 傈僳语音译,即村尾。“坎门”“坎古”“坎洛嘎”分别意为村尾、村中间、村头。

③ 2019年4月11日,笔者在同乐其宅对村民E的访谈。

④ 政协丽江市古城区委员会编:《光绪丽江府志》,2005年,第50页。

乐”，意为一张牛皮大的坡地。[①] 此解释疑误，从傈僳语语义来看，解释为“兔子回来的地方”“兔子聚拢的地方”较合适——“拖拉”在傈僳语里意为兔子。[②] 村民 E 就将其解释为：

> 他们到了上边以后呢，晚上兔子来和他们烤火，冰天雪地嘛。所以呢他们就取地名了嘛，“拖拉勒拉哇”，也就是说“兔子也来了，我们的地名也取一个吧”。所以就叫那个地方为“洛拖拉”，就是说“拖拉勒拉哇”。这个故事呢，就是从“兔子来了”来的。纳西族在下边呢，就不会说“洛拖拉”了，就叫这个地方为“洛托洛”。到后来的满江红公社[③]的时候呢，又把名字改成“同乐”。真实的村名是“洛拖拉”。[④]

诸多民族原生宗教中的自然崇拜，总是从对自然物的拟人化开始的，[⑤]傈僳族的自然崇拜亦然。以动物取地名的方式，在叶枝一带还有不少例子。如在叶枝村江对面有一个地方名为“尺嘟该”，意为鹿子出没的地方；另有一个村子名为“此里打”，意为马鹿睡觉的地方，相传该

---

① 该解释参见张莞：《民族村寨非物质文化遗产的保护传承与旅游利用研究——基于云南维西傈僳族自治县同乐村“阿尺木刮”的田野调查》，《民族论坛》，2017 年第 4 期，第 76—83 页。

② 此外，因地名中含“拖”这一意为“松树”的音，也有人认为其村寨名的形成与维西等地较为常见的“拖底”“拖扒洛”“拖巴”的意为“松林”的地名、村寨名相近，即因松树而得名。

③ 1969 年，叶枝镇由“第四区”更名为“满江红公社”，该名称用了三年，至 1972 年改为叶枝公社。参见维西傈僳族自治县人民政府编：《云南省维西傈僳族自治县地名志》，第 19 页。

④ 2019 年 4 月 11 日，笔者在同乐其宅对村民 E 的访谈。

⑤ 爱德华·泰勒：《原始文化：神话、哲学、宗教、语言、艺术和习俗发展之研究》，连树声译，桂林：广西师范大学出版社，2005 年，第 552 页。

处在建村前为马鹿出没地。[1] 所以，同乐大寨的村名依照发音，作与兔子相关的解释较妥当。而兔子与人一同烤火取暖的传说，一方面表明该地早期野生动物资源很丰富，以兔子连结的生物链很完整，便于村民狩猎、采集；另一方面则反映了傈僳族人与自然和谐相处的美好愿景。傈僳族就是这样将人与自然的亲密关系搬进其文化，以村民、氏族名与人名生动呈现出人与自然的和谐关系史。进而言之，也即是通过人力作用于自然的行为，将自然空间变为文化空间的变迁史。

上述搬迁过程中的种种传说、故事，实则是同乐大寨所在地从山林变成村寨的过程；而人群的聚集与村寨的形成，也是同乐大寨一带的傈僳族从游猎游耕、半定居到定居的转变历程。在同乐大寨一带所唱的"调子"中，时常也会唱到开荒的情景。如音节文字所记载的祭天时唱诵的《开荒种地》一章中，有砍树、烧树、开田、播种的场景描写[2]，虽然该章节末尾"火烧地"逐渐变成了"良田"，但是最初通过砍树、放火的方式来清理山林，当是早年"游耕"——刀耕火种时期劳动场景的具体再现。

须留意的是，同乐大寨的先民在同乐河畔的两次搬迁中呈现出了为"避险"而逐渐"上山"的过程。而在第二次迁徙中，"人鬼混居"的描述将同乐大寨的历史延伸到了"创世"时期，这实际上是傈僳族神话传说里的时空折叠。但是将搬迁归咎于"人鬼矛盾"，在一定程度上是当时人与自然及族群关系的一种折射，且极可能是大寨先民与另一个同住在一块的族群产生矛盾后，为避免冲突而选择"上山"的表现。这种短距离的"避险"，应是当时傈僳族先民定居并开展农业生产后采取的

---

① 维西傈僳族自治县人民政府编：《云南省维西傈僳族自治县地名志》，第 25 页。

② 木玉璋、汉刚、余宏德译注：《祭天古歌：傈僳文、汉文对照》，昆明：云南民族出版社，1999 年，第 850—864 页。

生存应变措施。此类传说不仅赋予其建村立寨的神圣性，在形成一条村内与村外、安全与危险的区隔边界的同时，也强化了村寨的神圣性，增强了村民的集体性。

三、文化空间：多族共生共存的同乐大寨

就傈僳族的氏族而论，同乐大寨主要由鱼氏族和蜂氏族组成。“建国后，仿照汉族取学名的日渐普遍”[①]，同氏族的村民便各戴一汉姓，鱼氏族姓“余”，蜂氏族姓“蜂”[②]。这两个氏族对自己先祖的来历和出处的历史记忆较少，难以讲述具体历史。但从傈僳族图腾崇拜与其氏族图腾名称来源的共性来看，应该是搬迁到同乐之前，其姓氏，或者说其氏族图腾就已经存在。甚至在唐代贞元年间南诏统一洱海流域以来，其氏族先民从氐羌系统族群“夏处高山、冬入深谷”的游牧经济转向高山密林间的游猎、采集经济以后，就因其善于因地制宜地捕鱼、采蜜而闻名。其中的鱼氏族在早期可能住得离江河更近，因而鱼类是其重要的肉食来源；甚至在定居、半定居于同乐一带之后，仍可能在其村下不远的河沟与澜沧江里捕鱼。而蜂氏族则可能多处山林悬崖峭壁处，蜜蜂喜在此类人迹罕至、山花甚多之地筑巢，为人类提供了不可或缺的糖分。由此可见，善于捕鱼的鱼氏族与善于采蜜的蜂氏族同处一村，显然不可能是偶然的，彼此之间的劳动产品互补是非常必要的。此其一。其二是按照傈僳族姑舅表婚的传统，加之不兴氏族内婚，鱼氏族与蜂氏

---

① 维西傈僳族自治县志编纂委员会编：《维西傈僳族自治县志》，第150页。

② 邻村白值洛则作“丰”。

族之间就会形成舅家与姑妈家的婚嫁关系链。这样一来，这两个氏族之间不但可以分享各自的劳动产品，还可以通过女人的流动结成姻缘关系，由此更强化了村寨的共同体意识。当然，与此同时，狩猎与采集野菜野粮还是同乐村寨村民的共同生计，从而决定其“靠山吃山”的傈僳山民性质。

此外，在村民记忆里还曾有另外一个氏族：

> 还有一种叫“古咋绰”，但是据说那一支不发展（家族没有发展），传说中是以前射日的人的后代，天上出了九个太阳的时候，他们恰好躲到了背阴处。[①] 那一支据说不发展，我记事的时候已经没有了。[②]

汉语同音异写的“古”“谷”，即鸽氏族。可能在横断山区的野鸽早已成为傈僳族射猎的对象，傈僳族甚至可能学会了将其驯化并家养，久而久之便有了鸽氏族。至于说他们的祖先也射太阳，乃傈僳族各氏族共享的一个射日神话，最起码是跟上述蜂氏族共享了射日神话。这和华夏民族的后羿射日传说一样，或许先是从某个氏族、部落中产生，然后被泛化、共享于整个民族。关于鸽氏族已经消亡的传说的重要性在于，同一区域里，有的氏族长期繁衍生息下来，有的氏族则消亡了，或者是迁往他乡了。但他们都是同乐大寨这个文化空间的建构者，或多或少留下了一些文化层。

---

① 此处的“古咋绰”一支是射日英雄后裔的说法与张正东教授的记录有异，张正东教授曾提到射日的是“蜂”氏族。参见张征东：《云南傈僳族及贡山福贡社会调查报告》，第25页。

② 2019年2月17日，笔者在同乐其宅对村民C的访谈。

就其祖上的族别而论，村内有两支来自丽江的纳西族，现已同化为傈僳族，分别姓李①、姓杨。杨氏家族早于李氏来到同乐大寨，据传为丽江“杨路老爷”②的亲戚。至于迁来的原因，村民C讲述道：

同乐的杨家呢，第一位到同乐的，是丽江之前木老爷的房子对面，好像还住了一村人。那么有一个当官的人，打仗的时候，士兵该往什么地方走，那个人就主要是管这个的了，一般称作“杨路老爷”。那个人呢，好像是那个村的。那么勘察路啊，看什么地方能走通，从什么地方走才对，让他做这些调查了嘛，所以才叫“杨路老爷”了嘛。他们的亲戚，也就是父系亲属了，有一个七八十岁的老人家，是富人，金银富足，家里有百种东西。但是因为那个时候，死的人太多了，所以那个老人家下葬的时候连棺材都没得到一个。因为没有棺材，所以就用草席子裹着尸体下葬了嘛。有一个杨路老爷的亲戚，好像是杨路老爷的哥哥还是什么(人)，他恰好看到富人家下葬的情形：“啊？有这么多钱，金银也有，连这样的人都没有棺材，直接下葬了。那四张棺材板啊，我得自己去找。”那么说着以后呢，就拄着拐杖往维西这边走了。那个人呢，是我们的阿祖(曾祖父)了。像我一样(年纪)的那个老人家先来了嘛，儿子呢，也跟在后头，因为你(儿子)也没法留着了呀，毕竟是“杨路老爷”的儿子嘛，对吧？“我只有一个父亲啊，居然这么走了，

① 村中还有一户人家姓李，但并不是此处所说的自丽江迁来者，而是在丽江迁来的李氏定居之前便已经住在同乐大寨的傈僳族。本文中暂不论及该支。

② 音，待考。疑为丽江古城的杨福苹，人称“杨六老爷”，因云南滇西北方言中将“六”念作“陆”，故疑。见和钟华：《以砚池命名的城——丽江古城寻踪》，昆明：云南民族出版社，1999年，第55页。

> 我得去照顾他。"所以他儿子也跟着他，照顾着他来到了同乐。住了一年以后呢，得了四块棺材板。以前啊，坟地也是要买的，也就买了一块大点的地。买好了以后呢，好好说起来，也装(埋)不下多少人啊，像我妈就没有埋在那里了，还有我表叔也是(如此)。①

"杨路老爷"因战时勘察路而得名，即姓杨的路官。传说其亲属中一80多岁的老者为了在死后入棺安葬，背井离乡来到维西，并立足于同乐大寨。据调查，大寨杨姓一支早年与丽江的杨家有联姻，1950年代后杨氏迁出同乐大寨，搬到了迪满村。现在村内杨氏实则为傈僳族，是早年村内一傈僳女子携三子改嫁到纳西杨家，杨氏继子中的两幼子后来取学名姓杨，当下村内的杨氏为这两位老人的后人。因此，其远祖血缘为傈僳族，只是其女性先辈改嫁纳西族杨氏而得杨姓而已，实际上与杨姓纳西族并无血缘关系，是傈僳、纳西两族通婚的案例之一。

而村内的李氏是民国中后期才来到村内的，先前为丽江束河的鞋匠，后入赘同乐大寨杨家而落籍于此②：

> 我父亲呢，会一点缝鞋的手艺(是缝皮鞋的鞋匠)，会一点手艺，但也还没有媳妇。那个时候同乐大寨的我母亲呢年轻的时候是一个美人③，然后我父亲呢就来同乐大寨我母亲这里上门了，我母亲他们家是杨家。虽然是杨家的上门女婿，但

---

① 2019年4月12日，笔者在同乐其宅对村民C的访谈。

② 李氏入赘同乐大寨杨家后，在1950年代以前仅为"客籍"，被称为"jjiq hal"("汲哈"，纳西语，原意为剩下的人家)，没有土地和属于自己的山地，也不需要给叶枝的王氏土司上租。

③ 原话为"脸很好看"。

我父亲呢不怎么管家，也不怎么管我们这些儿女，也没有管到（我们），他去了怒江那边，在怒江那边去世的。①

此讲述文字虽少，但信息量大，得放置在茶马古道宏观空间中分析。丽江古城附近的束河，历史上皮毛加工业发达，产生了众多皮匠作坊。其中一些人为了避免商业竞争，就北上维西、香格里拉，东去宁蒗，南下下关，乃至西藏拉萨等皮毛资源丰富，又需皮毛制衣、制鞋、制帽的高海拔地区，成为流动在茶马古道的一群纳西族手艺人。该故事中的李姓皮匠应该也是内地汉族移民在丽江"纳西化"后的纳西族，同样为了寻找生产生活空间来到了同乐。说其妻子为杨家傈僳化了的纳西族美女，那就有可能是基于爱情而缔结的婚姻。但是就男女两姓的家庭与社会地位而言，差异甚大。在傈僳族中，男女平等，不存在上门入赘一说，只是有独子独女或小儿小女吃祖业、养老的习俗。但深受汉文化影响的纳西族，皆是儿子中的小儿养老并继承家业。那么，背负不同民族文化背景的男女，而且是在典型的傈僳族村寨里，当激情过去时，生产生活细节里的民族文化差异就可能凸显出来。于是，李姓先祖不但依据纳西族上门姑爷的习惯不管家事，甚至一走了之，以逃避在两种民族文化夹缝里的尴尬。所以，同乐李家的历史，或者说通婚史，实际上也是该区域族际通婚的一个侧面。即不断有其他民族的血液通过婚姻关系融入傈僳族中，最终"变"为傈僳族。这也应该是傈僳族文化开放性与性格包容性的历史根基之一。

在清代雍正年间丽江、维西先后改土归流而"渐习汉姓"后，同乐村内出现了"王"姓。因叶枝土司姓王，许多村民认为该支为1956—1976

① 2019年2月17日，笔者在同乐其宅对村民C的访谈。

年间历次政治运动时四散的王氏土司后人。但经调查发现其实不然，尽管他们确与王氏土司有一定的联系，且取汉姓“王”的时间也不是很长：

> 同乐的王家呢，虽然现在取名姓王，但实际上不是姓王的人，其实是余家和蜂家。同乐呢，之前有王嘉禄[①]他们，也就是王氏土司的仓库，那么王家的祖先呢是王嘉禄他们在同乐的仓库管理员。后来就被编成姓王了，不然以前他们的父母呢，是没有姓王的。比我们大的，有一个属鼠的孩子[②]开始才有姓王的，那个属鼠的人的弟弟呢也改成了姓王的，他们俩的父母呢倒不是姓王的，也不是什么王家。属鼠的那个呢叫“克谬洛”，他弟弟呢叫“阿九若”，这个名字是我舅舅取的，是拜我舅舅为干爹的那种。他家养孩子不顺，就拜寄我舅舅了。“阿九若”还有个弟弟，叫“阿实若”，那个倒是没弄成姓王的，学名叫什么我就不知道了。[③]

调查发现，如果追溯该区域各纳西族、汉族、傈僳族与白族的族源，其中一部分家族的族源可能是来自内地的汉族。傈僳族一些民族中也有的是“父汉母傈”，有的是“父纳母傈”或“父白母傈”，后代却都“变”成了傈僳族；有的甚至男女始祖皆是纳西族、汉族或白族，或者在其中异族通婚，但后代都“变”成了傈僳族。而在其他非傈僳族作为主体民族

① 王嘉禄，维西叶枝最后一任土司。叶枝一带的村民大都用“王嘉禄”“王嘉禄家”来代称王氏土司。

② 自村民C的讲述卜算，该老人约生于1924年。

③ 2019年4月12日，笔者在同乐其宅对村民C的访谈。

的地方，傈僳族也有可能在与其他民族的通婚或别的形式的交往交流中，使其后代变为该区域主体民族。由此可见，族群边界并非不可跨越。因为其文化在不断调适，民族认同也会随之发生变化。①

王嘉禄是叶枝纳西族王氏土司的第九代传人，活跃于民国时期，管辖范围沿袭自祖先禾娘开拓时期，西部辖境从贡山、独龙江以西远达今缅北葡萄一带。王氏家族每年以收取土产贡奉，再上缴中央王朝（政府）的方式，成为中央王朝在三江并流西北部的代理者，因而有“三江司令”之称。② 其家族历史、事迹，当然也包括被不断重构的历史、事迹，至今成为三江并流区域各族共享土司历史记忆的重要内容。因此，在同乐有王嘉禄家的仓库，并任命傈僳村民看守、管理是完全有可能的。当然，在唯阶级成分论的时代，王氏土司也成为村民通过“忆苦思甜”获得社会资源的一种历史资源，而被大多数村民避之唯恐不及；而改革开放后，讲述土司开疆拓土的小说、影视作品层出不穷，王氏土司可能又成为其氏族（家族）、村寨荣耀史的一部分，甚至有可能牵强附会地攀附之。因而，离当下尚不远，村民还耳熟能详的“王嘉禄”，就成为三江并流区域历史文化资源的象征符号之一。但总的来看，同乐由王氏土司管辖是符合史实的。地方文化精英对雍正年间开始的维西土司制度有较为详尽的叙述：

> 清政府评定西藏阿尔布巴事件后，于雍正四年（公元1726年）决定将原滇西北这片区城仍划还云南管辖。第一次

① 弗雷德里克·巴特主编：《族群与边界：文化差异下的社会组织》，李丽琴译，马成俊校，北京：商务印书馆，2021年，第1—39页。

② 该称谓在诸多宣传文稿中都被认为是国民政府在抗战期间赐予的，但暂未找到可靠的资料佐证。现今，王氏土司府衙门口仍悬挂着“三江司令”的匾额。

> 划界结束后，雍正五年（公元 1727 年）春，昌波[1]大管军头人女“木瓜”禾娘，率其下属各片大小“木瓜”、“阿赛”、“佐瓜”（总管）、“埋塞”（白色）等呈文内附清朝，接受“改土归流”。清政府仍沿用“以夷治夷”的策略，委封少数民族头人为三等六级的大小土司官，管理该地区的各族民众。禾娘被“上宪赏给千总顶戴”世职，其余的“木瓜”“阿寡”分别委把总、外委职，“佐瓜”“埋塞”则委封为土目职。并令禾娘率众属下土司守卫边疆，管理好所辖区域，等待流官的到来和接管。次年滇川第二次划界后，又委封一批土司。此后，在不同的时期和事件中，以其需要、“立功”和表现，又分别委封或提拔一部分土司官。民国年间，维西地面上泛称“三十六员土司”（一说为三十六员半土司），而《维西县志稿》职官中的“世袭土司人员表”“土司奉薪表”的土司数都是矛盾的。一是：二千总、八把总、二十六弁目，共三十六员；二是：三千总、五把总、八外委、二十二土目，共计三十八员。[2]

上述土司辖境以维西为核心，泛及德钦、香格里拉与贡山北部地区，也即在碧罗雪山两侧的澜沧江、怒江上游地区。之所以各级土司（土官）数目不一，可能是因为诸土官实际管辖范围不大，即在不甚广阔的区域内，大小土司林立，是当朝者对地方分而治之的权谋计策。而且有的加委未几又降职，有的在“教案”后被杀，有的未传几代就绝户了。

---

① 即维西县康普乡（村）。

② 刘茂棣：《维西土司》，载中国人民政治协商会议云南省维西傈僳族自治县委员会文史资料委员会编：《维西文史资料》第 7 辑，第 19 页。

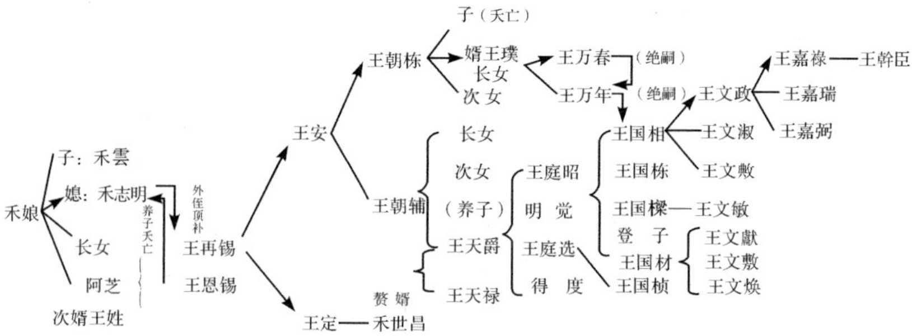

图 1-3 维西叶枝(康普)土司禾娘世系图①

20年纪20年代,美国学者洛克就记录了维西一带傈僳族世居地里纳西族与藏族的分布情况:

> 纳西族所居住的云南西部和西北部地区包括金沙江河谷,即丽江迤西的石鼓镇到金沙江北岸的其宗村。其宗位于过去曾一度架在金沙江上的那座古铁桥之外,现在属维西县。这个地区包括剌普村在内,在其宗地方流入金沙江的一条西面的支流上,也是纳西族所居住的地方。剌普迤西北还有几个村子,都居住着纳西人,但高里和白芒山方向的其它一些地区,则主要为藏人居住。②

就是因为有数量不菲的纳西族与藏族分布于此,而且这两个民族有更为完善的社会组织与制度化的宗教。因此,维西土司中既有纳西族土司,也有藏族土司。纳西土司中还有随木氏土司征讨维西而落籍

① 刘茂棣:《维西土司》,载中国人民政治协商会议云南省维西傈僳族自治县委员会文史资料委员会编:《维西文史资料》第7辑,第81页。

② 约瑟夫·洛克:《中国西南古纳西王国》,第189页。

于此，并已经“纳西化”了的内地汉族移民后裔。由此可见，丽江纳西族木氏土司受明清中央王朝默许与吐蕃作战的过程中，该区域民族种类越来越多，族际的交往、交流、交融成为必然，并走向与内地政治、经济与文化一体化发展的道路。

另外，在前述传说里说到的“属鼠”，也从属相角度表明在该受访者的舅舅帮其取名的时代，即大概在1949年前后，内地属相纪年的方式在当地已传播开来。这在《哇忍波自传》中的记载，及民族大调查时期的记载中都能窥探一二。而在此前，傈僳族不仅在农时用花鸟历，而且记出生年月也用花鸟历，或假托家里、村内的某一生产生活事项，如桃花开、割麦收稻、布谷鸟鸣叫等事件。汉文化的传入，除了因为同乐大寨位处茶马古道沿线，村民有可能以“赶马哥”的身份接触外界文化外，也可能是跟随木氏土司与王氏土司出征打仗、为其帮工而接触外界文化，还有可能是上述入居的杨氏、李氏纳西族带来了外界文化，其中就以来自南部的纳西族文化、来自北部的藏文化与来自内地的汉文化为主。由此可见，在该区域多民族混居的特殊文化空间，与多民族交往、交流、交融的时间（历史）里，各民族文化是逐渐水乳交融的。因此，傈僳族使用汉姓也是在这种貌似不严谨，却承载了区域厚重历史文化变迁史的过程中完成的。进而言之，横断山脉三江并流区域的自然空间，就是在此过程中逐渐层垒为一个多民族共生的文化空间的。陶云逵所面对的碧罗雪山傈僳族，就是其中一个典型的群体。

说到村内王姓的由来，需要指出的是近来出现的“同乐大寨是王氏土司的避暑山庄”的说法并不确切，而作为土司王嘉禄家的“粮仓”倒是真实的：

王嘉禄家在同乐大寨有房子，就是现在做着操场的那个地方，那里以前建着王嘉禄家的房子。那是 1949 年那年，1949 年的七八月的时候就被烧毁了。王嘉禄家的房子建在那里，后来打仗的时候被烧毁了。（房子）被烧毁了以后，听说王嘉禄也在维西县城被杀了①，所以村里的房子也就没有再建了。现在的操场，以前有一半是王嘉禄家的房子地基。

王嘉禄在同乐大寨有房子并不是说他们会来那边住，他们也不会来那边住的，但他们会来追讨犁地的工钱②，那房子里头呢修好了，（是）存放粮食的仓库。那里啊，同乐大寨的人如果有反对的，就像现在有点错误的人一样，可以关押的地方也修着的。把粮食征收来以后存放在仓库里，今后村民的粮食欠收，开始闹饥荒的时候，可以去仓库那里借，他们又写、立账目，就是那样做的了。③

可见，同乐村曾有王嘉禄家的粮仓，而且有义仓的性质，即作为其子民，村民每年有交租的责任，其中的粮食收归建于村寨里的仓库。若逢灾年歉收，村民又可以从仓库里借粮。可能这种丰年或平年交租到粮仓，灾年借粮已成惯例，因而到嘉庆年间，纳西族地方官员不借粮给傈僳族村民，并污名化于傈僳族时，就激起了恒乍绷组织的起义。如在《道光云南通志》中就有记录：（嘉庆）六年冬，岁歉雪大，众傈僳向康普、

① 1949 年 4 月 19 日，王嘉禄在维西被杀。（参见中共维西傈僳族自治县委党史研究室编：《中国共产党维西傈僳族自治县历史》第 1 卷，昆明：云南民族出版社，2014 年，第 32 页。）房屋被焚毁的时间与王嘉禄被杀的时间相差近四个月，盖因当时信息传播速度缓慢所致。

② 指苛捐杂税。

③ 2019 年 2 月 17 日，笔者在同乐其宅对村民 C 的访谈。

古刹两寨借粮不允，恒乍绷挟禾虽仁责逐之嫌，遂纠众抢劫。①

如果对上文口述资料中“写”“立账目”两个词汇加以分析，就可以明白与前文所书以纸卜算的关联性。即历史上没有文字的傈僳族，通过与叶枝纳西族土司的接触，见闻了土司家族率先接受的汉文化与藏传佛教文化，包括其中的书写文字，特别是使用的佛经或东巴经，才有了以纸的飘向、落地找到村寨与泉水的神话传说。因此，滇西北三江并流区域民族文化，存在着自己民族直接接受异族文化，或者通过邻近异族接受更远处异族文化的波状特征。陶云逵所关注的便是后者，所以他也关注到了傈僳族与周围纳西、藏、汉等民族的关系。②

当然，陶云逵的调查也是基于前人的调查资料。如余庆远《维西见闻纪》就说：“建设时，地大户繁者为土千总、把总为头人，次为乡约，次为火头……麽些头目、土官能治之。”③所以，雍正年间的清政府就以俗而治、以夷治夷，敕封维西王氏土司管辖叶枝一带的各族村民。但是土司、头人未能守土保民，甚至在重灾之年对村民不管不顾，而且对傈僳族充满了汉文化中心主义的文化偏见，自然就激起民愤，最终导致恒乍绷起义等历史事件的发生。

同乐村傈僳村民与王氏土司家族的关系，还可以从另一个地名得到印证。在同乐大寨向西出村的路上有一个地名叫“哈独嘎”④，是大寨先民搬至大寨之前的宅基地。该地也叫“木格粗噶”，意为“接土司的

---

① 《云南通志》卷十五，转引自古永继：《傈僳族古代史料汇编》，载林超民主编：《西南古籍研究(2011 年)》，昆明：云南大学出版社，2011 年，第 88 页。

② 陶云逵：《碧罗雪山之栗粟族》，载《中央研究院历史语言研究所集刊》第 17 本，第 340 页。

③ 余庆远：《维西见闻纪》，载方国瑜主编：《云南史料丛刊》第 12 卷，第 62、65 页。

④ 傈僳语音译，意为庄房、宅基地。位于大寨西侧坡下，为一块滑坡形成的山腰小平地。

地方”。村民对该地名的解释为当土司要来大寨的时候，村民需要到该处迎接。换言之，同乐属于王氏土司的管辖地，除了政治上的统治管理之外，还存在着经济上的劳役与钱粮贡赋关系，及其文化上两族的交流关系。在此意义上，同乐也并非一个完全封闭的傈僳村寨，而是通过茶马古道这个族群流动的自然与文化空间，以及通过与王氏土司的隶属关系，保持着与外界的联系。不过，土司来过同乐大寨，却并非常驻。同乐大寨当时大概为土司的一个多功能“屯粮点”，负责苛捐杂税（粮食为主）的存放与放债，并也看押犯事者。那么，后者就体现了土司安靖地方的功能。也即在清朝“江内宜流不宜土，江外宜土不宜流”政治策略下，政治、经济与文化发展尚与内地有差异的澜沧江以外区域，仍然实施土司制度。同乐村虽然并未在澜沧江以西，但在地理空间与经济文化上属于“江外”，因而属于“土流并治”区域，也属于陶云逵所关注的碧罗雪山区域。陶云逵就看到了在雍正年间相对靠近内地的丽江被改土归流之后的第四年（1727），在更边缘的维西地敕封了 6 个纳西族、藏族土司。① 其中同为纳西族、同为丽江木氏土司后裔或亲戚的康普禾氏、叶枝王氏土司互通婚姻，康普女千总禾娘之女嫁予叶枝土司，并因家族不旺而逐渐合二为一。传到 1940 年代的王嘉禄时，人们就只知道叶枝土司王氏了。在同乐还留下王嘉禄的历史记忆，也是因此故。

陶云逵看到，在时间与空间的交集中，该区域文化空间具有突出的傈僳族文化特性，因而以此为田野点写就了《碧罗雪山之栗粟族》，同时看到了该区域傈僳族与周围民族的政治、经济、文化多重关系。即在陶云逵的眼里，该区域文化空间固然以傈僳族文化为主，但兼有同一区域

① 陶云逵：《碧罗雪山之栗粟族》，载《中央研究院历史语言研究所集刊》第 17 本，第 340 页。

多民族文化的烙印。这在该民族志的多个章节里皆有呈现。但这些占多数的纳西族土司在传播纳西文化的同时，也把汉文化传播至此。在陶云逵对“黑傈僳”群体中调查到的姓氏中就可见一斑：

> 黑栗粟中共有二十四姓，姓中多动植物之名称，其中有一部分即十二支。此姓氏当即图腾，惟今对此各动植物无任何忌禁与崇拜。其姓氏为：

一　鼠(ha)	二　牛(la)	三　虎(la)
四　兔(tola)	五　龙(lei)	六　蛇(fu)
七　马(mu)	八　羊(ju)	九　猴(mi)
十　鸡(e)	十一　狗(ko)	十二　猪(pu)
十三　稻(chu)	十四　麦(sua)	十五　荞(kguou)
十六　青菜(o)	十七　豇豆(no)	十八　薏米(tzeng)
十九　黍(lu)	二十　鸟(hai)	二十一　熊(u)
二十二　鱼(ua)	二十三　蜂(bpiou)	二十四　人(ra)①

> 所述各地域之黑栗粟人口约四五万人。以此二十四姓分配之。同姓不婚(exogamy)，凡不同姓者彼此婚媾无禁律。女婚后从夫姓。同姓恋爱认为触犯习尚。②

到 1930 年代，在该区域傈僳族的传统图腾崇拜姓氏基础上，又增加了汉族的十二属相。因此，事实上，纳西族、白族都成了汉文化在该

① 大部分标音有错，据傈僳族学者沙丽娜纠正如下：鼠 haiq；牛 NYI:；龙 Ba；L. 或 Lv:；马 mut；鸡 eal；羊 chir；稻 qiux；麦 xua；猪 wair；猴 mir；荞 gguat；青菜 eot naix；豆 nol 或 no；豇豆 al no dax doq；黍 mut lul；鸟 niaq；鱼 ngual，蜂 bbiat，熊 eo；人 cox。

② 陶云逵：《碧罗雪山之栗粟族》，载《中央研究院历史语言研究所集刊》第 17 本，第 383 页。

区域傈僳族中传播的媒介、桥梁。对此，在陶云逵后不久的张正东就说：

> 黑傈僳之社区，其近中心地带在维西近城四山、康普、弓笼、奔子栏及金沙江上游之中甸县属之江边境，丽江县属之鲁桥乡之高山上，其住地多与么些（麽些、纳西）族接近。或通婚，或互相交易，彼此往来，联络感情，且本族最爱么些族之文化，仿其俗习，循其礼教，甚而服饰也喜改为么些装束，学么些语言，能操么些语者极其普遍，并且统治本族之土司头目，多系么些族人，因此关系尤为密切，于无形中发生同化作用。①

如果撇开张正东对于接受汉文化较多的纳西族有一种汉文化中心主义的高化，便是对傈僳文化存在矮化的研究局限，那么，我们还可以看到其对傈僳族文化在独龙族、怒族中影响的叙述中的“一村笑一村”的延伸：

> 至于俅子（独龙族）、怒子（怒族）二族（被傈僳）所统治，而发生同化之关系。……其接触时间，比较为多，有诉讼者，求傈僳头目排解之；有疾病者，必请傈僳“尼扒”禳除之。于无形之中，该怒、俅二族，已直隶于傈僳之下也。是以怒人、俅人，以种种之关系，有学习傈僳语之必要；而怒人、俅人亦多通傈僳语，……。此系傈僳族文化较俅人、怒人为高，而怒人、俅人

① 张征东：《云南傈僳族及贡山福贡社会调查报告》，第5—6页。

又被傈僳同化也。①

如果我们仍然抛开张正东给我们呈现的三江并流核心区域一族“矮”于一族的文化图示，那么可以看到的则是该区域作为多民族共生的家园的事实。尽管在特殊历史时期存在着强势民族统治、剥削弱势民族的情况，但更多的还是经济的交往、文化的交流与婚姻的互通史实。傈僳族处于这个多民族共生大家庭的中心，和北部、东部的藏族，南部的纳西族、白族与汉族，西部的独龙族、怒族构成了相互依存的关系，共同建构了滇西北多民族依存共生的特殊文化空间。

第三节　靠山吃山：同乐山地生计中的时间、空间及其转换

一、山地自然空间里的传统生计文化空间

与横断山脉三江并流区域，也即滇西北的众多傈僳族一样，以往的同乐大寨傈僳族先民也曾经历从游牧、采集进而到游猎、采集并行，再到游耕、狩猎、采集兼行，最后到大都依靠定居农业、畜牧业和辅助性的采集与射猎来维持生计的历时性演变。但直至清乾隆三十四年(1769)

---

① 张征东：《云南傈僳族及贡山福贡社会调查报告》，第8—9页。

余庆远随其兄赴维西考察之时[①],傈僳族的生计方式仍然很传统:

> (栗粟)喜居悬岩绝顶,垦山而种,地瘠则去之,迁徙不常。刈获则多酿为酒,昼夜沉酣,数日尽之。粒食罄,遂执劲弩药矢猎,登危峰石壁,疾走如狡兔,妇从之亦然。获禽兽或烹或炙,对坐共食,虽猿猴亦炙食;烹俟水一沸即食,不尽无归。餍复采集草根木皮食之。[②]

这一段清代雍正年间对傈僳族生产生活的描述,呈现出其所处的自然环境,以及迁徙不常、粮食尽就去狩猎的生产生活习惯;还表明所获猎物有煮与烧烤两种方式,而且习惯共享,同时还采集山茅野菜以果腹。由此看来,傈僳族真是"三江之子",是三江并流区域丰富的山地自然资源使其长期依赖自然,并以其因时因地制宜的游耕、游猎、采集方式作用于自然,努力与自然保持一种和谐发展状态。但到明代以来,大量异族人口流入,能够承载傈僳族人口的山林面积减少,促使其转向了相对高产的山地农村生计方式。这在陶云逵的《云南怒山上的栗粟人》与《碧罗雪山之栗粟族》中有生动的描述:

> 维西、福贡一带的坝子,正如滇中其他坝子一样,是被汉人以及已经汉化了的土人[③]占据了。真正的土著居住在四山上。有人说坝子以前根本没有人住,土著们不吃米,不知道人工灌溉,坝子对他们可以说是毫无经济价值。他们吃包谷、高

---

① 清乾隆三十四年(1769),余庆远兄余庆长任云南维西厅通判。

② 余庆远:《维西见闻纪》,载方国瑜主编:《云南史料丛刊》第12卷,第64—65页。

③ 指纳西族、白族。

> 粱、荞麦，他们的技术是“刀耕火种”。在夜晚，你会看到四山上一片片的火光，这并不是野火燎原，这是栗粟们故意把山上的丛树，野草烧了，预备在那里布种子。烧成的灰是一种半人工的肥料。他们没有犁，没有耙，因此也没有犁地的牛。下种子以前用他们特有的方头朴刀，或是烧坚了的树杈去翻土。这就是所谓的“刀耕火种”。[1]

陶云逵不但重点介绍了碧罗雪山(怒山)上的傈僳族的刀耕火种农业，同时指出江边低海拔地是“汉化了的土人”不久之前移居并开发出来的，所以高海拔的山区才是傈僳族的家园。而外界输入的苞谷(玉米)与高粱，就不得不在“汉化了的土人”中寻找来源。换言之，伴随明清中央王朝势力在该区域的深入，越来越多的汉族与受其文化影响的纳西族、白族移居于此，并选择了相对平坦，且有水利灌溉之便的江边坝子。这样，山上刀耕火种的傈僳族与江边精耕细作的汉族、纳西族、白族形成了各自相对独立的文化空间。

18 世纪末的傈僳族兼行刀耕火种游耕农业、游猎与采集业，再经过 200 多年的发展，到民国时期已经进入定居农业兼行涉猎、采集的时代。陶云逵就对其时傈僳族的农业进行了较为详尽的描述：

> 农业及耕种——上面已经说过，栗粟族生活中一个特点是他们的村落，除了少数例外或汉化了的，都是在高山坡上，往往在海拔二千多公尺。譬如在碧罗雪山或高黎贡山上，这样高的地方气候自然很凉爽，因此他们食品中的农产种类，是

---

① 陶云逵：《云南怒山上的傈僳人》，载《陶云逵民族研究文集》，第 185—186 页。

要受高山气候的限制。他们所种的谷粮种类是以荞麦(Polygonum fagopyrum),玉麦(Zea mays L.),高粱(Andropogon sorgune),小麦(Triticum sativum L.),小米(Setaria italica Kth. Vdr),绿豆(Phaseolus mungo L.),豇豆(Vigna inensis Hassk),马铃薯(Solarium, tuberosum),荠苏(Cumcumber),为最普遍。

其耕种方法是用广种法(Extensive Method),把山上森林砍伐后,用火焚之,以其灰作为肥料;然后用锄头将土翻铲(有用牛去犁的,多半是汉化了的)翻动之后即播种,任意散播,无阡陌的分割。至其已开辟之地,则自他处砍些树枝树叶,堆于所耕之地,焚之。谷种生后,任其生长,无芸耨,一任莠草掺杂其间。

也无灌溉,盖因所种之地,多在山坡,其倾斜角度很大,不易引水平均分润,所以完全仰给于雨水。至其有阶形田地及种稻田,是从汉人或民家人学来的,不是栗粟固有,是为数甚少。

在一地耕种若干次,如焚树枝作肥料,而其地收获仍然不好,则认为其地地力已尽,必得弃去,令其休息数年,而另外去找新地开垦。但其所找的新地不一定很远,常在一个区域中的几块地方,轮流去种,而来回的迁移。不过在山上,可种植的土地本不甚多,故在村子附近若无可耕之地,势必合家远迁,找空地可耕者住下,这是促栗粟迁移的一个动力。耕种的时候，男女分工合作，男子伐木耕地，女子播种收刈。[1]

想必初建村寨时期的同乐村民所进行的农业便是这种甚至更原始粗放的游耕农业，但也可以看到外界农业对于本地傈僳族的影响，从粮食作物种类的增加到使用牛耕，都是傈僳族与周围民族交往交流的结果。粮食产量增加，单位面积可以承载的人口更多。于是澜沧江、怒江两岸山间台地东一村西一寨基本上被开垦成山地，形成了村寨与山地一体的分布格局。

同乐山地农业包括了山地粮食作物与蔬菜的种植，加上定居后畜牧业的发展，村民逐渐减少了对采集野粮野菜以及狩猎获取自然物的依赖。其中，绝大部分位于陡坡上的山地村民的农业就表现为垂直农业，即依据“一山分四季”来因地制宜地安排种植农作物。因此，农作物种类和劳作方式、时间皆依据海拔呈现出垂直性变化，即一年四季轮回中耕种从高海拔地区开始到低海拔地区结束，收获则从低海拔地区开始逐层往上，到高海拔山顶结束。种植作物的种类，也就有了空间上的垂直分布性与时间上的前后顺序。这与陶云逵书中所言之事大致相同，即海拔高度决定了傈僳族的垂直农业生产时间安排。

在前文所述傈僳族沿袭已久的狩猎业中，他们甚至明确了什么高度的山上有什么样的猎物，什么季节开展狩猎活动：

狩猎是栗粟的特长。猎获禽兽的皮肉，一方面用以调剂食品，一方面可以添补种种的用具。所以栗粟常时要出猎，同

① 陶云逵：《碧罗雪山之栗粟族》，载《中央研究院历史语言研究所集刊》第 17 本，第 341—342 页。

时是他们的一种娱乐。他们住在高山大林中，禽兽是很多的，上山打猎，多少总有些收获。他们的方法，也有二种：

一、围猎。猎具是弩弓，毒箭，刀，矛，与战争武器同。此外带着一群猎犬，他们对于兽类的足迹分辨得很清楚。如是有人看见，便会纠合些人，一同出猎，在兽类足迹的左近去动手。先唤猎狗，狗是有相当训练的，可以按着兽迹去嗅。入到森林之中，便狂吠起来，野兽听到狗声，便会惊惶突逃，而犬则紧随着追赶，猎人便跟着犬去寻。狗是一大群，而人则是按定方向，四面去包围，结果把兽围在中间。然后由猎人张弩射去，乃可获得。此种围猎，多对熊、鹿、野牛、野猪等较驯的兽类，赶猎往往会到很远的地方，所以猎人们出行多带着够用两三天的粮食面饼 糌粑之类，入夜即息，随处而止。

二、陷阱。至于较恶猛兽如虎豹，则设阱以陷之。陷阱之中，最利害的是所谓地弩，余庆远《维西闻见录》载有一段很好的描写，现在仍然如此：

“地弩，穴地置数弩，张弦控矢，缚羊弩下，线系弩机，绊于羊身，虎豹至，下爪攫羊，线动发矢，悉中虎豹胸，行不数武皆毙。”此外尚有：“熊夹，熊力大而勇于自用，见木桩辄拔之，必出乃喜。栗粟因多伐巨木，劈其半，以木桩插于木之开处，群熊游而见，争骑巨木，力拔桩脱，则牡夹肾囊，牝亦夹臀肉，鲜克免者。”又：“猿棚，于麓掘笼，深五六寸，宽尺许，置以果，外插木楞为栅，空容猿手，猿至窥果，遂手探拿握果，而拳不能出，辄狂啸，人闻声从之，猿益惊惶，不忍舍果而为人所获。”

以上是猎兽的方法。猎鸟，除了用弩射以外，用绊扣，我所见到的有两种。[1]

就是因为碧罗雪山一带丰富的野生禽兽资源，促生了傈僳族多样化的射猎方式，并长期深深依赖于这种狩猎生计，而限制了禽畜养殖业的发展。另一方面，狩猎收获的不可确定性，引发了傈僳族占卜这种巫术文化的产生，以多种多样的占卜方式试图预知不可预知的结果。在张正东的调查报告中就说道：

> “鲁庶”二字，么些族人也称本族（傈僳）之名词，于么些（纳西）象形文字经典中常见之字，写作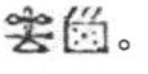。《在毕扒果苏》及《措波萨》等书，或简写为字，或又写作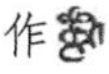字，意为傈僳打竹签卦也。[2]

自从进入定居农业时代以来，大寨村民还逐渐发展了畜牧业。但受山地牧场与家庭畜圈的局限，而且同时有狩猎可以依赖，所见以家庭为单位的家畜养殖规模并不大，并以少量的猪、牛、马、羊与鸡等为主。但相比于之前狩猎生计时代的人们与野生畜禽的空间距离，一年四季中，人们与家养畜禽有相当一部分时间是在同一屋檐之下。但这种亲疏关系，或者空间距离因为四季变化而变化。猪和马（及骡等）的养殖与牛、羊的养殖不同，前者一般只在家里圈养或放养于院坝里，却不会放到高山牧场。猪是大寨村民在从狩猎业为主过渡到定居农业为主以后主要的肉食来源，在年底，一般是腊月杀年猪，腌制腊肉，以满足全家

---

① 陶云逵：《碧罗雪山之栗粟族》，载《中央研究院历史语言研究所集刊》第17本，第369—370页。

② 张征东：《云南傈僳族及贡山福贡社会调查报告》，第1页。

一年四季的油脂与肉食需求。这与该区域的纳西族腌制腊肉、计划全年食用相同。毕竟随时可以狩猎野生禽兽获取肉食的时代逐渐过去了，需要以饲养“年猪”来满足一家四季的需求。而马（或骡子）则方便村民驮运粮食等物品：一是满足在村寨内部即从家到地里的粮食、柴火，乃至建材木料的驮运需求；二是从村寨到江边或到叶枝村的交换物、上税粮等的驮运；三是融入茶马古道马帮大军，参与短距离或长距离的马帮运输。因此其所养的并非高头大马，而是适应横断山区的矮脚小马（和骡）。外界皆称之为“丽江马”，个头相对矮小，但特别耐劳，擅长登山下坡，这样也才能够担负从丽江直至拉萨的茶马古道高海拔、最危险段艰苦卓绝的马帮运输。村民多说马与骡子买自维西县城，而维西县城的骡、马则是从丽江来，从中也可看出多民族的经济交往关系。

就当下同乐大寨内养殖猪、马的情况而言，其数量有所下降。这是因为交通的便捷及运输工具的普及，马失去了“山地方舟”的地位；而猪的养殖数量的减少，则由鲜肉市场兴起，村民的肉食选择从以往的干肉、腊肉为主逐渐转向腊肉、鲜肉并重，且以购买自市场的鲜肉为主的态势所致。但腊月杀年猪仍然是一个不可或缺的事项，充满了家族、邻居与姻亲相聚的“仪式”感。于是，村民开始选择在七月火把节左右买一头“架子猪”①圈养，三四个月后作为年猪宰杀。鸡与鸡蛋，也是村民蛋白质的主要来源，而且是亲戚、客人到访时的主要待客佳肴，所以家家户户都养了十几只乃至几十只鸡。它们夜晚自行回鸡窝，白天就在院坝或家宅附近小路、草地上觅食。出于山地民族对猎狗的喜爱，大多数村民也养狗。因此，走进同乐，鸡鸣狗叫，牛、马、骡、猪、羊或在圈里，

---

① 即长到一定的个头，可用来催肥的猪。

或在赶去牧场、山上的村道，或在院子里，一眼可以看出傈僳族从狩猎到养殖的经济转型。

但在民国时期，碧罗雪山一带傈僳族养殖的畜禽种类是不多的。陶云逵就说：

六畜中，栗粟只有鸡、豕、狗却无马、牛、羊。除非藏化了的才养大群的羊，汉化了的养几条牛。①

可见陶云逵时代该区域傈僳族的畜禽养殖业并不发达，只有小型畜禽鸡、猪狗，却没有大型动物或者需要放养的马、牛、羊。这从一个层面说明傈僳族对于肉食资源的获取，可以长期依赖丰富的野生畜禽资源而不必努力于人工饲养。但是离藏族分布地比较近的，则受藏族影响而饲养有大群的羊；而与汉族、纳西族与白族分布地比较近的，也受这些民族的影响而饲养牛，但起初并不作为耕牛，而是作为祭牛与娶妻的彩礼。这又表明该区域傈僳族内部在畜禽养殖上是有文化差异的，其动因在于周围民族所从事的养殖业不同，这使其文化空间也呈现出色彩斑斓的特征。

到民国时期，黄牛用来犁山地已经很寻常了，一般是以一(二)牛二人或一人一(二)牛的方式。前者一人在前牵牛，一人在后扶犁；后者由"听话的牛走在前，扶犁的人走在后"。以牛犁地，一天大概可以犁三亩②左右的山地或水田，大大节省了人力。所以当地土地面积不以"亩"来计算，而是以"一架"来计算，即二牛一人一犁在一天内可以犁的

① 陶云逵:《云南怒山上的傈僳族》，载《陶云逵民族研究文集》，第186页。

② 受土壤板结程度、粘黏程度、湿度、厚度，及犁地的深浅外加耕牛的体力、熟练程度等多因素的影响，每天能耕作的面积是有差异的，为1.5—3亩不等。

土地面积。但同乐村坡度特别大的山地,还是以人工挖地为主,牛犁就发挥不了作用了,因而也影响了牛的养殖。

山羊与黄牛、猪、鸡一样,可以自己食用,也可以与外界交换。在圈养期间,还产生农家肥。所以,同乐不少村民都饲养山羊,是以白天放上山,傍晚赶回羊圈的方式饲养。放养山羊,多由家里的老人或孩子负责。为了节省劳动力,也有羊只数量不多的家庭,两三家并拢一起,轮流放养,或者给专门放羊人一定的劳动报酬。牛与羊若圈养在家中,则需要投喂大量的粮草,或耗费一个劳力放牧。而高海拔山区蚊虫较少,在农忙刚过的五六月份里,高山草甸的水草丰茂,有刚发芽的青草与竹笋。此外,邻村(姑腊)的纳西族认为,牛在高山牧场吃到沾有露水的青草对牛好,利于长膘。[①] 这是该区域各族对于高山牧场放牧的共同认知,于是在这一时间段,同乐村民大都选择将牛、羊赶到高山牧场(即海拔3000米以上的"沃吃咪""斜背国"),并由专人看护;在牧场下雪之前将其赶回。有时会因看守人的疏忽,牛下场时主人需消耗几个星期或是一两个月的时间来找寻它们。如2019年村民A便在九月份花费了近一个月的时间才寻得两头走散的牛,而其长兄的一头肥壮的老骟牛则一直不知去向。但四五个月的高山牧场"托管"节省了劳力,还能让牛羊长膘,而且极大地降低了村寨周围的草消耗的压力,从而保障了冬季干粮草的充足。因此,季节性高山牧场的放牧,对村民而言,实在是一个不小的"诱惑"或惯习,实际上也是一种山地畜牧业生产的地方性知识积淀与实践。近年来,随着村里羊的数量减少,已经很少有人赶羊上场了,但是赶牛上牧场的现象依旧。

当然,除了需要夏处高山、冬入深谷的养牛业的从事者,村民也会

① 2019年8月7日,笔者在姑腊村对村民B的访谈。

上山采集羊肚菌、松茸与木耳，挖天麻、重楼、当归等野生药材。在狩猎并未禁止的年代，也行狩猎。这些山珍野味，既是家人所食的菜肴，同时也是与外界交换的山货。所以，高山放牧业往往与采集业同时存在，长期以来是同乐傈僳族家庭经济的一大补充。但从禁猎以后，加之采集资源的日趋减少，村民依靠狩猎、采集获得的经济收入就减少了，部分村民到高山牧场、山林里的生产时间也随之减少。

图 1-4　赶牛上场

同乐村民的靠山吃山，还体现在住房的靠山住山、靠火取暖上。即其房屋建筑就地取材，用丰富的木材资源建盖木楞房。框架用木头，墙壁用木楞，房顶用木板。木楞房一栋接一栋，一家连一家，俨然是一个“木”的世界，充分体现了作为“三江之子”的靠山吃山、靠山住山的特点。

另外，就是燃烧木柴满足取暖与熟食果腹的需求。白天，一家人围火塘而坐，既取暖，又炊饮；夜晚，老人与孩子围火塘而睡，其乐融融。久而久之，就形成了独特的火塘文化，并有诸多火与火塘的禁忌。同乐村民砍伐木柴，也有一套地方性知识，即在不同海拔、区域的山林里砍伐不同类型的木柴，以松树与栗树为主，今年砍此山，明年伐彼山，使山林树木有一定的休养生息时间。而且也分季节砍伐，很少在树木发芽、生长的春夏季砍伐，也不砍伐小树。一棵树的各部分也会分别使用，如粗壮的主干作为柱子或劈成板子后盖屋顶，中间一截作为木楞，树枝用作木柴，叶子部分用来垫圈做农家肥。这样，在人口未在短期内突增的情况下，人与自然总是保持着平衡关系。20 世纪末以来，与外界的木材交易因木材砍伐被全面禁止而受阻，[①]建房的材质也从先前的全木质逐渐转向砖混。但无论是传统定居农业、畜牧业、采集业还是木材业，都共同聚合、营造出一个典型的山地“傈僳族村寨”。一代又一代的时间流逝中，同乐傈僳族村民就是这样生于斯、死于斯，建构了紧紧依附于或者受制于其自然空间的同乐傈僳族文化空间。

二、山地文化空间与外界文化空间的物化关联

若说农业是为了解决“吃饭”的问题，畜牧业是为了解决“吃肉”的问题，这两个产业还会在一定程度上通过产品交换与外界产生联系，那么，当下辅助性的采集与对非保护动物的狩猎则是以“改善伙食”为目的。三者从利用简单工具直接攫取自然物到人工种植、饲养，俨然是人类社会生计方式变迁的一个缩影，实际上也使其生产空间缩小、劳动时间减少。而此前兼行的刀耕火种农业、狩猎与采集生计的时空范围要

① 1998 年，国家发出天然林禁伐令，迪庆藏族自治州州委、州政府开始践行“斧锯下山树上山”的环保之路。参见和泰君：《迪庆实施生态文明建设纪实：共同守护圣洁而美丽的家园》，《迪庆日报》，2017 年 5 月 9 日。

广得多，因为单位面积所承载的人口数量相对较少，持续性相对不强，迫使傈僳族不断迁徙流动，寻找自然资源更为丰富之地。在怒江傈僳族中就有不少氏族传言是为了寻找生存空间而从维西迁徙至该处的，缅甸傈僳族中的一些氏族也有同样的说法，并延续着由此与外界建构经济交往、形成直接关系的传统。但在历史上，以山货、药材与外界交换获取本土所缺的生产生活必需品，在其生计系统里占有重要地位。[①]

> 维西县市街[②]，在澜沧江东岸坡上，居民七百余户。市街凸凹不齐，但当滇、康来往必由要冲，所有西路药材，皆集于此。维西县署属村落，怒夷杂处[③]，土司林立，共有十余土司。所有商号，多外县人经营。……岩瓦，在木姓荣华商号宿。此处怒、俅、藏各属客商来往必经之要道，营业发达。人民居沧江两岸，背山面水，树林茂盛，景物宜人。江上架有溜索两道，以通往来。两岸居民约百余户，其间傈僳占十分之四，与汉商杂处。商、民每年夏秋两季去怒、俅贸易者甚多。……茨开，宿荣华商号内，居民三十余户，汉夷杂处。此处有两条干道，一由茨开翻越高黎贡山，五日到达俅江（又名毒龙江、一名曲江[④]）之茂顶。一路顺潞江而上，十余日到西康省属之察瓦龙。故察瓦龙、俅江一带出产药材，皆集中于此。贸易以黄

① 马秉坤：《建国前泸水集市贸易概况》，载政协怒江州委员会文史资料委员会编：《怒江文史资料选辑·第一至二十辑摘编》，芒市：德宏民族出版社，1994 年，第 894—902 页。

② 今维西县县政府所在地。

③ 指从维西到贡山一带“怒夷”——怒江、傈僳族分布区域，改土归流后属于维西土司管辖。

④ 即今独龙江。

连、贝母为大宗。[①]

在1930年代尹明德主编的调查报告中，对今维西县县城所在地保和镇、澜沧江东岸的岩瓦村、怒江西岸的茨开村的民族、人口、商贸情况都有介绍，由此呈现出横跨三江并流区域的山货药材的流通网络。“夷”以傈僳族为主，还有怒族、独龙族与藏族；“汉”以汉族为主，还有接受汉文化程度较高的纳西族与白族。“夷”以己所有的山货药材交换其所无的生产生活必需品。兼行以物易物的传统交换与以货币为媒介的商品交换，实际上是基于该区域自然空间中的文化空间与外界文化空间的交集、重合，也即边疆与内地、少数民族与汉族之间不可或缺的经济交往基础上的文化交流、交融。这也是下文将重点关注的傈僳族宇宙观（时空观）、宗教观的自然、经济与文化土壤。

> 傈僳每隔一定日期集合于一特定之地点而交易之。“街子”到处均有。兹举维西、兰坪、福贡四县区傈僳常往交易之街子如次：上述四县区汉僳交易之街子共计四个，均在兰坪县境，沿澜沧江岸，自北而南为：维登街[②]、中盘街、石登街、营盘街。各街期除营盘街逢六赶街，一月三次外，其余各街每月两次。街期由石登递推而上，每月初一、十五为石登街期，初三、十七为中盘街期，初五、十九为维登街期（各街街期之距离，多为两街间相隔之日程。又上列各街于旧历十月中旬以后，往往因怒山为雪所阻而中断。若干街期至翌年旧历三月间又再

① 尹明德：《云南北界勘察记》卷三，第4、5、6、25页。

② 现为维西县维登乡。

> 恢复)。至各街交易之物品,名目繁多。傈僳至节子上求售之物品则有牛羊皮(傈僳之牛羊贩自汉人,以作农耕及订婚时聘礼之用。但牛、羊杀食后之皮革,傈僳少有用之者,故仍售与汉人或么些人)、各种兽皮、落花生、姜、黄连、贝母、金子、核桃油、漆子油①、柴、炭、漆、蜂蜡及竹器、麻布等,而汉人或么些人前往出售之物品,则有牛、羊、茶、酒、盐、棉布、瓷器、锄头、犁头、玻璃料珠、假银、假玉之饰物,祭祀禳鬼用之香纸、玻璃或铜制之烟嘴、汉人之药品、打火用之火镰及燧石等。至附近村民,则在街子上摆设食摊、茶摊或出售肉类、蔬菜、水果,也有无业浪人乘机摆赌者。以上各种人均以所有易其所无,而维持各"街子"之繁荣。②

可见因为经济互补式的交换关系的需要,傈僳族所猎获野兽与所采集山货以及名贵药材就变为了商品,与汉族、纳西族等族"山货商人"在"街子"这个固化了的时空里相交集,各售所有,各买所需,形成了山地自然空间与外界文化空间的交集,从而也将内地汉文化,乃至宗教文化元素传播至此。美国人类学家施坚雅关注华南乡村集市在区域社会建构中的重要性,③在横断山脉三江并流区域,"街子"也有其特殊的功能。如果说土司制度的实施,从政治维度使边疆民族地区纳入大一统政治体系,那么作为边疆少数民族与内地汉族经济交往的固化时空的"街子",在丰富了内地中草药药材市场的同时,也将内地汉族生产生活

---

① 由漆树籽榨、熬而成,是傈僳族、怒族与独龙族重要的食油。

② 张征东:《云南傈僳族及贡山福贡社会调查报告》,第105—106页。

③ 施坚雅:《中国农村的市场和社会结构》,史建云、徐秀丽译,北京:中国社会科学出版社,1998年。

必需品因地制宜、因时制宜地选择性流布于此，从而在经济、文化双重维度强化了边疆与内地的一体化。

此外，具体到当下的同乐傈僳族村民，狩猎在禁枪、禁猎以前也是一项重要创收活计。如先前村里有一男子连续猎到了两头熊，熊胆为其带来了丰厚的经济回报，而且熊肉可供人们饱食野味，熊皮、熊掌则可以出售，也可制作箭包，被认为有避邪功效。可见狩猎生计对于同乐村民的重要性。

盐是人类生命延续不可或缺的重要食品，牛羊也要定期补充盐分。维西傈僳族的食盐一是来自澜沧江上游盐井与兰坪两地盐井的井盐，无不通过早期的以物易物与后来的货币交换得来。辗转至山区村民手里，实属不易。因此，"尼帕"念经祭祀神灵时会提到盐，并言及盐的来之不易。即村民上山打猎，猎得麂子、獐子等，用兽皮、麝香、虎皮虎骨、熊胆熊掌、岩羊胆、山驴皮等才换来了白盐、白纸。盐，有助于傈僳村民的身体健康，而白纸则改变了傈僳村民的宗教生活，即可以以白纸为载体表达其宗教信念与观念。同乐村民以喇嘛所给白纸(经文)寻寨址就是一个例子。

除了砍伐与售卖木材外，同乐大寨傈僳村民的辅助性采集主要体现在野生菌的采集、"几咯"等药材的挖掘等方面。中高海拔耕地区是羊肚菌产区，尤其是背阴的"波拉"及"里卡场"的河对岸一带菌类资源丰富。按照2019年野生羊肚菌干的价格(一市斤600元)而论，在雨量充沛的年份，对长羊肚菌的"窝点"了如指掌的村民一天的收入可高达500元左右。生长在"沃吃咪""斜背国"一带的松茸、鸡枞等也都是增加村民收入的重要自然资源。每一个村民自小就习得菌类山珍相关的地方性知识，也都是采集高手，年年为家族带来不少的经济收入。

除了野生菌这一清末至民国时期便远销省内外的山珍野味外[①]，“几喀”[②]等药材也是采集的主要山货。“几喀”是一种草本植物，即“酒曲草”，有些书中称之为“龙胆草”[③]。在鲜有人工酒曲销售的时代，村民在“几喀”开花、果实成熟后进行采摘，将其晾晒、研磨成粉，然后和荞面等生面混合并发酵，制作成用作发酵的酒曲。[④] 这一植物生长在“沃吃咪”一带，质量比产自江西“拉波洛”一带的好。早年在丽江纳西族制作的酒曲传入维西之前，同乐大寨的村民每年都会上山采集“几喀”，随后带到拉波洛、叶枝等地的傈僳族、纳西族、汉族村寨去换核桃、大米。[⑤] 1949 年以后，隶属于丽江专区的维西有大量的丽江生产生活用品销售，其中因零售丽江酒曲的出现，村民不再完全依靠“几喀”酿酒。但村民认为只放市场零售的酒曲酿酒，酒没有香味。而且，以“几喀”做酒曲或将其掺杂在零售酒曲中，所酿出的酒对人体的伤害小。[⑥] 所以有的村民至今依然会上山采摘“几喀”，用作发酵时的“调味剂”。对此，值得关注的是酒曲中的纳西族文化与傈僳族文化的交融。而纳西族学会用酒曲酿出蒸馏酒，也是明代伊始大量内地汉族进入纳西族地区以后的事。而在此前，纳西族也是跟傈僳族一样，在长期的生产生活实践中发现山中植物可以作为“酒药”，不过酿出的酒度数低，也未经过蒸

---

① 据成书于民国廿一年(1932 年)的《维西县志》记载，民国时期维西县年输出羊肚菌 3000 斤。(见：《民国维西县志》，《中国地方志集成·云南府县志辑 83》，南京：凤凰出版社，2009 年，第 262 页。)

② 疑为纳西语借词，纳西语称“酒曲草”为“njji ka”，零售的酒曲被称为“几”(njji)。

③ 汉刚、李贵明译注：《傈僳族音节文字文献译注·祭天古歌》，昆明：云南民族出版社，2017 年，第 940 页。

④ 2020 年 3 月 24 日，笔者在同乐其宅对村民 Q 的访谈；酒曲的制作程序亦参见汉刚、李贵明译注：《傈僳族音节文字文献译注·祭天古歌》，第 940—945 页。

⑤ 2019 年 9 月 18 日，笔者在同乐其宅对村民 I 的访谈。

⑥ 2021 年 5 月 21 日，笔者在同乐其宅对村民 Q 的访谈。

馏,所以酒不清澈。维西傈僳族通过丽江纳西族,纳西族又通过内地汉族移民,环环相扣地把内地酿酒文化传播到澜沧江、怒江流域的傈僳族中。这也是汉文化由内地传到边疆,并在边疆加以在地化传播的路径。

除了“几喀”,同乐一带的高海拔山区还有五年长一批的“虫草”①。但在村民的认知中,虫草的生长季节与村民秋收时间相重,所以在虫草价钱尚未暴涨的年代,少有人去采集。近年,随着虫草成为天然高档养生品的“龙头”,价格水涨船高,亦有村民前往高山采挖,部分亲友亦来同乐采挖,还有村民则前往梓里村的高山采挖。这是村民的生产空间从村寨附近转移到高山的季节。至于香菇、松茸、木耳、鸡枞、竹叶菜与其他药材,产量有限,因而多数是自产自用,或送亲戚朋友,是傈僳族传统的另一种“物”的流动,因而仍然具有建构与外界社会关系的功能。

图 1-5 “几喀”

三、与外界时空交集中的传统生产生活节令安排

同乐大寨傈僳族的生计方式是以垂直农业(种植业与养殖业)为主,以狩猎业和采集业为辅助的。种植业中就形成了一套因循自然节律的农事安排:

① 据《维西县志》记载,民国时期维西县年输出虫草 1000 斤。参见《民国维西县志》,《中国地方志集成·云南府县志辑 83》,第 262 页。

他们(栗粟)播种的时期,按国历计算,当如下述:

三月——黄瓜。

四月——谷,小米。

五月——玉米,高粱,鸡脚稗。

十月——荞,青菜。

收获时期是:

六月——黄瓜。

七月——谷,小米。

九月——玉米,高粱,稗。

十二月——其他。①

可知,在陶云逵调查的1930年代,外来农作物品种的增种,使傈僳族四季皆有农事劳作,并依据这些农作物对于海拔、温度、湿度、土壤、阳光、雨量等因素的要求,在不同的季节里播种、收获,打破了以往单一地方农作物品种时代的"春种秋收"节律。这种因地制宜、因时制宜的种植业的发展,是外地种植业的在地化,同时减轻了对于直接攫取自然资源的狩猎与采集的依赖。

但随着时代的变迁,农业生产的地位开始下降,傈僳村民更多地关注"找钱的"行业,如外出打工和药材采集。但因采挖与捕获山货药材,以及采蘑菇、虫草,市场价与产量如浪潮般波动不定,存在付出与回报间的不确定性,因而逐渐被收入颇高、时段较长且相对稳定的"打工"所替代。究其缘由,除了经济收益较好以外,外出打工打破了原先固有的

① 陶云逵:《碧罗雪山之栗粟族》,载《中央研究院历史语言研究所集刊》第17本,第342—343页。

农业生产的时空限制。以往农业生产中，每个月、每个时令该耕作的区域、该做的农活都是固定的，如果违背这一时空要求，则会因减产而饿肚子。相应地，依照农作物的生长周期，出现了农闲与农忙的交替，节日与日常的轮回，并出现了时间、空间趋于固化的传统节日。早在民国时期，维西的傈僳族便已有诸多时空固化的节日：

> 现时傈僳之节令，受汉人影响处甚多。盖传说旧日傈僳不知过年节，而仅于秋粮收获过后，任择一日或两三日准备酒菜，宴饮一番，并跳舞，唱歌，以示庆祝。如数家或一村于同时举行者，则更热闹。唯近年以来，傈僳已渐习用汉人之农历，故过年也照旧历计算。过年时，除宴饮跳舞外，并以花纸贴于门的门板上及房内墙壁上之神龛前，盖如汉人过年时，大门上所用之符咒。后者系祀神之意。至节令为傈僳所过者，可分端阳节、火把节及中秋节，但全系习自汉人，故无何特异之风俗。如少数过端阳节者，届时至汉商或地主家讨饮雄黄酒，索取若干药材等。过火把节时则除宴饮外，并跳锅庄。而维西县属康普、叶枝两处之傈僳，则过火把节时多集中于当地土司宅前跳锅庄，而由土司按名给予白饭两碗、肥肉两片作餐。过中秋节时，傈僳多至常往赊借之汉商或地主家索食月饼并饮酒。①

多民族节日并存于同一时空，并被同一区域民族共享，不仅仅是生产活动的多样性，同时也是多民族文化的交流交融使然。

---

① 张征东：《云南傈僳族及贡山福贡社会调查报告》，第136—137页。

因采集等辅助性传统产业的适宜时间段并不一定是农闲时节，所以农业的时空限制使得村民的收入还受到了家庭劳动力数量及劳动能力的影响。相比之下，当下村民口中的“打工”则不受这些时空因素的限制，收益是既定且可期的。只要找到工作并出工，就有相对稳定的收益。这样，因打工能突破传统农业、畜牧业与沿袭已久的狩猎业、采集业生产时空的局限，村民的生产生活节律与时空观念也随之变化。以往更多的生产生活是“早出晚归”或“日出而作，日落而息”，并因农事安排稍宽松，而有更多的机会与时间开展狩猎、采集等事项。如张正东的调查报告中就说：

> 各处傈僳除从事农业外，兼从少于狩猎及挖取药材，以所得之兽皮、熊胆，麝香，鹿茸、鹿尾，贝母，黄连、香菌、木耳等出售之，以补日用之不足。①

这些采集物受自然时间节律的限制，如香菌、木耳的采集在春末、夏初，贝母、黄连的采挖则在秋冬，狩猎野生动物也多在秋冬，而不在野生动物繁衍的季节。这正好跟种植业的春种、秋收形成一定的时间差，就有了一年四季轮回的农时安排，并在粮食归仓、野味丰富、年猪养肥的冬季辞旧迎新过新年“阔时”，与分布于四季里不同时段、本土与外来的诸多节日伴随四季变化而发挥消灾避难，保佑五谷丰登、六畜兴旺的功能。甚至连人生礼仪中的婚礼也多安排在冬春时节，起房盖屋与亲友间的礼尚往来亦常安排于此。但是到改革开放后，因人口流动，傈僳族这种依据自然节律安排的生产生活已经被打乱了，反而变成了农历

---

① 张征东：《云南傈僳族及贡山福贡社会调查报告》，第102页。

春节一过就外出打工，到春节前回来跟家人团聚，然后又再次外出打工的生产生活安排。

总的来说，如果清末、民国时期同乐傈僳族村民因与叶枝纳西族土司、茶马古道的关系，局部性地拓展了其生产生活空间，同时也局部性地改变了以往的生产生活节律。那么，1949 年以来国家民族政策下的经济、文化发展，特别是改革开放以来村民外出打工者越来越多的趋势，就更拓展了其生产生活空间，传统生产生活节律被更大程度地打乱，形成了以外出打工、求学、就业者的开春离家—年前返家来安排的时间制度。比起 1930 年代陶云逵调查时的碧罗雪山其他傈僳族村寨而言，其历史已过近百年，空间（即其自然空间与文化空间）也发生了巨变。同乐大寨就处于传统与现代、保护与传承的悖论交织当中。因此，沿着同乐村时间流逝的历时性脉络，关注其文化空间变化及其背后的各种动因，无疑是碧罗雪山傈僳族重访民族志一个颇有意味的研究视角。

第二章　多民族共生空间的生成与傈僳族时空观演变

以前也没有什么日历，那么什么时候过“阔时”①，村里的头人是要抱着大公鸡去(纳西)土司家里问的。

——岔枝村村民A语

第一节　历法：区域族际关系与多套时间制度的并行

一、傈僳花鸟历中的地方性知识②与内地农历文化的交融

整合田野调查与相关文献记载，同乐大寨一带的傈僳族先民从半定居的游耕、游猎、采集到逐渐以定居农业为主，经历了两三百年的漫长历史，其时空观念(尤其是历法方面的观念)也发生了历时性的变迁。

① 傈僳语，相当于春节，早年依物候来定阔时的时间。当下同乐大寨的“阔时”时间即为农历的春节时间。

② 吉尔兹：《地方性知识：阐释人类学论文集》，王海龙、张家宣译，北京：中央编译出版社，2004年。

这一变迁集中体现在以往大寨村民对"阔时"之类节日时间的确定之上。因此,我们需要对同乐大寨一带傈僳族对四季轮回物候变化的认知加以研究。

历法,是卜算年月日的时间长度和它们之间的关系、制定时间序列的法则。[①] 处于现代社会纪年的我们习惯于既定的历法,很难想象没有日历的日子当如何度过,生产生活又当如何安排,甚至将不知道自己的年龄几何,时日的约定也将很难实现。因此,基于对气候及天象变化的观察来划分年、月、日,实在是一个壮举。但科学、完整的历法的产生并非一蹴而就,而是有一个逐渐发展、演变、完善的过程。时间单位的出现,同样有着复杂的历史过程,是人类长期生活经验积累的结果。[②] 横断山脉三江并流区域的傈僳族亦然。

在长期同自然接触和艰苦劳动的过程中,傈僳族创造和积累了一些适应当地自然环境和气候特点的生产生活科学知识,其中的自然花鸟历法别具特色。长期以来,傈僳族人民非常熟练地根据村寨分布的海拔高度和时序,科学地掌握了生产节令,由此安排作物品种的播种、收获以及射猎、采集活动。他们将山花开放、山鸟鸣啭、暴雨来临、大雪纷飞等自然现象的变化作为判断生产节令的物候,[③]进而形成了"但候草木以记岁时""耕种皆视花鸟"的原始纪时方法,即物候历。其中,又因花开鸟鸣为主要物候,故亦称花鸟历。[④]

历史上,三江并流区域的傈僳族习惯把一年四季划分为十个月:

---

① 李维宝:《云南少数民族天文历法研究》,昆明:云南科技出版社,2000 年,第 1 页。

② 汪宁生:《民族考古学探索》,昆明:云南人民出版社,2008 年,第 128 页。

③ 《傈僳族简史》编写组、《傈僳族简史》修订本编写组:《傈僳族简史》,第 200 页。

④ 斯陆益主编:《傈僳族文化大观》,第 272 页。

表 2-1　傈僳族十月花鸟历一览表①

花鸟历称谓	对应的农历月份	释义
桃花月	三月	三月桃花开，给人以一种万物苏醒、蒸蒸日上、充满希望的感觉，故称“桃花月”。
鸟叫月	四月	候鸟回归，日啼夜鸣，不绝于耳，使人振奋，“鸟叫枝头定有喜，人勤定会粮满仓”，所以称为“鸟叫月”。
放火烧山月	五月	五月是栽种季节，放火烧山，刀耕火种，木棍下种，故曰“放火烧山月”。
饥饿月	六月	六月青黄不接，常遇饥荒，故称六月为“饥饿月”。
采集月	七、八月	七八两月雨水足，山菜叶肥枝嫩，野果缀枝头，故曰“采集月”。
秋收月	九、十月	九黄十收金秋节，腰带放长肚皮鼓，故称“秋收月”。
煮酒月	十一月	秋后农闲悠悠哉，酿酒会友赛神仙，因此称为“煮酒月”。
狩猎月	十二月	晴空万里无雷雨，叶黄荆枯钻山易，撵山能获得更多的猎物，是猎人最喜欢的狩猎季节，所以叫“狩猎月”。
过年月	一月	一月上山可打猎，下河可捕鱼，粮满仓，畜满圈，耳坠环，胸挂珠，穿红戴绿过新年，迎接来年吉祥日，故称“过年月”。
盖房月	二月	鼠有穴，兔有窟，人有房屋，这是成家立业的标志。傈僳人认为翻盖旧房、重择地基可避灾解难，人畜两旺，故在二月起房盖屋，敬请七旬老人在新房生火，求天地保佑，人畜平安，故称“盖房月”。

① 斯陆益主编:《傈僳族文化大观》,第 124—125 页。

这种每年十个月的历法，又称为“傈僳十月历”，使一年又一年循环往复的生产生活尽量吻合自然节律。因此，傈僳人不仅依据所处自然环境的突出物候制定了十月历，而且依据十月历安排生产与生活，从而保证因地制宜、因时制宜地兼顾农业、狩猎、采集与节日庆典、起房盖屋、男婚女嫁，做到生产有时、生活有时，并在此时空里建构了与自然界的和谐、有序的关系。维西所处的澜沧江峡谷由于与怒江峡谷存在气候上的差异，当地傈僳族村民将一年十二个月按另一套称谓排序如下：

狩猎月（一月），即汉族农历的正月，严寒，无农事，是村民上山狩猎的月份；

侍牛月（二月），即汉族农历的如月，村民精心侍候耕牛，为春耕做准备；

烧山月（三月），即汉族农历的阳春月、桃月，春暖花开，烧去年砍的火山地，以增加土地的肥力；

播种月（四月），即汉族农历的余月、孟夏，开始播种主粮玉米；

养生月（五月），即汉族农历的仲夏，是为了保证野兽野禽而收弩养生的月份；

火把月（六月），即汉族农历的季夏，地里庄稼兴旺时，也是害虫生长时，过火把节除虫灾求吉；

祭山月（七月），即汉族农历的孟秋，是靠山吃山的傈僳族

村民祭祀山神“米斯”(米森[①])的月份;

砍山月(八月),即汉族农历的桂月、仲秋,雨水已过,草木茂盛,村民砍树割草暴晒;

收获月(九月),即汉族农历的菊月、晚秋,收玉米、高粱、稗子、土豆等归仓;

饲豕月(十月),即汉族农历的亥月 ,将之前放养的架子猪加精饲料催肥,为杀年猪做准备;

煮酒月(十一月),即汉族农历的仲冬,家家户户忙煮酒,为过年(“阔时”)做准备;

过年月(十二月),即汉族农历的腊月,放下一切生产活动,杀猪、过年、走亲访友。[②]

同乐大寨篮球场旁的傈僳音节文字墙下便镌刻着这十二个月的图像。历法的细化,或者说时间观念的细化,与其经济、文化发展相吻合。具体而言,相对靠近内地的维西的傈僳族历法之所以有十二个月,有可能是因为其生产生活节奏越来越明晰,也有可能是通过汉族、纳西族与

① 又写作米斯、米司,此处按大寨村民的发音作“米森”,并借用了村民的一贯称谓“山神”。木玉璋称其意为“专管人和动物祸福的神”(见木玉璋、汉刚、余宏德译注:《祭天古歌:傈僳文、汉文对照》,第 832 页),陶云逵称之为“山灵,主宰山林、农产及路径”(见陶云逵:《陶云逵民族研究文集》,第 273 页),张桥贵等将之解释为“‘米’即‘大自然’,‘司’即‘主人’,‘米司尼’就是‘大自然的主宰者们’”,并提到“1950 年代以后,由于一些地区的傈僳族接受了外民族的鬼神观念,根据‘米司尼’供奉在高山上,以其地位高显的特征,借用汉语称‘米司尼’为山鬼、山神、天鬼或天神等,一些调查者为了便于表述和记录,也把‘米司尼’记为山鬼、山神、天鬼或天神等。实际上,在傈僳族原始宗教崇拜对象‘尼’的系统中,没有‘天鬼’更无‘天神’这些词汇”。(蔡家麒主编:《傈僳族原始宗教资料集成》,载吕大吉、何耀华总主编:《中国各民族原始宗教资料集成:纳西族卷 · 羌族卷 · 独龙族卷 · 傈僳族卷 · 怒族卷》,第 711 页。)

② 《傈僳族简史》编写组、《傈僳族简史》修订本编写组:《傈僳族简史》,第 200 页。

白族受到了汉族农历的影响，并创造性地发明了颇有区域与民族特点的“十二月历法”。但实际上不应将此归为汉族的“农历”一类，因为其中还包含狩猎、采集的时间安排。因此，称之为“十二月花鸟历法”更为恰当，呈现的是其所蕴含的傈僳族时间观，以及在此时间节律下的空间观。二者的结合，便是傈僳族的宇宙观。

可以肯定的是，傈僳族的花鸟历法经过了从“十月花鸟历”到兼容了傈僳族地方性知识与汉族农历的“十二月历法”的演变。这是由于其生产生活安排出现了精细化的趋势，故而需要更因地制宜、因时制宜的历法指导村民的生产生活行为，使其整个社会不至于失范、失序。在成文的历法传入傈僳族地区前，这一通过物候、劳作与生活内容等进行区分命名的“十月花鸟历法”，在各地傈僳族中是比较普遍的。它主要体现了傈僳族时间观念中的一年十个月的循环观，但在循环中又包含着时间的线性表述，即相关生产劳作、生活活动与物候的对应关系总是处于过去—现在—未来的线性与循环往复的交织中。若错过或提前某一环节（时段），则会因该季作物减产而延长“青黄不接”的“饥饿月”的时间，就必然影响到民族的繁衍生息。因而在这种十月或十二月为一年（“阔”）的生产劳作轮回中，时间的不可逆性使得村民对“过去”充满了回忆，也在对“未来”的期待中减轻“当下”现实中的压力。如此将线性时间中的人、物（如花、鸟、草木、作物、禽兽、酒等）放置于相应的自然空间，就使村民与自然界（空间）建立了联系，也就构造出了别具特色的傈僳族时间观与空间观。傈僳族就是在这样基于双重生活实践的时间与空间的结合中，创造了历史，创造了文化。

当下同乐村民们对于花鸟物候的记忆，最明显的是过“阔时”（新年）时，村内的山桃花盛开[①]；在“普泽”花[②]盛开的时候要开始施肥、犁地，为种棉花做准备；[③]而山上大叶杜鹃花的盛开，则意味着一年耕种劳作的开始。另外，布谷鸟叫就开始春耕播种，“固谷”鸟叫也是春天播种季节；“作布勒”（羊肚菌的傈僳语）鸟叫，就是春末夏初找羊肚菌与挖竹笋的时节；“子皮”鸟叫，庄稼就收割完了。[④]

据调查，花鸟历的使用，目前在同乐大寨不那么“讲究”了[⑤]。特别是现在进学校读书的孩子多，会看汉字农历的人也随之多起来。加之在集体生产阶段多以农历安排生产生活，因而村民也习惯于说农历几月初几[⑥]，而少说什么鸟叫、什么花开时开展生产生活。但是，山花依然依时开放，鸟雀依然依季鸣唱。一旦看到山花开放，一旦听到鸟鸣，村民依然知道是什么季节，该干什么活计，或该为过节、嫁娶、盖房准备些什么。而且，在使用成文农历的同时，对物候的观察仍然存在。比如，村民会通过树木发芽的早晚、日出的方位来看回春的快慢。但这些大都停留在村民的惯性思维与内部聊天中，对实际劳作的影响已不如往日那么大了。当与外界进行语言交流或者产生实际联系时，多习惯用农历来纪年、纪月、纪日，如在类似“阔时”这样的节日时，也会用傈僳族传统的“阔时”时间节点与汉族春节时间节点有机结合。而且，“十月花鸟历”实际上隐于兼有傈僳与汉族历法文化的“十二月历法”里。

村民在“阔时”唱“木刮”时，会依次唱一年十二个月的生产生活事项，但提到相对应的物候并不多，讲述时也多以汉族农历月份进行解读、

---

① 2019年2月17日，笔者在同乐其宅对村名C的访谈。
② 傈僳语，当地人称之为“水梅花”（音）。
③ 2019年4月10日，笔者在同乐其宅对村民C的访谈。
④ 2019年10月3日，笔者在同乐其宅对村民F的访谈。
⑤ 村民习惯以汉语的“讲究”一词表达对传统习俗的恪守。
⑥ 农历，专指汉族农历。

对应。兹录一版本如下：[①]

古时候老人家一起跳舞呢，就从初一初二开始唱，（唱）到明年的今天，就是一年三百六十五天了嘛，我们在做什么（就唱什么）。

初一那天，从这个树子——房子上面插的松树开始唱起来了[②]。唱的时候呢就是（唱）今天就是大年初一，去年我这么搞了，我们的手脚也是没有（受）伤过，做活路也是顺顺利利的，做什么都是顺利的；一年三百六十五天，我们在做（些）什么。只唱这个。但是唱到正月十五那天呢，就（唱要）做活去了，正月十六那天呢，它是什么年（属什么）都不用算，只能说是最好的年（日子），就是猪年或者是马年（属猪或属马），日子选好以后，唱到那天，就去做活路了嘛；就先架牛，新年那天先去放牛，就是烧香磕个头，酒背着，（仪式）那么搞了以后，都是父母亲告诉儿子："准备好了，你可以去放牛了。"然后就是放羊子，开始去做活路去……。（父母）都要一样一样地教（唱）给他。开门，比如说门是（开朝）这边，那么门背后挂着什么，门下方挂着什么种子，父母亲拿给孩子烟啊（这些）。（旧）茶壶里装着烟、装着茶、装着火柴，这样才叫儿子去做活的。

二月做什么、三月做什么？二月呢就是过完这个年了嘛，过年（后）呢就是正月十五过了以后，然后就是我们的一月开始全部唱完了。

---

① 2019年4月25日，笔者在同乐其宅对村民B的访谈。

② 傈僳族过"阔时"节有从山上砍小松树或白杨树插于家里的习俗。

三、四月唱完以后做什么，就像这几天就种玉米，玉米种都全部要教给（孩子）的。种子挂在什么地方，有专门的装玉米的一种（器物）。展览室里有的，应该说是一种小兜兜了。（父母）一样一样地配（备）给他，锄头把把配给他。锄头把把都是用现在的刺栗树，锄头把把牢不牢去挖（试）一下，一样一样地唱。

五、六月份大麦收回来。大麦收回来以后呢，蜂桶里蜂巢饼是一饼一饼的嘛[①]。现在的蜂饼，说的就是大麦、小麦在粮房里一架一架地架起的那种（情形），那个上说的就是蜂饼饼了。[②] 那么搞（完）了以后，六月我们栽秧。六月份呢就是去山上砍板子，当然这个是跟着领头的那个了，我说去划（砍）板子么，你就不能唱打粮食了嘛。划板子回来了，还要背；背（回来）了以后，又装着，哪里不潮就放在哪里；然后才重新打粮食[③]。粮食打好了，推好了（磨）[④]，才是又重新接起来去唱（后面的月份）的。

七月份就是打粮食，八月份就把打好的粮食收回来，"打好的粮食背回来，（装）满仓"，一句说完就是这种了，但是唱起来唱不完，最起码要唱半个小时多到一个小时，七月份就是这种。到八月份全部（农活）搞好了，就喂年猪了嘛。

到九月份怎么唱呢，就说猪啊、牛啊全部在关着喂了[⑤]，一天变一样的，三天变两样，就是一天比一天肥起来的意思

---

① 傈僳族很早就有挖空圆木心、将野蜂家养的习俗。

② 估计是以蜂饼比喻大麦、小麦。

③ 打粮食，即将麦子、玉米脱粒。

④ 指用石磨、水磨磨面。

⑤ 指将猪圈养催肥。

了。九月份么,比如说(如果)我来领唱,杀猪的那个(木)板板,多宽的那种要去找(砍)了。就是找的时候、砍的时候、拉起来的时候,怎么样、怎么样都要唱。琵琶肉需要压嘛,对吧?以前压琵琶肉就是在那个板子上面压了,宽的那个平板上压的。(这些)还是要一点一点的,要教给他(儿子),说"我砍不动了,你去砍"。以前砍的时候,油锯这些不用(没有)啊,就刀子、斧头那些快快地磨着,"快不快,摸一下,胡子上刮一下",哦,挨都挨不赢(得)。就说刀刃像太阳、月亮一样(闪亮)了。这种唱嘛,搞去搞来么,慢慢地,什么都教给下一代。

然后到了十月、十一月要杀猪了嘛,又要重新唱,又从季节开始重新唱。先选日子了嘛,选日子的时候呢,就说我们弟兄姊妹、邻居这些,我今天又得麻烦你们一天了。我又要请人去了嘛,请过来呢,刀子磨好的那些全部带过来。今天是这么一件事情呢,就要杀牛杀猪杀羊,就要重新一点一点地唱,相当啰唆(繁杂)。

到十二月底,粮食满仓,猪也是肥了,(可以)杀猪了,一年三百六十五天就唱完了。唱完掉以后呢,最后就唱到十二月底了嘛,到尾头上了嘛,就会唱道:"今天晚上唱了一晚上的'福'呢就放在上面,让他睡着,明年的三百六十五天就不用动(辛苦)的可以(得)吃了。"唱不完的,我都不会全部唱,听倒是全部会听,会讲会说,但是有时候有些歌词随便唱错掉一点,理解错掉一点就偏掉了,就唱不上了。

由此可知,傈僳族是在本土历法与内地农历的交互指导下组织一年四季的生产生活,且习惯用唱调子"木刮"的方式传承给下一代。通过这种喜闻乐见的载体，将抽象的时间观用形象、生动的方式进行表达和传承，同时也将生产生活的地方性知识加以活态传承。

除了对年份的认知与月份的划分，傈僳人也对一天的各个时辰进行了大致的划分：

> 将日出至日落、日落至日出的周期循环分 14 个时刻：
>
> (1)鸡鸣时（阿丫扒部指）；(2)天亮时（念摸指）；(3)日出时（门昌多指）；(4)吃早饭时（乃乃杂杂指）；(5)出工时（母多指）；(6)日当顶时（体莫落指）；(7)日偏时（门昌视衣指）；(8)收工时（瓦夫指）；(9)日落时（门昌过矣指）；(10)傍晚时（门可自指）；(11)天黑时（每衣指）；(12)吃晚饭时（门可杂杂指）；(13)入睡时（欸大指）；(14)半夜时（体萨枯指）等。[①]

上述同乐傈僳族的十四个时辰多于汉族的十二个时辰，那么每个时辰的时长就相对较短。这或许是因为同乐大寨地处澜沧江峡谷，峡谷两岸是高耸的云岭与碧罗雪山，日照时间少于平原地区。身处其中的村民，对于日出日落及其时间转瞬即逝的感觉就更为深刻，其生产生活的安排也相对多样化。

有些傈僳族村寨则依据太阳定时辰，并以鸡鸣时为一天之始，而后是清晨、日出、日当顶、日落、黄昏、黑夜，合计七个时辰。[②] 如“阔时”节期间，大年三十晚上守夜的村民会在鸡鸣头遍时去抢新年水，以求得新年里第一个得到神赐福，这也变成一个重要的时间节点。

---

① 欧光明编著：《中国傈僳族》，第 207—208 页。

② 斯陆益主编：《傈僳族文化大观》，第 272 页。

总的来看，澜沧江中上游地区的同乐一带傈僳族存在着多种历法，多以花鸟历与农历为主，显示出傈僳族在村内的生产生活安排具有双重时间制度，是来自内地的汉族农历文化与傈僳族“花鸟历”双重时间观在同乐这一空间的并存。

二、哇忍波历法中的傈僳族双重时间观

如果说同乐大寨“十二月历”是傈僳族传统的“花鸟历”与内地汉族的传统农历的结合，是200多年来村民们共同的创造，那么“哇忍波历法”可谓是傈僳族精英的“传统的发明”。1923年，维西县叶枝镇新乐村岩瓦洛米俄巴村民哇忍波到岩瓦洛老庄房基地上种麦子。在种地休息的时候，他思绪万千，顺手在身边拾了一块光滑的石片，取下别在头帕上的缝衣针，在石片上随手写写画画，想要划出几个字来。哇忍波时而默诵祭天祈祷时的经句，时而想到其他的问题。写画了一阵之后，他终于刻下了这三句话：①

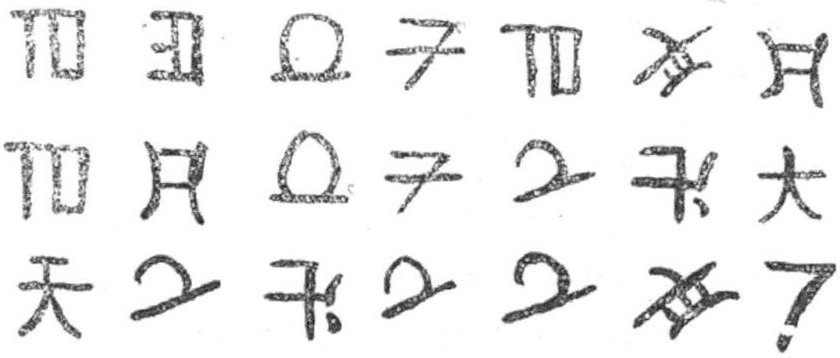

图2-1 哇忍波造字时最先写(刻)出来的字

① 哇忍波：《哇忍波自传》，载中国人民政治协商会议云南省维西傈僳族自治县委员会文史资料委员会编：《维西文史资料》第1辑，第1—11页。

这三句话的意思是：我们只会唱调子却没有文化，只有掌握文化才是真正财富，否则金银堆满山坡又算得了什么。① 木玉璋曾注道：这三句话的原文当时不一定也不可能像现在这么写出来，因为那是创立文字的最先时刻，文字符号则是到后来经过一段时间的艰苦努力才确定下来的。写出这三句话，表明他在沉思往事时想到没有文字的苦楚，正如《自传》开头部分所说，因而想用文字符号将这个意思表达出来。《哇忍波自传》有三个抄本，木玉璋等前辈认为可能是由他的授业弟子相互传抄而成的。三本之间存在一定的出入，除《维西文史资料》(第1辑)外，其翻译版本还可见：《傈僳族音节文字古籍文献译注》(上册)②、《祭天古歌》③与《傈僳族音节文字文献资料汇编》。④ 各版本对于最初写下的这几句话的记录有一定的差异。

此后，哇忍波花了几年时间完善字形，并用这些文字记录下了傈僳族的《祭天古歌》等祭祀经文，然后开始逐渐教徒授学，在远近同胞中传授文字。哇忍波在其整理的《创世纪》等经书中也有关于属相、年份、月份等的记载。在《哇忍波自传》里，年份依十二生肖记录，如：

“我是鼠年生的人，到了属猪年才娶妻生子”；
“官历蛇年三月，远处东竹林那边发生战斗”；
“到了猪年，奇科拉发生事件，父亲应征服役”；

---

① 哇忍波：《哇忍波自传》，载中国人民政治协商会议云南省维西傈僳族自治县委员会文史资料委员会编：《维西文史资料》第1辑，第10页。

② 汉刚、汉维杰译注：《傈僳族音节文字古籍文献译注》(上册)，潞西：德宏民族出版社，2013年，第153—163页。

③ 木玉璋、汉刚、余宏德译注：《祭天古歌：傈僳文、汉文对照》，第873—877页。

④ 木玉璋编著：《傈僳族音节文字文献资料汇编》，北京：知识产权出版社，2006年，第3—8页。

"属猴那年,母亲着了药"①;

"属狗的那年三月";

"猪年、鼠年都是丰收年景"……。②

在此,他总是以汉族十二生肖中的动物作为年月日的文化符号,具象地安排或者记录各种生产生活。另外,哇忍波还在自传中提到了月份和日子,如他开始造字的日子,为"猪年,我已有二十五岁了,九月初八日是鸡日",年、月、日及属相都很清楚。据推算,该年当为1923年,若依农历,九月初八当为阳历10月17日,癸亥年壬戌月癸亥日,而非文中所述的属鸡。通过循环十二地支来标明每天的属相,这与汉族农历使用的方法一致,每天的属相也应与农历上的属相无太大出入。外加"官历"③等字眼,可知哇忍波所记录的历法并非完全照搬内地汉族传统的农历,而是在借用汉族十二生肖的基础上自行创制了傈僳族历法。换言之,以具象的汉族十二生肖替代以抽象的数字纪年、纪月、纪日,能使村民更易接受。当然,他在其中又加上了一些与生肖动物相吻合的地方性解释。如在汉族社会认为鼠年是灾年,而在傈僳族中则会选择属鼠的年月日结婚,是取鼠多子的寓意。

除上述月份的记载外,哇忍波的《占卜书》中还有三幅太极图,标有

① 指被放蛊。

② 哇忍波:《哇忍波自传》,载中国人民政治协商会议云南省维西傈僳族自治县委员会文史资料委员会编:《维西文史资料》第1辑,第1—11页。

③ 清末民初,民国政府开启了历书改革。中华民国临时大总统的就职仪式上,孙中山发布了《改用阳历令》,并在其后执政者的推动和完善下,形成了以公历为主并标注阴历的"双历法结构"。(参见方潇:《革命与承袭:中国传统历法的近代转型》,《华东政法大学学报》,2014年第3期;朱文哲:《"时政划一":民国初期官定历书的编订与颁行》,《史学月刊》,2019年第8期。)因此,此处民国十二年的"官历"也有可能指阳历,但因鲜有相关资料佐证当时维西县叶枝一带所推行的历法属于哪一种,在此对这一可能暂不作过多讨论。

方位和十二生肖，而将其时间观与空间观结合了起来。

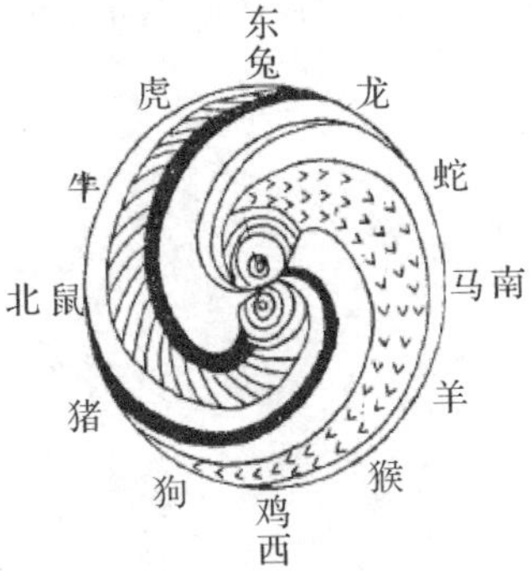

图 2-2　《占卜书》中倮倮族太极图①

在此太极图中，两个似鱼或龙或其他水生动物的图形居中间，白色占南方，黑色占北方。白色动物用白边、白眼珠标示，黑色动物配有黑边、黑眼珠，和中国古书上的鱼龙河图类似。图中指示了东、南、西、北四个方位，并配有鼠、牛、虎、兔、龙、蛇、马、羊、猴、鸡、狗、猪十二禽兽，代表十二方位，俨然是一个“动物世界”，或者说是汉文化里十二属相的空间被移植到了倮倮族的太极图里。

但是，倮倮太极图的“黑”“白”方向，与汉族社会常见的太极图有异，为逆时针运转状。木玉璋与陈久金据此认为早期八卦原来可能有两种画法：一种是目前普遍存在的顺时针方向运行状八卦，是宋人从古羌人后裔处寻来的；另一种是倮倮族从古羌人那里继承的逆时针方向运行的形态。② 就图像而论，该图当为逆时针运转；但就十二生肖的排

① 转引自陈久金、木玉璋：《汪忍波猼皮书中的倮倮太极图》，《中国科技史料》，1988年第3期，第79—86页。

② 陈久金、木玉璋：《汪忍波猼皮书中的倮倮太极图》，《中国科技史料》，1988年第3期，第79—86页。

序来看，它在实际运用时的运转方向却是顺时针。这种十二属相顺时排列与逆势运转，当是哇忍波纪年中的时间观的地方特征。

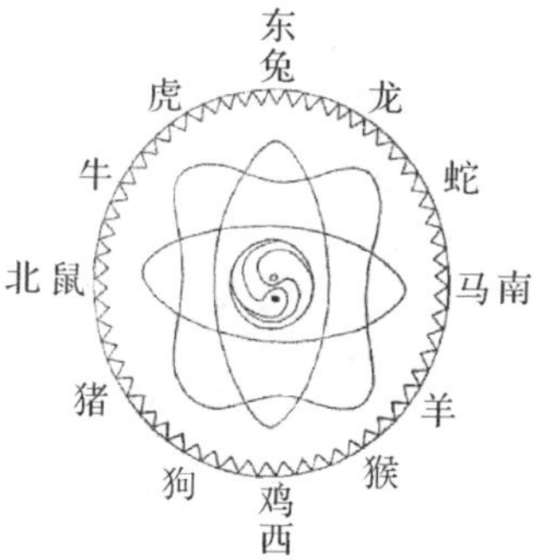

图 2-3 《占卜书》中太极八方配十二方图①

另一幅太极图（太极八方配十二方图）实际上是八卦图，表现了八个方位的特性。

图 2-4 《占卜书》中太极八卦配十二兽首图②

第三幅太极图是八卦配十二禽兽首图。图中标有相应的禽兽头图

① 转引自《汪忍波獐皮书中的傈僳太极图》，但此图和前文中所示的太极图都与经文中的版本稍有差异，如虎、兔属东方，而本图中仅将兔标注为东方。

② 转引自陈久金、木玉璋：《汪忍波獐皮书中的傈僳太极图》，《中国科技史料》，1988年第3期，第79—86页。

案及傈僳语词，十二禽兽与方向的对应关系，以正北方为鼠，正东方为兔，正南为马，正西方为鸡，以此按汉族十二属相顺序排列。[①]

上述三幅太极图除了用于占卜外，还有历法推算和天象观测方面的功能。《占卜书》中说：

> 虎年、兔年在东方；龙年在龙方；蛇年、马年在南方；羊年在羊方；猴年、鸡年在西方；狗年在狗方；猪年、鼠年在北方；牛年在牛方。[②]

这说明了傈僳族有以十二禽兽纪年，每十二年为一循环的历法。八卦中的太极为一年的统称，四季由其分判。一年分为阴、阳两部分，在太极图中白色代表阳，黑色代表阴，黑白增减代表阴、阳的消长，即象征着季节的变化。

依照《占卜书》的内容，对各方位与年月日的对应关系可列表整理如下：

表 2-2　傈僳族各方位与年月日及方向对应表[③]

方位	方向	对应的年份	对应的月份	对应的日子
日出方	东	虎年、兔年	一月、九月	初一、初九、十七、二十五
龙方	东南	龙年	二月、十月	初二、初十、十八、二十六

---

① 此处单一生肖对应某一确定方位的提法与《占卜书》中提到的“虎年、兔年在东方”之说稍异。本文中对此部分的分析多借鉴《汪忍波獐皮书中的傈僳太极图》，不做过多考证。

② 浩杰辉、汉刚译注：《傈僳族音节文字文献译注·占卜经》，昆明：云南民族出版社，2016 年，第 124—128 页。

③ 依照《傈僳族音节文字文献译注·占卜经》（第 124—128 页）中的译注整理。

续 表

方位	方向	对应的年份	对应的月份	对应的日子
河尾方	南	蛇年、马年	三月、十一月	初三、十一、十九、二十七
羊方	西南	羊年	四月、十二月	初四、十二、二十、二十八
日落方	西	猴年、鸡年	五月	初五、十三、二十一、二十九、三十
狗方	西北	狗年	六月	初六、十四、二十二
江河源方	北	猪年、鼠年	七月	初七、十五、二十三
牛方	东北	牛年	八月	初八、十六、二十四

就此表可知,哇忍波所用的历法分为十二个月,每个月天数最多为三十天。将所对应的月份等信息画入太极图中则如下所示:

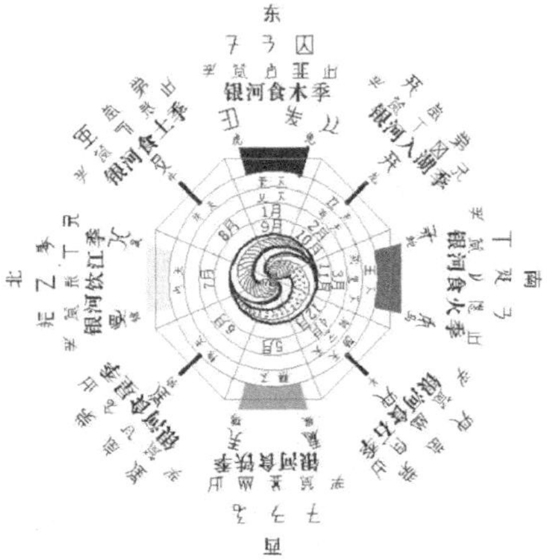

图 2-5 近年研究人员所作的太极图①

① 同乐大寨余学明提供。

此外，哇忍波在另外两册书中对历法进行了较详细的记载。一册为《一年天气情况测算结果》，另一部分则被收入《占卜书》。前一册经书用十二生肖标月份，作"鼠月、牛月、虎月"等；后一册经书则未如此标识。两册经书都对月份的天数有较详细的记录，列表对比如下：

表 2-3　《一年天气情况测算结果》与《占卜书》天数对比表

月份	生肖配对后的称谓	天数	
		《一年天气情况测算结果》①	《占卜书》②
一月	鼠月	29 天	30 天
二月	牛月	14 天③	29 天
三月	虎月	29 天	30 天
四月	兔月	30 天	29 天
五月	龙月	30 天	30 天
六月	蛇月	15 天④	29 天
七月	马月	30 天	30 天
八月	羊月	30 天	30 天
九月	猴月	30 天	29 天
十月	鸡月	30 天	30 天
十一月	狗月	30 天	29 天
十二月	猪月	30 天	30 天

① 汉刚、汉维杰译注：《傈僳族音节文字古籍文献译注》(上册)，第 175—179 页；哇忍波：《一年天气情况测算结果》，汉刚、李汝春译，载中国人民政治协商会议云南省维西傈僳族自治县委员会文史资料委员会编：《维西文史资料》第 5 辑，2000 年，第 15—48 页；李汝春：《关于傈僳族的历法》，载中国人民政治协商会议云南省维西傈僳族自治县委员会文史资料委员会编：《维西文史资料》第 5 辑，2000 年，第 8—14 页。

② 浩杰辉、汉刚译注：《傈僳族音节文字文献译注·占卜经》，第 144—148 页。

③ 原文缺页。

④ 原文缺页。

可见维西一带的傈僳族有自己特定的历法,因此同乐大寨一带的傈僳族在1950年代前应该已经具备通过此种历法来推算出“阔时”等节日时间的能力。此历法大致与周历“周正建子”相近,其具体的运转与测算方式仍需继续发掘和研究。

值得注意的是,“哇忍波历法”中一年十二个月、人生十二属相,与汉族农历、属相文化是偶然的巧合,还是借鉴了汉族农历与生肖属相?对此,还需进一步加以研究。不过从其所处年代来看,当时傈僳族直接、间接接触汉文化已经有200多年,所以其历法有汉文化元素不足为怪。但重要的是,“哇忍波历法”与生肖属相的出现,说明傈僳族的时间观比起传统的花鸟历法更为精细、科学,因而更能够使其时间观与空间观在此时间框架下相互结合,并安排更吻合自然节律的生产生活活动。在此意义上,“哇忍波”对傈僳族的贡献甚大,因为他记录下的历法、属相以具象的动物指代了抽象的时间。

事实上,空间是时间里的空间,时间与空间不可分割。所以,哇忍波历法中的傈、汉双重时间观交融的背后,就是傈僳族别具一格的空间观——空间、方位有着具象动物的属性,因而人在其中需要扬其长、避其短。这是傈僳族文明史上的一大贡献,是傈僳族立足于三江并流区域的生存智慧的一大总结、提升,也给书写“性刚狠嗜杀,……栗粟种类在滇省各夷中为最劣”①“(栗粟)生性粗鄙”②的汉文化中心主义史家以有力一击。

再则,因为“哇忍波历法”不可能是其凭空想象出来的,而是在总结傈僳族对自然规律的长期探寻、生产生活经验积累基础上的“传统的发

① 余庆远:《维西见闻纪》,载方国瑜主编:《云南史料丛刊》第12卷,第65页。

② 段绶滋:《民国中甸县志稿》,载《中国地方志集成·云南府县志辑83》,第12页。

明”，蕴含着傈僳族傈汉交融的时空观——实际上也是其宇宙观。这说明傈僳族是一个善于探寻自然规律，而且善于表达、利用其对自然规律的认知的民族，同时也是一个善于将异族先进的知识、智慧为我所用的民族。遗憾的是，陶云逵在完成1935年的滇西北傈僳族调查若干年后就英年早逝，未能继续对傈僳族的地方性知识做进一步的调查与“深描”。

三、当下多元时间观的并存：花鸟历、哇忍波历、藏历、农历与公历

对陶云逵学术思想史颇有研究的杨清媚，关注到了滇东南傣族的双重时间制度。[①]而在地处滇西北，尤其是陶云逵特别关注的碧罗雪山傈僳族中，却存在着多重多元时间观，或者说是多重时间制度并行不悖。20世纪50年代，哇忍波在白值洛村山上药材地里管理药材，因此常住同乐大寨对面的白值洛村，故而与同乐大寨的村民有了一些接触，其道行与神通至今仍被同乐大寨的村民所津津乐道。

哇忍波对于历法的记载让外界读者耳目一新，但当下同乐大寨的“尼帕”在谈论傈僳族的历法时，只会说：“岩瓦洛先生的书里有写着的。”似乎“傈僳族文化”都写在哇忍波的书里了，或者说并未将更古老而且事实上一直存在的花鸟历法作为一种“历法”。因为这种历法作为一种地方性知识，长期以来只是口耳相传，却不曾以文字记录。哇忍波

---

① 杨清媚：《文化与民族精神：陶云逵及其作为“精神科学”的人类学遗产解读》，载陶云逵：《车里摆夷之生命环》，北京：生活·读书·新知三联书店，2017年，第58页。

因为创了文字，又将民族历史文化记录在书里，所以在村民心目中是无所不知的能人。但村民对哇忍波所记载的历法的推算，却无太多的记忆与了解，表明哇忍波历法与生肖属相文化在该区域傈僳族中的影响要看具体场景。调查发现，哇忍波所记载的生肖属相文化，相对于历法更为普及。不仅有十二年一轮的属相，还可以用于推算男女婚配，具体日子也都有属相，如结婚多选择属鼠的日子，认为此日子结婚将多子多福。

前述可见，在哇忍波记载历法之前，藏传佛教在维西一带的传播使得大寨村民接触到了藏历：

> 其（古宗）学即习佛经，字如鸟迹篆，自左至右横书之。能历法，月大、小及闰，与时宪书有前后之异，日、月食，时刻皆同，分秒则不能推矣。①

村民所言找喇嘛"问日子"，就是僧人依据藏历推算日子。因为藏传佛教相较于弥散性的傈僳族原生宗教更为制度化，村民在需要做重大决策或选择的重要日子，就有可能向喇嘛"要"。至今在香格里拉加工藏族木碗的傈僳族人余大爹在每年开春开工的日子，也仍然要请喇嘛"给"（算）日子。这在同乐傈僳族村民中已然形成习俗，或许也与纳西族土司禾娘皈依并扶持藏传佛教的史实有关：

> 喇嘛之长至，则（麽些）头目率少长男女礼拜，视家所有布施；家贫，虽釜俎之属取以奉之；西藏大喇嘛至，礼拜布施益

① 余庆远：《维西见闻纪》，载方国瑜主编：《云南史料丛刊》第12卷，第63页。

甚，得其片楮只字，以数十金计。贫者得其粪溲，奉之家中佛龛，焚香而拜；或伏于道左，俟其过，举其马尾以拭目，谓可却疾。头目有二三子，必以一子为喇嘛，归则踞坐中庭，父若母皆拜。[1]

可见纳西族官民对于藏传佛教虔诚之至，如康普、叶枝土司禾娘婆媳将大部分家产用来建寺礼佛，先后兴建了寿国、兰经两大藏传佛教寺院，又在县城捐建了城隍庙，同时资助修理或新建了多座藏传佛教噶举派寺院，其中包括丽江文峰寺、玉峰寺及德钦禹功寺、菖蒲桶（贡山）普化寺等。禾娘与媳志明晚年皆皈依佛法，常在康普寿国寺中诵经拜佛，并皆被授予法名，禾娘名"工秋本母"，禾志明名"余登本母"。[2] 不惟在维西一带，甚至远达怒江北部的丙中洛地区，也因为其皈依、扶持而有藏传佛教的传播。[3] 那么，藏传佛教文化对其统治的核心区域康普、叶枝一带各族产生影响，就更不可避免。

而禾娘后裔王氏土司与外界的接触，以及与此同时清代中央王朝塘汛流官制度在维西的实施，也使得汉族农历逐渐进入了该区域各族村民的生产生活。这在前述同乐先民依据三张纸的飞向、落地而找到寨址的传说，就已经看到了藏传佛教或东巴教，或者兼而有之的经书对同乐先民的影响。就当下大寨内部分宗教仪式中需要念纳西族的经咒

---

① 余庆远：《维西见闻纪》，载方国瑜主编：《云南史料丛刊》第 12 卷，第 62 页。

② 对于禾娘的法名，《维西傈僳族自治县志》中作"工秋本母"，《云南维西县志续编》中作"公署本母"。见维西傈僳族自治县志编纂委员会编：《维西傈僳族自治县志》，第 876 页；《云南维西县志续编》，王国瑞手抄本，1966 年，第 63 页。

③ 高志英、王东蕾：《多视角下丙中洛多元宗教的并存与交融》，《西北民族研究》，2013 年第 3 期，第 61—71 页；高志英：《贡山县丙中洛地区多种宗教从冲突到并存、交融发展历史研究》，《云南师范大学学报（哲学社会科学版）》，2001 年第 1 期，第 48—52 页。

这一现象来看，村民对纳西族的历法也当有过一定的接触，但该推论因叶枝一带纳西族东巴的断绝而无从考证。但可以肯定的是，宗教往往依靠政治得以顺利传播，神权与政权互生互促的局面在维西一带很有可能出现过。在这样浓郁的藏传佛教氛围里，傈僳族通过纳西族土司接触藏历就不足为怪了。

但另一方面，维西纳西族土司要么为丽江纳西族木氏土司后裔，要么是随其北征吐蕃中落籍于此的内地汉族移民后裔。他们与其后迁居该区域的汉族、白族一样，也将汉文化带到此地。[①] 到 1940 年代，当地傈僳受汉文化影响是很明显的：

> 傈僳位于金沙江、澜沧江流域者，因与汉人及么些（纳西族）接触较多，故汉化正逐渐进行中，如汉姓之采取，夏历及汉人年节之遵行，汉话之学习，汉人技术之学习，均可见一斑。[②]

此夏历，即汉族传统农历，也传播到澜沧江流域傈僳族中。而且它不像藏历，主要只是用来“要”日子，而是水乳交融于傈僳族的“十月花鸟历”中，成就了“十二月历法”与“哇忍波历法”两套时间制度。这在碧罗雪山一带傈僳村寨中皆普遍存在。所以对 20 世纪 50 年代前时日与节令的确定，年长的同乐村民回忆道：

> 我们小的时候呢，日历是有的[③]，但是不会像现在这样来

① 刘茂棣：《维西土司》，载中国人民政治协商会议云南省维西傈僳族自治县委员会文史资料委员会编：《维西文史资料》第 7 辑，第 9—10 页。

② 张征东：《云南傈僳族及贡山福贡社会调查报告》，第 147—148 页。

③ 旧历，相对于后来流行的阳历、公历而言，即中国内地汉族传统的农历。

卖，也很难买到。他们富人、老板、土司啊这些人才用（纸质）日历，我们农民是用不到日历的。要知道时令和日子呢，就去喇嘛那里翻历书，去富人家里翻历书，（只有）这样了。去看一次书呢，还要出五毫钱、十毫钱，人家家里有了一本历书，那他就用那本书赚钱了。以前同乐大寨的村民呢就去地主家里，也就是地富家里看（日子）了。①

村民因没有成文的历法，在时日难以确定时，便会去到有农历、藏历书籍的富人、寺庙里“要”“看”日子。对此，岔枝村的村民 A 在回忆翻看日历与选取节日时间的过程时，也说道：

以前也没有什么日历，那么什么时候过“阔时”，村里的头人是要抱着大公鸡去（纳西）土司家里问的。“哪一天是阔时，哪一天日子好……”②

可能就是因为向异族“求日子”的方便，村民逐渐淡忘了民族传统的花鸟历法，也使得哇忍波记载的新历法没有能够更大范围地普及。张正东在叶枝一带调查时，也提到相似的情况：

现时傈僳之节令，受汉人影响处甚多。盖传说旧日傈僳不知过年节，而仅于秋粮收获过后，任择一日或两三日准备酒菜，宴饮一番，并跳舞，唱歌，以示庆祝。如数家或一村于同时

① 2019 年 4 月 30 日，笔者在同乐其宅对村民 C 的访谈。
② 2019 年 5 月 20 日，笔者在岔枝村其宅对村民 A 的访谈。

举行者,则更热闹。唯近年以来,傈僳已渐习用汉人之农历[①],故过年也照旧历计算。[②]

由此可见,虽说汉族农历作为成文历法,可能伴随着清末叶枝王氏纳西族土司的崛起与越来越多的汉族人口的迁入,而被该区域傈僳族初步接受,至民国后期便已被维西傈僳族普遍采用;但是当时的各种农事活动中并不排斥参照动物出没与草木盛衰规律的花鸟历,因而少见以汉族节气等表示农业情况的农谚。在20世纪40年代的调查报告中,张正东在叶枝一带仅记录有“里哈里,阿米得;娃哈得,阿咱得”一句傈僳语农谚,意为“四月芒种忙忙种,五月芒种慢慢种”,即当芒种较早时需要尽早播种,芒种较晚时不妨稍缓耕种。[③] 仅此一句农谚表明,汉族农历虽有影响,但当时其影响是有度的。

如果联系同乐下山到澜沧江不远,就有因丽江木氏土司开疆拓土而形成的纳西族村寨,以及因汛塘发展起来的汉族村寨,就能够理解汉文化在该区域传播的动因了。而因同乐大寨与江边纳西族、汉族村寨的海拔高差与空间距离,前者的定居农业又与傈僳族的游耕、游猎、采集兼行的生计方式存在着差异。总之,因为传统生计、区位与族际交往等因素,清末至民国的维西傈僳族中,本土、汉族、藏族以及傈汉交融的历法并存,且呈现出外来历法、时间观在傈僳族地区的本土化特点。这不仅体现在历法内容上的水乳交融,而且体现在村民娴熟地基于具体

① 张正东按:傈僳记年,多一十二支轮算,记日、月亦然,极为模糊。事物过后,即不详记其日、月,仅可大约说出事物发生年月之属相,或竟以某种动植物之盛衰隐现为标准。是吾人遇傈僳询其年龄是,彼等则难立时答复,会用地支推算者,尚可徐徐算出,否则仅告以生年之属相即止。

② 张征东:《云南傈僳族及贡山福贡社会调查报告》,第137页。

③ 张征东:《云南傈僳族及贡山福贡社会调查报告》,第145页。

场景，因地制宜地选择借用其他民族的时间制度。

20 世纪 50 年代后，伴随着内地干部、教师、医生、农技员与售货员赴维西工作并下乡驻村，以及不少村民外出参加工作、求学、入伍，村民也越来越普遍地接受了外界的纪年与农历，包括西洋公历与汉族农历。特别是改革开放以后，价格亲民且样式多样的日历、画册、台历等流进了各个乡村集市，走进了各家各户。“旧时王谢堂前燕，飞入寻常百姓家”，过去求诸藏传佛教喇嘛与纳西族土司的“算日子”，而今可以自行翻书寻找答案，即安排生产生活的时间依据。

总的来看，当下村民看属相、“挑吉日”，也主要依照现行汉族农历进行。而耕作仍主要依靠传统经验开展，或是参考邻里的进度。有趣的是，公历在村民口中有时成了“汉历”“汉人历”，而有十二地支相配的农历有时则被称为“傈僳历”。可见，所谓的“傈僳历”是汉族农历、生肖属相文化相结合后加以在地化的一套时间体系，说明繁衍生息于三江并流碧罗雪山区域的傈僳族很善于将异文化选择性地为我所用，并完成从早期的花鸟历法中具象的时间观向数字化、抽象的时间观的转变。在此过程中，他们也被纳入中国大一统时间体系里，并在由此因地制宜安排的生产生活时间节律中融入中华民族共同体。1930 年代陶云逵所面对的碧罗雪山傈僳族，则是处于从具象的花鸟历法向汉族农历转型的端倪期。纵向联系其前后该区域傈僳族附着于历法与属相认知的时间观变迁，透视出的是一幅傈僳族与周围民族交往交流交融的生动图景。

第二节　村民生计方式变迁与时空观演变

一、不违农时：垂直山地里的四季农作

从同乐经济发展来看，在近百年时间里，同乐村民的农业生产呈现出抛物线式的变化。但对于三江并流区域的山地村民而言，山地种植农业始终是其主业，因而一年四季大部分时间还是以农业生产为主线展开。同乐大寨的山地较多，多分布在1900米至3000米之间，大致分为三种，即河谷耕地、低山耕地、中高山耕地，[①]分别种植水稻、玉米，以及套种的豆类、瓜类等农作物。具体而言，因各海拔、地域的农田在光照、干湿、温度、土壤等方面皆有差异，所以不同的海拔地段选择种植相应的适宜作物，并且不违农时、因时而作，从而决定了其空间观、时间观与自然环境、四季轮回相吻合。

① 参见韩汉白、崔明昆、闵庆文：《傈僳族垂直农业的生态人类学研究——以云南省迪庆州维西县同乐村为例》，《资源科学》，2012年34卷第7期，第1207—1213页。

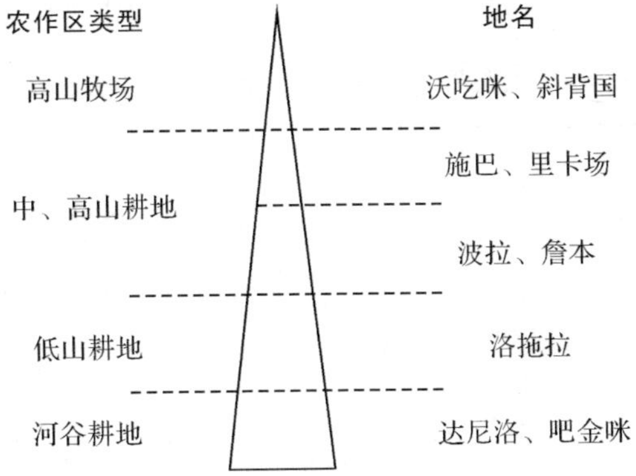

图 2-6　同乐大寨垂直农业空间示意图

如同乐大寨垂直农业示意图所示，在澜沧江流域山地农业的共性特征之下，又有着各村内部的复杂性，土地类型与相应种植的农作物、开展的农活同样呈现垂直分布：(1)种植水稻的河谷耕地(水田)；(2)种植玉米、麦子、土豆、南瓜、四季豆的低山耕地(山地)；(3)种植荞子、燕麦、青稞、高粱、豆类的中高山耕地；放牧牲畜、狩猎、采集药材的高山林地。这是同乐傈僳族村民在长期的生产实践中总结出来的地方性知识与经验。在这个海拔高低差很大的垂直空间里，开展对应不同海拔地区的生产活动，首先是从低海拔地开始，然后逐渐往高海拔推进，最后结束农活的却是低海拔的水田，如种一季玉米、土豆、花生、蔬菜等。由此可见，半山与高山只有春种秋收的一轮农活与物产，而低海拔地，也即江边河谷地，则有大春、小春两轮农活与物产。可见，在同一村寨村民拥有的土地里，劳作时段的始终与投入的时间长短是不同的，而时间给予人们的回报也是不一样的，甚至具有民族属性特征，即越往中高海拔地区从事的是傈僳族传统的农业生产，越往低海拔地区从事的是外界的(具体而言是纳西族、汉族、白族的)定居、轮作农业生产。对村民的访谈也证实了海拔与农作物分布空间及其种植时间之间的关联性：

表 2-4 同乐大寨周边田地的大致海拔及主要农作物一览表

地名①	海拔②	主要农作物(大致)
达尼洛	1900m	棉花、水稻
吧金咪	1980m(实测)	棉花、玉米、小麦
同乐大寨(洛拖拉)	2200m(实测)	玉米、小麦、蔬菜
波拉(布拉)	2660m	玉米、小麦、荞、蔬菜
詹本(长本)	2800m	玉米、小麦、荞
阿月克朵朵哈	2850m	小麦、荞
里卡场(里坎场)	3000m	小麦、荞
施巴	3000m(推测)	小麦、荞
沃吃咪(俄此面)	3919m③	——
斜背国(斜别各)	4101m	——

由上图所示，并结合村民的讲述，海拔与农作物及其种植、收获时间，也不是绝对一致。具体情况如下：

① 地名采用村民口语中的音译，括号内为该地名在《云南省维西傈僳族自治县地名志》内的写法，音与地名志上写法相近的则采用了地名志上的写法。（见维西傈僳族自治县人民政府编：《云南省维西傈僳族自治县地名志》，第 28—29 页。）

② “推测”海拔是依据地点差异得到的推测值，“实测”海拔是手机软件（软件名：指南针，版本：V5.4.36）实地测量得到的数值。据县志上的数据所示，叶枝镇最低点的海拔为 1740 米（维西傈僳族自治县志编委会编：《维西傈僳族自治县志》，第 73 页），而《云南省维西傈僳族自治县地名志》中的部分海拔数据稍高于《傈僳族垂直农业的生态人类学研究》中的数据，如达尼洛海拔为 1900 米（维西傈僳族自治县人民政府编：《云南省维西傈僳族自治县地名志》，第 28—29 页），但与谷歌地形图上海拔线的出入不大，故多采用《云南省维西傈僳族自治县地名志》上的数据。

③ 此处的海拔县志中作 3139 米（维西傈僳族自治县志编委会编：《维西傈僳族自治县志》，第 86 页），但需要留意的是，县志中标注的是云岭雪山的山峰高度，而《云南省维西傈僳族自治县地名志》（第 29 页）记录的则是该区域的海拔，两者的出入颇大。

“达尼洛”因海拔较低、地势平坦、靠近河流，主要开垦成水田种植水稻，而且其开发时间是在汉族、纳西族村民分布于周围并种植水稻之后。

“吧金咪”虽然海拔较低，地势较平，并位于两条河的交汇口，但因土质多为砂石，难以储水，且位于山间谷地，日照时间较达尼洛短，所以种水稻的少，现主要种植玉米等作物。据说在民国时期，该区域还种植过棉花，主要用来纺线、织布。但因产量过低，加之外来的棉布、棉线及其后常见的料子布价廉物美，即便缝制民族服饰，也不再依赖于自己手工纺的线与织的布了。1980 年代后种棉花的人户减少，现已绝迹。

所谓的旱地，通常指同乐大寨周边的山坡耕地，主要分布在村寨周围及“斯比林”“怒帕佐作”“阿萨米”等地。此区域内的地皆为旱地，俗称“雷响田”，即其灌溉完全靠打雷下雨，而无自然沟渠或人工灌溉水渠，所以主要种植玉米、小麦等耐旱作物。又因离家近，村民还会在此种植土豆、四季豆等蔬菜，除了方便采摘菜蔬之外，提水浇菜园也不太费力。

自同乐大寨沿山路逆同乐河向东走两三公里，则可到“詹本”“里卡场”“阿月克朵朵哈”“施巴”等地；逆波拉河向东北三公里，则可到“波拉”“施巴”等地。这些地方为中、高山耕地，都是坡度较大且缺乏水源的“雷响田”。每年“春播”时间依据打雷下雨时间确定，而不是依据花鸟历法或汉族农历。逢大旱之年，至夏末也会出现无雨而无法播种的情况。这些地方因海拔较高，需要提前种植，并延后收获的时间，因而如果是大旱之年或日照时间不足都将导致减产。从清末、民国至改革开放初期，这些区域主要种植玉米、小麦、荞与高山蔬菜等。

由中高海拔再往上的高寒山区，则少有开垦的山地。一来海拔过高，收成不好；二来则是靠近高山密林即近年的保护区，会有野生动物的侵扰，野兽可能伤害人，也会损害庄稼而减少收成；三来则是因为路途遥远，不易于肥料与粮食的运输。

上述可见，同乐与附近傈僳村民依据垂直海拔的地理特点将土地进行分类，并因地制宜、因时制宜地春种秋收。而所谓的“春种秋收”是弹性的，还得看当年的雨季早晚、雨量多少。但“春种一粒粟，秋收万颗籽”是人类共同的农业生产愿景，所以同乐村民在安排农时方面很重视春耕，并有仪式性的表达。

在“阔时”节里①，村民很重视第一次下地，当地傈僳语称之为“咪依”。在正月初一到初十五之间选取属猪或属马的吉日后，村民会选一块位于村寨东侧或靠东侧的田地，象征性地挖上七锄（女）或九锄（男）；再烧“天香”，即在点燃的松明上搭青松枝、杜鹃枝使其起烟以祈福。在同乐大寨种植棉花的时代，这一既可以提供衣物原料，又是经济收入来源之一的作物得到了村民的重视。因此在“阔时”节后开种时，村民便会带上先前年节里供在神龛处的肉来到“吧金咪”，这可谓是同乐傈僳族从麻布服饰过渡到棉布服饰的仪式追忆。但这一仪式现在比较少见，就连“麻”氏族也不太了解其氏族图腾文化的意义了。现阶段，村民大都选择一个认为属相较好的日子下地，并分享带到地里的肉。当天还需要尽早收工，而不能太劳累。因为新年第一天若过于劳累或忙活得太晚，便认为整年都会如此“累死累活”②。

除了在“吧金咪”一带耕作的特例外，垂直分布在各海拔位置上的农田的料理，在四季轮回中呈现出一定的循环性。耕种大都从高海拔地区旱地——“雷响地”开始，逐渐往低海拔地区转移，最终在最低海拔

---

① “汉历”传入后，傈僳族“阔时”的时间等同于汉族春节。此前则是碧罗雪山山樱花盛开时节，持续时间比汉历春节前后各长十五天。

② 2021年2月20日，笔者在同乐其宅对村民L的访谈。

的水田里结束大春或小春的种植。在完成施肥追肥、除草等一系列活动后，农作物逐渐成熟。收获则从温度较高、作物长速较快的低海拔地区的水田开始，最后在高海拔地区的旱地结束。如此，一季或一年作物的一轮耕种便结束了。在气温较早年稍有升高、农作物种子质量提高、交通便利的今日，这种农业生产活动随海拔呈现出循环的时空选择，仍具有普遍性。

在以种植业为主的20世纪末，同乐大寨的生产空间是以大寨为中心，并水平向外辐射近四公里多，又依海拔向上、向下各辐射了1500米左右。但无论路程多遥远，每年各农点收获的粮食最终都会被收回大寨。村民对一天最多能背3次农家肥到"达尼洛"山地里，以及需要从"吧金咪"筋疲力尽地背玉米上陡坡回大寨的细节记忆犹新。这也是同乐大部分村民活动空间所及。在此空间内相应时间里的生产生活，便构成其吃喝拉撒、婚姻嫁娶、生老病死的人生轨迹。与此同时，也有越来越多的同乐人突破祖辈的人生时间、空间范围，走向更为广阔的生存空间。祖辈的时空观，也就渐渐成为其历史记忆。

总的来看，从20世纪50年代以来，上述以农业生产为主的趋势在碧罗雪山一带傈僳族中越来越明显。为了提高农作物产量，在比之内地仍显粗放式种植的大背景下，村民也会尽可能地精耕细作。如把大寨畜圈里的农家肥背到"达尼洛""吧金咪"等处的田地里。再如玉米的种植，在尽可能地施肥后，待一阵春雨落地便犁地、耙地，拾去较大的石头；清明前后待田地有潮气时才下种，然后等苗长到20厘米左右，薅去长出的杂草，再在六七月份密集的雨水来临之前第二次除杂草，并在根部垒土以防玉米倒伏。这种较为精细的耕种方式能增加产量，在化肥出现并普及后，两次除杂草的过程中适当追肥，使产量又有了提升。但是这种耕作方式耗时较多，以十亩地为例，光犁地、耙地、施底肥便需耗去至少半月时间。但在此阶段，因以集体生产为主，加之需要交给国家公余粮，肉食与大米饭更是难得一见。村民的生产积极性受到影响，所以其生产效率并不高，还有“锄头把喂奶”之说，即村民一个个一排排地站在山地里集体干活，但杵着锄头把偷懒的也常有。因此，由于已经从刀耕火种、不锄不薅、利用天然肥力的粗放种植过渡到了使用农家肥的精耕细作阶段，村民就不得不将更多的时间消耗于村落空间。

改革开放后，大部分村民在种植玉米时，开始采用一种村民所言的“偷懒”方式，即更多地依赖现代农业科技方式种植。如下种后喷洒除草剂，就不用再耗时耗工翻地、除草；雨季来临之前在玉米根部撒上一定量的化肥，便可以等到秋收之时再去收获。外加微耕机、三轮车等农业机械的使用及道路的便利，村民对玉米种植的时间付出不及早年的三分之一。

农事时间的减少，还与外界引进的种子质量提高带来的产量增加，也有较密切的关系。村民说，现在的新品种产量是以前的三倍左右，而投入时间却比以前少得多。又因市场上粮价低，同乐在区位上也与县城、县镇集市有一定距离，而蔬菜种植、售卖因受交通限制，得不偿失。总之，农业生产投入与收益比例失衡，粮食作物所带来的经济效益也较低。故而，在保证满足家庭需要的前提下，村民大都减少了种植面积，作物种类也有所减少，只种植玉米、水稻、小麦，其余的青稞、荞与小米等传统作物已少见。后者除了产量低于外来的玉米、水稻、小麦等新品种外，还受国家在中高海拔区域退耕还林政策影响，使得村民的传统山地农作物种植面积减少，因而减少了历史上“种一坡坡、收一箩箩”的劳动投入时间。相应地，村民在村落内的农业生产空间范围也缩小了。

虽说当下同乐大寨的耕作方式看似村民自言的“偷懒”，但其吃苦耐劳的精神仍闻名于周边村寨，农业生产时间的缩短与生产空间的缩小，只是利用现代科技农业手段与交通工具进行的变通式“偷懒”。以往同乐大寨的田地分布广且分散，操劳是不得已的做法。如在农历正月、二月间，村民会将牲畜圈里累积了一年的农家肥挖出来撒到农田里。为了不影响白天干活，许多村民都会选择在晚上收工以后请亲友帮忙，连夜用车把肥料拉到农田。这种七八点收工后还“上夜班”背粪的分秒必争式劳作，着实令周围村寨的村民咋舌。除了通过忙时相帮的方式互助干农活以外，还有很多村民逐渐习惯了支付一定的报酬请人帮忙。这种建立在人情与酬劳双重关系上的互帮模式，表现最明显的便是运输。“达尼洛”一带的小麦、水稻成熟后，村民大都会选择请后驱拖拉机一次性将小麦、谷子、稻秆拉回家中，一车的运费大致为200元。由此，因为村民个体农业生产的自主性增强，投入农业生产的时间大大减少。而当下的“偷懒”在一定程度上正是为了腾出更多的时间来从事经济效益更高的非农业劳作。

总之，耕种田地的减少，机械与农药等的使用，使得村民较20世纪50年代以前，乃至比起集体生产时期腾出了更多的时间，也随之出现了就农业生产而言的剩余劳动力。尤其是近年来脱贫攻坚、旅游开发等相关项目实施以及政府组织的劳动力输出，使得村民有了更多通过“打工”赚钱的机会。这种“农业副业化”带来的生计方式的多样化，也导致了村民时空观的变迁。在传统的农业生产模式下，时间周期是以农作物种植、收获及农忙、农闲为节点划分的，即以一年中农作物的一季为周期。又因农作物每年的生长周期及其对温度、雨水的需要，使得每个时间周期之内有许多时间节点。如“波拉”一带高海拔地区种植玉米需要在一定的节气之前，否则玉米不饱满；种玉米时要保证田地里有潮气，否则玉米难以出芽，最后只会沦为害虫的口食。2021年滇西北大旱，同乐河的水也几乎干涸，时值阳历五月中旬，立夏已过，但“清明不明,立夏不下”的天气使村民大都不敢贸然种玉米,最后在种好水稻并有阵雨的五月下旬加紧种植。这样,村民每天的劳作大都没有很严格的时间界限,而是需依据相应时段及当天的农事而定,那么其时间观也是相对模糊的。

经济收入与农业生产相差极大的打工,时间周期则有所变化。在村内或者村附近打零工,其时间周期为天与工期。如村民A组织的小工程队在做工时,每天大致上午八点半开工,中午十二点半左右休息,下午两点左右开工,下午六点或七点收工。这样的小周期有时会被天气和农事打破而成为断点,最终以相应的工事结束为标志,并开启或等待下一个周期的到来。而在外地打工的村民,其时间周期为天、周、月,甚至是季、年。招工部门对每天的作息时间有较为严苛的规定,每周或每月会以休息日作为断点,并以年节为标志,成为一个以年为单位的大周期。这样,中国所特有的“农民工”群体不但与“城里人”同处于一个空间,而且在同一时间制度下开展“农民工”的劳作。这就大大超出了传统农业生计方式下的时空范围,依循的时间节律也不再是以往与自然节律吻合的生产活动,甚至有可能需要加夜班,或者不可能在传统节日时间休闲娱乐。总之,就有可能出现对传统空间的超越,以及对依循自然节律的传统时间制度的颠覆。

二、生计时空演变与崇拜对象地位及其祭拜仪式变化

如上所述,由于当下打工与务农这两种自主性有较大差异的生计模式并存,以周期循环为代表的时间观念也呈现出一定的变化,年节也被嵌合于其中。而且,随着外出务工的村民增多,村民的空间认知也出

现了变化。这主要表现在认知的地点的增多，进而影响到一些宗教仪式。如同乐大寨村民每年都会举行的“波拉”，即打(退)口舌仪式。该仪式是因为傈僳村民认为别人的闲言碎语——尤其是背地里的恶语相加，都会对这户人家产生负面影响，所以不仅每年都需举行此仪式，而且还要在结婚、建房、生牛犊、产马驹等对家庭生产生活有较大影响的事项发生时或发生后举行，用以规避别人口中“他家建了房，肯定(愿)倒”“他们俩结婚了，肯定(愿)分”之类恶语的伤害。

但是，如果没有人与人的时空交集，就不可能产生是非口舌，“波拉”仪式也就没有社会基础。或者说，是因为人与人之间的接触、交往，至少是A到过/接触过B、C、D、E……的人或家，才会对这些人或家户做出相应的评价(口舌)，反过来B、C、D、E等对A人或家也是如此。即此人在某年某月某时某刻与彼人接触，或者到过彼家，彼此之间才能发生语言评价。其中，不好的评价，乃至诅咒，就是“是非口舌”。因此，产生是非口舌的基础是人们的社会交往，即彼此之间的时空交集。其背后就是村民生产生活的变化，具体而言，是当下的生产生活使其不再依托于以往的时间安排中的有限空间交集，而是打破了以往基于自然节律的时间安排与空间交集。甚至农闲与农忙、平日与节日的时间安排也不再依循以往的节律，而是不分时间地在更广阔的空间里与他人(家)产生交集，这就为更多的是非口舌的产生提供了时间、空间条件，“波拉”打口舌仪式也便多起来。但要在“波拉”仪式中清楚地点(说)某家、某人，已非易事，因为此仪式中提及的村名(地名)已经远远超出以往村民认知的空间范围。另一方面，村民认为仪式点(念)到的村名越多、范围越大，其仪式效果越好。如在较传统的祭词中，所提及的村寨名大抵位于同乐大寨周围，范围并不超过康普和叶枝两个乡镇。

通过对组织“波拉”仪式的调查与分析，可发现现阶段“波拉”仪式涉及的空间范围有拓展的趋势。如村内一传统祭词里提到的村寨名、地名为：

> 吧金咪——白值洛、开支洛、底刮——达玛咩、哇达、派底——阿达米、新塘、俄舍——木佐洛、格罢它、尺德米——叶枝、迪满——嗤咪、达尼洛、姑腊——子贺嘎、打俄底——波拉、里卡场——洛拖拉。①

此版本的祭词先从村民A当下所住的“吧金咪”开始，往南延伸到同乐河南岸山巅的“白值洛”村及“白值洛”山后的“开支洛”等村，随后往西到三零九、新塘，再往西过江到“俄舍”等村，继而往北过“木佐洛”等村到“尺德米”；再往东到叶枝村，继而上山到“打俄底”，再往南翻山到“波拉”、里卡场等地，最后于同乐大寨——“洛拖拉”结束。仪式中所点（念）的地名大致以同乐大寨为中心向外辐射了5公里，并在祭词中以顺时针的形式依次点到这些村寨名。这与大部分村民的传统生产生活空间基本一致，或者说因为村民大多在此空间活动，在此空间内的村民时常发生时空交集，难免有是非口舌，因而在打口舌仪式中所提地名并不多，其空间也有限。进而言之，村民在这些空间里与本村或外村人员发生交集，一般基于共同的农业生产活动时间安排。

而在打口舌仪式实践中的另一版本的祭词提到的村寨名和地名，就比上一版多很多：

---

① 2020年3月8日，同乐村村民A请村民L于家中做“波拉”（打口舌）仪式，余正华翻译。

吧金咪——阿萨米、洛拖拉、波拉、斯比林、托底、比堆吕、绰列、喔及依噶、哇嘞依噶、里卡场、白值洛——诺佐喔嘞、打俄底、波拉、拖巴、子贺嘎——达尼洛、波拉、叶枝——朱沃卡、新塘、派唔底——麻栗坪、嘎啦石、喇嘛寺、咯爪呗嗫——哇呔、开支洛、哇底、洛卓洛、底刮、吧务底、康普、布呀、大桥——唔达唔咩、么格拉、拖唔底、扎玛拉——岩瓦、白济汛、小维西、维西、山东、五区——丽江、昆明——迪满、木朵洛、拉波洛、托底、洛爪——阿夺底、西藏、霞若。①

这一版本的祭词中，地名的先后顺序较乱，从村民A的住地开始，先提到了海拔高于“吧金咪”的“阿萨米”“洛拖拉”“白值洛”一带，随后提及位于同乐大寨北部的“打俄底”“波拉”一带，再来到同乐大寨西北部的“达尼洛”、叶枝一带，顺着江水向南，最后回到叶枝附近的“迪满”等地，并到较远的德钦霞若，乃至西藏才结束。由此也可以推测，如果是为一个打工、就业、求学的空间范围远达昆明、北京、广州、上海等地的人做仪式，那么“尼帕”口中的打口舌仪式所点到的地名将更多，意味着与外界有更多的时空交集。如果仅从祭词差异及动态变化的角度而论，后一版本祭词所点到的地名，正是当下村民活动及认知的地域空间拓展的表现。说明村民生产活动范围的扩大，也使其空间认知范围随之扩大，因而需要用传统基础上稍有创新的打口舌仪式护佑在陌生空间里的安康。很显然，村民生产生活空间范围的扩大，固然源于从农业生产为主转向多项经营的转变，但同时婚嫁圈、外出求学、就业等空间

① 2019年4月19日，同乐村村民A请村民T于家中做“波拉”(打口舌)仪式，余正华翻译。

范围的拓展,也使村民的空间观念发生变迁。这与陶云逵调查时代碧罗雪山傈僳族为典型的靠山吃山、生息于山是有很大差异的。

除了需要以打口舌仪式保护与外界有更多、更广的时空交集的村民之外,对神灵地位的重新排序也同样体现了村民生计方式,或者其与外界时空交集的变迁。在从事游耕的傈僳族逐步转向定居农业后,采集与狩猎在生计中的比重渐渐低于种植业和养殖业,与农作物丰歉有关的神灵及其地位也有所提高,相关的神灵生活的"空间"便随之发生变化。如猎神"华咯",在傈僳族迁徙无常、从事游猎与游耕时,是一个较为重要的神灵。但在从事定居农业之后,射猎不再是维持生计的主要方式,于是猎神被尽量隔离在家外,以防其对家中的牲畜"下手"。

当下同乐大寨农业生产的变迁,主要表现为以下几方面:杂粮作物"下移",经济作物"上山",粮食种植面积减少,农作物种类减少。杂粮作物"下移",即玉米等杂粮种植海拔的降低。先前玉米等山地作物主要种植在低山耕地和中高山耕地,而现在玉米的种植区开始下移,"达尼洛"一带水田种玉米的现象也有所增多。这和作物种子质量提高、粮食增产不无关系,同时也和经济作物"上山"有关。在 1980 年代之前,棉花是一种经济作物①,五谷杂粮也可以用来与外界交换物品,如食盐与其他生产生活必需品。后来,村民开始大规模地种植经济效益更高的药材,如秦艽、桔梗、木香等。因药材对海拔、土质的特殊需求,中高山耕地多被用于种植药材,也就挤压了杂粮的种植空间。同时在国家退耕还林政策下,中高山耕地又逐渐被退耕;而在退耕前,原先的部分中高山耕地就已因玉米在主粮中的地位下降被废弃了。于是,山地农

① 维西县在民国时期便已开始种棉花,年输出棉花 2500 斤,棉花布 10000 挚。参见《民国维西县志》,《中国地方志集成·云南府县志辑 83》,第 265、269 页。

作物的种植面积有所减少。

此外，农作物的种类较之前少了许多。1980年代以前，村民种植的作物有水稻、小麦、玉米、大麦、燕麦、荞、青稞等粮食，此外还有南瓜、黄瓜、四季豆、黄豆、白菜、辣椒、茄子等蔬菜。现今村民种植的作物以水稻、小麦、玉米为主，蔬菜则以白菜、四季豆为主，种类比以往少了许多。且种子多购自农科站，除"老品种玉米"①外鲜有自己留的种子。就此而言，仿若村民对农业逐渐忽视，但这实则是村民们在经济转型后对耕地、粮食与蔬菜种植的主动性选择的结果。

以前外出挣钱的机会少之又少，且充满了不确定性，因此在家料理田地是主要出路，农业是村里的支柱产业。但改革开放以来，特别是进入21世纪以后，外出打工和在家务农间的收入差距被拉大，粮食作物与经济作物的效益差距明显。于是，村民家里若有剩余劳力，便会外出打工。与此同时，居家的村民也降低了对那"每一天的工五块钱都不合（没有）"的粮食作物种植业的投入，转而加大了对效益可观的药材等经济作物的种植力度，农业随即从支柱性产业降级为仅仅解决一家饱腹问题的次要产业。说其"次要"，是对于一些外出打工大户与经济作物种植大户而言，购买粮食吃被认为更划算。那么，村民的生产生活空间、时间就不可能再延续以前的范围与节律，也就与陶云逵调查的时代有了明显的差异。

生计方式的变迁，必然导致需何求何的原生宗教崇拜对象的地位发生变化，如主射猎、采集与刀耕火种的山神、猎神等职能神的地位与功能不再如从前，而新的神灵，如主发财的财神就开始受到重视。于是，村民仍以"波拉"打口舌仪式保佑外出村民的安全，同时又以祭拜财

① 这种较老的玉米品种，糯性较强、口感较好，但产量较低。

神仪式保佑其求财得财。另外，还有祭拜“特额索尼”的仪式祈求读书神灵保佑读书求学的孩子顺利升学，也表示学校教育越来越受到重视。最为突出的是，被村民认为无所不包、无所不能的至上神被抬到更高的位置。其中，有本民族的“乌萨”与异族的“普拉”。其背后就是村民生产生活的空间已发生前所未有的拓展，与外界交集的时空范围越来越广，一家之祖灵、一村之山神、一族之“乌萨”不足以保佑已经突破家户、村寨、族群边界的村民，因而还需要异族“普拉”助力保佑。

20 世纪中叶以前，同乐傈僳族村民的耕种方式分为刀耕火种和犁耕两种；田地分为生地和熟地，即新开垦的山坡和开垦并精耕细作多年后的农田。[①] 虽说有农田，但其中少有稻田。陶云逵就曾提到，在碧罗雪山和高黎贡山一带，适于种植水稻的山中盆地很少，而这些山中盆地上鲜有傈僳族的踪迹。[②] 所以当时的傈僳族过着居高临下的山地生活，以种植玉米、荞、高粱、麻、大麦、小麦、燕麦、青稞等山地农作物为主。[③] 这些作物大都耐旱，如青稞、燕麦还耐寒，适宜在高寒水少的山地种植。但相较于水稻，这些作物产量较低，却可以粗放种植。因山地较多，所以大部分农田开设于山林附近；又因当时的种子为老品种，产量较低，所以傈僳族村民大多选择扩大种植面积，以广种薄收、扩大种植面积与持续的艰辛付出，使得纳粮后仍能在一定程度上勉强满足全家的口粮需求。

因为各种农作物需要的光照、水分有差异，傈僳族村民也在常年的

---

① 张正东称之为“刀耕火种”的生地与“犁耕”的熟地。见张征东：《云南傈僳族及贡山福贡社会调查报告》，第 99—100 页。

② 陶云逵：《碧罗雪山之栗粟族》，载《中央研究院历史语言研究所集刊》第 17 本，第 335 页。

③ 张征东：《云南傈僳族及贡山福贡社会调查报告》，第 99—100 页；陶云逵：《碧罗雪山之栗粟族》，载《中央研究院历史语言研究所集刊》第 17 本，第 335 页。

生产劳作中积累了一些经验，如祭祀经文中便常提到：阴坡去撒荞，阳坡去种麦。[①]

在同乐大寨，20世纪50年代以前，甚至直到20世纪90年代，这种广种薄收的情况都一直延续着。1950年代以前，同乐大寨没有水田，其海拔最低的农田分布于同乐河与波拉河交汇的“吧金咪”一带，早年曾种植过棉花等经济作物；海拔最高的农田分布于里卡场、“施巴”等海拔3000米左右的地段。这些山地周边多为山林，山间的昆虫、山鼠、鸟、猴、野猪、熊等动物都会对农作物造成威胁。据村民说，同乐大寨“施巴”一带山地里的麦子一般长势很好，但也常受到山里的小动物的影响：

> 在上头（施巴）呢，他们借给我田地，也帮我撒麦子，但是麦种要撒很多，有一半或者说大部分，会被一种小老鼠吃掉的。那种老鼠呢很小，一般都不出来地面上活动，都是躲在地底下的。麦子呢，很高，麦子熟的时候啊，就得左一朵右一穗地找着割了。（因为）那些耗子啊，会把上头的麦穗折断，只留下麦秆。我们要割麦子的时候啊，就得左一朵右一穗地找着割了，有些地方呢倒是可以直接一把一把地割，有些地方啊就真的得一朵一穗地找了。没有麦穗的地方啊，就得不割地留着了，至少有一半都是被耗子吃了的。那个地方啊，整座山，从上到下，都是那样，有很多小老鼠，“施巴”那边就是有那么多的耗子。那座山的另一侧呢，麦子倒是不怎么好，但是也没

① 这一句经文常出现在以祈福为目的的“绰巴辟”仪式上，并会在后头加上“阴坡去驮荞，驮得千捆荞；阳坡去驮麦，驮得万背麦”之类的句子。

有多少老鼠来吃。（施巴）那边啊，麦子也好，但是被老鼠吃得多啊。大面积的地方呢倒是还有些可以割的，但是割了以后呢，还得把被老鼠啃了穗子的抽出来，每捆里得（抽）出来四五把。①

第二次（割麦）呢，“施巴”说的那里，那时候是长鸡枞的时候了，熊吃麦子的时候。高山上麦子熟得晚，那么长鸡枞的时候麦子才熟嘛。他去找鸡枞，那头熊在吃麦子，他慢慢地看着，那头熊啊在这里吃了麦子以后就走到一个地方睡觉了。他看到熊睡觉了，就马上跑回来家里，从家里拿了枪回山上。他走到那里，那头熊直接站起来了，所以一枪就打到了心口。②

可见山里的动物对作物收成有较大的影响。因此，在同乐大寨村民的观念中，家神也是很重要的神灵，能影响收成的丰歉，这是因为“家神”管理着虫鸟鼠。所以，村民们需要在农作物收获之前进行祭祀，让家神把自己管理的“牲口”管好，以防它们不受管束地来到田地里大快朵颐：

家神呢，会到处走，“西刮普拉剁”，（意思）就是说家里的这个家神不在了以后，（要）来做这个仪式了。家里的耗子啊、虫啊这些全都是家神来管的。因为从这些方面来讲呢，我们专门的栽秧、栽玉米、撒大麦、撒麦子，这一块里呢被耗子吃完

① 2019年4月12日，笔者在同乐其宅对村民C的访谈。

② 2019年5月11日，笔者在同乐其宅对村民G的访谈。

了，那一块被虫吃完了，那一块被鸟吃完了，（就会说）"诶，我家今年有点不好，家神不在的样子了"。就这么讲究（相信）了嘛，就喊"尼帕"来祭家神，他念的也是：

"您的牲口这些好好地管着一下，您不在家里面，您的这些牲口把我的地里的庄稼都吃完了。"

所以说虫、鸟、耗子是家神管。在念经的时候，说那些叶子都是从"鸟不去耗子不去"的地方折回来的，最卫生最干净的那个地方采回来的，虫不吃的那些地方的叶子才折回来的，把您的牲口好好地管着。它们已经跑到地里去，把庄稼吃完了。据说家神不在家里了，那么耗子这些就去地里（把庄稼）吃完了，只是我们没看到而已。

这一块地和那一块地，这边已经被吃完了，那边那块没有被吃，这边的是一窝一窝地被吃了，还是很奇怪的，讲来讲去我都感觉有点奇怪。玉米也是这样，这边一窝一窝地被吃完了，那边那块地（却）还没事。所以，"尼帕"念出来的那些东西，有时候也感觉好像是真的。①

这是农业为主的时代傈僳村民对于家神的虔诚信仰，因为种植业的收成关系重大。根据村民对于"家神"的理解与想象，及其赋予的护佑庄稼不受虫兽之害的功能，可以发现如今"家神"的地位功能在村民心目中因生计方式变迁而发生了变化。这种变化总体表现为"家神"地位的下降，实际上反映的是农业生产在各家户村民生产中所占的比例降低。由此可以想见，在陶云逵调查碧罗雪山傈僳族的时代，村民对于

① 2019年3月31日，笔者在同乐其宅对村民B的访谈。

家神的重视、敬畏，应该与对山神、猎神相同。[①] 其后则经历了山神、猎神主位让位于家神的变化；而今家神仍然被敬畏、祭拜，但其地位也下降了。这是与种植业地位的下降同步的。

除了管理"牲口"以保证庄稼丰收的功能外，家神还有其他作用，因而还有"存在"的必要。如 2019 年夏秋相交之际，村民上山赶回放牧在高山牧场的牛，此举一般称为"牛下场"。因为当年在牧场上的管理员的疏忽，村内有四头牛没能如期找到。在找寻了近一个月后，村民 A 与村民 K 分别选取农历八月属羊、属马的日子请"尼帕"举行祭家神仪式。在解释祭家神的时日选择时，村民 A 提到：

> 本来三年里最少要祭一次，所以今年是想好要祭了。一般是选在农历六月或者八月。这次是因为今年家里不顺，牛丢了两头，到现在都没找到，谷子那些也要收了，所以就请"尼帕"选个日子整（搞）一下（仪式）。[②]

在祭家神、多方占卜问卦，并托亲友不断上山寻找之后，村民 A 在祭家神后的第三天，找到了那两头已经跑到其他乡镇高山牧场上的牛。而村民 K 因为家中需要操持的杂事较多，没能长时间上山寻找，那头丢失了的老骟牛再也没找到。可见当下的村民仍然认为家神还可保佑其找到遗失之物，昭示失物所在之处。但同时可以看到的是，村民也并未一味匍匐于家神之下，而是同时主动寻找。家神在此更多的作用是为"找到"或"找不到"两个不同结果给予合理性的解释。由此可见，村

---

① 陶云逵：《碧罗雪山之栗粟族》，载《中央研究院历史语言研究所集刊》第 17 本，第 393—395 页。

② 2019 年 9 月 17 日，笔者在同乐其宅对村民 A 的访谈。

民生产生活面对的各种压力不可能在短期内消除，从而仍然需要一个超自然的精神力量在其不顺的时候给予精神慰藉。这样，家神的功能也将伴随村民生产生活种类丰富、空间拓展而增多，因而在当下乃至不远的将来依然有其存在的时空。村民就是在这样两个相互关联的世俗与神圣空间里繁衍生息，从过去到现在乃至未来，延续其时间脉络，拓展其空间，并以其与时俱进的宗教信仰与仪式求得“禳解”和“保佑”。

村民说，以前耕种四五十亩山地所获的粮食仅够一家人口粮；但在20世纪五六十年代开垦的“达尼洛”一带的水田里，耕种一两亩也能满足一家口粮需求。村民对此的解释是过去对田地精耕细作的不重视：

> 以前老人家说撒五升荞麦也只会收到五升，撒几升麦子也只会收到几升。种玉米嘛，结的玉米棒，上面也只有一两颗玉米(籽)。所以老人家说就编竹子，编点篮子啊这些来卖了。那个时候对田(生产)不是很重视嘛。①

以对种田耕地的不重视来总结今昔之作物与收成的差异，稍显不妥，因为以前的广种薄收实际是囿于当时有限的生产力及农业技术。粮食产量很低，便只能通过广种来保证收成，以满足口粮和各种赋税需求。当然，当时这样的大面积广种薄收带来了一系列问题，即无法在每一块地都开展施农家肥、细致耙田、除草的精耕细作模式。实施包产到户政策后，村民干劲十足，虽然田地极为分散，但村民把祖辈在各海拔高度开垦的田地都耕种了起来。同乐大寨的田地自澜沧江边海拔1800米的“达尼洛”一带，一直分布到海拔3000米的“施巴”、里卡场一

① 2019年5月1日，笔者在同乐其宅对村民A的访谈。

带。为增加收成,村民会尽可能地给田地都施些农家肥,村里从而掀起了一阵在农田边建庄房,即季节性住房与仓库兼畜圈的热潮。如村民A除在同乐大寨老寨有房屋以外,还在"波拉""吧金咪""达尼洛"各田地边建有庄房,以囤积粮食、存放工具,并满足在相应农点耕种时的作息、蓄养牲畜以生肥料的需要。

图2-7 村民A找了近一个月的两头牛(村民A提供)

近年来,随着外界新品种的引进,以及化肥、农药、农机的引入,农作物的产量得到了前所未有的提升。外加退耕还林等政策的推行,同乐大寨大批开垦于高山、坡地的田地被荒废,并改种上了花椒、木瓜、黄桃与山地药材等经济作物①。于是,以玉米为代表的"传统"农作物便

① 虽说是经济作物,但是就波拉一带花椒、木瓜的长势来看,它们很难给村民带来经济效益。同乐大寨周边的田地坡度较大,因而几乎都退耕种上了黄桃,当下已能给村民带来少量经济收入。

开始“下山”，出现在海拔较低的“达尼洛”一带；而海拔较高的“波拉”山顶、詹本、里卡场的山地则再鲜有耕种，仅有部分旱地种有荞、麦等耐旱、耐寒作物。农作物耕种地段的整体下移，也使得田地里的作物不再普遍受鼠、雀、熊等的危害。如此，家神管理这些“牲口”的功能在一定程度上已不再为当下同乐大寨农业生产所需要。于是，祭家神仪式禁忌也相应淡化。

具体而言，祭家神作为一个曾经颇受重视的、以家庭为单位的重要宗教仪式，除了不能讲以汉语为代表的异族语外，还有很多严苛的禁忌。如在做祭家神仪式时，用水酒漱口之后才能吃肉喝汤；肉与饭不能一同吃，两个动作之间应用水酒漱口；不能吃汤泡饭；小孩不能吃烧肉；仪式后三天之内不能吃蔬菜、辣椒；仪式期间要把猫关起来，也不能打狗。当电视逐渐出现在这个山村，老人和“尼帕”曾要求不能在祭家神时看电视，因为电视里说的都是汉语。但时至今日，这些禁忌都已逐渐消失，这是传统的家神信仰淡化的结果，主要动因是农作物“下山”、种植业地位下降后家神存在的重要性被弱化。那么，从主狩猎的猎神让位于主种植业的家神，又产生、借用与抬高一些本土与外来神（佛、仙）的现象来看，都是因为碧罗雪山傈僳族村落生计方式发生变迁，其宗教信仰与仪式也必然发生与时俱进的演变。从中仍然可以看到“时间”“空间”这两个有形又无形的要素在发挥作用。由此可以发现前人研究中多被忽略的内在逻辑关系：社会变迁—生计方式变迁—时空（观）演变—宗教信仰及其仪式变迁。

三、多民族共生空间里的节日多重时间制度

如果说村民的生产活动是对自然时间节律的一种不违农(猎)时的应合，那么民族传统节日所呈现的则是村民生活中对自然节律的应对，二者从生产和生活两个维度体现了傈僳族面对其特殊自然环境的生存智慧。但伴随社会变迁，或是某一区域从单一民族到多民族杂居、共生空间的形成，其生活世界当中重要文化事项的节日数量越来越多，于是在同一节日或不同节日里出现了多重时间制度。其背后是多民族共生共存于同一空间的节日时间呈现。

每个民族都有其传统的节日，是民众放松身心、交友串亲、交换信息与产品、传承与交流文化、增强区域与民族认同感的重要时空。[①] 傈僳族亦然，"阔时节""刀杆节"等民族传统节日已为人所熟知，也先后列入国家级非遗保护项目。此外，汉族春节、清明节、端午节(端阳节)、中秋节等节日也随着族际交往交流的频繁而逐步出现在了傈僳族村寨里。从同族源与同区域两个视角考量，二月初八的新年与六月二十四的火把节，应该是作为横断山区氐羌系统后裔的傈僳族较早的传统节日。

> 农历二月初八这天，各家准备食物到山野里烹食。每家选在一棵大树旁的地上铺一层小石子，石子上面铺盖松毛，上

① 李松：《节日的四重味道》，《光明日报》，2019年2月2日第10版；李松、王学文、张远满：《重视传统节日的文化内涵》，《节日研究》，2018年第1期，第2—23页；李松：《节日文化的传播与传承》，《节日研究》，2012年第1期，第3—5页。

面摆放一点肉食，招引老鸹（乌鸦）来啄食。若老鸹迅速飞来把食物吃光，便是好兆头，否则就是不吉之兆。这一天，家家都要用油肉等好食品喂耕牛，有的还要给牛洗澡。这既是对耕牛一年辛苦劳累的报答，又是表示迎接春耕的来临。夜晚，大家围聚篝火尽情歌舞。[①]

此“二月八”的傈僳语为“阿尼亥儿”，“阿尼”意为牛，“亥儿”为吉日。由此可以看出它是一个进入农耕时代，而且是采用牛耕以后才产生的节日，因而也具有春耕节的意思。而从游牧、采集—游耕、游猎、采集—定居农耕的发展趋势来看，各个时段的生产类型皆应该有其相应的节日或聚会。当下该区域傈僳族国家级非遗项目“阿尺目刮”的文化意涵，被解释为“羊”的歌舞，是早期傈僳族游牧场景的歌舞模拟、再现。那么，将其理解为至迟在洱海以北（即今天洱源、鹤庆交界地）“冬入深谷、夏初高山”的游牧时代季节交替、族人重聚时的歌舞庆祝，不失为一种早期民族节日的雏形。到唐代贞元至元代，主要分布于维西碧罗雪山两侧的傈僳族不再有大规模发展畜牧业的自然环境，就转向了游猎、采集与山地游耕，这种典型的靠山吃山生计方式应该也产生了相应的节日庆典。但因为居处偏远，未见于汉文献记载，仅能到同一时期周边纳西族的节日中寻找线索：

（麽些蛮）不事神佛，惟正月十五日登山祭天，极严洁。男女动数百，团旋歌舞以为乐。[②]

---

① 维西傈僳族自治县志编纂委员会编：《维西傈僳族自治县志》，第154页。

② 李京：《云南志略》，载方国瑜主编：《云南史料丛刊》第3卷，第130页；陈文修，李春龙、刘景毛校注：《景泰云南图经志书校注》，昆明：云南民族出版社，2002年，第313页。

这种正月十五兼娱神娱人功能的“祭天登山”,应该就是该区域山地民族共享的传统宗教仪式,同时也是区域共性传统节日的初端。与纳西族同源于氐羌系统民族,并有亲近地缘族源关系的傈僳族生产于山、生活于山,那么也有可能“祭山登天”,即通过登临与“天”最接近的山表达对天的崇拜。而且,这一直延续到今天的傈僳族中,并有了天神的称呼——“乌萨”。可见,大概在元代或之后,傈僳族盖已产生了以祭天仪式为核心的节日雏形。这从之前祭拜羊、虎、蜂等动物,麻、菜等植物具象化的自然崇拜与图腾崇拜的具象化,转向了抽象化的“天”的崇拜,说明其探索的空间的延伸性。“正月十五”或许是文化主体的时间选择,或许是汉文记录者的时间推测。但总的来说,相对于“冬入深谷、夏处高山”的聚会、节日的粗略时间点,“正月十五”精细到了具体的日子,说明傈僳族、纳西族等横断山区的山地民族的时间观已有所变化。

但是,民国时期《维西县志稿》礼俗部分的“岁时”中提到的维西一带少数民族(主要是傈僳族)的节日仅火把节一项,并将其称为“星回节”:

> 星回节即汉人不甚讲究,土人于六月二十四、五、六,三日点火把,宰猪羊以为乐,并用火把照田,占岁丰歉,廛市而同以香面洒火把为戏。其缘盖起于南诏皮罗阁诱五诏于松明楼焚之,邓赕诏妻慈善,谏夫勿往,夫不从,乃以铁钏纳夫臂,果被焚。慈善迹钏得夫尸。皮罗阁贤慈善,欲娶之,善不从,闭城

死。滇人以是日燃炬吊之。[①]

星回节屡见于对彝族的记载[②]，从中也可以看出同源于氐羌系统乌蛮族群的傈僳族与彝族的族源、地缘和文化渊源关系。该文献只记录了一个火把节，却忽略了更多的民族节日实情。或许记录者只是将区域同源族群的共性节日作为"节日"记载，而将事实上存在的众多节日忽略了。或许是因为火把节"有据可依"，即其来源传说可在官方正史与地方史志中查得到[③]，因而只记录了一个火把节。在 1940 年代，张正东就记录过维西一带傈僳族所过的诸多节日：

过年时，除宴饮跳舞外，[④]并以花纸贴于门的门板上及房内墙壁上之神龛前，盖如汉人过年时，大门上所用之符咒。后者系祀神之意。至节令为傈僳所过者，可分端阳节、火把节及中秋节，但全系习自汉人，故无何特异之风俗。如少数过端阳节者，届时至汉商或地主家讨饮雄黄酒，索取若干药材等。过火把节时则除宴饮外，并跳锅庄。而维西县属康普、叶枝两处之傈僳，则过火把节时多集中于当地土司宅前跳锅庄，而由土司按名给予白饭两碗、肥肉两片作餐。过中秋节时，傈僳多至

---

① 《民国维西县志·卷二·礼俗》，《中国地方志集成·云南府县志辑 83》，第 297 页。

② 李京：《云南志略》，载方国瑜主编：《云南史料丛刊》第 3 卷，第 128 页。

③ 倪辂辑，王崧校理，胡蔚增订，木芹会证：《南诏野史会证》，昆明：云南人民出版社，1990 年，第 50—51 页。

④ 张正东按：过年习俗，各地略有少许差异，如传云南泸水设治区之傈僳过年时，家人、亲友多携酒至附近温泉沐浴，并饮酒、舞蹈以为乐，历三、四日方止。别处容或更有其他风俗。

常往赊借之汉商或地主家索食月饼并饮酒。[1]

此记录同样忽略了傈僳族本土的传统节日，并说康普、叶枝一带傈僳族的节日包括清明节、端午节、中秋节与春节这四个中国汉族的传统节日。当然，这四个汉族传统节日在三江并流区域傈僳族中的影响存在着区域差异，但也是总体性的，说明从清代雍正年间（具体从雍正五年的土流并治[2]开始）至民国时期，傈僳族受到了汉族节日文化日渐深入的影响。其时间依据，则是汉族农历的传入与借用。而今对于元旦、“三八”妇女节、“五一”劳动节、“六一”儿童节、“七一”建党节、“八一”建军节、“十一”国庆节等以公历纪年、月、日的国际性节日，傈僳族也会进行不同规模的庆祝。历法也好，节日也好，其所承载的是一套文化主体的时间体系，以及依据时间节点构建的生产生活空间。其中就包括节日文化空间。所以，至迟在民国时期，汉族四大节日的传入，以及在1949年以后上述法定节日的传入，都意味着在傈僳民族节日——“阔时”等文化空间基础上又增加了汉族节日文化层。当然，这仍然可能是通过来自内地的汉族官员与村民直接传播而来，也可能是由纳西族或融入了纳西族，并以纳西人身份参与木氏土司征战的纳、汉土司和移民间接传播而来。由此可见，伴随着傈僳族族际关系的复杂化，横断山脉三江并流区域维西一带傈僳族的时间观及在其基础上建构的节日文化空间，也呈现出愈发丰富多样的态势。

1995年的《维西县志》对维西傈僳族的节日有了相对全面的介绍，列表整理如下：

---

① 张征东：《云南傈僳族及贡山福贡社会调查报告》，第137页。

② 清雍正五年，1727年。

表 2-5　《维西县志》内所列傈僳族节日一览表①

节日	介绍
“阔时”	即过年。据音节文字文献记载考知，古代傈僳族以鼠月为岁首，与“周正建子”的古历法相符，故在夏历冬月过新年。据民间传说，古时傈僳族于秋粮收获之后，选择一日或接连二三日，全村寨备办酒肉欢庆，场面热烈隆重，相沿成习。传说可与文献互为印证。过“阔时”节要杀猪宰羊，酿制水酒，油煎天糈米或糯米粑粑。在敬神祈福之后，先要拿一份好的饭食喂狗，因为传说人间的五谷是狗从天上带来的。节日之夜，歌舞达旦。1991 年 8 月，经县人大常委会表决通过，每年 12 月 21—23 日被定为“阔时”节，全县放假 3 天。当年便由县级五大机关组织领导，在县城举行了隆重的节庆活动。
春节	夏历新年。节前通常进行大扫除，在房前屋后撒灶灰，庭院要保持整洁。过节要杀猪、煮酒、张贴对联及门神，还要从山林中挖回一棵刺栗树栽在院坝里，以象征吉祥纳福。新年期间，青年男女带上天糈米粑粑、糯米粑粑等食品，集中在村里比赛射弩或荡秋千，老年人边喝酒边唱“木刮”。夜晚，村中升起熊熊篝火，人们歌舞狂欢。
“阿尼亥几”	农历二月初八这天，各家准备食物到山野里烹食。每家选在一棵大树旁的地上铺一层小石子，石子上面铺盖松毛，上面摆放一点肉食，招引老鸹（乌鸦）来啄食。若老鸹迅速飞来把食物吃光，便是好兆头，否则就是不吉之兆。这一天家家都要用油肉等好食品喂耕牛，有的还要给牛洗澡。这既是对耕牛一年辛苦劳累的报答，又是表示迎接春耕的来临。夜晚，大家围聚篝火尽情歌舞。
端午节	节前，家家户户打开蜂箱收割蜂蜜，这是过节时必不可少的食品。又从山里采回成筐成篮的中草药，以备治疗常见疾病。县城或乡镇附近的人，常将蜂蜜、药草等带到市场出售。节日前后，县城街市两边摆满新鲜药草，名目繁多，琳琅满目，蜜香和药香混合成奇异的香味扑鼻而来。过节这天，青年男女穿上节日盛装，登上大宝山、栗地坪等高山，或就近在村寨周边的林间山野，弹口弦，对情歌，以歌为媒，谈情说爱。

① 维西傈僳族自治县志编纂委员会编：《维西傈僳族自治县志》，第 153—154 页。

续 表

节日	介绍
火把节	农历六月二十五日，人们屠羊酬神，将羊肉作为过节的主要食品。在高山牧场，羊倌们连续几天轮流杀羊聚餐。进餐前要先敬供牧神，餐后踏歌起舞，尽情欢乐。新中国成立前，叶枝、康普一带的傈僳族要在火把节之夜集聚于土司府门前唱歌跳舞，土司家会给予每人一小碗饭、两小片肉作为犒赏。
中秋节	与汉族、纳西族等族的过法无大差别，规矩是月亮不圆时不能吃果品、糕饼等物。

据调查，上述节日与当下维西一带傈僳族过的节日大体一致，但也有一定的地域差异。如同乐大寨的村民当下过的节日主要有："阔时"节、清明节、端午节、火把节、中秋节。"阔时"和"春节"不是分开过的两个节日，即法定的"阔时节"①在同乐大寨稍显冷淡，村民大都按农历春节的时间过传统的"阔时"。这说明在多民族共生共存的文化空间里，傈汉节日文化不惟在时间上重合，其形式与内容也交融一体。而"阿尼亥儿"在同乐大寨未见踪迹，也无历史记忆，说明山更陡、坡更大、离江边水田牛耕的纳、汉村落更远的同乐大寨傈僳的牛耕历史不长，因而并

① 1984年底，云南民族学院民族语言文学系的傈僳族师生倡议在昆傈僳族同胞共度"阔时"节，并写报告请云南省民族宗教事务委员会予以支持。这一倡议得到了在昆傈僳族同胞的赞同和云南省民委的支持，后于1984年12月20日在昆明庆祝阔时节，怒江傈僳族自治州人民政府发来贺电。1988年，经怒江州人民代表大会批准，怒江傈僳族自治州人民政府下文将每年的12月20日确立为"阔时节"。1990年，《怒江傈僳族自治州自治条例》颁布实施，条例中明确规定"阔时节"全州放假三天。法定阔时节时间经怒江州确定之后，得到了各地傈僳族的响应，各地傈僳族乡、县先后确定了这一节日时间。参见斯陆益：《傈僳族文化论》，北京：民族出版社，1999年，第46页；《云南省怒江傈僳族自治州自治条例》，载怒江傈僳族自治州地方志办公室编：《怒江傈僳族自治州志·下》，北京：民族出版社，2006年，第760页。

无以祭拜牛为核心的开耕节①。村民调侃说"我们也是这几年才知道二月八还是一个节日",可见所谓的"民族节日"志初是有区域性差异的。而且,远从唐宋以前出现的"羊的歌舞",到元明时期可能已存在,并事实上延续至今的"登山祭天",乃至"阔时""阿尼亥儿"这些"民族节日时间"的确定或者记录,都以汉族农历为基础。但这不等于该区域傈僳族没有依据自然时间节律的聚会、时间安排,而是记录者或受访者是按照汉族农历加以记述、表达的。所以,尽管早年依照农时、物候来确定节日时间的做法已逐渐消失在村民的记忆之中,但在汉族农历节日时间选择与安排之下的"底色"仍然是村民对于自然节律的应合,是傈僳族村民探索自然规律的努力。

再一方面,当下云南氐羌系统民族的节日,如纳西族的三朵节②,楚雄大姚一带彝族的"插花节"与哀牢山彝族的"二月八"③,腾冲一带傈僳族的刀杆节④,过节的时间都是二月初八。这就如火把节被横断山脉三江并流区域诸多氐羌系统民族共享一样,也有诸多氐羌系统民族共享二月八,皆反映出典型的区域性同源民族文化共性,是基于曾经相同的环境中建构与自然和谐关系的节日、仪式实践。只不过伴随时代变迁,有的民族确立、改变节日名称却保留节日时间,如纳西族的三朵节与腾冲傈僳族的刀杆节,并由节日文化主体自己过节,将其变为民族的一种文化符号而由政府列入国家级非遗项目,进一步组织成国家

① 同乐一带亦有侍牛的时节,但并不是农历二月初八,而是在"阔时"节期间择一吉日,到野外放牛,并"煨桑"祈福。此仪式活动后,牛才能用于农事。

② 丽江地区地方志编纂委员会:《丽江地区志·上》,昆明:云南民族出版社,2000年,第288页。

③ 白兴发:《彝族文化史》,昆明:云南民族出版社,2002年,第214、221页。

④ 高志英主编:《刀杆节》,北京:光明日报出版社,2014年,第41页。

在场的集体性节日。[①] 从此，节日时间、空间已经发生了明显的位移，即从节日文化主体生存的村寨位移到了民族自治州、自治县与民族乡政府所在地的公共空间。具体到傈僳族的"阔时"，是傈僳族历史上最突出的时间节点，因而影响整年——"阔"的时间节律，当然也影响在此时间节律下村民生产生活的空间伸缩。换言之，当经历了春播、夏长、秋收、冬藏的一年（阔）轮回之后，也正是碧罗雪山积雪融化、澜沧江河谷两岸高山的山樱花伴随纬度与海拔高低而渐次盛开之时，依此物候过节，使得各地傈僳族乃至远近村落过阔时的时间也不一样。但到清末、民国时期，碧罗雪山区域的傈僳族受汉文化影响越来越大，就以汉族春节，即农历十二月底（大年三十）与一月（正月初日）过"阔时"节，在该区域与传统"阔时"的时间趋向统一。但与此同时，怒江流域的傈僳族依然将十二月底至来年一月山樱花盛开的时间当作"阔时"时间，这就使得怒江峡谷的上、中、下区域过节时间前后存在差异，也有同一区域海拔不同的村寨过节时间不同的现象。但无论是节日主体依据农历时间过节，或者记录者以农历时间记录，皆或多或少地留下汉文化的烙印。或者说，是傈僳族依据自然节律过的"阔时"与汉族春节时间的重合，说明无论是传统花鸟历或汉族历法，以及介乎二者之间的十二月历法、哇忍波历法，都是本土时间观与内地汉族时间观的节日呈现。

继续以碧罗雪山一带的傈僳"阔时"节为例，它于 1990 年经《怒江傈僳族自治州自治条例》确定为傈僳族的法定节日。而在怒江傈僳族自治州与维西傈僳族自治县分别于 1957 年和 1985 年成立之前，节日空间主要在村落里，节日主体便是村寨里各家各户傈僳族。他们在与

---

① 高丙中：《中国"民俗志"的书写问题》，载朱雄全、林继富主编：《民俗志理论与实践研究》，北京：中央民族大学出版社，2016 年，第 11—23 页；高丙中：《作为公共文化的非物质文化遗产》，《文艺研究》，2008 年第 2 期，第 77—83 页。

周围汉族、纳西族共享的“阔时”——春节时间里，在村寨、家屋空间之中，以傈汉文化交融的方式过“阔时”。这样就在傈僳语的“阔时”(已有新年、春节之意)上再加一个汉字的“节”，直译为“新年节”，也意味着这个历史悠久、最受傈僳族重视的传统节日，从时间、内容到名称，皆有了汉族节日文化的色彩，成了丰富多彩的中华民族节日文化的内容之一。这实际上也是傈僳族国家化的节日及其时间观的地方实践。尤其是作为民族平等权利的象征，“阔时”节往往由维西傈僳族自治县政府主持举办，节日时间就被法定为阳历 12 月 25 日，节日空间也从家屋、村寨位移到了自治县的公共空间，并与全国六七十多万傈僳族同胞乃至同区域兄弟民族一同共享节日快乐。节日的神圣性被淡化，如“阔时”节中祭祀祖先等传统程序不再沿袭、展演，而是在强化民族认同的同时，也强化国家认同。这是在已经发生明显时空位移的集体性“阔时”节仪式过程中得以实现的。由此，傈僳族的国家化也更加突出。

进入 21 世纪，尤其是 2006 年国家实施非遗保护政策以来，各地傈僳族分布区政府均将“阔时”节作为县、州与省级非遗保护项目。作为中国唯一傈僳族自治县的维西县的“阔时”节也不例外，其“阔时”节越来越嵌入中华民族节日文化体系里。特别以 2020 年为重要时间节点，傈僳族“阔时”节被纳入国家级非遗保护项目。这就意味着傈僳族传统节日的“阔时”节已经进入中国最高级别的非遗项目之列，与全国各族的众多民族节日一样，受到国家层面更多的保护。这有利于激发傈僳族的文化自信、民族认同，因而也更能够激发傈僳族的国家认同。与此同时，地方政府组织的“阔时”节也更加宏大，从人神共娱的民族传统节日变为全中国傈僳族及其周围兄弟民族在同一时间、不同公共空间共享节日快乐的娱人性的“阔时”节。这背后仍然是傈僳族族际交往交流空间的扩大。

总之,节日显然具有以历法所"规定"的时间点强调一年四季时间轮回的功能,但节日、历法的存与废,节日时间、空间的位移,以及节日背后文化主体的时空观念的变迁,无不对应其社会文化的变迁。对于处在藏彝民族迁徙走廊纳、汉、白、藏多重文化包围中的傈僳族,具有多元性时间观(历法)及其多元叠合的节日文化空间,是社会历史变迁与经济、文化发展的必然。当然,在1930年代陶云逵调查的时代,傈僳族节日文化里也已经出现了周围其他民族节日文化的痕迹,但更为普遍的还是傈僳族传统的"阔时"节。而陶云逵调查碧罗雪山傈僳族之后不到一百年间的节日巨变,一是民族传统节日中的汉化与周围民族化,如"阔时节""火把节"与"二月八";二是来自内地的端午节、清明节、中秋节与春节在该区域傈僳族中越来越普遍,并发生了一些在地化变迁,如春节与阔时节的时间叠合、内容交融与文化重构等。但其总趋势是,因节日文化的变迁而越来越纳入中国大一统时间体系、节律里,并在节日精神文化领域大传统与小传统的互动中[①],促进傈僳族的国家化。

① 罗伯特·芮德菲尔德:《农民社会与文化:人类学对文明的一种诠释》,王莹译,中国社会科学出版社,2013年。

第三节　神圣空间里的现实社会地位等级呈现

一、人与信仰对象各安其位的空间认知

人在感知周遭世界时，大都以自己为中心来辨别事物的位置，这便催生了“前后左右”的方位概念。傈僳族生活的区域多峡谷、高山、长河，这些与其生活息息相关的自然物，外加升落移动循环的星辰，其四方、上下的立体方位概念逐渐形成。且各个方位有一定的界限，并有相应的栖息者及其依循自然规律的活动，具体而言便是万物的生老病死。这便是傈僳族的宇宙观，即其宇为上下四方，其宙为古今往来。由此，傈僳族所处的生产生活环境被抽象出了哲学意义上的抽象的空间观念。

在下文的葬俗介绍中，我们将看到同乐大寨村民关于生死、转世的观念，但是因为死者的身份差异，除了个体在“凡界”与“鬼域”两个空间内循环、轮回外，鬼域还存在祖居地与凶死鬼去处的差异。而下葬后的射箭这一环节，还体现了傈僳族的鬼神依据时间序列分布于不同空间的观念。如果寿终正寝的是男性，其生前使用过弩弓、打过猎物，那么就当以死者（尸体）所在的坟墓为中心，在下葬后向一定的方位射三支箭。根据“尼帕”对射箭用意的解释，西方有凶死亡魂“鬼灵”，会干扰死者亡魂前行。因善终的亡魂是不能和凶死亡魂为伍的，所以需向西方

射一箭，拦住那些凶死鬼灵；死者生前杀戮的动物所变成的鬼灵则将从南方涌来，阻挠死者前往祖灵居地，所以“尼帕”需向南方射一箭，也即祖灵所在地，挡住那些被杀戮动物的鬼灵；东方为死者亡魂将要去往的方向，但沿途会有各种鬼灵拦截，更怕山高水长迷失方向，所以“尼帕”要往东方射一箭，吓退沿途的鬼灵，并为亡魂指明方向。[1] 上述解释所反映的空间分布情况如下图：

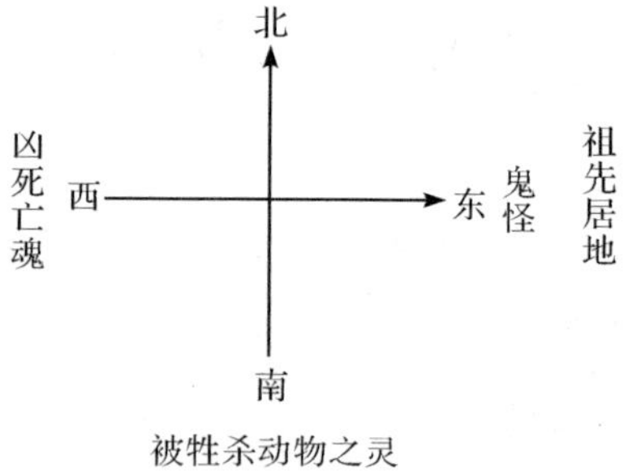

图 2-8 同乐大寨葬礼射箭时的方位及相关的鬼神分布空间示意图

在坟地射箭时，一般先射向西方，随后射向南方，如此按逆时针旋转，最后射向东方，并嘱咐死者“跟着箭去”。在同乐大寨村民的方位认知中，东边为日出方，西边为日落方；南边为澜沧江江尾一方，在经咒中会用“依赤”一词代替江尾；北方为江头一方，有时会用“哦佐”指江头。其中，“依赤”的发音与元代昆明地名“押赤”相近，又与纳西语中的“南方”（下方）一致，其原意为“水绿的地方”“水深的地方”，村民有时也会将之解释为“昆明”。“哦佐”在纳西语里为“西藏”“拉萨”，同乐大寨的村民有时也会将“哦佐”解释为“西藏”。由此也可见，同源于氐羌系统族群，并同处一隅的傈僳族与纳西族在文化上具有区域共享性，这在其

---

① 2019年5月11日，笔者在同乐其宅对村民G的访谈。

空间观方面也有体现。

一般认为，人死后其灵魂不灭，护佑人类者为神，作祟人类者为鬼，由此分为鬼神生活的世界与人生活的世界。[①] 在大寨居民的认知中，鬼与神的善恶属性也是不同的。而且在正常情况下，鬼神分别生活的世界和空间一般与村寨相隔遥远，只在年节等部分时间节点才会与生者近距离接触。这种短暂的接触时空里，人们对于鬼神的态度与行为，取决于后者是保佑还是作祟的鬼神属性，因而一年一度"阔时"期间的祭祖活动颇受重视。村民还认为，在日常生活中，凶死者灵魂所变的鬼与人也有交集的时空，而且大都表现为"两者接触后"生者的病痛。所以，虽然人与鬼分处两个世界，被认为属于两个不同的空间，但人可能一不小心便"侵犯"到了鬼，而鬼也可能会毫无征兆地或因受到干扰而侵扰生者。那么结合方位看来，人所生活的区域四周都应有鬼神，并可能因为时空交集而产生保佑与作祟两种影响。但在葬礼的射箭环节中，为何唯独不将箭射向北方？这与同乐大寨一带的傈僳族所处的地理环境，以及空间区域与鬼神对应关系的认知有关。

同乐大寨地处横断山脉碧罗雪山腹地，澜沧江从寨子下方不远处的山谷由北向南流，而凶死亡魂以及口舌鬼、"库及"鬼[②]等被赶往江尾，即南方，便是借"江水一去不复返"的含义，让江水带着这些不好的

① 爱弥尔·涂尔干:《宗教生活的基本形式》，渠东、汲喆译，北京：商务印书馆，2011年。

② 意为"本命年、流年霉运鬼"，在该地傈僳族的传统观念中，当人处于本命年或是与自身属相相克的流年，便会遭霉运，招致病痛、意外，故而需要在事故、病痛之前或之后对其进行驱逐。

“东西”离开生者生活的空间,以避免灾难回头作祟于生者。[1] 若驱往北方,那么它将会顺着江水再次来到村民生活的区域;送往东方更是不行的,因为那里是善终的祖先灵魂——神灵的栖居地,而日月西落又东升,使得西方也难以保证鬼灵不再返回作祟。那么,只有“南方”“江尾”“下方”成了最佳的“送秽地”选择。反之,在海拔高于生者所处的位置、有江水不断南下的北方,往往成了自然神(如类似至上神的山神“米斯”[2])的所在区域(空间)。这与同乐大寨一带傈僳族信仰的鬼神的区域分布、江河和山体海拔构成的立体空间之间的对应关系有关。图示如下:

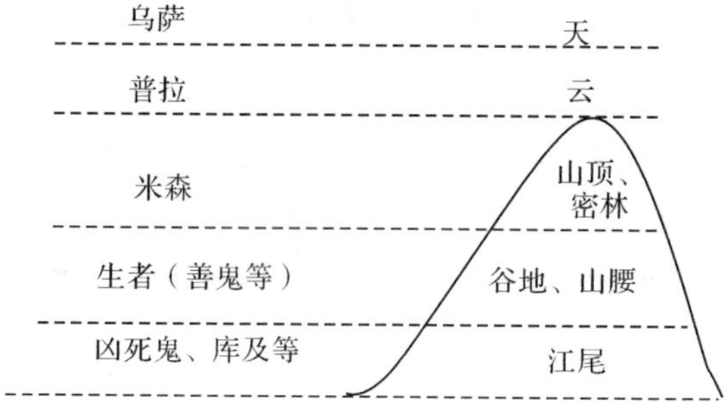

图 2-9　鬼神与其生活空间对应关系示意图

如示意图所示,凶死鬼、“库及”等不好的、污秽的、会作祟于人的鬼被赶往海拔最低的江尾,生者则主要居住在谷地、山腰的位置,但其生活的区域周围也充斥着鬼灵。比生者生活的区域稍高的位置,有着参

---

① 部分怒族村寨中存在一种更有趣的解释。村民对水量如此之大的江水南逝却不像池塘一般“淹没、灌满大地”的现象很是吃惊,便认为江水之所以一直南流,大地却没有被淹没,是因为江尾有一个深潭,一个老虎无法跳过、老鹰无法飞过的深潭,江水无论如何都灌不满深潭,所以顺着江水把鬼灵送到那个地方,它们便无法返回来为害村寨了。(2016 年 7 月,笔者于福贡县老姆登村,对怒族宗教师调查所得。)

② “米斯”,即山神,又同音异写作“米森”“米司”。

天大树组成的密不透风的密林和白雪覆盖的雪峰，那里人类无法生存，是“米森”住的地方。前人的研究认为，在“普拉”“乌萨”等至上神概念出现之前，“米森”是傈僳族鬼神体系中的最高神灵，具有一定的至上神意义。而当下同乐大寨傈僳族的鬼神分类中还有“普拉”“乌萨”等概念，因此村民在解释“米森”时将之称为“山神”，就又从类至上神回到了具象的神的概念。“尼帕”们提到“普拉”时，认为那是对端坐云端的纳西族话语中的“佛”的统称。这就让人想到藏传佛教在维西一带傈僳族中的影响，其“佛”的概念被傈僳族借为己用也完全是可能的。另外，虽然在村民的解释中，“乌萨”一词并不是很常见，但是“尼帕”的祭词中却时常包含有该词汇，并被认为是有此概念的傈僳族群体的神灵体系中的最高神，汉语一般翻译成“天神”，如新乐一带的仪式“乌萨咕”就被译作“祭天”。透过张正东有关天神祭祀仪式的记述，可以明白为什么傈僳族有一个高高在上的“乌萨”：

天神：祭天神费用较大，故多由一家以上联合行之。祭品以中间盛水之大南瓜为主，五谷、肉类、酒、茶等亦需要，其他家中所能找到之任何洁净物均可作为祭品。盖天神为万物之创造者，是祭祀时如能多有供品，自可邀其喜悦。而各类供品中，傈僳尤以得自土司家中者为珍贵；祭典由宗师主持之。此人前三日沐浴斋戒并停食一日，又须更换新衣（如无新衣者，应将旧衣洗净）。祭典于清晨即开始，由宗师念经。经中述天神创造万物之详细经过，并各物事后之演变与近况，末述感谢之意；并谓以不腆之物请天神收纳，尚祈继续赐福，使祭者粮食丰收，身体健康，家用无匮，至此次各种祭品来自何处亦一并叙出。经甚长，快者黄昏时方能念毕，慢者须至二更时方毕。念经为献祭之主要仪式，当时所用之祭品仍可由祭者食用。①

天神“乌萨”是傈僳族公共性的神灵，又因祭天神仪式花费大，而以集体性祭拜仪式方式举行。而且，祭师与祭品都有诸多“讲究”。“乌萨”为傈僳族的造物主，具有保佑祭拜者粮食丰收、身体健康与家用富足等功能。以往的傈僳族在现实社会所缺甚多，因而需要这样一个万能神弥补其不足。也就是现实生活里的傈僳族深受自然与社会双重压力，因此唯有一个无所不能的天神才足以满足其精神诉求。而供品以来自土司家中的更为珍贵，就颇有意思了。这说明土司家族不仅拥有世俗政权，还拥有神权，即从精神层面控制了辖区内的傈僳族村民。因此，从其功能来看，来自纳西族、藏族的“普拉”与傈僳族本土的“乌萨”应该是神位平等、功能互补的，而它们都高坐于傈僳族的山神、祖灵与恶鬼之上。即主要应对自然压力的“乌萨”与主要应对社会压力的“普拉”，变成了傈僳族的两个精神支柱，给予他们双重的精神慰藉。

由上可见，除了以四方的方位与鬼神的对应关系为代表的空间认知外，鬼神的分布高度与傈僳族对立体空间的山体高度及不同景象的认知也产生了关联。方位是平面性延伸的空间，而分布高度是纵向垂直延伸的空间，两者一同构成了同乐大寨傈僳族的立体空间认知。在这个立体空间里，从平面而言，北部最远处为“江头”“河源”“哦佐”，是山神所在地；最南端为“江尾”“依赤”，是鬼灵所在地；最东端为太阳升起的地方，是祖先生活的地方，也是祖灵回归之地；最西端为太阳落下的地方，也是鬼灵所在地。从纵面而言，由低到高，鬼灵—生者—米森

① 张征东：《云南傈僳族及贡山福贡社会调查报告》，第47页。

（米斯）—普拉、乌萨依据海拔高低分布在这个空间里。可见同乐傈僳族村民的空间观具有明显的区域特征，他们对该空间里生产生活的时间（宙）、空间（宇）的认知共同构成其宇宙观。在傈僳族传统观念中，从人类所生存的中间或中心延及东南西北四方与上下，从人类到作祟之鬼与护佑之神，各处其位、各安其分，便是世界的基本秩序。在日常生产生活中，各方依循此空间秩序各处其位；在传统节日与平日宗教仪式中，则以各种祭拜鬼神的仪式活动使“越轨者”复归其位。

二、社会地位等级与神灵分布空间的对应

在同乐傈僳看来，个体身处不可逆的时间线上，会随着时间的推移进入不同的空间，并分布到不同的区域、不同的高度。不过还需留意的是，村民对各鬼神种类及分布区隔是模糊的，如凶死祖灵与善终祖灵的分类有交叉；再如凶死鬼与“库及”虽然皆被送往江尾，但又认为它们也时常“萦绕”在生者左右。而且，在年节等特定的时间节点上，这种模糊的边界将不复存在。于是，人、神、鬼混融于同一时空。生者在此空间内也要借相应的时间点进行献祭仪式，以求得神保佑，并求得鬼不要作祟于人。这是傈僳族“阔时”祭祖仪式的来源。

接受汉族清明节、七月半的节日文化后，他们也在此时空里进行祭祖灵仪式。但在傈僳族的信仰体系里，祖灵不过是与鬼灵处于同一空间（高度）的一种信仰对象而已，其下有凶死鬼，其上多层空间里的信仰对象既有傈僳族自己的“米森”“乌萨”，也有来自异族、具有佛教烙印的“普拉”。这正好是清代雍正年间之后，维西一带族际关系及其族际地位等级在其宗教观里的映射。

从清雍正年间到1950年代前，叶枝一带傈僳族地区实际的直接管辖者是叶枝的纳西族王氏土司。古文献对傈僳族的桀骜不驯多有描写，多言其不受管束，但能够顺服于当地的纳西族。如余庆远便写道：

> 栗粟……性刚狠嗜杀，然麽些头目、土官能治之，年奉头目麦、黍共五升，新春必率而拜焉。栗粟种类在滇省各夷中为最劣。维西者，杂处于各夷中，而制于麽些长，犹较驯顺。①

傈僳族与纳西族不仅同源于古代氐羌系统民族，而且有着亲近的地缘关系。纳西族，古称"麽些"，早在唐代便与傈僳先民一同分布于铁桥（今维西塔城与丽江塔城）一带。唐代樊绰《云南志》曰：

> 磨些蛮，亦乌蛮种类也。铁桥上下及大婆、小婆、三探览、昆池等川，皆其所居之地也。②

铁桥上下及大婆、小婆、三探览、昆池等川一带为部分纳西族的祖居地，在唐代南诏地方政权于开元二十六年(738)统一洱海流域之后，分布于洱海以北的"三浪诏"中的一部分"施蛮""顺蛮"和"长裈蛮"被迫北迁铁桥一带，从此纳西、傈僳两个民族就分布于同一空间。③ 该区域之西北与澜沧江流域傈僳族核心分布地相连，其东南与金沙江流域纳西族核心分布地接壤。④以此地缘关系，在元代纳西木氏贵族被元军扶

---

① 余庆远：《维西见闻纪》，载方国瑜主编：《云南史料丛刊》第12卷，第65页。
② 樊绰：《云南志》，载方国瑜主编：《云南史料丛刊》第2卷，第38页。
③ 樊绰：《云南志》，载方国瑜主编：《云南史料丛刊》第2卷，第37—38页。
④ 方国瑜：《中国西南历史地理考释》，北京：中华书局，1987年，第463—464页。

持为丽江路首领之后，其辖区内的傈僳族（包括其中的“卢蛮”）就被纳西族所统治。到明代纳西族木氏土司崛起之后，维西仍然是丽江军民总管府管辖地。

丽江于诸土酋中传世最远，自唐贞观以来，谱系历历可考，其名如蒙、段氏，以子上名接父亲下名也。洪武初，首入贡。赐姓木，代有赐予。其地土广大，产金，富厚不赀。①

到清代雍正元年（1273）丽江改土归流之前，维西傈僳族地区受木氏土司管辖。乾隆《丽江府志略》载：

麽些，即《唐书》所称麽些蛮，性轻捷、柔懦、儇慧、相高，俗不颓泽，语带鸟音，安分畏法。务耕种，畜牛羊。善劲弩骑射，勤俭治生，饮食疏薄。虽馈遗，不过麦酒、束脯。……今则渐染华风，衣食渐同汉制。相传其先有哥来秋者，生四子，分：束、叶、买、禾四支。买、禾二支，多居山外江边。明洪武初，赐土官姓木后，惟承袭及同堂舍人，木姓三世以降姓阿，五世以降姓和。即流寓入籍者“必改姓和”，故今里民和姓居多。自设流以后，渐复本姓。②

从乾隆《丽江府志略》所载就可以知道禾娘家族来源于纳西族四大支系里分布于“山外江边”的“禾”这一支。另经地方文化人士整理，得

① 谢肇淛：《滇略》，载方国瑜主编：《云南史料丛刊》第6卷，第783页。

② 丽江县县志编委会办公室编印：《丽江府志略》，1991年，第136—137页。

知在清代维西(包括德钦)范围内，先后被委封、设置、提拔、顶袭过土司名额的计有：千总、总头目级别的6员额，把总、外委级别的17员额，头目、土目、额外级别的25员额。其中，叶枝千总禾娘阿墩子，千总禾良斗，康普总头目禾良佐，临城把总王仁，叶枝把总王布、王清、王丕礼，南路把总王福，北路把总钱宽先祖，沿江把总赵谟，西路把总王连，阿墩子把总桑上达，叶枝把总王国相，六村外委何升先祖，沿河外委钱宫先祖，沿江外委钱永先祖，阿墩子外委吉天赐祖父，叶枝头目王再锡，六村土目赵谟父亲，六村土目钱吉臣先祖，六村土目王连父亲、沿河土目钱富先祖，沿河土目钱用先祖，沿河土目禾良佐父亲，沿江土目禾，沿江土目禾富先祖，沿江土目禾品，阿墩子土目桑上达先祖，阿墩子土目吉天锡先祖，其喇土目万珍先祖，其喇土目古世相先祖，其喇土目罗天佑先祖，六村追封土目赵朝漠，红坡额外(头人)王粹等大小土司中，共有禾、王、钱、赵、桑、吉、宫、万、罗9个姓氏的各级土官都是“纳西族”。但根据《木氏宦谱》①与乾隆《丽江府志略》互证，其中只有禾姓才是正宗的纳西族，其余姓氏的纳西族大多为内地汉族移民后裔。而且，他们基本上是因木氏土司与吐蕃的战争而驻守维西，久而久之成为管控一方的头人。到雍正五年(1727)，因清王朝对该区域的管理鞭长莫及，加之该区域与内地经济文化差异仍大，于是扶持他们管控地方。这在清代乾隆年间的《维西见闻纪》中也载：

> 麽些，即《唐书》所载麽些兵是也。元籍丽江，明土知府木氏攻取吐蕃六村、康普、叶枝、其宗、喇普地，屠其民，徙麽些戍

① 云南省博物馆：《木氏宦谱》，昆明：云南美术出版社，2001年。

之，后渐蕃衍。[①]

在数量众多的维西土司中势力、影响都最大的叶枝土司禾娘，因其辖境与北部吐蕃的地缘关系[②]，而与儿媳妇一同皈依了藏传佛教。这应该是其获得藏传佛教势力支持的一种政治智慧。而且从《维西见闻纪》中也可以看出，维西纳西族信仰藏传佛教也很虔诚，又与丽江木氏土司一样，是中央王朝在地方的代理者，同时也是汉文化的传播者。那么，以禾娘为代表的众多纳西族土司身上就背负着三重文化：纳西族传统的东巴文化、来自内地的汉文化与藏传佛教文化。又因这些土司在现实社会里的统治地位，其崇拜对象在傈僳族鬼神体系里占据高位就不足为怪了。

文化的交流互动往往是双向的，所以纳西族宗教文化对傈僳族产生影响的同时，傈僳族的一些宗教文化元素也被纳西族所吸纳。如东巴经中常会出现"木怎撒索索"一句，东巴大都将其解释为"傈僳族占竹签卦"。如《布杷过书》(《求取东巴卜经记》)中便提到：

> 盘祖萨美女神呀，送给大地人类使者的卜书，送的门类多，送得很齐全。送给美苏(傈僳)竹片卜。[③]

---

① 余庆远：《维西见闻纪》，载方国瑜主编：《云南史料丛刊》第12卷，第61页。

② 《滇略》："吐蕃，在丽江铁桥之北，一名古宗，一名西蕃，一名细腰蕃，在唐尝寇云南，南诏不能胜，让之为兄，后为韦皋所破，斩首数十万，断铁桥，自是不复为患。我高皇帝既平云南，遂裂吐蕃二十三支，分属郡夷，以土官辖之。丽江府控制古宗，永宁府、北胜、蒗蕖等州控制诸蕃。今蕃人皆效顺，惟我所麾矣。"见谢肇淛：《滇略》，载方国瑜主编：《云南史料丛刊》第6卷，第782页。

③ 和志武编：《东巴经典选译》，昆明：云南人民出版社，1998年，第102页。

再如《多萨欧吐哲作》(《多萨欧吐传略及消灾送牲记》)中也说：傈傈卜师搓竹片咒仇鬼。[①] 还有《日丁过卧，动生彻术》(设坛撒祭米，迎动生神除秽)中则提到：主人这一家，使勤快童奴，去问傈傈竹片卜。[②] 1940年代张正东的调查资料中也提到了《毕扒果苏》和《措波萨》等东巴经书中有"傈傈打竹签卦"之类的词汇。[③] 至今，了解傈傈文化的纳西族东巴大都会提到傈傈族占卜之精准。可见占卜算卦曾是傈傈族的文化符号，并受到纳西族东巴的尊重。因此，不能因为文献里缺少维西纳西族请傈傈族"尼帕"占卜算卦的案例，就想当然地认为同一区域的纳西族没有对傈傈族宗教文化的借鉴。毕竟"失物，令巫卜其人，亦以此法明焉"[④]，这些举措与文化借鉴对维护纳西族土司的统治有益而无害。

维西叶枝一带因为形成了纳西族住江边与河谷、傈傈族住半山的居处模式，傈傈族的文化也带有许多纳西族文化的色彩。尤其是在同乐大寨，除了傈傈族鱼氏族与蜂氏族之外，先后有来自丽江的纳西族杨姓、李姓迁入。人是文化的载体，两族在同一空间内的长期生产生活中，自然会产生诸多的交流、互动、影响。最为明显且常见的是语言文化，许多用具、食物、称谓等大都与当地的纳西族一致，如饵块称为"勒怒"，祭师称为"东巴"等。前者应该与纳西族搬迁到澜沧江边并种植水稻，制作饵块为过年的食品、礼品与祭品有关。后者很显然是将纳西族宗教师"东巴"的称呼用于其"尼帕"。

---

① 和志武编：《东巴经典选译》，第148页。

② 和志武编：《东巴经典选译》，第192页。

③ 张征东：《云南傈傈族及贡山福贡社会调查报告》，第1页。(注：此处张正东在解析时，认为该处对傈傈族的族称音为"鲁庶"，与笔者在丽江一带所询得的读音"木怎"有差异。盖前者为维西一带的异写、异读，或为其误识。)

④ 余庆远：《维西见闻纪》，载方国瑜主编：《云南史料丛刊》第12卷，第65页。

实际上,“尼帕”与“东巴”还是有差异的。东巴教作为过渡性的宗教,有“东巴”作为专职祭师主持祭师仪式,也有成文的“东巴经”可循。而傈僳族原生宗教作为非制度性宗教,其祭师“尼帕”与纳西族“东巴”一样,并不脱离生产活动,而且其祭词是口耳相传的。由此也可以明白,哇忍波造傈僳文字、记录经文的用意,在于弥补傈僳族诸多神话传说中没有文字的缺憾,以及有文字民族与无文字民族的地位等级差异[①]。但不管以“东巴”称呼傈僳族祭师是否恰当,这种概念采借便说明纳西族东巴教对该区域傈僳族还是产生了一定的影响。而一些宗教仪式(如打口舌仪式等)的名称亦为纳西语,也说明在同乐大寨一带傈僳族与纳西族村民共享彼此的宗教文化。

特别是在鬼神体系与空间方位方面,纳西族对以同乐大寨为代表的碧罗雪山傈僳族的影响也较大。前人的研究认为“米森”是至高神“乌萨”在傈僳族宗教文化中出现之前的至上神,它影响到傈僳族生产生活的方方面面。

> 山灵(Mi-Sine)主宰山林、农产及路径。每一村中,有公祀山灵的地方。但无建筑或偶像。而是一棵大树。认这棵树为灵树(Mi-sinê 或 Mi-si-dü),通常每年阴历四月中,约定一个日期(不卜择),全村共请尼耙[②],举行祭祀。祭时用白纸旗四面插在树下,杀山羊一只,米饭四碗,茶四杯,盐四团。全村人男女均齐集树下。请巫师念“Mi-s”咒。此种祭祀名为“Li-bama-mispi”。此外,凡耕种、出猎、远行,必先去祭一下山灵,

---

① 张劲夫:《被吃掉的文字:拉祜族文字神话与书写的人类学分析》,《民俗研究》,2019 年第 1 期,第 91—97 页。

② 即“尼帕”的同音异写。

杀一个鸡,两杯酒。无公祭时的隆重。如不祭则耕种收获不佳,出猎为兽所害,出行迷途,跌伤,陷阱。①

作为靠山吃山的山地民族,傈僳族将山拟人化并赋予其神格而加以虔诚的顶礼膜拜,在陶云逵时代是将其作为列在与祖灵共处一域,与人同住一檐下的"家灵"之后第二位的崇拜对象。② 这与纳西族东巴教和藏传佛教——实际上是藏族苯教——的山崇拜具有共性。如丽江纳西族对玉龙雪山的崇拜,该区域藏族对于梅里雪山的崇拜,曾广泛影响藏族之外该区域众多民族的崇拜山、转山习俗。傈僳族对梅里雪山所在的北方的崇拜,或许与之存在一些内在的关联。但到笔者调查之时,山神(山灵)与本和家灵共处一域的祖灵在其神灵谱系中的位置已经颠倒了,祖灵分布于与人类同一水平空间的最底层,而山神"米森"则跃升为分布于山顶、密林的第三等级神灵。这意味着包括寿终正寝的祖灵与凶死者恶鬼的氏族祖先神灵已经让位于被村寨乃至该区域多民族共同祭奉的区域自然神。这应该是村寨发展或者区域共同体形成过程中,氏族观念淡化,而村寨、区域共同体意识增强所致。

而在同乐大寨,处于神灵体系第二层级的崇拜对象是"普拉"。若从当地傈僳族的族际交互而言,这一在纳西语中意为"佛"或者"神仙"的观念也可能采借自纳西族。通过藏族接受了藏传佛教与苯教文化元素,又通过汉族接受了儒释道的纳西族对于"普拉"的认知,显然是来源于其所兼容并蓄的藏传佛教、汉传佛教与道教里的佛、神仙等概念与信

---

① 陶云逵:《碧罗雪山之栗粟族》,载《中央研究院历史语言研究所集刊》第17本,第394—395页。

② 此排序盖为陶云逵书写时或译者转述时有意为之,抑或是询问时刻意或无意为之。在一定程度上,可以认为是当时傈僳族鬼神体系序次的反应。陶云逵:《碧罗雪山之栗粟族》,载《中央研究院历史语言研究所集刊》第17本,第394—395页。

仰。据考证,“普拉”是“菩萨”的同音异读、异写,是佛教传入纳西族地区后对佛教乃至道教一些崇拜对象的泛称。那么,“普拉”这个外来崇拜对象被本土傈僳族所接受,并位居第二层级,显然也与汉传佛教、藏传佛教的信仰主体所处社会地位有关。前文已述及纳西族及其土司作为清代中央王朝在该区域的代理者史实。从藏族与藏传佛教来看,自唐代伊始,藏族一直是三江并流区域的主体民族之一。甚至可以说,傈僳族诸多重大历史事件皆与藏族有关。如唐代南诏在阻止吐蕃南下之前,首先统一了洱海流域,就波及了洱海以北傈僳族先民主要分布地“三浪诏”;明代天顺八年(1464)到万历五年(1577)持续一百多年的木氏土司与吐蕃贵族的拉锯战,使分布于主战场维西一带的傈僳族深受战争之苦,被迫大规模迁往怒江大峡谷,其余的则处于纳西族土司由点到线乃至面的军队驻守村落的包围中。而到了清代雍正五年(1727)之后,他们处于随同木氏土司家族作战的纳西族“禾”氏,以及已经纳西化了的内地汉族各姓土司的统治之下。不惟该区域的众多藏族土司与纳西族土司在政治上分族而治①。而且,因为该区域民族呈大杂居、小聚居之状,甚至有些村落也是多民族杂居,藏传佛教就对该区域各族或多或少地产生了影响。

有意思的是,战争中屡创藏族军队的纳西族土司,以叶枝禾娘婆媳为首的王姓土司为典型,但在因屡立战功与管控地方有功而被朝廷敕封为土司之后,却皈依了藏传佛教。有文献记载曰:

约雍正年间,康普、叶枝禾土千总死,子幼,由其妻禾娘执

---

① 维西一带曾有38名大小土司,见刘茂棣:《维西土司》,载中国人民政治协商会议云南省维西傈僳族自治县委员会文史资料委员会编:《维西文史资料》第7辑,第19页。

政。其子成人后亦不寿，禾娘媳禾志明也孀居。禾志明是一位勇敢的女将。以后婆媳二人曾去德格朝见红教喇嘛四宝法王①，法王使法让禾娘见其夫在地狱受苦状，甚不安，询法王如何方可使其升入天堂，法王谓须捐建喇嘛寺若干所。禾从其言，捐产建寺5所：康普寿国寺、喇普达摩寺、县城阑经寺、罗吉古喇嘛寺（太平院）、贡山普化寺。②

以“做法”方式让禾娘见其丈夫“在地狱受苦状”，与另一则传说里法王以楚巴（藏袍）挂在太阳上遮住阳光③，或许是为禾娘从纳西族东巴教转向藏传佛教提供一个神圣性、合理化的解释。但的确是禾娘土司，使得该区域乃至怒江上游寺院林立。实际上，该区域的社会转型，特别是该区域各族置于中央王朝在地方的纳西族、藏族代理者统治之下的等级社会的转型，为制度性的宗教及其与各族原生宗教共同控制该区域各民族的社会动因使然。据洛克搜集到的王氏土司家族族谱记载：

第一代禾娘建造了6个寺庙，晚年被削职后入寺修行；第四代王安的次子王朝辅的养子王天爵生4个儿子，一子为寿国寺的掌教，一子为寿国寺喇嘛；第八代王国相盖建寺庙，他有4个弟弟，三弟登子为寿国寺的喇嘛，四弟国才之子文献为

① 噶玛噶举派活佛，亦称“大司徒仁波切”，德格县八邦寺是其驻锡地。

② 杨征东：《德钦日记》，《边疆文化》，1943年，转引自郭大烈、和志武：《纳西族史》，成都：四川人民出版社，1994年，第417页。

③ 《中国少数民族社会历史调查资料丛刊》修订编辑委员会编：《独龙族社会历史调查·二》，北京：民族出版社，2009年，第108页。

寿国寺掌教，三子为寿国寺喇嘛。[①]

可见，与叶枝王氏（禾娘后裔）土司驻地叶枝村相邻的同乐傈僳族村民在政治上被其统治的同时，在宗教文化上当也受到其影响，而将佛教里的“菩萨”列为第二等级的崇拜对象，并借用纳西语称之为“普拉”。因此，在村民的宗教观念即其神灵的空间分布格局中，在祖灵、山神“米森”之上的彩云缥缈间，又出现了“普拉”这一神灵。其地位仅次于生活在最高的“天上”的、本土类至上神“乌萨”。如果从“普拉”与“乌萨”功能的超越氏族、区域的特性而言，二者皆从职能神上升到了类至上神层级，且并非隶属关系，而是外来神灵（实际上是佛、仙）嵌合于本土神体系中，二者共同发挥护佑该区域所有村寨傈僳族的功能。这也是该区域现实社会中族际关系的真实折射——傈僳族长期以来阶段性地受到纳西族土司、藏族土司与贵族的统治，[②]因而仅仅依赖氏族祖灵、区域性山神不足以应对越来越复杂的社会，故以本民族的类至上神“乌萨”与外来神（佛、仙）“普拉”共同行使护佑之责。因此，其神灵体系的空间分布格局，便是傈僳族在人间的社会地位等级的宗教性呈现。之所以说“乌萨”具有类至上神的功能，是因为傈僳族的原生宗教为非制度化宗教，所以尚未出现无所不能的至上神。[③]

总之，傈僳族的空间观念中，垂直角度上的空间被划分为天、云、地三层，而地的底层，即江尾，是凶死鬼、口舌鬼、“库及”等被送往的地方；半山则为傈僳人生活的地域，稍高些的密林高山则是“米森”生活的场

① 约瑟夫·洛克：《中国西南古纳西王国》，第210—211页。

② 赵心愚：《纳西族与藏族关系史》，成都：四川人民出版社，2004年；杨福泉：《纳西族与藏族历史关系研究》，北京：民族出版社，2005年。

③ 杨庆堃：《中国社会中的宗教：宗教的现代社会功能及其历史因素之研究》，范丽珠译，上海：上海人民出版社，2006年，第268—274页。

域，天上云端就是“普拉”与“乌萨”所在。这是傈僳族原初神灵分布空间观向近代以来内外神灵分布空间观的转变所形成的。在当下民族传统的鬼神空间分布认知中，兼容经由纳西族接受的其他民族的崇拜对象，而重构出鬼、人、神（祖灵、山神）、外来佛仙与本土类至上神“乌萨”所组成的立体神圣空间，实际上透视的是现实世界世俗空间的复杂族际关系。而该体系的复杂化、完备化，加之以哇忍波所造文字记录的经文，可以说该区域傈僳族原生宗教转向过渡性宗教已经为时不远了。遗憾的是，陶云逵等人的调查对此关注甚少。

可见纳西族的多元宗教丰富了傈僳族的神灵空间认知体系，也使其空间观更加体系化。这正如受到藏族与白族文化影响的纳西族，在其神灵体系里将藏族神列首位，其次是白族神，而将自己民族神列为第三位是一样的[①]，无不是现实生产生活中的族际关系的宗教表达。

就方位而言，当下很多“尼帕”都会以“前后左右”做释，即以自己为中心。大的方位则仅有东、西两方，因江东日出与江西日落而较为明确。南、北两方在卜算之中也常用纳西语中的“依赤”[②]“哦佐”代替，即澜沧江的上游（上方）与下游（下方）。在村民的解释中多认为这两个词分别指其南部低海拔地昆明和其北部高海拔地西藏。

---

① 若从记述“除秽”和“禳垛鬼”两大仪式的《烧天香》经书来分析东巴教的神祇体系，则“盘”和“禅”作为开天、辟地的神，分别位列第一、第二。但这两大神也会被视为其他民族的神，即盘神是藏族之神，禅神是白族之神。但需留意的是，东巴教还有另外一个以依格哦格、萨依威登等为代表，主要出现在“神路图”中的神祇体系。见杨福泉：《东巴教通论》，北京：中华书局，2012 年，第 264—267 页。

② 前文已提及此处的“依赤”在傈僳语中可以理解为“水深的地方”，即江尾的江水汇聚之所。因为在纳西族的方位名词中，“依赤”“依赤目”意为南方，所以不做过多辨析。

表 2-6　纳西语与傈僳语中方位名词一览表①

方位	傈僳语	纳西语
东	咯唔、崩哆	尼粿凸
南	啯务、依赤木	依赤木
西	咯粿、崩嘟	尼粿咕
北	啯粿、吙咕洛	吙咕洛

而且在卜算中，叶枝一带的傈僳族“尼帕”多用纳西语指示方位，有时还会带上汉文化里的“五行”，如“色格尼粿凸”即纳西语中的“东方属木”。在同乐大寨老“尼帕”的讲述中，他还会提到长辈到澜沧江西岸的俄舍村里，向知名的纳西族东巴学卜算等情节。足见此区域傈僳族与纳西族是相互影响的，并不在乎其所师从的宗教师是本民族宗教师，还是纳西族宗教师，也不在乎前文所述“要”的日子是本民族宗教师给的，还是纳西族东巴或藏族喇嘛“给”的。这与陶云逵的调查中所展现的傈僳族与纳西族、藏族的亲近地缘、文化关系是一致的。

三、与外界的时空交集和傈僳族宇宙观变迁

上述傈僳族时间观、空间观结合起来，便是其宇宙观。调查发现，这些时间观与空间观的形成、变化受到周围其他民族的影响，傈僳族的宇宙观在族际交往互动中发生变化。当下的同乐，从农事时间的占比与经济效益两方面而言，农业呈现出一定的“副业化”趋势。即在村民

① 纳西语部分主要依照“八格”方位名词整理，傈僳语部分主要依照同乐村村民 B、G，及新乐村村民样正林、拉波洛村民余正华的介绍整理。

的认知中,以种粮为主的农业的重要性有所下降了。

汉语语境下对农业、农民的传统描述中,我们多见“面朝黄土背朝天”之类表达农民辛劳的语句,并用“日出而作,日落而息”来形容农业生产的时间投入之多,仿若全年全天都离不开农具和田地。这种描述对于已经进入定居农业阶段(民国时期至20世纪50年代以前)的同乐大寨也不完全确切,因为除了真正意义上的以种植、养殖为主的农业生产,村民还长期辅以狩猎、采集,只不过后者占比相较以往下降了而已。但该区域生产的单一性,使得盐巴、茶叶、红糖、棉布、针线、瓷碗以及金属类——主要是铁、铜、锡生产生活必需品,必须依靠与外界的交换得来,所以狩猎与采集获得名贵药材与山货非常有必要。或者说,狩猎与采集也是与外界交换的基础,但同时也是民以食为天的“食”的一部分,即其“食”主要来源不仅仅是农业生产,因此一年四季用于生产劳动的时间、空间也并不局限于村寨附近的山地、水田。而山地在山上,水田在江边,因此它们也反映了同乐村民因时制宜、农作有时的空间范围。

因为狩猎、采集和对外交往的需要,同乐村民生产活动的空间范围比农业生产的空间范围广。但这种空间范围从古至今仍然是有限的。论其原因,一是明清之际乃至民国,当地货币并不是很流通,商品种类亦较少。所以,村民大可通过以物易物的方式来获得自己需要的外界商品,从而拓展了村民经济活动的空间范围。而用来交换的“物”,多来自狩猎与采集(采挖药材),那就必然减少农业生产的时间,同时拓展了狩猎、采集的时空范围,但这仍是一种有限度的时空拓展,最远也没有走出三江并流区域的空间范围。时间呢?在村寨周围田地从事农业生产的距离可计作需要“一锅烟”的时间①,而猎人们追逐猎物最多携带

① 即用烟锅吸一次烟的时间。

三天口粮，也即狩猎所拓展的最远范围为三日路程，远行到碧罗雪山高山密林进行采集也大抵超不过这个距离。那么对于多数村民来说，其活动与视线所及范围亦难达三天之外的时空距离。这便是“哇巴睦”——澜沧江傈僳族所在地，其西部是“怒勐”“俅勐”“老缅勐”——怒江怒族与傈僳族、独龙江独龙族与缅北各族所在地，其北部为“括主勐”——藏族分布地，其南部为“纳西勐”——纳西族分布地、“腊贝勐”——白族所在地与“黑恒勐”——汉族分布地。澜沧江傈僳与上述民族的时空交集的前提，便是需要以己之有换取己之无。因此，就具体的某个村民而言，其视野的空间所及可能是有限的，多数不过其“哇巴勐”范围而已。但是作为与四境异族沟通的桥梁，该区域傈僳族的视野所及又是广阔的。

不过，碧罗雪山傈僳族村民与外界的时间交集并非填满一年四季，而是季节性的。村民经济互补式的交换，也拓展了他们到集市的时间、空间。前文已经提到，在清末、民国时期，碧罗雪山维西一带的傈僳族地区已经有保和镇、维登宇岩瓦等“街子”。这些街子是傈僳族村民与山下纳西族、汉族、白族以及北边藏族村民互通有无、进行经济交换的空间场域，也是同一区域民族与外界经济交往的重要空间。加上南下兰坪、丽江、大理，西去贡山、福贡、缅北，北去阿墩子（德钦）的山货药材流通渠道，将该区域一些傈僳族村民的活动空间和视野大大拓展了。但参与这类商贸活动的人数始终有限，也并无专业的商人，更多是在农闲时节进行，而且不是人人有此能力与条件。因此，大多数村民的活动范围仍然局限于村寨或离村寨不远的山地、水田、牧场、猎场。

另一方面,因为当时傈僳族村寨里的雇佣关系较少,多以相委之法[1]互相帮工来解决农忙时节劳动力的不足。在农事或建筑中的帮工,以供应一顿饭为报酬,并另给粮食两三升,或折成茶、盐。此外,还有当背夫一项,每日的工资为银币五角至七角。[2] 外加村民的活动圈较小,鲜有外出务工者,所以绝大多数的村民主要耕作于山地与不多的水田中,并辅之以逐渐减少的狩猎与采集。因此,其活动空间主要局限于村寨、山地、山林、牧场、猎场,是不争的事实。据调查,从民国时期到20世纪后半期,该区域傈僳族村民越来越依赖于农业生产。其一,因为同乐村寨周围皆大概同时形成了以傈僳族村寨为主、纳西族村寨为次,汉族或多民族杂居村寨又次之的分布格局,水田、山地、林木、水源的村寨属性越来越突出,人们不得不定居下来,在地缘兼血缘、族源凝聚成的村寨及其附近进行生产活动。其二,村寨所拥有的可耕荒地与可狩猎、采集、放牧的土地资源有限,村寨空间边界意识越来越强烈,从而约定俗成地于村寨边界内开展生产活动,能够狩猎与采集的范围就大大减少了。这样一来,村民就不得不在有限的山地里进行山地农耕。其三是纳西族、汉族乃至西方传教士的进入,带来了山地高产农作物,如玉米、南瓜、红薯等,以及改良过的水果如李子、苹果等,单位面积可以养活更多的人口,农业生产的重要性日益凸显。其四是与外界交换而来的畜禽品种,一方面是种类增加,另一方面更具繁殖力、抗病力,使村民减少了对狩猎生产的依赖。蔬菜品种的增加,也同样减轻了对采集野菜的依赖。因此,直至20世纪末,村民将一年四季更多的时间与精力用于种植和养殖业。

---

① 村民在农忙时节相互帮助,以求在短时间内完成自家的农事,方言称之为帮工、委工。

② 即互相帮工,见张征东:《云南傈僳族及贡山福贡社会调查报告》,第111页。

由上可知，一方面是附近山地种植、狩猎、采集以及放牧资源的日渐减少，使村民不得不将生产活动的空间范围往更远更高的区域拓展；另一方面，他们又不得不更多地依赖种植业与养殖业，使村民的活动范围局限于此。此外，除了借用"街子"这个场域拓展了村民商业空间外，1949年以后，内地干部下乡，报纸、电影、电视等媒体进入，外出读书的孩子与就业、参军村民的数量增多，也增加了村民与外界空间产生交集的机会。体现在其时间观上，即并存不悖的多重时间体系；体现在其空间观上，是各民族及其信仰对象的等级排序。这种时空观念的整合，使该区域傈僳族的宇宙观在时间上兼顾过去—现代—未来，在空间上兼容从傈僳族到周围各民族乃至内地汉族的分布地。表现在其神灵体系上，则既有东南西北的善神、恶鬼空间排序，也有高低、上下的等级排序。这都是该区域傈僳族与外界产生时空交集，而又交集有限的结果。

图 2-10　国尊贤传授玉米种植技术（1935 年，小维西）[①]

① 李世忠编著：《百年维西》，昆明：云南民族出版社，2015 年。

第四节　神圣仪式中的时空观与国家化呈现

陶云逵关注到了碧罗雪山傈僳族原生宗教的一个特性，即将所有的崇拜对象皆称为“尼”：

> 栗粟相信人死后为灵或“尼”(Ne)，但山、石、森林、水、路等均有鬼或灵(Ne)。唯人死后之灵，与山石树木之灵不同。人死后之鬼，颇像汉人的鬼、精、妖等的有恶化的人形，而山石树泉之灵，则并不具有任何形像，它是看不见，但是觉得着的。它同时必需有一个实物在那作为介物，才能发生的。这种“灵”不是那个实物(如石，树，水)自己，好像是他的生机力(Vital Power or Seelenstoff)。此生机力可以脱离其物体而存在，但必有其物，始能发生作用做出事故。无论人死之后，或山石之灵，均称之为“尼”(Ne)。①

在同乐傈僳族村民的宗教观念里，某种变故或症状多被认为是某种既定的鬼灵(“尼”)作祟的结果，所以以往村民当家中不顺或有病患时，大多会通过各种占卜算卦方式推测作祟的是何鬼灵，然后通过相应

① 陶云逵：《碧罗雪山之栗粟族》，载《中央研究院历史语言研究所集刊》第 17 本，第 393—394 页。

的仪式对之进行讨好或驱赶。依照傈僳族所信仰的原生宗教仪式的功能和目的，傈僳族学者斯陆益将其分为三类：(1)祈求性祭祀(如祭龙祈雨、祭山神驱风、祭猎神祈求获猎等)；(2)纪念性祭祀(如祭祖、节日祭祀等)；(3)带有强制性的祭祀(骂龙求雨、驱鬼治病等)[①]。如此按功能、目的进行区分，是为便于外界理解，但实际上也存在很多交叉现象。通过对当下同乐大寨的宗教仪式进行调查，可以依照祭祀的对象再将傈僳族原生宗教仪式区分成四类，即祀神(或说祀善鬼)、祭鬼、祭祖、其他，这四类在一定程度上也可以分成三类，即祀神、祭鬼、祭拜其他崇拜对象。在"作祟主体"被推测、确认后，需要选择合适的时间与地点(空间)举行仪式。于是，在这些神圣性的仪式实践中，也有傈僳族的时空观呈现。

一、定居农业时代祭祀仪式时空选择的固化

傈僳族认为，一个完整或正常的人是由肉体与灵魂构成的。而且，人死后其灵魂却不灭，需要通过丧葬仪式、念《指路经》将其灵魂送到遥远东方(在地方性空间认识里是东方)的祖灵所在地。这类祖灵就成为保佑后人的好鬼，汉语中常翻译为"神"。其他的非寿终正寝、凶死者，或者没有享"尼帕"念《指路经》的丧葬仪式的死者，其死魂就变为作祟于人的恶鬼。在这样的灵魂观下，有了不同的丧葬仪式，也有了过年期间的接祖、祭祖仪式。因时间、空间固化的"阔时节"，也使生者与祖灵交集的时间、空间随之固化了。其前提，一是祭祖主体的定居、半定居；

---

① 斯陆益：《傈僳族文化论》，第128页。

二是被祭祀对象——祖神、祖灵（皆称“尼”）有其所处空间；三是祭祖主体有了时空固化的宗教性节日。因此，我们不得不回到碧罗雪山区域傈僳族的生产生活发展史来探讨这个问题。

前文已述，据同乐村民的口述史与区域历史事件互相印证，当地傈僳族大约在雍正年间（1722—1735）从“迁徙无常”转向定居、半定居的时代。定居，是在某一地驻扎下来，世代繁衍，并逐渐形成以村寨为中心，其下开辟水田，其中与其上开辟山地，再其上作为牧场、猎场、采集场的传统生产格局。差不多一个村子就占据一座山坡，其上下左右皆为其村寨空间范围。半定居，则是发现此地不适合居住，如没有水源，发生泥石流、塌方，或族人莫名病多、死亡多、先天残疾人多，就搬迁原村址不远之处建新村。另外就是因为垂直海拔田地、牧场导致的季节性迁徙。如在远离村落的山地季节性居住、耕种、放牧、狩猎、采集。而从外部动因来看，到雍正年间，维西之地被诸多纳西族、藏族土司分而治之。作为土司领地的属民，有服役、交租、从征等义务，土司以村落、氏族、家户为单位派役、收租、派役，也就不可能“迁徙无常”，而是以氏族为单位寻找村址，建村立寨。于是，傈僳族从山民变成了村民，也有了固定的生产生活空间。

宗教观念的变迁，往往与其主体的社会、经济、文化发展同步。或者说，宗教观念变迁，是其主体社会、经济与文化发展的镜子。既然生者已经安居下来，那么对死者就从“丧则弃尸”转向以固定空间埋葬死者，于是有了死者灵魂的栖息地——坟地。又因其灵魂观念中，首先认为人死而灵魂不灭，而且死者灵魂仍然会与生者有关联；其次对于寿终正寝（正常死亡）者与非寿终正寝（意外死亡）者的灵魂属性有善恶之分，虽同用“尼”一词，但前者被认为是善魂，可翻译为“祖先”“祖灵”；后者可翻译为“恶鬼”“孤魂野鬼”。所以，“祖先”与“孤魂野鬼”被赋予“佑人”与“祟人”两种不同的功能。这就为两种死者（死魂）安排了不同的空间：寿终正寝者有氏族、村寨的固定坟地，非正常死亡者则埋尸野外。其空间分布与其善灵、恶鬼属性相对应，生者对前者的祖坟会在三年内维修，对后者的荒坟野冢则唯恐避之不及。但总的来看，伴随该区域傈僳族的定居、半定居，祖坟、野冢的空间已被固化了，并与生者保持着一种既有关联又有区隔的微妙关系，这就为在固定的时间祭祀祖灵提供了时空条件。

其次，就是如何固化祭拜祖灵的时空的问题。傈僳族村民认为生者与祖灵各有生存空间，应该各安其所。然而，寿终正寝者虽以经过“家—坟地—祖居地”的正常顺序列入“祖先神灵”之列，也仍需要生者定时供奉安抚；非正常死亡者却不可能从荒坟野冢到达祖居地，更不可能列入“祖先”之列，而不过是缺吃少穿的孤魂野鬼，就需要生者在其索取时提供祭品。因此，无论是“祖灵”或“孤魂野鬼”都依赖生者的供奉而“生存”，只不过前者只需定时——年节时由生者接祖、祭祖、送祖即可，所以祭拜“祖灵”的时空是固化的；而后者因为饥寒交迫，时时跟生者索要祭品，所以不仅需要年节时空固化的祭拜，平日里它们还会以作祟于人的方式索要祭品，因而祭拜的时空并不固定。祭拜祖先亡魂（善灵、祖先与恶鬼、孤魂野鬼）的传统中，由此出现了时空固化与随机两种模式。

再一方面，生老病死，为人生常态。面对不可回避的死亡问题，傈僳族村民也会思考：人从哪里来？又到哪里去？尽管因为没有民族文字，他们并无远祖、中祖的线性历史记忆，却世世代代相传存在着一个祖居地，死者的灵魂最终都要回归祖居地，与祖先们团聚。于是，对于祖灵，特别是寿终正寝者，傈僳族设置了一个遥远、模糊而虚拟的生存空间。这样看来，尽管村民乃至“尼帕”也不太讲得清楚坟地的性质，即其为死者灵魂永远的栖息地？或是生者在死者故去后上坟的前三年为死者灵魂、尸体的所在地？或者只是尸体埋葬地，而其灵魂在生者到坟地为其喂水三天后已经远达祖居地与远祖、中祖与近祖们相聚？但是，在村民的认知里，“孤魂野鬼”是到不了也不能去祖居地的，所以这个想象出来的虚拟空间对非正常死者是不存在的，只有一个物化的荒坟野冢，或泛化的荒郊野外，总之离村寨（生者）是不远的，其荒坟野冢是实在的；而“祖灵”却有两个空间，一个是离村寨不远的坟地，一个是遥远的祖居地。前者也是实在的，有死者坟茔为中心的氏族、村寨坟地边界；后者却是个浩渺、模糊的想象空间。可见傈僳族村民的“祖灵”栖息地是实在兼虚拟的。但这并不影响村民在固定或场景性的时空祭拜“祖灵”与“孤魂野鬼”。至于“场景性”的问题，亦即生者在非年非节之时被后者“作祟”时，就不得不随机性加以祭拜。由此可见，我们说祭祖仪式伴随其主体的定居、半定居而日渐固化，也是相对而言的。

另外，死者是否能够埋入祖坟，以及之后能否被列入祖先神灵行列，除了需要是寿终正寝者之外，还需要重要角色“尼帕”介入，为其主持一环扣一环的丧葬仪式程序。而非正常死亡者，则不可能有此待遇，只能在“地狱”“阴间”受苦挨饿，不得已在年节生者祭拜“祖先”时蹭吃蹭喝，还在日常以作祟于人的方式与生者产生时空交集。那么可见，“尼帕”在死者灵魂分类中也充当了重要角色，或者说以其对不同方式死亡的人所采取的态度、行为，代表了村民的祖先崇拜与灵魂崇拜观念。在此意义上，“尼帕”成为祭祖仪式时空固化的关键人物。因此，作为祭祖仪式时空固化的先决条件之一的“尼帕”的产生和活跃，也与定居、半定居生计方式的形成有密切关联。而其中祭祖仪式时间固化、细化，还与本土的“十月花鸟历法”“哇忍波十二月历法”以及汉族农历、西洋公历的传入有重要关系。

调查发现，同乐大寨惯常的祭祀场地，即固定的祭祀场地的选择，是针对山神、逝者、“斯撇尼”等展开的。首次祭祀这几类崇拜对象后，祭祀的场地就会固定下来，连祭台、烧香、做饭的地点都是固定的，所以在此有必要单独分出加以说明。“斯撇尼”祭祀仪式场地与该处的地形及朝向有关，所以是固定的；祭祀山神“米森”的仪式也较为隆重，规模很大，所以需要一个固定的场地；对死者（亡魂）及“哇密”[①]（相当于福气神）的供奉则有时间限定，大都在年节中开展。再之，这些既定的祭祀场地，在一定程度上被认为是被祭祀者的“家”。这么一来，就有了祭祀包括“祖先”在内的其他所有崇拜对象的时空固化与随机并行之必要。

如祭祖仪式中，人在去世下葬后，其坟就变成了一个固定的祭祀场地，除了年节期间在家中对之施食外，如家里不顺或者卜算出是某一死者作祟时，以及过清明节时，都需要到坟上祭祀。早期同乐大寨一带的村民在死者去世后，会依照其死亡的类型来选择坟地的大体方位，经由“尼帕”卜算确定其朝向。坟地一般会选在高山地带，且坟地所对着的山上不能有水，以防冲煞家中。坟地修建好之后，就为祭祖仪式的时空固化提供了场域。在陶云逵转引的罗斯与克金白兰恩的记录中，滇西傈僳族的祭祖仪式有了更多的汉文化色彩：

> 祖宗灵魂也是种敬畏的对象，或竟是恐怖的对象。祖宗灵龛是敬在房子门的对面——一个简单的架子，上面挂着几

① 同乐的傈僳族宗教师“尼帕”在念经的时候，发音为“哇密”，怒江一带的傈僳语发音亦为“哇密”。但同乐一带傈僳族村民的日常口语中的发音为“哇美”。本文中皆作“哇密”。在宗教师的解释中，“哇密”是一种亮铿铿的“东西”，能给家里带来福气、运势的神灵，但家里发生意外之前，“哇密”会离开家。故而，能看到“哇密”的“尼帕”有时会通过“哇密”是否在家来判断该户人家的运势。

条红白的纸条，无有字记——和献祭的酒。他们的拜祭祖先似乎不是从汉人学来的，很可能是一种敬祖的幼稚表示，而汉人的精密崇拜祖先制度是从这里演展出来的。①

祭祀用的红白纸条，来自汉族或接受汉文化比较多的纳西族、白族祭祀文化，其背后是族际交往的史实。祖灵神龛位置的固化，表明可以在定居生活所建房子门对面墙上请"祖先"入位了。从此"祖灵"就不仅仅在坟地，也不仅在遥远的祖居地，而是与生者在同一屋檐之下，时时刻刻护佑家人、禽畜，因而祭祖仪式备受重视。但对应后来傈僳族的祭祖仪式，罗斯与克金白兰恩所写的傈僳族祭祖仪式可能是在高黎贡山南端的"花傈僳"群体，他们受汉文化影响比之澜沧江与怒江峡谷的"黑傈僳"更深，所以其祭祖仪式中出现了更多的汉族常用的红白纸条。

在罗斯与克金白兰恩眼里，傈僳族"幼稚"的祭祖文化不是从汉族学来的，相反，汉族"精密"的祭祖文化是由此演进、发展而来的。言下之意是在其社会进化论视角下，傈僳族"幼稚"的祭祖文化可以作为汉族"精密"的祭祖文化研究的范本，由此体现了西方文化主义的优越感。因此，陶云逵与之前的外国"探险家"以及内地学者相比，是不再持有文化偏见的，并且是从文化持有者视角记录傈僳文化的第一人。

祭山神仪式，也是各地傈僳族共享的仪式，早年在同乐大寨很被重视。除了以村落为单位的祭山神场地外，还有以家庭为单位的场地。该场地一般选在密林中的大树下，或高山的垭口处，这源于"米森栖息于大树密林之中"的解释。山神在陶云逵的书中被称为"山灵"，祭拜仪

① 陶云逵：《碧罗雪山之栗粟族》，载《中央研究院历史语言研究所集刊》第17本，第397页。

式描述如下：

> 山灵(Mi-Sine)主宰山林、农产及路径。每一村中，有公祀山灵的地方。但无建筑或偶像，而是一棵大树。认这棵树为灵树(Mi-sinê 或 Mi-si-dü)，通常每年阴历四月中，约定一个日期(不卜择)，全村共请尼耙，举行祭祀。祭时用白纸旗四面插在树下，杀山羊一只，米饭四碗，茶四杯，盐四团。全村人男女均齐集树下。请巫师念"Mi-s"咒。此种祭祀名为"Li-bama-mispi"。此外，凡耕种、出猎、远行，必先去祭一下山灵，杀一个鸡，两杯酒。无公祭[①]时的隆重。如不祭则耕种收获不佳，出猎为兽所害，出行迷途，跌伤，陷阱。[②]

另外，陶云逵还引用西方探险家关于傈僳族山神的记载：

> 罗斯与克金白兰恩《中缅交界之栗粟》一文中述及其宗教：栗粟的宗教是个简单的鬼灵主义或拜鬼主义(Natworship)，向山谷之灵献祭，在树上悬着灵龛——与卡侵(Kachia)[③]的灵龛(Nat-altar)相似。[④]

1940 年代张正东对傈僳族祭山神仪式也有记录：

---

① 公祭，即前文所述的全村共同祭拜。

② 陶云逵：《碧罗雪山之栗粟族》，载《中央研究院历史语言研究所集刊》第 17 本，第 394—395 页。

③ 即缅甸克钦族。

④ 陶云逵：《碧罗雪山之栗粟族》，载《中央研究院历史语言研究所集刊》第 17 本，第 397 页。

山神:祭山神多合村联合举行。维西县叶枝乡(沿澜沧江)之傈僳祭时以肉五碗(猪羊或鸡之肉均可),饭五碗(米饭或其谷物所做之饭不拘),酒一瓶行之,仍由宗师主持祭礼,念经感谢山神之保佑并其各种恩惠,求以更多之动植物赐予祭者。①

上述民国前、中与后期中外学者对傈僳族山神的功能及其祭祀仪式的调查显示,尽管没有明确指出该仪式时间、空间已经固化,但这样"合村"举行,并有宗教师"尼帕"主持,也有了祭品的定制,显然是已经程序化的祭神仪式,因此其时间也应该是相对固化了的。这应为傈僳族在早期游猎、游耕与采集时代是大山之子,而在进入定居农业以后,大山仍然是傈僳族的衣食父母所使然。惯常的或时间固定的祭祀仪式的空间固化,说明傈僳人具有世俗空间与神圣空间二元对立又联系的认知。通过祭祀空间的固化,将此神圣空间与世俗空间在更多的时间段区隔开来。因为彼此有危险与安全的传统认知,所以只能在时间固化的祭祀仪式中打破二者间的边界区隔。

总之,傈僳族村民对惯常祭祀空间,也即神圣空间的认知与选择,不外乎是要小心翼翼保护家人安康。而其祭祀空间的固化,则应该与其定居农业的发展相关联。因为世俗性生产生活空间的固化,是神圣性祭祀空间固化的前提。至于选择高山、垭口,则仍然可以看出作为山地民族的傈僳族对于山的依赖与崇拜。正所谓在什么山上唱什么歌,在什么场域祭什么神。

---

① 张征东:《云南傈僳族及贡山福贡社会调查报告》,第47—48页。

此外，祭祀“斯撇尼”以及“哇密”的祭祀场地也都是固定的。每个区域会设置一个特定的地点用来祭“斯撇尼”，而“哇密”则会被供奉在火塘边粮柜上的神龛处。调查中还发现，部分仪式的祭祀场地是不固定的——虽然其大致的空间位置是既定的，但没有具体、固定的祭台。这些大都是没有既定祭祀时间的仪式。因此，傈僳族在祭祀仪式的时空选择上又有一定的变通性，既有时间固化而空间不固化的，也有空间固化而时间不固化的，还有时空都不固化等多种类型。

如祭家神，一般三年做一次，具体时间则依照主人家的方便程度以及时日好坏来定。此仪式在家中举行，但没有专门祭家神的祭台。“尼帕”的助手“布撒”来到主人家后，会依照主人家厨房的朝向，尽量选择靠山、向东的方向来搭建临时祭台。再如对“意兹剁”①“亚罕枯”②的祭祀，祭台是举行仪式前临时搭建的，与祭家神类似，大都选择靠山、靠江河源与向东的方向举行祭祀仪式，但也会因请来的“尼帕”不同，而在具体位置、方向选择上有所差异。再如“库及玛”仪式③，一般在家中火塘边举行，祭台靠近门口，“尼帕”念经时面向门外。而打口舌、“尼玛基嘛”④等仪式则没有祭台的要求，只需要在家中准备好祭品，念完经咒驱赶即可。究其根源，或许是这些仪式除了没有既定的时间外，因其逻

① 传统观念中，本命年及流年的人易生病、招致意外，所以会请尼帕做此仪式，意涵为“固魂”“祈福寿”，也称“亚罕枯”或“亚罕剁”。早年，人的一生只需要分别用鸡（鸡蛋）、猪、羊做三次这个仪式，现阶段多通过占卜的方式决定祭牲，而次数也不再限于三次。此仪式多在“阔时节”期间举行，做该仪式的家庭，会在仪式后宴请亲友。当天，做该仪式的人家会说自家当天过“阔时”。

② 直译为“请魂”“喊魂”仪式。广义的“亚罕枯”仪式包含“意兹剁”。狭义的“亚罕枯”仪式则主要指人在受到惊吓、经历病痛、灾祸后，因“魂不附体”而做的“喊魂”仪式。

③ 如“意兹剁”仪式的解释一般，传统观念中，逢本命年、流年时，人的魂魄会处于虚弱状态，亦会有诸多霉运缠身。这一年份、时间段被称为“库及”。为了避免这一不好的年份的影响，会在年份初始或在当年发生灾祸后做此仪式，以求祛除霉运。

④ 讨好、驱赶凶死鬼的仪式。

辑是将护佑于人的神灵、作祟于人的孤魂野鬼“请”来,随后再加以安抚或驱赶,所以不像有固定场地的仪式般,在受祭祀的神灵、鬼灵的“家门口”进行。因此,这类仪式充满了不确定性,但是大致空间是确定的,对其朝向等事宜的“讲究”也是存在的,即实际的物理场地是不确定、不明确的,但是意识空间边界是既定的。这类可谓“应急”性的祭祀仪式,多数是基于家人突发疾病或意外事故,认为是某种鬼灵作祟、向人们索要祭品而导致的。对此,村民不得不因时因地尽快举行仪式加以禳解。

可见,傈僳族村民对于处理突发疾病、灾难,自有一套文化逻辑,并呈现出在祭祀时间、空间上的场景性变化:疾病或灾祸——某类鬼灵导致——讨好之、驱赶之。因为这类祭祀仪式针对或要处理的是“突发性”实践,所以需要以“应急性”方式处理。那么,想要以固化的时间、空间举行祭祀仪式,显然是不可能的。因此,归根结底,上述祭祀模式还是由傈僳族对疾病与灾难的认知所决定的。换言之,是该区域傈僳族面对的频频发生的疾病、意外事故等压力,使得他们面对这些不可预知、随时随地皆可能发生的灾祸,总认为是某种神秘的超自然力量所导致的,所以需要及时性地加以祭祀,以求禳解。由此,在总体范围、方位基本确定的情况下,具体场域、空间却呈现出场景性变化。实际上,这一方面可能是傈僳族在游猎游耕经济时代祭祀空间不固化的遗留——当人们生产生活空间处于游动或半定居状态之时,其祭祀仪式空间自然不可能固化;另一方面则可能是因为在傈僳族村民的鬼灵观念中,这些作祟于人的鬼灵无处不在、无时不在,而且稍不高兴就有可能以作祟于人的方式索要祭品,因而要尽快加以祭祀禳解。这同样是傈僳族人鬼异类、各处一隅的空间观念使然,认为鬼灵不在其居所,而是越界到人们生存生活的空间来,或者说人们“冒犯”了其生存空间,彼此就发生空间交集而致人于疾病、灾祸。所以,需要在“方便”“合适”之地尽快做祭祀仪式，使其尽快归去、安处于其生存空间。

上面分析了祭祀仪式中“请”祭祀对象的程序的时空固化与非固化并存，下面所述主要是“送”祭祀对象程序的时间选择，也呈现出因事(祭祀，仪式)因时因地的变化。每个仪式结束后都需要对仪式上所用的物件进行处理，这仍然体现了宗教意义上的空间认知。但这主要适用于无固定祭祀场地的仪式。而有既定场地的祭祀仪式当中，对这一环节的“讲究”较少。据调查，仪式结束后的处理，表现为对被祭祀的山神、恶鬼的“送”与“标”。

所谓“送”，即将其送走、驱赶走。如“意兹剁”仪式结束后，需要将祭台上的松树送出，而且该松树在送出途中不能触地，最后须放到树上。这意味着将“山神”请来帮忙“固魂”，仪式结束再将山神送回其栖息地。“库及”仪式中需要将象征“库及”的绘有人像的木牌送走，一般会依照“索玛”①进行卜算，将它插到没有挡到主人家属、不影响主人家任何人的某一特定方向的路口上。在祭词中则将之一段一段地赶到了“依赤”，即澜沧江以下的江尾；“打口舌”仪式上刻绘有眼、嘴的核桃木叉亦如此，它代表口舌是非，由“尼帕”用青刺扫净、勾完家中的所有“口舌是非”后，再将之与核桃木叉一道插在靠近或面向河尾的路口的路下方，让它顺着江水走，让鸡的翅膀带着它飞走。这些仪式都是为了将“不好”的东西驱赶出去，或者将方才仪式上“帮了大忙”的神灵送出去，以确保家中安宁。而这些仪式多是出于傈僳族对于鬼(“尼”)与疾病、不顺之间存在内在关联的认知：

---

① 通过年份属相与问卜者的属相的关系，在一个十二方位上找出问卜者所处的位置，并进而推测对应的作祟鬼神的占卜方式。这一方式问卜询病因，对于一特定属相的人，在特定的年份，即特定的年龄，卜得的作祟鬼神是确定的。所以部分卜者，还会配上其余的占卜方式，以求卜得更“精确”的结果。

> 栗粟的“宗教”大部分可以说是向恶鬼讨饶，疾病都因为被恶鬼“咬”了。并不是所有的病都是起源于此，但如病时请巫师占卜，抽签(Sa-Sye-Sye)的结果，如确是被魔鬼咬着了，那么便要祭献牺牲，普通是一个鸡，有时一个猪，但从未像在卡箐族①中用牛或水牛——巫师念咒语，在场的人有一顿饭吃(并米酒)。巫师照例是不受酬的，只得一顿饭吃。……除了祖先(Ni bgh)及其他飘游无家的鬼灵以外，栗粟尚有其他的神灵，范围广泛的如Mukwani(天神)、misi(山神，如马、牛、羊等有病，或失去，或被野兽所食，须向他求饶)及其他。②
>
> (栗粟)除上述几种较大的灵以外，尚有：(一)饿灵(Sh-nê)，他祟人馋致死。(二)冤灵(Sh-cha-nê)能祟人生病。(三)无头灵(Tzü-wanê)，能祟人生祸。凡人生病或有灾，便请“尼耙”来占卜是何种灵作祟。如占为饿灵，以鸡禳之；占为冤灵，以猪禳之；占为无头鬼，以牛禳之。③

在傈僳族村民看来，恶鬼、孤魂野鬼对人的作祟是没有规律的，所以需要随时随地用一种人鬼互惠的方式禳解疾病与灾难。④ 当祭祀、

① 即克钦族的同音异写。

② 陶云逵：《碧罗雪山之栗粟族》，载《中央研究院历史语言研究所集刊》第17本，第398页。

③ 陶云逵：《碧罗雪山之栗粟族》，载《中央研究院历史语言研究所集刊》第17本，第395页。

④ 王铭铭：《社会人类学与中国研究》，北京：生活·读书·新知三联书店，1997年，第143页；马凌诺斯基：《西太平洋的航海者》，梁永佳、李绍明译，北京：华夏出版社，2002年，第154—163页；爱德华·泰勒：《原始文化：神话、哲学、宗教、语言、艺术和习俗发展之研究》，第714页。

贿赂、讨好，乃至威吓、驱赶程序结束[①]，便进入最后的“标”阶段。

所谓“标”，则主要体现在祭家神仪式中。该仪式耗时一天半，第一天祭祀结束后，需要在靠山一侧的中柱上插入“尼帕”念经文时所用的树枝，而祭台上的树叶则全都拿到一棵既定的树上放置（先前祭台上插着的树枝需要放在树上，仅是铺在祭台上的树枝则只需要插在树下）。第二天早上，“尼帕”会再次念经，“告诉家神这个主人家的位置，它住的位置”[②]，再插上树枝加以“标明”。除此以外，打口舌仪式也有“标”的举措：“尼帕”在念完经杀鸡时，会在厨房及牛圈的门楣和门框上贴上鸡毛，用于标记。此举除了标记外，还有“阻挡口舌是非”的含义。

图 2-11　打口舌仪式期间在门框、门楣上留下鸡毛

这些仪式后的举措都是依照该仪式的行动逻辑，即宗教文化空间

---

① 维克多·特纳：《仪式过程：结构与反结构》，黄剑波译，北京：中国人民大学出版社，2006 年。

② 2019 年 10 月 5 日，笔者在同乐其宅对村民 G 的访谈。

的位移开展：将神灵送回去，给相关的护佑家庭的神灵标明家的位置；将鬼灵驱赶出去，并做出标记加以阻挡，以防鬼灵回头及那些没有被喊（请）到的鬼灵前来侵扰、作祟。

总之，在傈僳族看来，在一般的时间，人与超自然力量中的祖灵、鬼灵存在关联——它们皆是人死后的亡魂，只不过有的因正常死亡，且得到丧葬仪式、念《指路经》而到了祖先所在地，列入祖灵行列、空间，于是成为护佑于人的祖灵。尽管为其构建了与家人同在时的栖息地，它们大部分时间仍是安于祖灵地。因此，只要在年节固化时空里祭拜好后，它们就将回到祖灵地，并在与生者的空间区隔中保佑其后人的安康、顺利。但另一类意外死亡者，其死魂是不能到达祖灵地的，而是成为孤魂野鬼，也就可能与生者产生更多的时空交集，致人生病与意外事故。对这一类死者，不仅要在年节固化时间里加以祭祀，还有一定空间区域性的“泼水饭”祭祀，平时也会举行场景性、“应急性”的祭祀仪式，为的是将其送回应在的空间、世界，不致超越其空间边界而到生者空间作祟。可见，诸多祭祀仪式结束后的“送”与“标”，很明确地体现了傈僳族人鬼殊域的空间观念。以“送”使其回其居处地，以“标”标明人鬼（包括祖先神灵、山神、口舌鬼等等）异域殊途。实际上，这些仪式及其仪式结束后的“送”与“标”，其目的在于强化人鬼的空间边界区隔，以保证生者的安全。进而言之，这说明傈僳族生产力水平尚低下、对自然与社会的认知有限，且缺医少药，不得不以这种人与自然和社会压力化身的超自然力量的空间边界区隔，求得生存的安康、顺利。因此，宗教的根源不在超自然力量所在“空间”，而是在现实社会。以祭祖仪式时空固化为例，就可以看得更清楚。

大年三十做好年夜饭后，在吃团圆饭前，同乐大寨村民会在两个碗里各放上点新煮的米饭，再加入点和年夜饭一起煮的菜和肉，倒上一杯茶水和一杯酒，准备献祭祖灵。这是傈僳语的“尼咋”，即“鬼饭”“水饭”。随后，村民需将其中一碗泼在厨房门口；另一碗则泼在房屋前，离厨房稍远的地方。这个过程即为给祖灵施食，不同的地点彰显了祖灵的不同类别，或者是生者对其不同态度而产生的地位差别。在厨房门口泼水饭，是为了供奉家中寿终正寝的逝者，即正常死亡，并且“享受”了“尼帕”念《指路经》仪式的祖先（灵魂）；而在稍远的地方泼水饭，则是在给家中非正常死亡的老人和游荡在外、没人祭拜的孤魂野鬼喂饭。以往，这个给祖先“喂饭”的环节较受重视，需要请“尼帕”来念经。届时在厨房外摆一块房头板[①]，撒上些青松针，随后依次摆上水、酒、茶、饭、菜与肉，还有一根从火塘里抽出来的冒着烟的柴。“尼帕”用手拄着一根拐杖，边念经边依次倒掉房头板上的供品，最后把冒着烟的柴火丢出门外。意思是肉、饭、菜、酒、茶、水，生者皆在“阔时”节这个固化时空里与祖灵共享，是一年里人神亲近、共娱的特殊时空。可见在村民心里，生者与死者（灵魂）之间是有时空边界的，因而只能在特殊时空里相交集。

但随着“尼帕”的减少和村民居住地的分散，这一仪式中“尼帕”角色及其主持的仪式便逐渐淡出了村民视野：

> 我们小的时候，过清明的不是很多，过“阔时”的时候，家里如果不是很顺，有点不好，就会给去世了的老人家泼“水饭”。一般会垫一张房头板，撒上一些青松针，摆一碗水、一碗茶、一碗饭，给过世了的老人家喂饭了嘛。就在房前摆，然后

---

① 即由圆木劈成的木板，同乐一带的傈僳族传统民居木楞房的屋顶一般盖木板为瓦。史书中称此举为“覆板为瓦”“覆以板，压以石”。村民称之为“房头板”，部分研究成果称其为“滑板”“闪片”。

呢就把这些(祭品)都倒掉。家里不顺的时候会这样做的。"西刮搓木迭，咋爪撵浑吕一基"(家里的祖辈，也是需要供、献饭祭祀的)，是这么说的。

过年("阔时")的时候呢，在屋外喂(水)饭的呢，是那些在外头死了的，没有接到气的[1]那些，被人打死的，在外病死的，也就是凶死了，那么一般就在房前喂(水)饭了。在家门口(厨房门口)喂饭的那些呢，是在家里(正常)死了的那些了。[2]

可见，同乐村民对于何时、何地祭拜祖灵，又在何时何地将祖灵分类，并给以不同的待遇(仪式)，是有一套约定俗成的规制的。需要留意的是，早先在"阔时"期间给祖先供饭并不是一个定举，村民一般在家中不顺的时候才供奉。隔壁的白值洛村和姑腊村里，每家大门外的墙壁上会有一块木板搭在两根横钉入墙壁的木棍上，木板上一般会撒着些青松针，松针上则是几个碗和盅子，这便是逢年过节给家中的祖先摆饭的地方。但在同乐大寨则没有这样的小平台。这种村寨间"阔时"祭祖的差异性，说明其祖先崇拜仪式时间、空间也并非完全固化。而且，无论是祭拜祖先神还是祖先鬼，都有明显的功利性，因而在一些村寨或家户，村民遇到"不顺"之时才对祖灵给予特别的重视。这就透视出傈僳族将生产生活中的"不顺"与祖灵分类勾连起来，进而采用时间、空间既交集又区隔的方式加以祭拜。因为对于所谓的"孤魂野鬼"，除了"阔时"中空间边缘化的祭拜之外，还有一年四季其他时间里碰到"不顺"时的场景性祭拜仪式。

---

① 即凶死、非正常死亡，没有放"口银"。

② 2019年4月12日，笔者在同乐其宅对村民C的访谈。

在白值洛村，年三十给祖先泼水饭，意为把祖先接回来。随后在初一早上，人们再次给祖先泼水饭，即将祖先送走：

三十晚上就相当于喊（请、接）起来喂（水）饭，然后初一就送（祖先）了嘛，相当于（这个意思）。但是送呢，就不是用柜子头上的那些（供奉）的来送的，是（现）煮着的那些来送的。反正煮着的那些是要全部掺在一起的，什么都要放一点。我们白值洛呢，初一早上送的时候就会丢一根冒着烟的从火塘里抽出来的柴了，三十是不兴丢的。这些丢了就相当于（赶出）去了的意思了。我们喊（接祖）的时候，是不能丢烧着的柴的。初一早上呢，先喂饭了嘛，然后丢个柴头，我们才吃饭的。

请（祖）呢，就是三十晚上，那天晚上煮着的所有东西，都一点一点地放着，然后去门外喂“鬼饭”，然后就请（祖先）了嘛。但是那个时候是不兴丢柴火这些的。初一呢，就需要喂新煮的那些了，然后丢柴火送掉。①

当地一些村民还提到“阔时”节的十六天②，每顿饭前都要泼“水饭”，但当下村民一般只在大年三十吃年夜饭前泼“水饭”，且也不一定分两个地方泼洒。如 2019 年的“阔时”，村民 A 家在吃年夜饭前，由其母亲去泼“水饭”。老人家选择了在离主屋较远的地方泼“水饭”，她用一双筷子将碗里的“水饭”扒出来，在地上倒了两小摊，并用傈僳语念诵道：

---

① 2019 年 4 月 7 日晚，笔者在同乐村民 A 宅，对村民 A 及白值洛村民 A、B 的访谈。

② 即大年三十到正月十五，共计 16 天。

图 2-12 姑腊村村民家门口墙壁上用于给祖先供饭的小平台

我家里头啊，
今天大年三十。
这是给来讨饭吃的你们的。
不要惦记我家，
不要记挂我家，
吃了这个就走吧！
愿我家六畜兴旺，
家人安康。
现在给你们年夜饭了，
给我家老祖宗年夜饭了。
吃了这些后，
你们各自走吧！
不要来我家里捣乱，
不要给我家带来灾祸。
家里的安康是你们带来的，

我们做儿女的懂的比你们少。①

可见，当下一些傈僳族村民给“孤魂野鬼”泼水饭，时间减少了，空间合并了。还有部分村民在过节时，已经完全省略了泼水饭这一过程：

洒鬼饭呢，人要吃之前就可以洒了。大部分呢是在门上边有喂鬼（饭）的，我们家倒是没有搞着，我们只需要洒（“鬼饭”）。现在搬下来以后连“鬼饭”都不洒了，在上边（村寨）的时候倒是洒的。门前喂的（鬼）呢，是以前不在（死）掉的那些老人家喊（请）回来喂（“鬼饭”）的（意思），过年的时候呢就喊回来喂。（现在）我们是不搞了，（新村）这里是不搞了，要解放（放弃）掉了。我家倒是不洒（“鬼饭”）了，有些呢会在门前喂，那是家里死去的那些（祖先）。我们家倒是不喂了，洒也不洒了。我家底下那家还在搞的，就是门口那里喂着了，然后还洒出去一大碗。②

调查发现，当下的泼（水、鬼）饭祭祖仪式程序越来越简化，甚至有的已经不再搞了，也就意味着傈僳族村民的祖先崇拜在一定程度上出现淡化趋势。这当与社会发展过程中科学观念普及、医疗条件改善、村民的宗教观念淡化有关。

调查还发现，无论是过去还是现在，泼“水饭”或者在小平台上摆饭时，村民并不会提到相关祖先的名称，所以此处的祖先应是这一家庭的

① 2019年2月4日笔者搜集，同乐村民和自光、余正华翻译。

② 2019年4月23日，笔者在同乐其宅对村民F的访谈。

祖先的统称，并没有特指某代或某几代祖先。村民认为，正常死亡的祖先会护佑生者，而非正常死亡的祖先（自己的祖先或别人的祖先）会侵扰生者，所以虽然两者都会在固定的节日时空里受到生者的施食，但其施食空间却有所区分。即正常死亡的祖先可以更加靠近以前生活过的家（火塘所在主房），而孤魂野鬼却要在相对更远的地方受领"水饭"。另外，一些村民还会在食物中通过加火炭与不加火炭来区分非正常死亡的祖先和正常死亡的祖先。所以，他们对凶死者的祖灵是一种不得不祭拜，同时又努力保持一定空间距离的态度。区分施食位置，一是为了祭拜正常死亡的祖先与同为祖先但非正常死亡而成凶死鬼的逝者，二则是为了维持灵界的界限，即"不让凶死鬼抢正常死亡的祖先的饭"。最终目的是"讨好"祖先神与祖先鬼，以防生者受到干扰、作祟。

1950 年代之前，年节中供奉祖先大都在不顺时举行；而今虽然仪式的主持者"尼帕"数量减少，村民大多不再完全按照传统做此仪式，但是很多村民都会在大年三十"泼水饭"供奉祖先。这一仪式虽然没有特定的神龛或牌位，但是"供奉"的空间大抵是确定的，也就是在主房（以前是火塘）外，并对正常死亡与凶死者做出一定的空间区隔与功能区分。从时间的角度看，依照物候确定时日的年代结束后，尤其是汉族成文历法逐渐流入傈僳民间后，村民供奉祖先的时间被固定了下来。

对于祖先崇拜，傈僳族年节中的供奉大都是对一种"虚拟存在"的祭拜，并没有物化的标识或象征物。此外还有赴坟地进行的供奉，如同汉地的"扫墓"。在傈僳族先民游猎、游耕与采集的时代，因为"迁徙无常"①，赴祖先坟地祭拜是一件难以实现的事，因而其祖先崇拜以远祖崇拜与近祖崇拜比较突出，三代以上的中祖崇拜较少。换言之，赴坟地

① 傅恒等编著：《皇清职贡图》，沈阳：辽沈书社，1991 年，第 842 页。

祭拜的习俗,是傈僳族先民从事半定居、定居农业以后出现的。乾隆年间余庆远对维西傈僳族葬俗的记录是:丧则弃尸。[①]说明当时人死之后,尸体就被抛弃了,或者草草掩埋了之。因此,修坟埋葬并赴坟地供奉祖先的习俗是在傈僳族从事定居农业之后才开始出现的。

在同乐大寨,1950年代以前的坟地大都没有"坟头",所以在完成下葬程序、送三天水后,村民们大都任坟地隐没在荒草之中,只有那些有财力的人家才会在葬后赴坟地举行三次仪式,并在最后一次被称为"吕西措"的仪式结束之后对其置之不理,或砌上"坟头"不再打理。也就是说,游猎、游耕与采集时代,在坟地祭祀是难以实现的,因为人们难以重新迁徙回祖居地及其附近的坟地进行祭拜。而且,在从事定居、半定居农业以后,傈僳族村民也会视家庭经济情况举行几次并没有时间限制的仪式。所以,早年虽然会在卜病因、占事由之后,选择"撬坟"来禳解疾病和霉运,但当"作祟"的逝者死亡已久,对其进行祭拜便很难。这也是很多卜卦结果中作祟的亡魂与生者之间不超三代的缘由。随着社会的变迁,早年在一定程度上代表后人家底殷实的"坟头"开始变得常见,逝者去世之后消耗甚大的"吕西措"等仪式也逐渐被清明节的扫墓祭拜所代替。村民除了在与农历春节共时的"阔时"节期间在家中祭祀祖先之外,清明节期间赴坟地祭拜也变成了一种常态。于是,祭祖仪式的空间也从虚拟转向实地。

从生者的角度看,祖先离自己很遥远,无法感知。村民认为,在另一个世界不受"看守者"管控的年节——逝者生前举家欢聚的固定时间节点里,祖先会回到家中,此时生者通过施食与祖先有了"近距离接触"。但从逝者的角度看,其与生者的接触并非生者视角下的"长时间

① 余庆远:《维西见闻纪》,载方国瑜主编:《云南史料丛刊》第12卷,第65页。

的远与短时间的近”——以年节为节点的近与非年节的远,而是无所谓远近的“交融”状态,这主要体现在村民对亡魂作祟的“讲究”(认知与禁忌)中。非正常死亡的祖先(包括家中的祖先或别人家非正常死亡的祖先)会对生者进行“义务性”的侵扰,使得生者不顺、招致病患;而正常死亡的祖先也会给生者带来干扰,而且不受时间节点的限制。虽然在处理此类干扰后的祭祀仪式上,生者与祖先又有了“近距离”的接触,但其前提是在祖先眼中,或说在村民默认的状态中,生者与死者之间没有绝对的区隔,祖先如烟雾般萦绕在生者周围,时时刻刻作用于人类。这很显然是科学不发达,而且缺医少药的时代对于生产生活中频发的“不顺”,特别是灾祸、疾病、意外死亡等问题的貌似合理的解释,也为村民应对这些“不顺”提供了情感的宣泄口。[①]

二、年月日属相与祭祀对象的对应关系认知与仪式实践

属相,又叫生肖,是内地汉族与受汉文化影响较大的一些少数民族用十二地支(子、丑、寅、卯、辰、巳、午、未、申、酉、戌、亥)与十二种动物(鼠、牛、虎、兔、龙、蛇、马、羊、猴、鸡、狗、猪)相配合来记录出生年份。属相的一轮周期为十二年。在碧罗雪山一带傈僳族中,不仅用属相纪年,还用属相纪月、纪日,并将其与佑人之神、祟人之鬼对应起来,以诸多仪式消灾避难,增福益寿。

首先从年份属相与祭祀对象的对应关系认知与仪式实践来看,当

---

① 爱德华·泰勒:《原始文化:神话、哲学、宗教、语言、艺术和习俗发展之研究》,第513—514页。

下同乐大寨内可见的以个人或家庭为单位的仪式中，有许多是以治疗为目的的仪式，即认为它们与村民的病患有直接关系。村民在有变故或病痛时，会先请“尼帕”卜算是受到了什么鬼灵的侵扰，然后“尼帕”便会采取一系列卜算手段来卜算。在同乐大寨，常见的卜算作祟鬼灵的方式有鸡蛋卜、梦兆、倒谷子、玉米籽占卜等。而陶云逵在调查资料中提到傈僳族的占卜方式多达八种：竹签卦、割枝卦、石头卦、环珓卜、羊骨卜、围腰卦、衣襟卦、头巾卦。[①]这说明傈僳族是善于卜卦的民族，在这方面有丰富的知识、经验积累。但调查发现，这些卜算手段大都有一定的随机性，如鸡蛋卜，村民认为只要是受到了某一种鬼灵的侵扰，则卦象与占卜的时间、鸡蛋的种类是没有关系的。该法即取病人家中的一枚鸡蛋，该鸡蛋有时需要病人哈气或用其擦拭身体。“尼帕”在念咒后将鸡蛋打在一碗清水中，依照蛋清、蛋黄、气泡等的表象来卜算是什么鬼灵作祟。“倒谷子”则是“尼帕”将一些谷粒倒入一碗水中，依照谷粒的浮沉现象来卜算。梦卜，是依照病人所做的梦来卜算其受到了什么鬼的侵害。

但“用玉米籽卜算”是一种规程式的算法，认为疾病、灾祸、作祟鬼灵与病人的生肖及生病的年份有直接联系。傈僳语称之为“索玛”，因卜算时“尼帕”大都用玉米籽，所以村民多称之为“用玉米籽算”，而部分“尼帕”则将之称为“用十二角形来算”。这种依靠十二生肖、十二方向进行卜算的方法，被村民认为比较准确。按此方法卜算时，尼帕先拿十四颗玉米籽，摆出十二个方位，即大致的一个圆，其中靠近“尼帕”的一端及所对的另一端皆用两颗玉米籽标记。随后再依照被卜算者的年龄

---

① 陶云逵：《碧罗雪山之栗粟族》，载《中央研究院历史语言研究所集刊》第 17 本，第 395—396 页。

卜算出其所在的方位，放一颗玉米籽标记好后，该方位所对的另一方所代表的鬼灵即为作祟的鬼灵。此外，村民还会提到“用八角形算”。此算法形似八卦，新乐的尼帕哇忍波的卜书中介绍的即为此法。但在同乐大寨尼帕的讲解中，“十二角形”的算法是大寨傈僳族的传统算法，“八角形”则不是，而前者更准确。

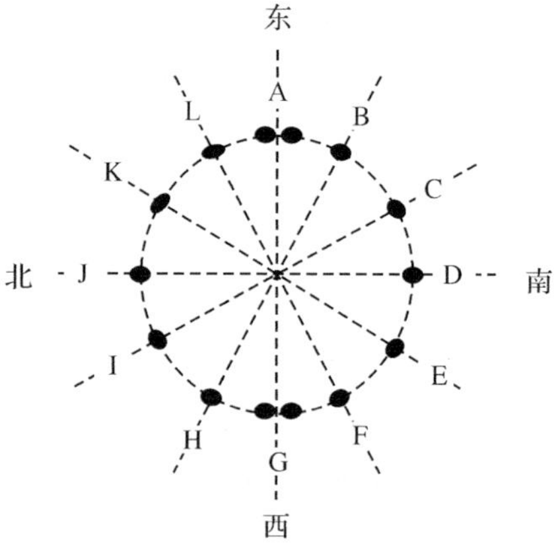

图 2-13　“用玉米籽算”示意图

如上图所示，黑点表示放着的玉米籽。具体做法是，“尼帕”在离自己最近的一方及所对着的最远的一方各放上两颗，即 A 与 G；再在这 4 颗玉米籽两侧分别放上 5 颗玉米籽，就围成了一个圆。随后，“尼帕”依据被测算者的年龄（虚岁）或今年的属相与被测算者的属相，从 A 点开始卜算。被测算者为男子，则从尼帕的左手边开始（即顺时针）；女子则相反。每个位置表示一年，A 点表示被测算者的属相或 1 岁，如此顺时针或逆时针推演，算到当年的属相或是被测算者的年龄的点，即为被测算者当年所在的位置。而该位置所对的另一个点，代表的鬼灵则为病痛、事故的始作俑者。比如被测算者为属猴的男子，2019 年（猪年）虚岁 40，则被测算时从 A 点出发，A 点代表了 1、13、25、37 岁；2019 年时他所处的方位为D,D所对的J所代表的鬼灵则为作祟者。因为此卜算法中有十二方,又恰好与十二生肖相对应,所以用生肖进行卜算也可以。如上述例子中的属猴男子在猪年测算病因,则A代表其属相猴,B为鸡,C为狗,D为猪,即卜算时年份的生肖,两者卜算出来的结果是一致的。以属鼠的男子、女子为例,可将不同年份的卜算结果列表如下:

表2-7　男子(属鼠)逐年卜算结果一览表①

当年生肖	年龄②(虚岁)	所处方位(图)	所对方位(图)	作祟鬼灵③
鼠	1	A	G	库及
牛	2	B	H	无
虎	3	C	I	嘉古尼(亦窘尼)
兔	4	D	J	萨嘎尼
龙	5	E	K	米森(萨迪刮尼)
蛇	6	F	L	西刮尼
马	7	G	A	水
羊	8	H	B	斯撇尼(阿伟斯撇)
猴	9	I	C	斯撇尼(阿尺斯撇)
鸡	10	J	D	萨嘎尼
狗	11	K	E	嘉古尼(亦窘尼)
猪	12	L	F	无

① 依据2019年8月2日,笔者在同乐其宅对村民G的访谈整理。

② 年龄可依此类推,如1岁时的对应结果与13、25、37、49、61、73、85岁时的结果一致,女子亦然。

③ 不同"尼帕"的解释会稍有不同,且会依照需要追加仪式,以增强卜卦的"准确性"。

表 2-8 女子(属鼠)逐年卜算结果一览表①

当年生肖	年龄(虚岁)	所处方位(图)	所对方位(图)	作祟鬼灵
鼠	1	A	G	无
牛	2	L	F	无
虎	3	K	E	嘉古尼(亦窘尼)
兔	4	J	D	萨嘎尼
龙	5	I	C	斯撇尼(斯撇阿尺)
蛇	6	H	B	斯撇尼(斯撇阿伟)
马	7	G	A	库及
羊	8	F	L	西刮尼
猴	9	E	K	米森(萨迪刮尼)
鸡	10	D	J	萨嘎尼
狗	11	C	I	嘉古尼(亦窘尼)
猪	12	B	H	无

由上列两表可知,男女之间除了在 A、G 处的解释存在差异外,其余各方位的解释都是一致的。如此,在特定的年份里,作祟的鬼灵是固定的,需要做的仪式也是固定的,但有大小区分。如村民 P 在 2019 年腰椎有问题,干不了重活,卜算的结果为"斯撇尼(阿尺斯撇)"作祟,于是先做了一个小型的祭"斯撇尼"的仪式,但好转不明显,便在几天后又做了一次稍大型的祭"斯撇尼"的仪式。当被卜算者当年处于 B、L 位时,即男子虚岁为 2(14、26……依此类推)、12(24、36……依此类推),女子虚岁为 2(14、26……依此类推)、7(19、31……依此类推)、12(24、

① 依据 2019 年 8 月 2 日,笔者在同乐其宅对村民 G 的访谈整理。

36……依此类推）时，病痛皆不是鬼灵所导致的，此时便只需求医问药，而不用做仪式：

> 男的有两个方位是没有这些鬼灵侵扰的，女的呢有三个方位是没有鬼灵影响的。如果恰好对到了那些方位，但是又生病了，那么就是说“去打针去吧”的意思了。[①]

除了卜算作祟鬼灵外，此方法还被用于卜算送鬼的方位。如“库及玛”仪式上需要用此方法卜算出所有家庭成员所处的各个方位，再看需要将“库及”送往什么方位，即需要将木牌插到何处，该方位不能影响到家人所处的方位。所以在这种卜算方法中，除了年份外，还有方向：与“尼帕”最近的一侧为东方，其所对的一方则为西方，所以男子当年处于该处时，即为“库及”，大致含义为本命年。因其面向了西方，被测算者会有生命危险。一旦东西方确定以后，便有了北方和南方，故而可以依照家人所处的方位来卜算应将鬼送往哪一方。但因为师承和个人记忆等的不同，外加考虑的因素的多少，不同的“尼帕”所算出来的结果也可能有一定的差异。

以“尼帕”卜算年份对于男性、女性安康的关联性，表明以前的傈僳族常受疾病的折磨，加之缺医少药，又缺乏科学知识，因而将疾病归因于鬼灵——超自然力量作祟。而人口的再生产与安康长寿是保证氏族得以延续的前提，故以卜算年份与方位是否“相冲”来避开所“冲”，或待出现病痛后卜算何种鬼灵作祟，并举行祭祀此鬼灵的仪式，用以驱鬼、“治病”与求安康。

---

① 2019年8月2日，笔者在同乐其宅在对村民G的访谈，余正华翻译。

而从月份属相与祭祀对象的对应关系认知与仪式实践来看，月份与祭祀仪式的对应关系，主要体现在祀神仪式中，如祭家神、祭山神等。祭家神（“西刮普拉剁”）是当下同乐大寨以家庭为单位进行的最大的宗教仪式，村民大都选择在双数月举行该仪式。单数月（正月除外）是不能举行该仪式的，而腊月因为处于年尾，也不能举行仪式。所以，能举行祭家神仪式的月份便有六个月：一月（正月）、二月、四月、六月、八月、十月。而如“意兹剁”（祈福寿、喊魂）、“米森咕”（祭山神）等仪式大都在正月里举行。除了该时间段处于农闲以外，作为一年之初，为新的一年祈福、祀神是一个再好不过的选择了。相应地，丧葬的后续仪式则在冬月或腊月的农闲期间举行。

就祭家神而言，同乐大寨的村民大都选择正月或六、八月份举行，即“阔时”期间和火把节前后，且以后者居多。选择在火把节前后祭家神，一来是因为祭家神时所插的树枝在日后是否被虫蛀，是家里是否会有祸事发生的征兆，而在火把节前后即夏秋之间举行该仪式，可以人为地提前选择没有蛀虫的树枝，以避免这一征兆的“出现”。二来则是因为六、八月份处于年中，且马上要进入秋收环节，所以村民通过此仪式祈祷庄稼不被鼠鸟糟蹋。而此时间段也是大寨放牧在高山牧场的牛“下场”的时节，农历四月插完秧、薅完玉米后赶上高山牧场的牛，将在这一时间段被赶回家中，但是山高路远，几个乡、村的牧场都是相连的，所以难免需要耗费好些时日来找牛，村民便通过这个仪式来祈求家神护佑庄稼颗粒归仓，也保佑野放的牛能够全部下场归家。由此也可以看出，村民对于种植业与养殖业，特别是养殖业中的大宗的牛的重视。对于傈僳族村民而言，特别是在民国时期，牛既是家庭财富的象征，同时是最高规格的祭品婚嫁聘礼，也可以产出数量可观的农家肥，还可以用于犁地。因此，这个祭家神仪式就越来越受到进入定居农业经济的傈僳族村民的重视。

最后是日子属相与祭拜对象的对应关系认知与仪式实践。在碧罗雪山一带傈僳族看来，因为日子也有对应的属相，所以除了祈福、祀神的仪式外，疾病"治疗"仪式的举行大都不需要挑选年份和月份，而只须选出适宜的日子即可；而上文所述的诸多仪式，在确定了年份和月份以后，还需继续选择日子。因此，"合适"日子的选择禁忌繁多。民国时期地方史志就说：

> 邑之汉人，事理通达，少禁忌，不过多说吉祥话而已。不似土人禁忌之多，如：甲不开仓，丁不剃头，亥不宰猪，未不宰羊，丙不作炉，疾病忌人，生育忌人，乙不栽种，巳不破券，庚不经终，辛不合酱，壬不决水，癸不词讼，子不问卜，丑不冠带，寅不祭祀，卯不序井，辰不泣哭，已不远行，壬不占盖，未不服药，戊不受田。①

此处"土人"当然也包括傈僳族，甚至是以傈僳族为主，因为傈僳族至今仍是维西的主体民族。这说明民国时期傈僳族选择日子的"讲究"颇多。在哇忍波创制的傈僳族音节文字书写的《占卜书》中，对相关日期的禁忌也有诸多记载：

---

① 《民国维西县志》，《中国地方志集成·云南府县志辑 83》，第 303—304 页。

表 2-9 日期及相关禁忌一览表①

日期	禁忌	日期	禁忌	日期	禁忌
初一	不杀牲、不放血; 若出现暴动则要精心供奉家里的神,以防病魔缠身	十一	——	二十一	别开挖宅基地,别在火塘上架三脚
初二	出现暴动算好,但不能雪地里去	十二	——	二十二	日出时别喝冷水
初三	——	十三	别开挖宅基地,别在火塘上架三脚	二十三	喝的水塘边别洗脏衣服
初四	——	十四	日出时别喝冷水	二十四	别杀牛、送财物
初五	别撒养; 日出时别喝冷水; 别砍树,别带白石白树进家门; 别开挖宅基地,别在火塘上架三脚	十五	别杀牲、别放血; 喝的水塘边别洗脏衣服	二十五	别砍树,别带白石白树进家门
初六	——	十六	别杀牛、送财物	二十六	——
初七	喝的水塘边别洗脏衣服	十七	别砍树,别带白石白树进家门	二十七	——
初八	别杀牛、送财物	十八	——	二十八	——

① 依照翻译版整理,部分内容因含义不明而有删减。其原文据木玉璋考证,系哇忍波记录、其徒弟光那巴抄写的版本。参见汉刚、汉维杰译注:《傈僳族音节文字古籍文献译注(下册)》,第 179—190 页。

续　表

日期	禁忌	日期	禁忌	日期	禁忌
初九	别撒麦； 别砍树，别带白石白树进家门	十九	——	二十九	——
初十	——	二十	——	三十	——

表 2-10　当日属相及相关禁忌一览表①

当日属相	禁忌	当日属相	禁忌
鼠	——	马	不能出售家畜
牛	——	羊	——
虎	家畜可以送人	猴	不宜砍伐树木
兔	不宜将鸡送官人	鸡	——
龙	——	狗	——
蛇	——	猪	——

与日期及当日属相有关的禁忌在同乐大寨也比较普遍，如杀猪、收割、粮食入仓、建房、开耕、挖地基等诸多事项，以往都需要提前算好日子，挑选吉日进行。宗教仪式也需要挑选日子，如打口舌仪式最好在属狗、属虎的日子做，因为狗和虎都是吃血的动物，认为这样仪式的效果会比较好：

退口舌还是有时间要求的，一般是选属狗和属虎的这两

① 依照翻译版整理，部分内容因含义不明而有删减。其原文据木玉璋考证，系哇忍波记录、其徒弟光那巴抄写。参见汉刚、汉维杰译注：《倮倮族音节文字古籍文献译注(下册)》，第 179—190 页。

天，因为虎和狗都是吃血吸血的了，所以一般就在这两天里整。季节就没有了，什么季节里需要做都是要做的。[①]

一般情况下，其余的祈福性的祀神仪式，或是家里建房、挖地基等，大多会选择在马日和猪日进行，但是若要用猪做祭牲，则会避开猪日。如祭家神仪式因为要杀猪而不选猪日，一般选在双数月的属牛、龙、马、羊的日子里进行。部分仪式还需要规避家人的生肖，如“库及玛”仪式需要避开家里所有人的生肖。

对于一切世俗性与神圣性活动（仪式），傈僳族不仅注意选择“合适”的年份、月份，还细化到日子。说明在原生宗教盛行的时代，傈僳族年年、月月、日日受到他们心目中的超自然力量的影响，既会被正面保佑赐福，也会被作祟降灾生病，因而他们不得不选择“合适”的年份、月份与日子开展各种世俗性与神圣性的活动（仪式）。对时间的卜算中，这种细化到日子、赋予其相应属相及丰富内涵的现象在傈僳族社会中既普遍又隐秘，因此，这些现象未被来自内地的陶云逵关注到，也是可以理解的。

三、仪式时间国家化的社会文化土壤

上文说的傈僳族祭祀仪式空间，在纵向时间上，具有伴随傈僳族从游猎游耕时代到定居农业时代的时间、空间固化趋势；从空间上看，则有依据鬼（“尼”）的不同类型而分门别类的仪式空间选择，即同一时段，

---

① 2019年5月2日，笔者在同乐其宅对村民G的访谈，和自光翻译。

或同一地理空间内，有对护佑于人的祖灵与作祟于人的孤魂野鬼加以空间区隔、时间固化与场景性祭祀的不同行为。这是由其社会变迁所导致的。而此社会变迁，则与外界或周围异族的关系有关，特别是与长期同处一隅的纳西族以及清代雍正以后越来越多迁居于此的汉族有关。纳西族因其所处重要区位，受到了元明清三代中央王朝的重视，并作为“西北藩篱”屡屡发挥阻止吐蕃南下的作用，因而在同区域民族中，它与中央王朝的关系更近。纳西族通过服从征调、朝贡与学习汉文化，多方面“攀附”中央王朝，接受汉文化相对于该区域其他民族较早，也更广泛。明代谢肇淛《滇略》就说：

丽江、广南、广西、永宁，纯乎夷矣，而以向慕华风，敬礼儒释……①

方国瑜先生也曾说：

自唐初，麼些民族介于吐蕃、南诏之间，其势力消长，互相攘夺，则其文化之冲突与融和，亦可想像得知，今日麼些之文化，受西川传入汉文化之影响甚大，而南诏、吐蕃之文化亦当有影响，又麼些之文化输至吐蕃者亦有之。（如食品、礼节，多习自麼些也。）任乃强《西康图经·民俗篇》，述开辟滇康间文化之三大动力，以丽江木氏图强，经略附近民族，为第一动力，洵非诬也。②

---

① 谢肇淛：《滇略》，载方国瑜主编：《云南史料丛刊》第6卷，第700页。

② 方国瑜：《麼些民族考》，《民族学研究集刊》，1944年第4期，第79—109页。

纳西族作为历史上在滇西北具有极大影响力的民族之一，与汉文化发生接触较早，如明清时期的木氏土司的汉文功底均极深。出于族群生存的需要，木氏土司在朝不虑夕的朝代更迭中审时度势，并为滇西北地区的稳定贡献了一定的力量。在这个过程中，对汉文化的接触、吸收是无法避免的。至雍正年间改土归流之后，丽江便成了汉文化向滇西北腹地传播的窗口。而除了实边、分散的汉族移民以外，纳西族在这个文化传播过程中也发挥了较大的作用，在维西一带的傈僳族社会中尤为明显。

上文中提到，在长期的杂居与交流之中，傈僳族对纳西族文化有一定的吸收与借鉴。张正东于20世纪40年代进行的调查也关注到这一点，并提到：

> 本族（傈僳）最爱吸收么些（"麽些"）族之文化，仿其俗习，循其礼教，甚而服饰也喜改为么些装束，学么些语言，能操么些语者极其普遍，并且统治本族（傈僳）之土司头目，多系么些族人。因此关系尤为密切，于无形中发生同化作用。①

关于纳西族作为文化中介，将汉文化传播到傈僳族地区的过程，在农历的引入、年节的变迁中较为突出。前文提及傈僳族地区曾用"物候历（花鸟历）"，依照草长莺飞、花谢花开及相应的劳作类型来划分年月。在怒江地区，这种历法曾盛行至20世纪中叶。至于碧罗雪山以西的叶枝一带，依照20世纪哇忍波的相关经文及八卦图等来看，盖已形成了独立的以十二生肖纪年、每十二年为一循环的历法。因为此历法存世

① 张征东：《云南傈僳族及贡山福贡社会调查报告》，第5—6页。

书籍较少，故难以与藏历、农历、纳西历等比较，但依十二地支划分年月并标示每日属相的方式，与以上三者都较相似，但可能掌握者不多。张正东认为：

> 傈僳记年，多以十二支轮算，记日、月亦然，极为模糊。事物过后，即不详记其日、月，仅可大约说出事物发生年月之属相，或竟以某种动植物之盛衰隐现为标准。①

在哇忍波写下《一年天气情况测算结果》与《占卜书》等涉及历法的经书的同一时期，叶枝一带也使用汉族农历和藏历。据当地傈僳族长者介绍，农历历书主要由土司、"富农"②掌握，因而要去这些人户家中翻阅历书来确定年节及吉日。于是汉族历法在当时澜沧江流域维西一带就成了一种与政治、经济地位相关联的村落文化权力的象征，一般村民需要以金钱、物品求得历法掌握者对历法的暂时让渡。由此可见，汉族历法与汉文化，既通过内地汉族移民（流寓、驻兵、农民）直接传播而来，也通过该区域的纳西族土司产生影响。因此，在云南边地，少数民族土司是传播汉文化，使其辖区内各族融入中华民族文化体系的重要推动者。维西叶枝、康普纳西族土司就是因为替丽江木氏土司打仗、驻守而迁徙于此，而该区域纳西族中最早、最多接受汉文化的则是丽江木氏土司后裔。

历代王朝对于历法的统一颇为重视，这是政令、国事得以正常实施的保证之一，但是鉴于当时的生产力与历法的普及程度，直至清末及民

---

① 张征东：《云南傈僳族及贡山福贡社会调查报告》，第137页。

② 受土改时农村阶级划分的影响，此称谓逐渐成为当地年长村民对一切富户、掌握汉字者的俗称。

国年间，滇西北这样的偏远地区应该少有历书。就当下的纳西族研究成果来看，纳西族有自己的历法，通常以占星等方式确定年节。宁蒗县的油米、木里县的俄亚一带的纳西族至今过年仍依照占星等所得时日进行，其时间大致为农历腊月初；而以丽江为中心的其余地区的纳西族皆依照汉族农历过节。若抛除俄亚一带是纳西族先民南迁时的重要中转站这一推论不谈，则俄亚的纳西族先民最晚应为木氏土司向木里一带扩充势力范围时的士卒，最终因明季木氏土司失去了对木里的控制而未能返回丽江。如此看来，纳西族占星所得的历法在明代当盛行于族内，后期随着汉文化的渗入而逐渐为农历所替代。至于叶枝一带的纳西族地方管理者，则因政令实施需要等缘由而采用农历，最终将此历法逐渐传予当地傈僳等族。在祭司并未完全脱离劳动的纳西族与傈僳族社会中，成文农历的传入在一定程度上消减了祭司的压力。因为有历法可循，既有统一性与准确性，又可以减轻其占卦卜算之辛劳。与此同时，民国年间与农历并行的"洋历"则多数只应用于与外界联系密切的知识分子、军人、官员及部分士绅等群体中，如就读西南联大的纳西族学生和参军的纳西族军人。因此，其时通过丽江和纳西族将"洋历"传入维西的可能性也不大。故而时至民国时期，澜沧江维西一带的傈僳族的时间观仍然由汉族农历与傈僳族花鸟历法主导。这也是陶云逵调查时代傈僳族的历法实践及其时间观。而"洋历"在维西傈僳族中的普及，是在 20 世纪 50 年代以后。而这是陶云逵与其后的张正东所看不到的了，也是笔者试图进行重返调查、延续其研究的目的之一。

1949 年维西解放，学校教育发展，同时越来越多的纳西族、白族与汉族干部、医生、教师、农技员等来到此地，于是，公历（洋历、西历、基督纪元等）的广泛传播，使得年长一些的傈僳人也接触到了公历的年月日，但他们仍对当日的属相极为熟悉，家中做仪式、活动等都会征求家里老人及祭司“尼帕”的建议。早年自汉地传来，并由纳西族作为文化中介传入傈僳族社区的农历，则随着公历的普及而逐渐“退居二线”。在长者心目中，农历这一以十二地支做时日划分的历法也变成了“我们的算法(历法)”。这说明内地汉族时间观在澜沧江流域傈僳族中完成了地方化变迁，并伴随人口向西、向南迁徙，曾经在怒江以西的缅甸，澜沧江与怒江下游保山、德宏与临沧傈僳族中广为传播。

历法的确定，使得地方长官可以依据明确时日来要求民众开展一些活动，如张正东提到：

> 傈僳每隔一定之日期集合于一特定之地点而交易之……维登街、中盘街、石登街、营盘街，各街街期除营盘街逢六赶街，一月三次外，其余各街每月两次。
>
> 又每年每户傈僳应背烧柴一捆至土司家，以农历六月二十五日及十二月二十五日为背柴期。
>
> 而维西县属康普、叶枝两处之傈僳，则过火把节时多集中于当地土司宅前跳锅庄，而由土司按名给予白饭两碗、肥肉两片作餐。①

因为有了与内地一致的时间制度，当地一年四季的生产生活有(历)法可依。傈僳人依据该历法安排生产生活，这比刻木记事、结绳纪年要精确得多。他们还依据汉族农历形成了定时、定点的“街子天”(赶集日)，更针对人口、路途与交易物品等因素，出现了因地制宜的十天一街与十五天一街两种方式。“街子”这个特定时空，不仅是分布于该区

① 张征东：《云南傈僳族及贡山福贡社会调查报告》，第105、114、137页。

域不同海拔高度的汉族、纳西族与傈僳族交换物品、交换信息的重要空间，还因为维西地处藏汉文化交界地，农业与狩猎、采集经济交界地，而变为傈僳族文化与汉文化、纳西族文化、藏文化的交流时空，同时也是边地政治、经济、文化与内地一体化的重要空间。这是陶云逵等学者记载的刻木结绳时代所不可能想象的。

对于张正东所记录的腊月间土司会定时向傈僳农户收柴火，在同乐大寨也有相应的记忆：

> 我六七岁的时候，春节前，农历十二月十四号，就要背着柴去土司家里了，那个叫做粿刁，称作东巴复习，柴得提前劈好，十四号那天就要背去土司家了。花纸也是那个时候就会买回来的了，房上边插松树用的纸也就是那个时候去买回来了。①

每年农历十二月十四日，辖区内傈僳族村民背柴火给土司家，然后土司会以“夸富宴”的方式犒劳其子民。笔者的前辈是叶枝土司的卫队长，在民国时期护送土司商队卒于察瓦龙。其女儿说一到过年前，远至怒江流域的傈僳族、怒族与独龙江的独龙族也来上供，土司杀猪杀牛宴请三天、官民同乐，跳锅庄通宵达旦。可见土司家族就是在确定的日子里接受各族子民的柴火、药材、皮张、麻布等物品，并以打破平日官民界限的夸富宴缓解矛盾，以便开启新一年的官民关系。在此，依据汉族农历而来的上贡时日、空间，就成了其边地政治权威的宣扬空间，通过对官民关系的强化，以及将此时空得到的地方土产再逐层上贡，将当地各

---

① 2019年2月17日，笔者在同乐其宅对村民C的访谈。

族纳入中央王朝(政府)政治、经济与文化体系。

历法不仅便利了地方官员政事的实施,傈僳族的相关宗教仪式时间也由此得以确定,如:据傈僳传说,旧历每月中如遇初十、十八之属龙日,下雨,则此雨必可延绵甚久。……祭祀天神在每年旧历十一月。……祭山神有谓在旧历六月二十五日,即俗称火把节时.……傈僳中"尼扒"自谓系得神明启示……有一月中只一二日最灵验者(俗谓每月初一、十五"尼帕"做法较灵)。[①]

在没有成文的历法时,对于年节的确定是件较难的事,傈僳族大都在秋收后,任择一日或两三日准备酒菜,宴饮歌舞庆祝。[②] 随着汉文化通过纳西等族逐渐传入傈僳族社会,到民国时期,维西一带的傈僳族已渐习用农历,过的"全习自汉人"的节日为重阳节、火把节、中秋节。[③] 当下同乐大寨时兴的"清明节",在一定程度上也是从纳西族风俗中习得。但随着魂魄观念的淡化,以及民众生活水平的提高,村民们对于死者肉身的处理的重视程度已高于对魂魄的指引。随着村内逐渐傈僳化的纳西族的"引领",及周边纳西族、汉族、白族习俗的浸染,清明节也将同乐大寨原先因时因地进行的祭祖活动的时空固定下来。

---

① 张征东:《云南傈僳族及贡山福贡社会调查报告》,第44、46、53、54页。

② 张征东:《云南傈僳族及贡山福贡社会调查报告》,第136—137页。

③ 张征东:《云南傈僳族及贡山福贡社会调查报告》,第136—137页。

第三章　自然崇拜与图腾崇拜中的时空认知与仪式实践

以前，我小时候，老人家说大石头那里呢，不卫生的撒尿这些不要搞，它是有主人的；对很大的树子也是，不卫生的不要搞，它有主人家的。

——同乐大寨村民 D 语

第一节　依赖自然、亲近自然的山民

一、源于自然、依赖自然

人类作为自然界的一分子，其生老病死、繁衍生息都与自然息息相关，傈僳族亦如此。以下清代乾隆年间维西傈僳族高度依赖自然的游耕、游猎与采集生活的相关记述常被后人引用：

男女常跣，喜居悬岩绝顶，垦山而种，地瘠则去之，迁徙不常。刈获则多酿为酒，昼夜酖酣，数日尽之。粒食罄，遂执劲

> 弩药矢猎，登危峰石壁，疾走如狡兔，妇从之亦然。获禽兽，或烹或炙，对坐共食，虽猿猴亦炙食；烹俟水一沸即食，不尽无归，餍复采草根木皮食之。①

这种在一定程度上自由迁徙的生活方式，对自然资源的要求较高，既需要确保刀耕火种的田地拥有可延续几年的肥力，且周遭当有较多的野生动物供猎取，又要有丰富的野粮、野菜可以采挖。如《祭天古歌》中的《开荒种地》一章，就提到了选择有象征着福泽的箐鸡鸣叫的地方、树叶肥力较好的栗树林，并完成砍树、烧树、开垦、引水、下种、栽秧、收获、脱粒、酿酒的过程。② 这样有肥力的茫茫密林里也栖息着诸多野生动物，所以傈僳族先民可以利用野生动物的习性，不费过多的材料，便能制作自然兽夹。其中就有专门对付老熊的熊夹：

> 熊夹，熊力大，而勇于自用，见有木桩辄拔之，必出乃喜。栗粟因多伐巨木，劈其半，撞木桩插于开处，群熊游而见，争骑巨木，力拔桩脱，牡则夹肾囊，牝亦夹臀肉，鲜克免者。③

为了民族能够繁衍生息，傈僳族依赖自然、亲近自然，与自然始终属于同一空间，以求获得更肥沃的土地，更丰茂的森林，更多的猎物与采集物。他们了解自然属性、自然节律，并依循其生产生活，从而具有了山地民族的特征。

---

① 余庆远：《维西见闻纪》，载方国瑜主编：《云南史料丛刊》第 12 卷，第 64—65 页。

② 汉刚、李贵明译注：《傈僳族音节文字文献译注·祭天古歌》，第 933—939 页。

③ 余庆远：《维西见闻纪》，载方国瑜主编：《云南史料丛刊》第 12 卷，第 69 页。

二、崇拜自然、尊重自然

然而，在生产工具简陋、生产力较低下的年代，人类作为“沧海之一粟”，在很多以天灾为主要表现的自然力面前显得虚弱又渺小。于是，人们往往以某一场毁灭世界的洪水作为人类历史开启的时间点。总的来看，在傈僳族心目中，在大自然这个大的生存空间里，既有满足其生产生活诉求的自然资源，也有能够给人类带来灾难的不可预知的自然力。所以他们力图小心翼翼地保持好与自然的和谐关系，并想象出一些超自然力量加以崇拜。因此，傈僳族以自然崇拜为核心的原生宗教，首先是试图建构人与自然和谐关系的一种努力。

流传于维西一带的傈僳族创世神话大都提及洪水，即天神为了灭绝人类，或是为了挑选更适合繁衍、品行极好的人，而发大洪水，灭绝了世间的一切生物。这既意在表明傈僳族是受天（神）选、受天神庇佑的先祖的后代，又为确保人类延续的行为（包括兄妹成婚、同源异族）烙上合法性与神圣性的道德标签，同时也表现了天灾面前人类的无助与渺小。《祭天古歌》中的《射日射月》一章就唱道：

哈！
人类诞生那一天，茫茫天际出太阳；
人类成型那一夜，九天宇宙升月亮。
苍穹混沌出七日，宇宙空无升九月。
七日枉过雪山冷，九月空升峡谷寒。
七日弯曲九月斜，九月颓废七日衰。

荒淫无度难准时，辗转在天天滴血。

黑日黑月出天空，牛羊死绝鸟飞尽。
红日红月嬉戏忙，岩石融化水干涸。
凶煞太阳恶月亮，人类濒死鬼逃遁。
蓝日蓝月舞长空，家畜野兽全死绝。
黄日黄月光照处，大地荒芜树木枯。
浑噩太阳昏月亮，万物沉寂花凋谢。[①]

这一段为该章的开头，以表示倮倮族先民所经历的“七日共天、九月聚夜”的恶劣自然条件。“我本不想射太阳，只因人类要毁灭；我本不想杀月亮，只因万物要死绝”[②]，最终，先民通过射日射月换得了“开荒种地能产粮、鸟兽欢腾万物生、五谷丰登人兴旺、人类繁衍畜昌盛”[③]的局面。可见在倮倮族先民心目中，最为重要的时间节点是英雄祖先可以能动地消除自然灾害那一刻。由此有了“前”与“后”、灾难与安宁两个截然不同的空间。因此可以说，倮倮族传承已久的每一个神话传说里，都蕴含着其先民对于时间、空间与宇宙万物的认知，并辅之以人类的能动性。那么，人类学重访民族志就可以从宗教、哲学与民俗等多重视角层层剥笋似地揭开其内核与外显的文化意义。

泥石流、滑坡等自然灾害，至今仍是萦绕在同乐大寨村民心里的梦魇。大寨先民来到同乐河谷后，为了获得稳固的宅基地，经历了由河谷到半山腰再到山腰的搬迁历程。自吧金咪一带迁至哈独嘎，是因为同

① 汉刚、李贵明译注：《倮倮族音节文字文献译注·祭天古歌》，第877页。
② 汉刚、李贵明译注：《倮倮族音节文字文献译注·祭天古歌》，第878页。
③ 汉刚、李贵明译注：《倮倮族音节文字文献译注·祭天古歌》，第878页。

乐河在雨季水势浩大，如2017年8月，同乐河曾发洪水，冲毁了通往同乐村的桥梁及河畔的水泥路；由“哈独嘎”搬至洛拖拉，则是因为“哈独嘎”一带属于山间滑坡形成的小平地，地基不稳，靠近同乐河一带的山体还在不断下滑。

依靠自然环境满足自身需要的傈僳族，对自然既有极迫切且必需的亲近感，但又因为自然力不受人力控制，如天灾等更是人们挥之不去的梦魇，所以傈僳族对自然乃至以灾害为主要表现的自然力抱有恐惧感。村民这种对自身所处的自然界既亲近而又抱有一定恐惧的矛盾心理，使得在“尽人事”之后，逐渐出现了由“冥冥之中的一股力量”操控这一切或相应事物走向的观念，而对这一超自然力的认识催生了许多与自然有关的神灵，如日神、月神、星神、山神、路神、树神、水（龙潭）神、雪神、石神等等，举凡自然界的一切皆有神灵，与人类各得其所地布满这个空间，并与人类的生产生活息息相关。具体而言，神灵会对人类的生产生活产生正面的护佑或负面的作祟两个方面的影响。具体的表现是其恪守或跨越人神（鬼）之间看不见的空间边界，而与人类保持疏离或产生交集。

第二节　山神：靠山吃山民族最亲近的自然神

一、人类与山神的兄弟神话

在傈僳族崇拜的诸多自然神灵中，最重要的便是“米森”。“米森”

一般译作“山神”。就前人的调查研究而言，当是傈僳族未出现至上神之前的至高神，被认为居于深山密林之中，对村寨、民众的诸多事项产生影响，所以需要不时祭拜。这应该是傈僳族作为山地民族，靠山吃山，从而幻化出来的一种自然神灵。对于山神的产生，神话传说中大都提到“米森”与人类男祖为两兄弟，只因当时尚处创世初期，所以分工不同、住地有异而已：

据傈僳族音节文字文献《创世纪》《洪水滔天》等创世神话史诗记载，人祖“哩额”与天神“武萨”之女“载痕咪”结为夫妻，从天上迁居至大地，生了两男一女，长子叫“米斯”，司野外山林及禽兽；二女叫“陆玛”，嫁与龙王，主司海洋、湖泊江河。其子女叫“以独斯”，司河流等水源；次子叫“撮咱”，在家赡养父母，饲养禽畜、耕种农田等。①

在碧罗雪山西侧怒江一带的傈僳族地区，狩猎前需要祭祀“米斯”②，以求赐予其管理的飞禽走兽，并有一神话传说表明此举的缘由和意涵：

传说，古时候有两兄弟，哥哥叫阿的，弟弟叫阿甲买。那时候，地上所有四脚动物，都服他们统管。阿的和阿甲买弟兄两个，天天在山上放牧，父亲到时给他们去送饭。因为父亲特别偏爱弟弟阿甲买，送饭时给阿甲买米饭吃，给阿的吃的却是

---

① 汉刚、李贵明译注：《傈僳族音节文字文献译注·祭天古歌》，前言。

② 米斯，怒江一带傈僳族对山神的称呼。

掺着野菜的玉米饭。后来，这事被阿甲买发觉了，他心里很过意不去，就背着父亲和哥哥，悄悄地把父亲送给他的米饭调换给哥哥吃，自己吃父亲送给哥哥的野菜玉米饭。日子一长，这事也被哥哥阿的知道了，弟弟的一片好心使他很受感动。可他一想到同是骨肉兄弟，父亲却这样两般对待，心里很悲伤。后来，他就决心留在山上，不愿再回家去了。弟弟阿甲买再三劝他回去，他始终不肯。这样，兄弟两个就只好分手了。这天，两人把放牧的四脚动物，一分为两，由各人分管一部分。弟弟阿甲买分得牛、羊、猪、狗等，由他带回家去饲养；哥哥阿的分得虎、豹、狼、鹿、麂子、岩羊、野牛等，由他赶到深山里去放牧。但四脚的动物很多，分个没完，哥哥阿的分得不耐烦了，对弟弟说：

“阿弟，我们不必再细分了。你分得少一点，管起来省力一些；余下来的就都归我管，往后你要吃的，就上山来杀我的野物吧！”

他一说完这话，忽然摇身一变，变成了一个白胡银须的山神，赶着他分得的动物进深山去了。这样，他分得的动物留在山上，也就变成了野物。弟弟阿甲买把分得的动物赶回家里，关养起来，就变成了家畜。但因为他分得的动物少，不够吃，后来他就照哥哥说的话，常常上山去杀哥哥的动物吃。据说从此以后傈僳人就上山打猎捕杀野物了。因为山上的野物都是哥哥山神的，由他统管。为了多猎获野物，猎人出猎之前就要祭祀哥哥——山神，求他多赐给猎物。[1]

这个人类与山神兄弟关系的神话意味深长，表达的是傈僳族的自然观与宗教观，是傈僳族关于人类与自然亲近关系的神话表达。

在傈僳族的观念里，山神（“米森”）在具有山林和其中动物的管理权的同时，也具有神力，不仅能给祭拜其的村民带来风调雨顺、狩猎丰收、五谷丰登，还能祛病消灾，并帮助村民免遭鬼灵的袭扰。如同乐便流传有老一辈村民前往深山打猎，被鬼灵袭扰时得到山神搭救的故事：

“咋粿其”的哥哥啊，他被女鬼欺负。之前呢，在“阿尺华出咋噶”那个地方，有一个平的地方，那里之前养了很多蜜蜂。那里有一个大石头，石头下头可以避雨，除非吹很大的风，不然一般雨是不会淋到石头底下的。那个人啊，是放羊放猪放牛的。有一次，他明显地感觉到被鬼拉扯，他背着一把很长的砍刀，是自己打的那种。用那把砍刀砍啊，还是砍不到那只鬼，什么都没砍到。结果出来了一个山神，下头的河边有一个竖着的大石崖，山神从那里出来。“你快要赢了，加把劲。”（最后）那只女鬼就被那个山神抓走了。[2]

傈僳族村民认为，莽莽苍苍、高峻雄伟的山神所在地山林是傈僳族的衣食之源，山神还护佑傈僳族免受其他鬼怪之害，所以他们对山神顶礼膜拜，产生了深深的依赖、无上的憧憬，并认为大山才是傈僳家园，在

---

① 左玉堂搜集整理，见《中华民族故事大系》编辑委员会编：《中华民族故事大系》第7卷，上海：上海文艺出版社，1995年，第433—434页。

② 2019年4月30日，笔者在同乐其宅对村民C的访谈。

山林有吃有喝有穿,因而是上天安排好的;反之,离开了山是危险的。

傈僳族这种对山里、山外的安全与危险的边界认知,深深地影响其性格与行为,使傈僳族男人有着高峻大山一般的坚韧性格,女人有着山间溪流一般的开朗胸怀,他们的血液早已经与三江并流区域的山山水水融为一体。

二、被场景性具象化的山神

传说中的"米森"居住在深山密林之中,其管辖范围极广,神通广大,所以在村民的解释中,密林里的一些奇异事项大都会与其发生关联。如在同乐大寨一带,长者讲述的故事常会提到山鸡:在深山密林中居住时,晚上会听到鸡打鸣。在那样渺无人烟的地界,鸡鸣声便被认为是"米森"养的神鸡发出的:

> 那里对岸的山上是有女鬼的,傈僳语呢把那里称作"色配额普",是江对岸的山上头了,要爬很长时间的。以前啊,我小的时候,跟着大人后头,赶着牲口,到他们说了有女鬼的上头那里放,放猪啊牛啊羊啊这些。在那里大概放了一年。在里卡场上去的石门那里,是没有养着鸡的,但是早上会有鸡叫声。老人家说那是山神家的鸡,那样的石崖那里是会有山神的。①

---

① 2019年5月8日,笔者在同乐其宅对村民C的访谈。

再如同乐大寨原先的农点施巴一带有一眼出水时间有限的泉水，被认为是山神家做饭洗菜时倒出的水：

“施巴”往那边走的话呢，有一个地方早上有一条很大的河，过了一会儿回到那里，河水就没有了，我二侄子他看到过。如果不是早上经过那里的时候就打了水放着，待会回来就没法煮饭了。现在就打好水，那么待会回来的时候也可以煮饭吃。那边我没怎么走过。要从“施巴”爬上去，大概有从现在到“额化单”那里的距离，然后沿着石崖往另一边走，那么那边是连着的。一般说，山神家的煮饭的水往外倒的时候，那里才会出水，他们的洗菜啊做什么的时候往外倒水的时候，外头我们就可以打水。①

而对于山神的形象，在村民的讲述中并不具体，但一般会将一些较难见到的大蛇称为“米森”，并认为遇到大蛇时须祈祷而非招惹：

D：我家老倌，前面驮合作社的东西嘛，说看见了很大的一条蛇，说从来都没见过这么大的。相当粗的一条。

I：上边那个撒起一块棉花，下面有一座桥嘛，以前是木桥，现在整着拱桥。就是拱桥下边那里了，佐巴林那里。

（心里犯嘀咕）“啊嘞，风也没吹，蒿枝这么摇着，不知道怎么了。”

上来看了一下，是好大的一条蛇，有胡子，针一样的，白花

① 2019年4月30日，笔者在同乐其宅对村民C的访谈。

花的,摇着。瞧着瞧着,我还以为是什么东西,结果是一条蛇,多大的一条蛇,胡子也长着的,白森森的,风吹,摇着。相当大的一条蛇,长度倒是不是很长,但是很粗。比大碗口还粗。先是马看到的,马也惊起来了。马见到了嘛,马就吹鼻子了,"噗噗"的。马就不上去了,到那个地方就转回来了。那天粮食也驮着一些。我走上前转下来,哇,好大的一条。马也是转下来了,吆不上去了。石头找到两个,打了过去,然后(它)就朝上头的佐巴林那里上去了,他们说以前做迷信的那种土罐啊那些,粮食那些装着埋着的,就钻到那里去了。我是怕了,就不敢跟着去。

还有一个姓余的,白济汛的,他的婆娘是二区攀天阁的,他也是怕了,没有见过这样的蛇了。后头呢,他病了,吓到了嘛,就拉下去白济汛医病,后来在白济汛家里死掉了。

D:那次见了(蛇)以后呢,我的一个姑娘,属狗的一个死掉了。那个是讲不对(村民I的反应不对)[①],你们没有见过。那个呢是叫"米森"了,如果不是孩子死的话,会是猪牛死的。

I:只有两排(庹)来长,但是大蛇和小蛇背着,绞子一样绞着的那种[②]。长的是两排来长,小蛇那些呢就像是绞子一样的绞着。[③]

① 村民D认为这次丈夫(村民I)与大蛇(米森)的相遇导致孩子夭折,是由于丈夫的反应过激、应对不妥。她认为遇到这样"反常""少见"的现象,即遇到超大的蛇或蛇交媾,应该默立并用"我们各走各的路"之类的话语来告诫蛇离开。本来传统观念中遇到大蛇一般是凶兆,用石头去砸大蛇,是对它的挑衅,加剧了事态的严重性。

② 就受访者的描述而言,这个场景极有可能是群蛇交媾。这种许多蛇缠绕在一起的场景较少见,在滇西北诸多民族中都被认为是不祥的物兆。按照同乐村的物兆解释,蛇遇到人或被驱赶时若上坡爬行,就是要"欺负"人的标志,若顺坡逃走则不会影响人。

③ 2019年4月6日,笔者在同乐在其宅对村民D、I的访谈。

村民I在“佐巴林”遇到了这条大蛇，并用石头驱赶。其妻子村民D便认定不久后女儿的夭折与丈夫遇到大蛇有关，因为村民I并没有通过祈祷请求大蛇离开，而是以丢石头的方式驱赶了大蛇。最终大蛇缓慢地上了山坡。在传统观念里，这标志着它将作祟报复干扰自己的人。

另外，一些人的离奇疯癫有时也会被认为是干扰到了“米森”。如上文提及的同乐村一男子，在短时间内猎到了两头熊，后来开始变得狂躁、胡乱打人，最终妻离子散。后来村民在派出所民警的帮助下把他控制起来，直至后来去世。对于他的疯癫，村民大都认为是得罪了“米森”，因为他砍伐了一棵祭山神场地附近的老树。当然也有村民提到他猎杀的两头熊都有些异样，第一头是白色的，第二头的鼻子是裂开的。

在同乐村年长的村民心中，自然界的每一种物都有其“主人”：

> 以前，我小时候，老人家说大石头那里呢，不卫生的撒尿这些不要搞，它是有主人的；对很大的树子也是，不卫生的不要搞，它有主人家的。实际现在上，我们也老了，想来想去，看来也是对的。什么都有它的主子。①

这里所谓的“主人”，便是很多与自然直接相关，或由自然事物“衍生”发展而来的神灵，它们拥有足以管控相应事物走势的超自然力。可见，在傈僳族的宇宙观里，人与自然同处于宇宙这个空间。而且不仅仅是人的肉体本身，还有人的灵魂；也不仅仅是自然物本身，也包括自然

---

① 2019年4月6日，笔者在同乐在其宅对村民D的访谈。

之灵。如果能够各处其所、各安其分,自然神灵将护佑于人,这便是自然秩序。这应该是傈僳族关于人与自然关系的哲学思考,使其宇宙观也有别于其他山地民族的特点。

第三节　敬畏自然而产生的氏族图腾崇拜

一、以自然物作为氏族图腾

在村民看来,大自然拥有许多人类的力量难以企及的事物:坚硬、硕大、沉重的磐石,坚韧、高大、稳固的树木,健壮、威猛、霸气的老虎,壮硕、憨萌又勇猛的熊,小巧、灵活、高飞的鸟,它们都有着人类所不及的力量与能力;而勤劳、灵动、协作的蜂,高产、性温、耐寒的荞,能给予人类食物。如此,种种事物所蕴含着的"力量",若能施加于人,那人将超越自身的极限,更好地适应和利用自然。于是,村民逐渐将与生产生活密切关联的自然物引为氏族族姓,视作氏族的图腾崇拜物。这些自然物便成为氏族边界区隔的象征物。这可能是人们期望从自然界获得自然力所致。

在同乐大寨便有一个人偶然获得这种"力量"的传说:

> 这里呢,以前上头山上有一匹骡子那么大的宝石,旧社会时候呢有下方的老板来挖,那个时候呢那几座山之间都是连

着的，是可以从这座山到那座山的，而山脚下呢，有马呀骡子啊这些，也住着很多人。据说那些宝石的主人来那里讨饭。

“没什么东西可以给你啊，我们都不够吃呢。”

“那既然你们在挖金子，那就给我点金子吧。我可是来要的，既不偷也不抢。”

“金子也没有挖到啊。”

就是他们快要挖到宝石的时候呢，那个宝石的主人呢就变成了人样，来向他们要金子。那个时候那几座山很高，都是连着的，山脚下呢打了很多淘金、挖金矿的矿洞。结果整座山都垮了下来，那些老板啊矿工啊都死了一半，石头落下来以后呢，骡马都被压在了里头，那些被石头撑起来的地方呢，骡马没被直接压死，据说那骡子啊，一直叫了七天。那里的宝石的主人呢生气以后，就换了一座山，就来到了我家背后的这座山里，然后以洪水、泥石流的形式从这里下来。

结果在我家房子前头的这条沟里呢，跑下来了一只大麂子（黑麂子）。那时候呢，有一个叫“腊茨”的人背着房头板，他看到那只麂子跑下来，便把背着的房头板放在一边，追赶那只麂子。结果那只麂子呢，就没有跑，反而站好了，讲出话来。

“腊茨，你不能吃我的肉的。愿你得到洪水龙的气脉①。待会去接一抔洪水头的水喝吧，里头有洪水龙的气脉，你是不能吃我的肉的。”

这么说了以后呢，那只麂子就跑到一边去了。

---

①　受访者通纳西语，用纳西语讲述。纳西语里将山洪、泥石流、滑坡统称为“卢撒”，直译为“龙下山”，即认为这些现象是“龙”的移动所导致的。

> 那时候,这边好像都是刺丛。一开始呢,那里流出来的水呢,就好像是泡沫一样。腊茨呢就接了一捧泡沫喝了下去。再次背上那一背房头板的时候呢,感觉很轻,便飞一般跑到一边去了,而这边洪水就冲刷下来了。
>
> 那只麂子呢,据说是从我家下头那家附近那里钻到地里去了。宝石的主人(麂子)钻到了那里,黄金啊这些一般也就在那里聚集了。据说从那个地方可以一直淘金淘到下方的澜沧江边,有淘金队已经在里头打了洞了。但是那里呢,这边住了人以后呢,就被封掉了。①

可见,在傈僳族心目中,人与自然的空间边界区隔不是不能逾越,而是有必要逾越、产生交集的,关键在于"时宜"性。因此,其宇宙观里的时间与空间不是固化的,而是因时因地地发生联系和作用。村民还认为,水是由龙——水神所掌管的,吞噬、冲刷一切的山洪也如此。在这个故事中,山里的司宝物之神因对寻宝者贪得无厌的憎恨,化作麂子准备离开原住地,并用洪水改变原先的地貌。而腊茨这个人恰好路过洪水将要冲刷的河道,经司宝物之神化作的麂子的指点,喝了洪水的沫子,得到了发洪水的龙的"气",从而获得了足以在洪水到达前离开河道的能量。这种通过一些貌似巧合的时空交集获得超然的自然力的传说在傈僳族村寨里较多。

为了获得自然界的一些超自然力,或是为了标榜自己氏族的神圣性,傈僳族衍生出了以与对应动植物、生产生活工具有血缘关系为主要梗概的传说为基础的氏族群体划分,亦即前人调查研究所说的氏族。

① 2019年4月22日,笔者在同乐其宅村村民C的访谈。

诸如虎、熊、麂、鱼、雀、蜂、羊、木、荞、麻、鼠、豆、草等，被特定的傈僳族内部各群体作为群体象征、图腾以及与其余群体的区分。如传说中带领部族自澜沧江流域西迁，翻越碧罗雪山来到怒江流域的木必，便是荞（“利”）氏族的首领。

在前人的研究中，对傈僳族的氏族的类别多有不同的记述。如陶云逵的《碧罗雪山之栗粟族》称这种分类为“姓”，并认为那即是图腾。其所收录的碧罗雪山一带傈僳族的氏族共有二十四种，即：鼠、牛、虎、兔、龙、蛇、马、羊、猴、鸡、狗、猪、稻、麦、荞、青菜、豇豆、薏米、黍、鸟、熊、鱼、蜂、人，[①]并总结认为这些“姓”中多动植物之名称，且同姓不婚。而在张正东的调查中，他用氏族、图腾遗迹来概括这一文化现象，认为现在所看到的“共同之族称（即姓）”是图腾遗迹，并收录了其中十八种：

表 3-1　傈僳族的图腾、解释与从姓[②]

图腾原名	解释	从姓
刮饶时	荞的氏族	乔
施饶时	草的氏族	曹
俄饶时	菜的氏族	蔡
挖饶时	鱼的氏族	余
害饶时	鼠的氏族	楚
别饶时	蜂的氏族	丰
五饶时	熊的氏族	熊
育饶时	羊的氏族	杨

① 陶云逵：《碧罗雪山之栗粟族》，载《中央研究院历史语言研究所集刊》第 17 本，第 383 页。

② 张征东：《云南傈僳族及贡山福贡社会调查报告》，第 78—79 页。

续　表

图腾原名	解释	从姓
拉饶时	獐的氏族	张
牢饶时	虎的氏族	虎
蘖饶时	雀的氏族	屈
耻饶时	麂的氏族	金
古饶时	星的氏族	古
饶利时	窃的氏族	李
要饶时	麦的氏族	麦
怒饶时	豆的氏族	窦
莫比时	胡的氏族	胡
倪饶时	霜的氏族	霜

可见在陶云逵调查的1930年代，傈僳族的氏族文化是很盛行的，也即人们心目中作为族群边界区隔象征的图腾崇拜物（亦即氏族名称）普遍存在。于是，各氏族及其图腾崇拜物之间形成了一个以拟血缘关系形成的特殊文化空间。氏族里的每一分子将与其氏族图腾崇拜物紧密相连，并与其他氏族和图腾崇拜物形成边界区隔，而且是以看得见、摸得着的具象性的自然物作为其文化空间区隔标识。这就从神圣性的层面强化了氏族凝聚力。再从这些氏族边界区隔象征、标志物的山地性来看，可领会傈僳族作为大山之子，生于大山、死归大山的自然环境与生产生活特点。

斯陆益将傈僳族的这种氏族族称之别放入傈僳族的姓氏文化中考量，以反驳早年出现的“傈僳族有名无姓”的误读[①]，并像陶云逵一样用

① 斯陆益：《傈僳族文化论》，第26—27页。

氏族、姓氏称之。他将傈僳族的这种图腾族划分为三大类，即动物氏族、植物氏族、借来的姓氏。在动物氏族中，他列举了鼠（褚）、鸟、熊、虎（胡）、蜂（丰、密）、鱼（余）、猴（侯）、蛇、鸡（姬）、羊（杨），在植物氏族中列举了荞（乔、曲）、麻（马）、菜、竹（祝）、柚木，在借来的姓氏中列举了木、李、狗。① 前二类可以看出，这些姓氏实际上是傈僳族生产生活在其图腾崇拜文化里的映射，更多的意义是人与自然的密切而又和谐的关系。即通过建构与其生产生活密切关联的某一自然物，形成一个与其他氏族（图腾物）有明显边界区隔的文化空间。第三类则是在其建构人与自然和谐关系的基础上，为营造人与社会和谐关系做出努力的呈现，甚至可能是曲折的呈现。但从傈僳族三类图腾崇拜对象来看，他们与自然界的关系为主，而且是与山地生产生活环境的关系为主。因此，在其自然空间想象中，山地万物与人为一体；在其文化空间想象中，仍然是山地万物与人为一体。即其生产生活的自然空间与文化空间是叠合的，因而满是“山地民族”的文化特性。其下，则又有以氏族及其图腾崇拜物来标识、区隔的诸多文化空间。这便是傈僳族社会的实质。

但总体看来，各个氏族都会有各自的氏族神话，大都以氏族始祖与相应的崇拜物有血缘关系作为崇拜该物、以该物为氏族之名的开端。如虎氏族的传说中提到古时候一姑娘上山打柴，一只老虎化作一英俊男子娶了她，其后人便为虎氏族；②熊氏族的传说中则提到一女子与化作人形的熊结合，生下的男孩长大后经历千难万险，成为受一方尊重的能人，其后人便是熊氏族。③ 而各个氏族也曾有一些针对崇拜物、图腾

① 斯陆益：《傈僳族文化论》，第 27—28 页。

② 怒江傈僳族自治州《傈僳族民间故事》编辑组：《傈僳族民间故事》，昆明：云南人民出版社，1984 年，第 41—43 页。

③ 怒江傈僳族自治州《傈僳族民间故事》编辑组：《傈僳族民间故事》，第 44—52 页。

的禁忌，如虎氏族不猎虎等。

这些氏族的称谓在傈僳族逐渐接触汉文化之后发生了一定的变化，因为名字书写与身份登记的需要，同氏族"共戴一姓(汉姓)"以示与其他氏族的边界。这些氏族称谓逐渐与汉文化中的"姓氏"等同，且各氏族的汉字称谓趋于统一，大都采用意译、音译的汉文姓氏。如：

表 3-2　傈僳族各氏族的傈僳语称谓及汉文姓氏①

氏族	傈僳语	汉文姓氏
蜂氏族	扁扒②	蜂、蜜、密、丰、唐、谭、田③
荞氏族	刮扒	荞、崔、邱、乔、曲
虎氏族	腊扒	虎、胡、腊
鼠氏族	害④扒	鼠、褚、朱
猴氏族	弥扒	猴、侯、郝⑤
麻氏族	子扒	麻、马、子
竹氏族	玛史	竹、祝、马
菜氏族	讴史	菜、蔡
鸡氏族	丫史	鸡、姬、靖
鱼氏族	旺扒	鱼、余、汪⑥

20世纪50年代以来，因大量内地汉族、纳西族、白族干部进入傈僳族地区工作，同时也有越来越多的傈僳人读书、外出就业、入伍等，这

① 斯陆益：《傈僳族文化论》，第29页。

② "扒"又同音异写为"帕"，即人、男人、群体、氏族、民族之意。

③ 另还有"丁"，取自蜜蜂会叮(蜇)人之意。

④ 又同音异写为"亥"。

⑤ 还有和、何姓。

⑥ 另有鸟氏族、熊氏族、蛇氏族、麂氏族等。

一用汉文姓氏书写氏族名，以求得“学名”的方式逐渐成为主流。当下除怒江州部分地区外，国内的绝大多数傈僳族地区都用这种音译、意译姓氏的方式来书写自己的名字。但其根源还是在于傈僳族内部自有一套氏族名称长期沿袭，并用氏族图腾崇拜物作为族群边界的象征。这也是在氏族与氏族之间形成自然、文化与心理区隔，增强氏族凝聚力的方式。但同时又因地缘、姻缘与经济交往的存在，这种区隔常常被打破。从此意义上来说，氏族与其图腾崇拜物便是傈僳族的一种自然与文化空间重合场域，并以多个自然崇拜作为核心、边界的氏族自然与文化场域形成傈僳族的生存空间。在其空间里，人与自然共处，各氏族也通过地缘、姻缘与经济互通有无等多重互动，结成彼此无法分离的亲近关系。对此，陶云逵以来至今的本土与外界学者皆注意到颇有特色的基于自然崇拜的图腾姓氏文化。这些自然崇拜，自然也打上了山地民族的深深烙印，因而是其山地狩猎、采集与游耕生产生活的具体呈现。

前人的研究多认为傈僳族曾极重视氏族[①]，而氏族观念后来逐渐为家族观念所替代。部分地区在归宗认祖时，也会依照相应汉文姓氏的历史来点明家族、氏族的来历，如部分采用麻姓的傈僳族在族谱中提及祖籍为河北张家口，部分采用乔姓的傈僳族在墓碑上标明“羽音天水郡”。这在一定程度上是氏族观念淡化的结果，对于族源的记录与解析已逐渐采借主流文化中的历史记忆。当下，傈僳族氏族观念仍有一定的遗存，主要表现为村民对依照氏族名称采用的汉文姓氏的沿用，以及在与同族同胞闲谈时的身份表明。但是在维西叶枝等地，氏族观念多

① 蔡家麒主编：《傈僳族卷》，载吕大吉、何耀华总主编：《中国各民族原始宗教资料集成·纳西族卷·羌族卷·独龙族卷·傈僳族卷·怒族卷》，第707页；《傈僳族简史》编写组、《傈僳族简史》修订本编写组：《傈僳族简史》，第98—100页。

有淡化，年纪上了四十的也不一定知道自己所属的氏族，有时甚至会通过自家沿用的姓氏反推自己所属的氏族门类。

二、氏族源于自然认知的神话表达

在村落介绍部分，我们提到同乐大寨主要由鱼氏族和蜂氏族构成，而在怒江等傈僳族地区也有氏族的分类。陶云逵提到傈僳族有二十四个氏族[①]，同氏族的人认为氏族内部的人同源，如怒江一带的木氏族认为自己是丽江"木天王"[②]的后裔。相应地，各个氏族都有相关的神话传说，如虎氏族认为自己是老虎的后代，他们相信自己上山并不会被虎所伤，但也不能猎虎。神话《虎氏族的来历》就讲述道：

> 傈僳族的虎氏族成员们，历来崇敬虎。他们上山打猎时不能猎虎，传说即使遇见了老虎，他们也不会被虎所伤。每逢属虎年，氏族的长老、头领，要带领所有成员举行祭祀仪式，向木雕的虎像或木刻的虎图祭拜。接着，老村民唱起"木瓜布"调子，讲述虎氏族的起源，要子孙后代切记不忘。然后，大家在一起饮酒、唱歌、跳舞，通宵达旦。
>
> 他们为什么那样崇拜虎呢？这里还有个传说哩。很久以前，山上是密密麻麻的大树林，怒江边是大片大片的刺蓬，老虎时常在这里出没。林边坡头，只有零零星星几户人家。他

---

① 陶云逵：《碧罗雪山之栗粟族》，载《中央研究院历史语言研究所集刊》第17本，第383页。

② 即丽江的木氏土司，木天王一般指木氏土司中成就最高的木增，此处为泛指。

们开出火山，撒荞种麻，打鸟射鹿，靠自己勤劳的双手谋生度日。他们当中，有个年轻姑娘，独自住在山脚一间木楞房里，她的父母都已去世，也没有兄弟姐妹。一天，她在山上砍柴，忽然刮起一阵风，从树林里跑出一只老虎，一直朝她扑来。姑娘吓了一跳，不由得惊叫一声，慌慌张张转身逃命。她不顾一切地跑呀，跑呀，脚被石头划破了，手被刺戳烂了，汗水淋透了衣裳，累得直喘粗气。跑到一棵大树下，实在跑不动了，打算爬上树去躲，急急回头一看，在背后追她的不是老虎，是个英俊壮实的小伙子。她又高兴，又惊疑。高兴的是自己一条小命得救了，惊疑的是刚才明明有老虎，怎么一下变成了小伙子，莫非自己眼花看错了？她靠在大树上，盯着小伙子问："阿哥，你看见老虎了吗？"

"没有哇。"小伙子摇摇头。

"刚才不是从林子里跑出来一只老虎吗？我都吓得柴也不敢砍，赶紧逃到这里来了。"

"刚才是我从林子里出来，见你孤孤单单，想来帮帮你，老虎……你怕看花了眼吧？"

姑娘半信半疑，小伙子却不容分说，夺过她的柴刀，帮她砍柴。两人边砍边谈，越谈越情投意合，不知不觉太阳下山了，

柴砍下一大堆，背不回去。小伙子说："阿妹，天要黑了，我帮你把柴背回去吧？"

姑娘担心地说："家里只有我一个呀，不知道别人会怎么说呢！"

小伙子真诚地说："要是你不嫌弃我，就说是女婿吧！"

姑娘羞红了脸,默默地点点头。从这以后,他俩相亲相爱,在一起过日子。男人上山砍柴打猎,每天都要扛回来麂子或者马鹿。女人在家料理,她在开剥猎物时,发觉猎物身上没有刀伤、箭伤,只有被牙齿咬、爪子抓的伤痕,心里暗暗奇怪,不知道丈夫是怎样打麂子的,但又不好细问。过几年,他们有了儿女。

一天,男人上山去了,女人在家纺麻,刚巧她年轻时候的女伴来约她去拾菌子,她便领着大儿子,背着小女儿,随女伴到林子里去。刚去到山坡上,远远看见对面山头上有一只老虎,正追赶着一只麂子,一直追到这边山梁,才把麂子咬住……看着看着,那虎慢慢变成了小伙子,把麂子往肩上一放,就扛着下山来。当他走近,原来是自己的丈夫。他瞧见妻子、儿女和邻居,高兴地问道:"你们来拾菌子?"

女人和孩子惊恐地看着他,不说话。他回头看看对面山头,明白了是怎么回事,于是放下麂子,悲伤地说:

"我的事瞒不住人了,再也不能住在村子里,只好离开你们了。"

说罢,深情地看看妻子和儿女,流着眼泪,头也不回地跑进密林里去。女人和孩子从惊恐中清醒过来,哭着朝他的背影呼喊,可是没有用,他一去就再也没有回来。

儿女长大了,村民便称他们为"拉扒"①——虎氏族。②

① 又同音异写为"腊帕"。

② 怒江傈僳族自治州《傈僳族民间故事》编辑组:《傈僳族民间故事》,第41—43页。

这个虎氏族来源的神话传说，说傈僳族中的虎氏族男性始祖不是人类，而是高山丛林里的老虎，这样就把其祖先崇拜与自然崇拜结合在一起。一方面呈现的是傈僳族早期的狩猎生计方式，另一方面表明自己氏族也拥有虎虎生威的能力，因而在进行英雄祖先崇拜的同时，将傈僳族关于人与自然同处于一个空间的传统观念加以表达。虎祖、人祖结合并繁衍后代，便是其时空的交集，也是神性与俗性的结合。但该传说故事也显示，男性祖先是老虎的秘密被人知晓后，只好离开人类，这就表达出随时间迁流，人类与自然（如老虎）的关系就开始疏离了，而虎只作为图腾崇拜物在氏族姓氏里保留下来。

再如张正东教授所搜集到的蜂氏族英雄祖先射太阳的神话：

> 太古的时候，有七对太阳，七对太阴（月亮），天地距离很近，热得非常难当。"别饶时"的族人就把太阳射伤，太阳没有出来，天便愈低，地便愈高。去去来来的人将要撞破脑袋的时节，有位造物的女神背着小孩说："天也高些吧！地也低些吧！"这样，天也渐高了，地也渐低了。那时的大地上闹成一塌糊涂；人同鬼混，真伪不明；人声鬼语，莫能分辨。①

总之，每个氏族都会有相关的氏族起源的神话，其意义一是强化其氏族的神圣性，增强同一氏族成员的自豪感与凝聚力，二是强化与自然的关系，让氏族成员时时刻刻背负着与自然亲近关系的图腾崇拜文化。

> 从前，在金沙江畔一条山箐里，住着一个傈僳寡妇。她有

① 张征东：《云南傈僳族及贡山福贡社会调查报告》，第25—26页。

个漂亮的女儿，是山茶开花时节生的。花落花开十九次，姑娘已经十九岁了。

一天，姑娘去森林里找柴，碰见一只毛茸茸的大公熊，在离她十多步远的乱石堆上站立着，望着她龇牙咧嘴地笑。顿时，她被吓得失魂落魄，不知所措。熊步步逼近，姑娘急忙转身奔逃，像野鹿那样穿过林子，越过山岗。公熊紧紧地在后面追，她跑来跑去，挂烂了衣裙，迷失了方向。终于，她精疲力竭，昏倒在一堵绝壁下面。

当姑娘苏醒过来时，发觉自己躺在岩洞里的一张羚羊皮上。在惊讶，公熊又出现在洞口，吓得她毛骨悚然，蜷缩在角落里颤抖着哭了。公熊忽然变成了一个俊美的小伙，微笑着对姑娘说：

"不要怕，我不会伤害你。今天真是个好日子，从来不相见的相见了，从来不相遇的相遇了。如果不是情人怎么会相遇？不是相好咋个见得着？留下来做我的妻子吧！"

说罢，轻轻地扶起了姑娘。从此，姑娘与熊小伙结为夫妻。白天，丈夫出去寻食，猎取麂子马鹿，傍晚又回到岩洞。两个相亲相爱、喜喜欢欢地过日子。

第二年，姑娘生了个儿子。他一生下来就会走路，半岁就能跟着父亲外出找食了。他身强体壮，有一股熊力气，阿妈给她取个名字叫"乌帕饶"，是"熊儿"的意思。

在"乌帕饶"长到七岁的那一年，家里遭了不幸。有一天，父亲变做公熊单独出去找食，碰上一伙强悍的猎手。几十头凶恶的猎狗死死地缠住它，无法逃脱，在猎人的药箭下丧了命。

母子俩在岩洞里盼着，盼了一天还不见归来，就四处去找，可是连影子也不见。几天后，他们在森林里发现了熊脚印和格斗的血迹。阿妈呜咽着说：

“我的儿子，不好了！你阿爸一定是遭难丧了命。我们在这里住不成了，回外婆家去吧！”

“乌帕饶”悲痛地点着头。可是回到老家，原来的小茅屋已经没有了，只留下被火烧过的痕迹。这是怎么回事呢？原来这地方打了一场大仗，傈僳人打输了，有的战死，有的被卖，有的逃奔异乡去了。老寡妇被卖到邻近的村落，当了人家的奴仆。“乌帕饶”母子俩逐山逐箐地找，在一间小草棚里找到了久别的亲人。老寡妇又惊又喜，把孙儿抱在胸前，眼里滚出了欢乐的泪珠。

从此，阿妈与外婆终日替主人纺麻织布，“乌帕饶”到牧场上放牛。

这家主人贪婪而又狠毒。他占着大片的山林和土地，牛羊多得数不清。牛群中，有一头膘肥体壮的大牯子牛，是野牛与家牛交配生下的，性情暴戾凶狠，主人特别喜欢它。主人常常把这头恶牛放到别人的草场上，赶跑别家的牛，霸占别家的草场。别人同他吵，他总是笑着说：“是啊，是啊，草场是你的，你有本事就把我这头牛撵走好了！”

可是，谁也不敢惹这头牛。

一天，“乌帕饶”同几个伙伴把牛群吆了出去，坐在大树下乘凉。突然，那头恶牛撒野了，摆动着锐利的大角，做出格斗的架势，到处横冲直撞。照管它的牧人急忙跑过去拦住，哪知恶牛却把他撞倒，又用犄角死死抵住。正在这万分危急的时候，“乌帕饶”大吼一声，一步跳到牯子牛跟前。牯子牛不由得吃了一惊，立即抛开垂死的牧人，朝“乌帕饶”撞来。“乌帕饶”敏捷地闪开，绕到牛的背后，牯子牛撞了个空。“乌帕饶”乘势把牛尾巴一把揪住，在手上绕了一绕，就使劲地拉。狂怒的牯子牛四腿乱踢，拼命腾跳，但无法挣脱，挣扎半天，气力渐渐不支，口吐白沫，直喘粗气。“乌帕饶”用力一掀，把它摔倒在地，又对准它的额心狠狠地揍了几拳，打得它七窍出血，躺下去死了。

晚上，主人知道了当天发生的事，大怒，要把“乌帕饶”挖心剜眼。“乌帕饶”赶紧偷出一把长刀，提起弩弓，悄悄离开草棚，找到外婆和阿妈，将事情告诉了她们。于是，三个人连夜逃跑了。

他们沿着阴森森的黑山大箐走，翻山越岭，日夜奔波。到第三天，外婆病倒了，病魔夺去了她的生命。母子俩掩埋了老人，又继续上路。第七天，他们来到澜沧江边。隔江遥望，隐隐约约地看见对面雪峰下有几间茅屋，冒着缕缕炊烟。母子二人十分高兴。“乌帕饶”拔出长刀，砍倒一棵大树，做了一只猪槽船，顺利地过了江。

来到村里，住户都是傈僳人，他们都是陆陆续续从外地迁来的。酋长是个慈祥的老人，很客气地让母子俩在火塘边坐下，和蔼地问外乡人：

“你们家住哪里？我能帮什么忙吗？”

“阿叔，我们来自山的那面。蜜蜂舍弃窝巢，是因为受到马蜂的欺凌，青麂子来到江边，为的是躲避冰雪严寒。我们孤儿寡母来到这里，是想找一个安生的落脚地。”

“好的，你们就住下吧！不过，”

老人停了一下又说，“这里可是多灾多难呀！”

“这是为什么呢？”“乌帕饶”诧异地问。

老酋长一边摇头叹气，一边给他们讲述：

“村背后的山湖里有一头恶龙，时常兴风作雨，乱放山洪，冲毁房屋和庄稼；右边山上有一群黑猩猩，在抢吃我们的粮食；左面山岭上有几百只老虎，时常下山来伤害人畜。日子很不安宁呀！”

“乌帕饶”对老酋长说：

“老人家，你使孤独的蜂儿回到了蜂群，你让可怜的孤儿寡母有了栖身的地方，放心吧，我对天发誓，一定要把这些恶龙猛兽除掉！”

第二天，“乌帕饶”带着长刀弩弓，来到山湖边。只见湖水墨黑，阴森恐怖。他大吼了几声，不见动静，又捡起一个大石头，朝湖心砸去。“轰冬”一声，溅起高高的水柱，随即冒出一个蛇身牛头的怪物。它头上长着几十叉的角，爪子像刀一样锋利，对着“乌帕饶”吼：“你是什么东西？胆敢来找死！”

“乌帕饶”厉声说：“我来要你的命！”

说罢又拿一个大石头砸去。恶龙躲过石头，凶猛地向岸边游来。“乌帕饶”决计要把恶龙引上岸来搏斗，于是装作惊慌的样子，拔腿就往森林里跑。

恶龙张牙舞爪，紧紧追赶：“你跑到天上，我也要抓死你！”

恶龙离湖远了，“乌帕饶”拔起一棵大树，转身就打，恶龙来不及躲开，被压在树下动弹不得。他一股劲地往下按，恶龙痛得乱吼乱叫，顿时黑雾滚滚，暴雨哗哗。“乌帕饶”不松手，

恶龙精疲力竭,哭着哀求说:

“豹子头上有老虎,能人头上有能人。小伙子呀,饶了我吧,从今以后再也不敢乱发洪水了。”

“乌帕饶”说:“本该砍下你的头去祭神,但你愿意悔改,就记下这一刀。从今天起,你不得乱发洪水,三十年才准你出来一次,要出来就先打雷,好让我知道。你办得到吗?”

“办得到,办得到,一定照你吩咐的去做。”恶龙一个劲地发誓,“乌帕饶”就把它放了。

“乌帕饶”降服了恶龙,就去制伏那群黑猩猩。

他先探明猩猩出没的山径,就用玉米稀饭涂满全身,再沾上一层厚厚的小米,直挺挺地躺在山路中央。不一会,走来三只猩猩,对着“乌帕饶”指手画脚,叽叽咕咕。接着出现了一大群猩猩。它们看见“乌帕饶”这模样,弄不清究竟是什么东西。

“这是一个雪人!”一只猩猩嚷了起来。

“不!”一个老掉牙的猩猩反驳说:“它是天上的神,赐东西给我们来了。”

听老猩猩这么一说,猩猩们便欢欢喜喜地把“乌帕饶”抬了起来,一直抬到它们居住的山洞里。

“供神仙,供神仙!”猩猩们手舞足蹈,把他安放在专供祭祀的青石板上,就去分吃果子和玉米。“乌帕饶”悄悄抽出长刀,跳下石板,大吼一声,堵住洞口。猩猩们慌做一团,争先逃命。“乌帕饶”挥动长刀,左砍右杀,一窝猩猩都被斩尽杀绝。

不久,“乌帕饶”又去杀老虎。村后有一条很深的沟壑,两边都是悬崖峭壁。“乌帕饶”想了一个捕杀虎群的办法:把干柴堆放在深沟的入口处,崖壁挂起一根长长的篾绳,叫全村的男子个个带上弓箭，埋伏在山沟两侧的崖顶上，然后由他去引虎下山。

“乌帕饶”独自登上山岭，径直去找虎群的首领，恭恭敬敬地对它说：“我是来给你献食物的。有一千多只山羊，一百多头牛，放在村背后的山沟里，请你们去痛痛快快地享用。”

老虎们听了很高兴，倾巢出动，欢天喜地扑进了那条深沟。可是一看，连根牛毛也没有。虎头领大怒，正要找“乌帕饶”出气，谁知，“乌帕饶”抓住篾绳爬上了崖顶。这时，入口处的干柴点燃了，虎群在沟底窜来窜去，惊恐万状。两边崖子上的汉子一齐张弓射箭，几百只老虎全被射死在深沟里。

消除了虎患，又引出了另一桩祸事。村子附近的大森林里，有一个抢劫为生的部落。当“乌帕饶”猎到几百只老虎的消息传开后，那个部落的酋长派人来索取两百张虎皮。“乌帕饶”一口拒绝了，于是，那个部落便召集了数百名汉子，准备夜间来袭击“乌帕饶”的村子。

“乌帕饶”和乡亲们也做好了打仗的准备，杀猪宰牛，举行隆重的战争仪式：草坪上篝火熊熊，先由三十对魁梧的汉子表演械斗舞，随后老酋长割断了一对大白鸡的喉咙，进行“鸡卜”，请“尼帕”唱起祭歌：

仇人翻过高山，已来到小河那边；
冤家跨过大江，正藏在岩岗后面。
手里拿着梭镖，身上背着长刀；
两眼的光闪闪，心里装着邪念。
看，我们的姐妹在颤抖，
瞧，我们的孩子在哭泣。

他们就像被蛛网缠住的蛾虫,
他们就像被扣子套住的麂鹿。
你是身穿漆藤甲的杀虎勇士,
你是手持牛皮盾的降龙英雄。
要去教训那扇风的鬼,
要去惩罚那下雨的魔。
你挥舞长刀,就好像在砍火山,
你投梭镖,仿佛在捕猎野兽。
走吧,把仇人杀死在山野林莽,
去吧,把冤家撵向那地角天涯!

"尼帕"唱完,酋长给每个去打仗的人斟了一木碗酒。"乌帕饶"和武士们一饮而尽,就走出村外去了。

从天黑等到黎明时分,战鼓开始擂动,牛角号响起来了。

对方部落的人仗着人多势众,个个举起牛皮盾牌,强行涉河过来。当他们快要靠岸,"乌帕饶"的人投出去一批又一批梭镖,打倒了冲在前头的敌人。"乌帕饶"瞄准对方的酋长掷去一支长梭镖,穿透了牛皮盾,可惜没刺中他。那酋长勃然大怒,向"乌帕饶"飞扑过来。双方的人搅裹在一起,拼命厮杀,喊声震天。

对方部落酋长是个力大如牛的汉子,刀法很精。他猛一刀把"乌帕饶"的盾牌劈成两半。但"乌帕饶"凭着天生的力气与敏捷,左挡右砍,把他杀得晕头转向,一锅烟工夫就把他的长刀打飞,吓得他面如土色,掉头就跑。"乌帕饶"快步追赶,一刀就把他的头砍了下来。敌人见首领已死,无心再战,纷纷逃回家去。"乌帕饶"带领汉子们边追边杀,一直追进对方部落里。把男的统统杀死，又把那酋长的房子点上火。

突然，从屋子里传出一个女人的呼救声。“乌帕饶”冒火冲了进去，只见房角落里有个裸体的姑娘，被绑在栋木桩上。他替她割断麻绳，拣一张麻布毯子给她裹上，一手把她挟出门。仔细一看，姑娘长得很漂亮。他温和地问她为什么被绑在酋长屋子里，姑娘悲痛地讲述了自己的遭遇：她叫杜阿拉，家住离这里一天路远的一个小村里。她家共有九口人，阿爸、阿妈和她们七兄妹。三天前，她们的村落遭到袭击，她是在逃跑途中被酋长抓住的。酋长逼她做他的第九个老婆，她不从，就被剥光衣裙，不给吃，不给喝……

“乌帕饶”告诉杜阿拉，那个可恶的酋长已被他砍死了，问她说：“你想回家吗？我送你走！”

“我没有家了，阿爸阿妈都被杀死，兄妹们都被卖掉了！”杜阿拉眼睛里滚出了泪花。

“那么，做我的妻子吧！我和你一样，都是苦命人。”“乌帕饶”坦率地说。

杜阿拉在惊喜之余，脉脉含情地答应了。

这次战争，对方部落的男子还有几个逃脱了，其中一个就是酋长的弟弟。他要报仇雪恨，想出一条毒计，带了一背麝香去勾连另一个抢掠为生的部落，领着几千人的人马，悄悄来袭击“乌帕饶”他们的村落。村里的人还蒙在鼓里，因为打胜仗后，全村都在狂欢痛饮，接着又为“乌帕饶”和杜阿拉举行婚礼，大家毫无戒备。

半夜，狗突然惊叫起来，许多房屋着火了，许多乡亲还在睡梦中就被砍掉了头。“乌帕饶”被狗吠声惊醒，慌忙跑出去看，刚到门口，十多个汉子手提长刀朝他家闯来。他明白是被其他部落偷袭了，急忙拔起脚碓做武器，挥来舞去，一连打死了七八个壮汉，把其余的都吓跑了。他急忙回家，取了弩弓和长刀，一面叫阿妈和妻子往山上跑，一面冲出门外。

来到村子中央的草坪，老酋长已倒在血泊中。敌方部落的头领正在指手画脚，房子到处在燃烧，妇女、孩子的哭叫声和格斗声交织成一片。“乌帕饶”怒火中烧，抽刀把对方部落的头领砍翻在地，接着像猛兽一样横冲直撞，一连杀死了几百名敌人。但敌人像出洞的飞蚂蚁一样越来越多，而村里的男子汉只剩下他一个人了，只好杀出重围，满脸泪痕，朝高山森林逃去。

第二天早上，“乌帕饶”在森林中找到了阿妈和妻子。他们在一个岩洞里住了几天，又到处找寻，巴望碰上逃出来的人，但一个也没有见到。

“乌帕饶”决定离开这里往西走，去寻找安身之地。

他们历尽千辛万苦，翻越碧罗雪山，来到了怒江大峡谷。在雪山麓有一片葱绿美丽的小山坡，旁边还有一条清澈的小溪，“乌帕饶”决定在这里定居下来。他们在这里盖草房，开荒地，种庄稼，养禽畜，生儿育女。

“乌帕饶”的子孙个个长得魁梧，结实健壮，后来不断昌盛兴旺，就组成了强大的熊氏族。①

这个一度在三江流域广泛流传，且经本土文人加工的熊氏族祖先

① 怒江傈僳族自治州《傈僳民间故事》编辑组：《傈僳族民间故事》，第44—52页。

神话，既是其祖先崇拜中氏族图腾崇拜、英雄崇拜与自然崇拜的神话呈现，又是其历史上傈僳族内部氏族纷争、傈僳族与其他民族矛盾和战争的神话表达。所以，这个熊氏族的创世神话，既是关于其原初始祖源于自然、人类与自然为一体的宇宙观，又是其漫长历史上复杂的族内、族际关系的生动呈现。那么也可以肯定，傈僳族的自然图腾崇拜物或许远远多于陶云逵所记录的20多个，因为其中一些在与其他民族、氏族的矛盾、冲突与战争中业已消亡。由此可见，傈僳族是一个祖先崇拜、自然物崇拜、图腾崇拜，乃至英雄崇拜与生殖崇拜相辅相成的民族，由此将人类与自然、今人与祖先紧密勾连起来，成为在相同的时间与空间里不可分割的整体。因此，如果抛开时间、空间两个要素来探究其传统宗教观念，特别是其中的祖先崇拜观念，无异于无根之木、无源之水。

三、当下名存意淡的氏族图腾崇拜

同乐大寨对于氏族始祖的记忆比较模糊，可见一些氏族图腾始祖的观念已开始淡化。其中一个重要原因是进行民族识别后，“傈僳族”的统一称谓成为了大寨人共同的身份标签，氏族的分类观念随之逐渐淡化。国外氏族观念稍强的傈僳族同胞来到同乐一带参观交流时，曾经因为氏族问题闹过笑话。村民在听到境外同胞询问是哪一个（氏）族时，回答道“我是傈僳族”，而外国友人则误以为大寨一带还有“傈僳”这一氏族：

泰国人来了我们这个地方一次，他们就在路上问“侬啊时帕啊”（你是什么氏族的啊），“昂傈僳帕”（我是傈僳族），“哦，傈傈帕”。他便以为“傈傈帕”是傈傈族诸多氏族里的一种，其实回答的那个人说的是自己是傈傈族了嘛。那边跟这边说一句话，就翻天覆地(天差地别)的变化(不同)了。那么那边问呢，是在说“你姓什么”(你是什么氏族的)，那么我姓余的话，“哇帕”(姓余，鱼氏族)，姓余的一伙(群)了嘛，他们永远都不会变。德宏盈江那边也是一样的，他们的姓一般都不改，还有大部分挨着缅甸那边。我们这边只能说藏区傈傈族多，姓这些方面呢已经全部变掉了，我们的这个姓和、姓余这些方面来说呢，就变味了，姓从哪里来就不懂。他们泰国的不懂，就问了嘛，你们这边还有一个傈傈族氏族？是什么样的一个氏族啊。我给他翻译了以后，他们才知道。我们这边的这个就是改变了嘛。为什么这么说呢？因为跟着汉族汉字走，然后就是变成一个“你姓什么”，意思呢就是说，我姓余就是“哇帕”，姓虎就是“腊帕”，姓熊是“窝帕”，姓蜂是“别帕”，姓雀是“念帕”，姓鼠是“亥帕”。但是好些人就没有反应过来(泰国傈傈族同胞问的是什么氏族，而不是什么民族)了嘛，这样一句话就产生了误解。①

笔者在缅甸傈傈族中的调查也发现，他们在具有作为傈傈族的共同认知的同时，其氏族认同更为强烈。这是因为缅甸傈傈没有经历过国家力量主导的民族识别，所以在凝聚成“傈傈族”与异族相处、博弈的同时，其内部氏族认同还是很强烈。缅甸的诸多傈傈族村落的氏族、血缘关系很突出，氏族内部彼此相互帮助、支撑。而在同乐这样的三江并

① 2019年3月31日，笔者在同乐其宅对村民B的访谈。

流区域的傈僳族，因为经过民族识别及其后作为傈僳族的公民权责实践，又经过从父辈乃至祖辈就开始依据其氏族图腾崇拜物衍变而来的汉姓，其氏族观念就越来越淡化了。尽管大部分人知道自己源于哪个氏族，但氏族图腾祖先的创世神话并非人人可讲述。加之氏族与民族两个概念在傈僳语中皆读为“氏”（第一声，也同音异写为“史”“时”等），因而氏族观念更甚于缅甸也更甚于中国的泰国傈僳，就在与同乐傈僳同胞的对话中出现理解和表达的错位。

因为氏族观念的淡化，年轻人大都通过反推法来分辨自己属于什么氏族，闲聊时经常会有这样的对话：

“你姓余，那你应该是鱼氏族（哇帕）了……”

“他家姓蜂，那应该是属于蜂氏族了……”

虽然同氏族的村民会“共戴一姓”，但这一通过汉姓分辨自己所属氏族的方法并非总能奏效。村里经常有“一家多姓”的现象，且有姓氏不随“父子”或“母子”相传的情况，后代的姓氏与父母嫁娶、招赘的婚姻形式之间并没有很绝对的承继关系，外加王姓等依照当时的职位而来的姓氏，使得这一反推法难免与事实不符。如入赘的村民 G 本人姓“余”，其妻子姓“和”，其子随母姓“和”，而其孙子则姓“余”。再如白值洛的村民 C，其祖父的汉名是其傈僳语名的音译，但属于鱼氏族的他汉名姓“王”，而村民 C 的祖父的兄长则姓“余”。村民 M 在解释这一现象时，说道：

我们这边的名字是乱起着的，父亲姓余，那么有些的孩子居然整着姓张，从哪里来的都不知道。然后学校那边就懵了，要核实嘛,我们都帮忙写了好多证明了。[1]

同乐大寨的村民当下对于氏族的记忆淡化,也表现在其所属氏族的模糊化、相关氏族始祖神话及其所蕴含的祖先崇拜观念的淡化。如上文罗列的熊氏族的神话在澜沧江、怒江流域的熊氏族中曾经广为流传,但在同乐大寨难有耳闻。这类故事完整、情节生动的氏族神话的保存,以往是靠生产生活场景中,特别是火塘边的代代口耳相传。自改革开放以来,各地傈僳族村民家家户户逐渐购买了电视机,后来几乎人手一部手机,加之孩子们读书住校,而且火塘也逐渐退出傈僳族家庭,口传传统文化的场景逐渐消失。因此,伴随老一辈傈僳人的去世,在学校里长大,又沉浸于电视与手机的年轻人不再听过这些图腾神话,会讲的就越来越少了。其结果就是与祖先崇拜相杂糅的图腾崇拜、自然崇拜、英雄崇拜观念的淡化。但总的来看,是当下同乐村民与自然环境关系的密切性远不如以往所致。不惟山林里的采集、狩猎越来越淡出人民的生产生活,乃至山地种植业与养殖业在其生产中的地位也逐渐下降,自然而然就影响到村民对自然的依赖与崇拜,其中源自自然物的氏族图腾崇拜观念的淡化也就不足为奇了。

① 2019年8月10日,笔者在同乐其宅对村民M的访谈。

第四章　祖先崇拜中的时空观认知与仪式实践

阴间的篮子已背了三年

阴间的活路已做了三月

吃不用碓舂的米

喝水不用背来背

……

我要走向一个地方了

我要走向一个场所了

——《丧葬歌》[①]

第一节　祖先神话里的异族同祖异域观念

在提到祖先时，傈僳族村民通常会将祖先简单分为远祖与近祖，这“两头”的祖先一般被后人所熟识，而介于两者之间的中世祖先在后人的记忆里大都较为模糊。所谓远祖，即创世始祖、部落始祖、支系始祖、村寨始祖等，人们对远祖的记忆多以神话传说的形式存在。就同乐大

① 李四明等搜集翻译：《丧葬歌》，昆明：云南民族出版社，1992年，第5、7页。

寨的村民而言，其远祖记忆涉及创世始祖、氏族始祖、村寨始祖三类。而近祖即代数相隔不多的祖先，只有父亲、祖父、曾祖等三代，并且多源于某一山地自然物，这也是傈僳族祖先崇拜的一个特点。

一、《创世纪》里的异族同祖的观念

与其他民族的创世神话一样，傈僳族的创世始祖神话一般包含了创世神、肇始人类、民族始祖等形象，从中我们可以看出傈僳族祖先崇拜的一些特点。依照前人所搜集到的资料来看，澜沧江上游叶枝一带的傈僳族中流传着的创世始祖神话类别较多。若从肇始人类产生的方式来看，大概可分为两类，即提及人的由来与未提及人的由来两者，如音节文字记载的故事中提到了"猿猴育人"说。而依照繁育后代的方式分类，则可大致分为五类，分别为瓜生人、兄妹婚孕育后代、娶仙女孕育后代、木偶与猿猴结合生人、其他。在许多传世神话中，繁育后代的方式是复合式的，即既有兄妹婚又有瓜生人、既有娶仙女孕育后代又有瓜生人等。虽然对人的出现的解释不一，对繁育后代的方式的讲解不尽相同，但是此类神话的前提多是人类源于自然，而其结局一般都是"多民族共祖"。而且值得注意的是，在形式与细节上，叶枝一带所搜集到的创世神话与河谷地带居住的纳西族的创世神话有很大的相似性。

20 世纪 30 年代哇忍波自创傈僳族音节文字后，有一份用傈僳文记录下来的《创世纪》①，此版本在一定程度上当是 1950 年代前叶枝一

① 原名为《占卜书》，此处引用的部分后即为占卜的经文。据木玉璋考证，该作品原为哇忍波所写，现存的是他的学生光那巴的手抄本，书写年代不明。本文中所说的《占卜书》《创世纪》等音节文字书写的文本皆为此经书的翻译。

带的"尼帕"对创世神、肇始人类、民族始祖等的一个较普遍的认知，兹录其译文如下：①

傈僳族古时候的这个故事，别让它失传了。人类是远古猿猴养育下来的，这是个故事。

有一对夫妇做完农活回来到家里以后，有人来问并回答了真实事，我讨要那仅有的三石仙米种全部给来，种子播撒完了。播撒在什么地方，他媳妇向他询问。说是不必担心，把麻袋背到地尾歇下后，将麻袋口子打开，用木杆把口子撑好，捡来两三粒种子放口袋后，用口吹嘘唤风。地里的所有的仙米全跑进麻袋里了，背回到家以后，看它增长多少以后。天神又来数仙米种，数完后说是仙米种子丢失了三粒半。无法说清楚了，自言自语地说出声来，该怎么办呢？他媳妇说，你是不是见到了鸟？说是。见到鸟就去拿弩弓把它射下来。拿着弩弓来到地边地里看看，朝地头瞧瞧，发现一棵干枯的树尖枝头上歇着五只鸽子。用弩弓一箭射去，射掉下来两只。打开看看鸽子嗉囊，丢失的仙米籽在嗉子里发现了。拿着仙米籽快速来到天神跟前请他看看，天神说好了，一定要收好管好，更需要找好选好种子播撒的地。

头一天播撒的种子，第二天去看看，一片绿油油。无论种什么都很成功。播撒仙米、青白菜都很好。白菜变成了肉，蔓菁、萝卜变成了油。后来无论做什么天神都无法与人相比，总

① 汉刚、汉维杰译注：《傈僳族音节文字古籍文献译注》(下册)，第179—182页。另一翻译版本见木玉璋：《傈僳族音节文字文献资料汇编》，第149—150页。

是赢不了人。因无法管治，神把人从天界赶到凡间生活。原来在天上播撒的粮种，已经落到凡间的地上。

后来天神把所有的粮种都赐给人，使他们带回凡间来了。是从天空的东北角降至凡间。来到凡间时，居住在无遮无挡的地面，边学边做，成家立业。那时人鬼在一起。种了一窝瓜，结了一个瓜，这个瓜长啊长，长不停，长得像间大房子，里面好似无数人在生活着一样，一片吵吵闹闹的声音。随后生下了一个儿子。

儿子长大后，妈妈在家里不见了，父亲、儿子两人很伤心，难过得实在想不通了。每天出去干活，无论什么时候回到家，每天都有人帮他们做下饭菜，只听到声音，却看不到人。有一天，他暗处看谁为他做家务活。有一人来来回回忙个不停，他跑去抱住她，你干什么？说为了娃娃你别到处乱跑了。原来是天神的女儿帮父子俩做家务活。她用灰尘捏成像他妈的泥人，摆下给小孩。小孩也喜欢吸泥人的奶，后来小孩长大人以后，能自食其力养活自己，什么活都能做。当初吃了泥人的奶水，现代所有人，拉出来的屎都像是灰尘的颜色，是这样形成的。对泥人精心照料，保持清洁。

后来，有一天那个泥人自己裂开成两半，从里面出来了5个大男人，5个人5个样子。他们全部围坐在一起，可都不会开口说话。问天神，为什么这样？天神教去祭“尼刮刮”鬼①就好了，天神把所有祭祀程序、规则、咒词咒语完全教授了。怎样做怎样说，样样都认真仔细地说教了一遍。祭了“尼刮

① 即“祭天”。参见木玉璋：《傈僳族音节文字文献资料汇编》，第149页。

刮”鬼后，看见他们5个人开口讲话了。有意把马赶进菜地里，有一人开口用傈僳语说“阿莫拟片咱阿瓦”；有一人用汉语说“马吃菜了”；有一人用藏族语说“达尼(腊)碳麻萨”；有一人用纳西语说“阮(马)具朴唉刻迪拥空喔也”；一人用白族语说。从此以后，他们各讲各的语言去了。

凡间生活了好些年的村民，因为没有女人，人丁无法增长。“撮仔哩鳄佐(始祖)”问天神去，天神说别出声，你要女人我把他们全部放出来。撮仔哩鳄佐听从天神的嘱咐，守候在路旁，看见路过的动物成千上万种，可没有看见人过来。老虎、熊、鹿、山驴等所有都走过去了，连个人影都没见，好似受骗了。行细一看，最后来了一条蛇，无论怎么样这是最后的机会，用弩把挨一挨那条蛇，蛇变成真实而美丽的女人。她所经过的道路铺满了绸缎，传授农作技术和编织技巧。所有人都歧视他，欺他娶了个蛇婆娘。从此，所有男人都有了老婆。村民在天神管理下，一代又一代在大地上生活着。所有人都变成了诚实、善良的人，个个都是大力士，他们的一节小腿骨都有四五拃长，做活也十分能干，不会说伤人的话，不会做偷吃抢吃的事，自食其力。不贪别人辛辛苦苦挣来的食物，不哄骗他人的财物。什么事都不需文字记录，也不需要管理的人。这样的日子，前前后后过了十五六代，人人都是心地善良，勤劳勇敢。无论做什么，天神都耐心说教。①

此版创世神话有诸多特殊之处，对于人的来历，它将之解释为“古

① 内容有删减，译文的后续部分讲了天神教授凡人看日子、分年岁等知识的细节。

猿猴养育”，中间有和木玉璋[①]、张正东[②]等人搜集的创世神话类似的“考验”的环节。此类神话故事认为人类早年与神住在一起，但是因为神赐予的能力而逐渐超过了神，于是有所忌惮的神将人类驱逐到了凡间。在人类的初始阶段，有了种瓜成人、泥育人的环节，最后以多民族共祖和与蛇等结合繁衍后代结束。与其他神话相比，此版本没有洪水泛滥、瓜生人等环节，却与周边的纳西族的创世神话有很大的相似性。这可能因为傈僳族与纳西族同为氐羌系统乌蛮族群后裔，也可能是因为同处一隅而共享相似的族源神话。

值得注意的是，本创世神话很可能是蛇氏族的创世神话，但同时又与其他氏族的创世神话加以拼接。如瓜生人创世神话，不仅在各地傈僳族中有多个版本，而且也流传于同样是氐羌系统乌蛮后裔的拉祜族中。而吃泥人乳汁长大的传说，应该是傈僳族与大地母亲亲密关系的隐喻。总之，猴子生人、天神嫁女等情节在周围藏族、纳西族中也有流传，实际上是在隐喻傈僳族的最早始祖就存在着异族血缘，其早期文化中就融入了异族文明。这也是萨林斯“陌生人—王”理论的西南实践。而南瓜是傈僳族的重要食物，亦菜亦粮，或许此“创世纪”为菜（“峨瓢”）氏的创世神话。两个创世神话的共性，在于傈僳与同源兄弟民族皆源于某一自然物。由此可见傈僳族的自然崇拜、祖先崇拜与图腾崇拜的相互交织。至于其祖先为蛇、瓜，就不得不考虑到其中也有生殖崇拜的意味。

在哇忍波版的傈僳族创世神话里，明确表示傈僳族有原初的造物神，是造物神创造了包括人类在内的世界万物，并与人类相处，教授人

① 木玉璋：《傈僳语话语材料——天翻地覆的故事（创世记）》，《民族语文》，1986年第5期，第65—78页。

② 张征东：《云南傈僳族及贡山福贡社会调查报告》，第34—38页。

类生存能力。这可谓是傈僳族的宇宙观，即创世神与人类并置，将世俗与神圣并处。而且说傈僳族与藏族、汉族、纳西族、白族同源，并以语言作为族群边界符号，但都是源自“泥人”，即通过大地母亲象征的“泥人”而与自然以及神性的造物神“尼刮刮”[①]有了关联。说祭拜该鬼（神）之后，各族先祖才会开口说话，与纳西族的创世神话中祭天（外祖父）后各族始祖开口说话相似，也与独龙族创世神话里的祭天（外祖父）后出生的小动物才变为人也类似，都在强调其血缘里来自天（神）界的血缘的重要性、尊贵性，呈现出三个并存的空间图景：（1）人类与神性始祖和睦共处的神圣空间；（2）傈僳族与周围民族和睦共处的世俗空间；（3）人类与自然万物共处的递进习俗与神圣空间。傈僳族的宇宙观的基础，便是这纵向将创世始祖与后代相关联，以及横向将傈僳族与周围民族、自然万物相关联的两个空间。各处其所，各安其分，社会有序，万物有范，也是傈僳族传承已久的道德观。为此，需要举行种类繁多的祭祀仪式使鬼神回归其位（空间），社会恢复其秩序。同源又处于共同区域（空间）的各族皆是如此。但在傈僳族处于弱势或强势的时代，事实却并非如此，因而傈僳族在创世神话中，通过对原初始祖的完美化、道德化、神圣化，暗示了现实社会中族际关系的不和谐与民族地位的不平等。

二、创世神话里异族始祖同时、同源于一瓜的观念

当下，对于人类与民族的起源，村里年长的村民讲道：

---

① 即“天神”。

> 在大地上还没有人的时候啊，神仙给了瓜种。瓜种下去以后呢，只结了一个。慢慢地越来越大的。但是，那个瓜上粘着粪便，擦了以后第二天还是有粪便，即使擦干净也还是会沾上粪便。后来呢，把那个瓜砍开了以后呢，里头出来了很多人。出来的以后呢，里头的人就各奔东西了。藏族是从那个瓜里出来的，纳西、傈僳、汉族都是从那个瓜里出来的。那个啊，是火山爆发以后的事了。人啊，都是从一个南瓜里出来的啊。傈僳族都是这么讲的了。种南瓜的呢是神仙，一般叫“瓦萨玛”，给南瓜子的呢是“乌萨”，也就是“乌萨帕”。所以啊，在世间没有人的时候呢，人是从一个瓜里出来的。①

在同乐村民讲述的创世神话里，人类从南瓜里出来，给南瓜籽者为“乌萨帕”——男性始祖、男性创世神，种植南瓜的是“乌萨玛”——女性始祖、女性创世神。他们俩一个给种子，一个播种，共同创造了傈僳族、藏族、纳西族与汉族等多个民族。而南瓜、玉米一类高产作物传到此区域应该是明代以后，特别是纳西族土司开始经营滇西北地区以后。但从明代嘉靖年间到清初，当地都一直处于与吐蕃的民族战争中，经济上得以休养生息时已是清中期之后，所以玉米、南瓜这些外来高产作物传入维西也大概是在此时。那么，传言人类从瓜里诞生的创世神话，也如哇忍波搜集、记录的创世神话一样，有着后世不断重构的过程。但可以肯定的是，傈僳族具有把原初始祖神化的特点，于是人类祖先被赋予了神圣性，并在后一个创世神话里有了专称“乌萨帕”与“乌萨玛”。

① 2019 年 5 月 8 日，笔者在同乐其宅对村民 C 的访谈。

对于南瓜育人的故事，张正东记录的一个版本与同乐村民所讲的较相似：

迨至太古之世，经过了“楚甫迦”时代之大雪冰期，又经过了“缪书缪休迦”之大旱洪水之劫，又经过“汪恩行美迦”时代之魔慑人变猿之后，宇宙间已无人类矣。天下乌萨神（上帝）乃敕令“恩仪抛”天使降凡，去创造人类，特赐给南瓜子一粒。恩仪抛降临大地，将南瓜子种于园中。不久，瓜生出蔓，开花结实，大于车轮（约高丈余围二丈余）瓜中每闻人语。天神恩仪抛俟其瓜熟，执神剑剖瓜之东面，有二鬼出（系傈僳族信鬼之鼻祖）；剖其南面，有二狼出（系傈僳部落恶兽之鼻祖）；剖其西面，有二蛇出（系傈僳部落毒物之鼻祖）；剖其北面，有二犬出（系傈僳部落猎犬之鼻祖）。恩仪抛再把南瓜从西向东划成两半，于北部之瓜瓤中有一男孩，于南部之瓜瓤中有一女孩。男名恩恒扒，女名恩恒女麻。二人生而能言，能行走，不哺乳而能采食果以为食，乃与瓜中所出之二狼二蛇二鬼二犬共同生活（所以傈僳族永远不能离开鬼之关系，蛇之关系，狼之关系，犬之关系），永远同住在一起。①

瓜有多籽且繁育能力强之特性，所以被诸多民族作为始祖的孕育地（空间）。也有学者认为葫芦、南瓜外形类似母腹、子宫，而被作为女性的象征，实际上是人类早期的一种生殖崇拜。② 上述流传于各地傈

① 张征东：《云南傈僳族及贡山福贡社会调查报告》，第 24 页。.

② 高志英、苏翠薇：《云南原始宗教史纲》，第 28—32 页。

傈族的神话,多讲述其始祖源于南瓜,也可能是因为南瓜在山地傈僳族地区具有很强的适应性与丰产性,对人口再生产极为看重的傈僳族由此寄予人口增长的厚望。另外,在此创世神话里,人类还与狼、蛇、狗、鬼同源于南瓜中孕育的男女始祖,因而不离不弃同处于一个世界(空间),而人只是其中的一分子。这同样是傈僳族自然观、宇宙观的神话表达。

图 4-1 村民 C 所作的"搓波色波"①的形象

至于这一神话的"发生地",哇忍波在向村民讲述时提到过相关的地名:

哇忍波说这个故事不是发生在这里,是发生在"蒙古云县"(音)。"蒙古云县"呢没法种庄稼,住在什么都种不出来的

① "搓波色波"是一神名,当村民受到鬼灵欺压和干扰时,它会挡在人鬼之间,避免人受害。(2020 年 3 月 3 日,笔者在同乐其宅对村民 C 的访谈。)

地方，后来“乌萨”给了一堆南瓜籽，种下去以后呢只结出了一个南瓜。把那个南瓜砍开以后呢，里头的人就跑出来各自散开了。这个是哇忍波讲的了。①

该传说里出现“蒙古”二字，貌似与傈僳族的祖源地风马牛不相及。但联系到公元1253年忽必烈从金沙江革囊渡江后，纳西贵族开始登上滇西北政治历史舞台，因而在《木氏宦谱》里附会为祖先是“西域人”②。傈僳族分布区在地理空间上与丽江纳西族相隔不远，族源上与纳西族共同源于氐羌系统中的乌蛮族群，政治上受木氏土司管辖。经济文化上交往交流频繁，因此其口传历史中出现“蒙古”也是不足为怪的。这里的“蒙古”并非实指蒙古某个地方，而是遥指北方荒凉地，反映了藏彝走廊乌蛮族群曾在甘青高原繁衍生息的模糊历史记忆。进而仔细推敲也可看出，维西一带澜沧江峡谷在南瓜传入之前，并无发展农业的优势，因而“种什么也种不出来”，不得不长期依赖狩猎与采集经济。等到来自“乌萨”的南瓜播种以后，人类才“开始诞生”——人口大量繁衍。这从物种传播的层面透视出外来物种对于滇西北山地民族人口及其生产生活的巨大影响，人们因而将带来南瓜种的外界神化为“乌萨”。

虽然现在同乐大寨里仍有部分村民能讲述始祖神话，但其叙述流于片段式、碎片化。如“瓜生人”的故事，很多年长的村民在提到创世神话等话题时，也没能讲出较完整的故事，多以“这个东西我不知道，就没法和你讲了”为由委婉拒绝，甚至村中的“尼帕”也如此。故而在一定程度上，可认为同乐大寨的村民对于创世始祖的记忆已淡化，呈现出远祖

---

① 2019年5月8日，笔者在同乐其宅对村民C的访谈。

② 云南省博物馆：《木氏宦谱》，第99页。

历史记忆碎片化的特点。

傈僳族的创世神话版本颇多，陶云逵所搜集的创世神话就不少，而且无不与傈僳族的祖先崇拜有关。

> 上古洪水滔天时，地上的人都死光了，只剩了兄妹二人，兄名 A-hang-p'a，妹名 A-hang-ma，带着一条狗，流落在一个岩洞内，因为大地为水淹，没有粮食，乃命狗到天神处，讨谷粮种籽。天神就将粮种纳入狗耳内，带回崖洞。狗一摇头，粮种自狗耳掉出，落入土里，随后乃生出各样粮种；其中有瓜秧一棵，结一大瓜。有一天，闻瓜内有叫喊声，两兄妹不由害怕，向天叩头求救。忽自天上，掉下一把刀来，他们两兄妹拿着刀割开瓜一看，由瓜内出来五个人，三个白的，一个黑的，一个生翅膀的。三个白的就变成了栗粟，一个黑的变成了那希（丽江的麽些）。有翅膀的那一个，在开瓜时一怕，飞跑到山崖上，变成鬼，世上有鬼，自此始。后来天上遣下一神来，教给他们识字，三个白的所学来的字，写在一块天赐的皮子上。那个黑的将所学的字写在石头上。天神上天。随各走去，那三个白的同在一起走，一个黑的另去一处。可是三个白的，行到途中饿了，找不着东西吃，饿得无可奈何，就将带着字的皮子吃了。学来的字只是会说而不会写，黑者学的字写在石头上，忘了时候，就看看石头。所以栗粟现在会说不会写，无文字。①

① 陶云逵：《碧罗雪山之栗粟族》，载《中央研究院历史语言研究所集刊》第 17 本，第 402—403 页。

陶云逵所搜集的这个创世神话，狗从天上偷粮种给人类，与纳西族创世神话相同。并且，两个民族都有祭拜狗，即在过年时第一碗饭先喂狗的传统习俗，说明先后从狩猎生计转向农业经济的纳西族与傈僳族具有区域文化共性。但从该传说里只有傈僳族与纳西族同源于一个南瓜来看，历史上傈僳族与纳西族接触相对更多，彼此同处于既作为衣食父母，又带来自然压力的同一生存空间内。于是，人类（傈僳族、纳西族）和自然（自然压力化身的超自然力量“鬼”）同在一个傈僳族所认知的宇宙空间内，但各自有其分布区域。

另外，此神话传说不是以语言，而是以肤色、文字作为民族文化符号。傈僳语与纳西语，对“黑”色的发音基本相同，而且皆有深邃、高远、高贵之潜意。那么就可以回到乌蛮族群里的主体民族关于“黑彝”“白彝”的地位等级认知，乃至傈僳族三大群体里的“黑傈僳”的自我界定，即其保留民族传统文化相对多，是正宗者。而从澜沧江流域的维西、兰坪西去怒江中上游地区，便是“黑傈僳”的主要聚居地。因此，该传说里的黑、白，不仅反映民族肤色的差异，还有着丰富的历史文化意涵。

再从文字来看，其有无也绝不仅是字面意思，而有着深层次的族群地位等级意义。这正好与斯科特所言的“佐米亚”区域山地民族以遗忘或不使用文字作为“逃避国家的艺术”[①]相反，是从对文字的渴望表达了现实社会里的短缺——有文字者往往是统治民族，无文字者往往是被统治民族。这就对应了维西一带傈僳族长期受纳西族土司统治的史实，也以神话传说的方式给予其被统治地位一个合理化的解释，尽管不一定真实，但多少提供了一些精神上的慰藉。如果再以神话传说的方

---

① 在斯科特看来，包括傈僳族在内的诸多民族的无文字状态都是精心设计过的，是为了更好地逃避被国家统治和自我生成国家。见詹姆士·斯科特：《逃避统治的艺术：东南亚高地的无政府主义历史》，第 11、260 页。

式反复强调傈僳族与给其自然压力、社会压力的“鬼”及异族祖先同源，就有了修复彼此间的隔阂、矛盾的功能，毕竟在漫长历史中已形成了谁也离不开谁的并存关系。而且，在同一区域各族中，不仅是傈僳族与纳西族，还有藏族、白族、怒族、独龙族等，皆有着依赖自然—崇拜自然—尊重自然的文化心性，并通过人类始祖源于自然（物）的神话加以代代相传，从而保留下了三江并流的世界自然遗产。

三、创世神话里异族始祖与自然物同时、同源于一瓜的观念

陶云逵还在怒江流域搜集到另一个（口传）版本的创世神话：

洪荒之世，分为三个时代。第一个时代名为 Chu-fulja。人身仅五寸许，所用的器皿，都细小。锅如鸡蛋壳，碗如栗壳。当时人的气力很小，所以不能有开发创造之功。第二个时代名为 mioush-ul-miou-hsiengja。人身大约尺许，稍有进步。但不幸天灾流行，空中发现有七轮太阳，七轮月亮。晒得遍地生烟，草木尽枯，连旱三天，人民乃登山求雨。天乃降雨而连下三月不止。山洪暴发，泛滥天下。人类也灭绝。第三个时代名为 waëhsë-mai-ja，因为魔王 waë-Hsi-mei 治世之故。此魔王身大无比。所有栗粟百姓织三年之布而不够裁其裤，吃七锅之饭而不饱。魔王所佩之箭包，可容一只大牛。人民不能供其食用，而魔王苛求食物，不堪其命，乃相率逃入山谷之中。不料后与猿结婚，而变为猿猴。魔王也就饿死。

到了后来，天降一神，光临下土。神名 ë-yi-p'a。此神由天上带来一粒瓜籽，种于田中。瓜瓞绵绵，不久开花结实而瓜大于竹箩，高约一丈，围二丈余。常听到瓜里有人说话，天神俟其长熟，取一把长刀，先割瓜之东首，不料有二灵(ne)产出；后又割瓜之南首，产出两只狼。又割瓜之西首，产出两条蛇。天神看到产出三种毒物，大怒。乃拔刀割瓜，自北而南，分为两半。其在东半瓜中，有一男孩，名叫 a-heng-p'a；在西半瓜中，有一女孩名叫 a-heng-ma。他俩生而能言，能走，不哺乳而能自食。天神收为子女。长大聪明秀美。当时恨无别的人以为配偶，天神不得已劝俩兄妹结婚以传人种。而他俩不愿。讽刺天神说："我俩亲胞骨肉，不能结乱伦之婚。"天神说："这个无妨。天将使你二人传天下之人种。勿违天意。我有石磨盘一个。吾儿取上磨盘，吾女取下磨盘。两人各立两山之巅，将磨盘抛下，使其流入山涧，视其磨盘上下相合，则汝二人可以结婚。倘不合，则从你们志愿不结婚。"于是 a-heng-p'a 及 a-heng-ma 二人从天神之言。在两山之巅各抛其磨盘。磨盘滚到涧底，恰恰上下相合。天神见之大喜。乃使二人结婚。二人格外亲睦。十个月后，一胎产三男。长子名 jcha-gk-mu，聪明俊秀，使之治理百姓，为官；次子名 jchagli-bimu，智通鬼灵，精于占卜，为"尼帕"；三子名 Hsianë-lamu，勤于工艺，为工师。于是，天下大治。由此三人与民女结婚后，乃有今世之人类。①

① 陶云逵：《碧罗雪山之栗粟族》，载《中央研究院历史语言研究所集刊》第 17 本，第 403—404 页。

此传说前半部分与陶云逵上述神话类似,皆将远祖神化。中间部分说到了七个太阳、七个月亮,人祖射日及其后的洪荒时代、兄妹成婚后繁衍人类各族。在此需要注意的是:滚磨盘试天意,在怒族、独龙族中也存在。而且磨盘两扇分为公母,二者相合才能磨面,所以其生殖崇拜寓意明显,隐喻着男女始祖共同养育的三人(三族)有着共同的族源、始祖。这也是对男女结合、阴阳化融而繁衍人类的朴实认知。

手推石磨是该区域石器工具中技术含量较高者,多数由纳西族商人从丽江马驮而来,因而这几个民族对石磨的称呼也一样。纳西族贩夫走卒交易空间的拓展,则与纳西族土司势力范围的拓展基本一致。那么,为官者便是纳西族的含义不言自明;而在滇西北大的空间范围内,白族是手艺高超者,诸多建筑装饰、生产生活工具以及人体饰品皆由白族工匠制作、加工,所以其族性不言而喻;从次子通鬼灵、精占卜来看,就非傈僳族莫属。由此可见,陶云逵所搜集的傈僳族创世神话有多个版本,但皆离不开周围各民族同源同祖的母题。

第二节　氏族祖灵的善恶分类与时空联隔

一、由生到死、由死到生的时空转换及其道德评判

在一定程度上，我们可以认为祖先崇拜是灵魂崇拜的一种[①]。灵魂崇拜论者认为，人是由灵魂和肉体组成的，肉体会在人死后腐烂，而灵魂则会长存。祖先崇拜则以灵魂崇拜为基础，认为祖先的灵魂是不灭的，外加祖先生前对家庭的贡献，从而逐渐发展出了“祖先的灵魂对自己（家庭）有影响”的观念。[②]

据调查，同乐大寨的村民大都对祖先的“灵魂”（“尼”）采取敬而远之的态度，虽然会对善鬼和善终的祖灵采取施食、供奉等行动，但是“生死有别”，对善神与恶鬼空间差异的距离感仍然很明显。对凶死者的亡灵则要驱逐之，其因一是人间并非死灵所在的空间，二是生者如果被凶死鬼接近就会遭到作祟、招致灾病。如同傈僳族歌谣中描述的各种飞禽走兽都有其专属的生存空间一般，不同的亡魂、鬼灵也都有特定的生存区域。阳寿已尽的亡魂依照其死亡的方式，需要被送往祖先居住地或江尾；而鬼灵特别是非正常死亡或没有得到念《指路经》“待遇”的孤

---

① 爱德华·泰勒：《原始文化：神话、哲学、宗教、语言、艺术和习俗发展之研究》，第439—441页。

② 高志英、苏翠薇：《云南原始宗教史纲》，第25—28页。

魂野鬼，其活动空间则不受时间的限制，虽然看似与人生活于不同的“世界”，但会一直萦绕在生者周围，实际上是以一种看不见、摸不着的方式影响着人类，因而可以理解为同处一个空间，并通过某些时间节点与人发生交集，并具体以保佑、作祟两种方式表现出来。同乐大寨村民认为，生者的魂魄在不同的年龄、身体状况及年份会呈现出一定的强弱变化，亦远亦近的亡魂、鬼灵等便因此得到了“可乘之机”，即二者的时间、空间交集，并以生者罹患灾病的方式体现。

在葬俗案例中，我们将看到傈僳族人除了将死者的尸体洗净、穿衣、下葬外，还为死者摆上了供品、用具，并由“尼帕”念经为其指明要去的方向。这就在生者与死者之间形成自然空间的区隔，举行葬礼的目的就是让死者灵魂到其该去的地方——很久很久以前的祖居地，也是世世代代祖灵的所在地。但此期间还有一个过渡阶段，就是人类学家范热内普所说的过渡阶段：丧礼期间，守丧之人与亡者形成特别群体，处于生者世界与亡者世界之间。[①]

死后万事皆空，“变成了树、草”，“有口不能言、有嘴不能食”，从文化空间回归到文化空间。故而可知，“尼帕”念经并非念给死者的肉身，而是念给死者的另一个存在——魂魄。在下葬时，人们还会通过扫坟坑、撒石子等方式挽回周遭生者的灵魂，以防后者被“压在坟中”[②]。由此可见，“魂”在大寨村民的观念中是根深蒂固的。

魂魄，即灵魂，在同乐大寨傈僳语里称为“亚罕”。就当下大寨中所看到的仪式而论，传统宗教观念中默认了每人都有灵魂。灵魂会因受

① 阿诺尔德·范热内普：《过渡礼仪》，张举文译，北京：商务印书馆，2010年，第212页。

② 同乐傈僳族传统观念中，在下葬时，如果不留意，容易将周边帮忙下葬的亲友的“生魂”压在坟中，从而招致疾病。

惊而停留、“躲藏”在某处，即“丢魂”“失魂”；灵魂会受到鬼灵的骚扰；灵魂还会被别有用心的人压住甚至杀死。当灵魂与肉体永久分离，肉体与灵魂的空间合一性被彻底打破，便有了村民常说的“死亡”，亦即肉体的死亡。相应地，魂魄若未被“杀死”，就会成为“亡魂”，将前往另外的空间，即祖居地或是阴冷的凶死鬼的聚居地。

在同乐大寨村民的日常交流中可以发现，亡魂仿若进入了一个遥远且与生者所处空间不同的世界，所以在生者去世后，需要依据其死因举行相应的仪式，将其驱赶或护送到相应的“地界”。但这一亡魂、鬼神所生活的世界并未被完全隔离于人世之外，所以在仪式及一些疾病和不幸的归因过程中，亡魂成为充斥在生者周围并导致种种意外的缘由。

在同乐大寨村民心中，亡魂大致分为正常死亡的亡魂与凶死亡魂两类。村民对于正常死亡的祖灵抱有敬而远之的态度，在年节、婚丧嫁娶时会通过一定的仪式祭祀祖灵，但不会将其迎进家中，并在施食时强调“吃了这些就走吧”。而对凶死亡魂，村民大都尽可能地“远离”它，因为凶死亡魂不似正常死亡的祖灵会给家里带来福荫，而是一味地作祟，而且还会作祟于经过其死亡地的体弱、魂虚者。所以村民不仅惧怕凶死亡魂，还会通过棒打、弩射、泼饭等方式驱逐之，以减少自己可能受到的危害，这是出自对不合时宜、不合地宜的凶死者（亡魂）的恐惧。

在滇西北一带，若问起某人是怎么死的，有时会得到开玩笑式的答案——“是断气死的”。虽是一句玩笑话，但“人固有一死”，只是死法各有不同。哇忍波在自传中提到，因死法不同，人的亡魂在阴间也将受到不同的待遇：

人有各种各样的死法，但不是正常死去的人，不能抬到家中来。饿死者变成抽疯鬼，只能吃得着一顿饭。溺死在江河

> 里的人，让他的灵魂每天浸泡在水中三次。服毒死的人，每天要受三次毒发的痛苦。吊死的人，让他的魂魄永远驮上一驮绳子。人得了病向神祈祷也无用，因为他该什么时候死，这是在他降生时就由神安排好了的，是由天注定了的。只有寿终正寝的人，才让他到好地方去，永远享受好福气。这是由“乌萨”[①]安排的。“乌萨”不在天上，就在人住的村子里。[②]

在村民心目中，人的死亡因死的方式不同而有了类型划分。相应地，亡魂也就有了不同门类。在对死亡与亡魂的分类中，大寨村民采用了“二分法”，即正常死亡与非正常死亡（即凶死），在大寨一般称作“死得好”与“死得不好”，后者又被称作“死得不干净”，即凶死。

此外，在傈僳族看来，去世前未能放到“口含”[③]的皆算作“死得不好”，其中包括自杀者、意外事故死亡者、在家中因疏忽未被放“口”含的死亡者。说起凶死时，大寨村民一般不会提到第三类，因为第三类的性质是最缓和的，即“怨气不是很重”，外加“家人在旁边的话也算放到口含了”等变通性说法，因此这类死者有时并不被视作“死得不好”。于是，村民描述非正常死亡者时的说法变成了“死的时候没有人在身边”“死的时候没有人看到”。但他们的一些做法还是体现了对此种类型死者的恐惧。如先前同乐大寨有一户人家，男性长辈因醉酒跌在牛圈[④]里去世，而其妻亦跌了一次，被家人安顿在家中火塘旁，但去世时并未放置“口含”。老两口都是在家中去世的，但都没有放“口含”，所以在同

① 又同音异写为“乌撒”，即至上神。

② 哇忍波：《哇忍波自传》，载中国人民政治协商会议云南省维西傈僳族自治县委员会文史资料委员会编：《维西文史资料》第1辑，第4页。

③ “口含”，即含“口银”，是为即将断气者放于口中的碎银、米、茶作为“买路钱”。

④ 同乐大寨的建筑多为二楼住人、楼下关猪牛的结构。

乐大寨村民往庄房等地迁移的“热潮”[1]中，该户村民在庄房里修了一栋房子后便搬了出去。

至于在外地凶死的死者，则断然不能抬进家门。所有非正常死亡者的魂魄将被送到江尾，这与口舌[2]、“库及”[3]等不好的“东西”被送往的方向一致。送亡魂时所念的祭词与村民的态度也都有较大的差异，对凶死亡魂多用咒骂的方式，将之送到江尾，并警告它别回来：

> 不干净的死的这些，死的那天就咒着了嘛，“你永远不能进我的这家门，你去外面找吃的去，人家给什么吃什么去，我们这边不能来，我们这山不能来，这个家门不能进……”死的时候就那么咒着了嘛。
>
> 死得好的那些呢，“玛阔以皆哆皆哈，玛第咋普咋皆哈”，说的就是“水也不用挑，米也不用栽、不用舂的地方去得了”。死得不好的那些呢，就是说“人家给什么就跟着去，这条江流到哪点就走到哪里去，这条河流到哪点就走到哪里去”，这么咒，这么送了嘛。所以好死和坏死的念的是两条路，死得不好的那些呢就是好话一句都没有（得到）了嘛，每一句都是不好

① 同乐大寨的田地较为分散，大寨周边的田地仅占总量的很小一部分，其余的大面积田地分布在波拉、里卡场、詹本、吧金咪、达尼洛、施巴等处。以往，村民在自家田地周边建有庄房作为耕作时作息的场所和暂时囤积粮食的仓库，但所有的粮食都会在年关前运送到同乐大寨家中。在村民的记忆里，每天最多能从达尼洛背三次粮食回到同乐大寨（若顺三面光走到吧金咪再上坡回大寨，则达尼洛到大寨的路程近四公里）。后来，同乐大寨因建筑的完整与古朴逐渐受到重视，相关部门也提出了“人畜分离”等建议，大寨周边的田地多种上了果树。渐渐地，村民放弃了周边无田地、交通运输不便的大寨，搬到了位于田地边、交通便利的庄房里居住。

② 即亲友或相熟之人对自己及自家的非议、诽谤。

③ 即本命年、流年的霉运。

的，好的死的那些就都是好话了嘛。“我们这边，我们地方，你想也不用想，来也不用来，要去别人的地方，也从江水底下钻着走，不要来我们地方，水流到哪里你就到哪里去，我们地方安着毒箭等着你，弩弓上有九个箭头，安着毒箭等着你，有多少小伙子等着你的，你一回头就射箭了”，就这么咒了嘛。好死的那些上就不咒了嘛，“好的地方去，睡着也可以吃，坐着也可以喝的地方，去吧”，就这么念了嘛。①

凶死亡魂与正常死亡的亡魂被送往不同的地方，一来是对亡魂、祖先二分法的一个延续，即保证“灵界”的纯净性，于是有了“该”的说法，即正常死亡者“该送往日出的地方”，而凶死者则“该赶去江尾”，那是因为凶死亡魂被认为会作祟、危害家中、村民，所以需要将它赶往江尾，让它不再回来。很显然，所谓“该”与“不该”，就是死魂与生者的时空交集是否合时、合地。

一般而言，凶死者的坟地与正常死亡者的坟地也有较明显的差异。凶死者的坟地若有坟头则无坟窗，若有也只会是一个很小的坟窗，村民将此现象解释为：

他死掉以后，不干净地死掉的那些了嘛，是没有门的，门没有整，干净地死掉的是有门的。就是在家里吃毒药死掉的、吊脖子死掉的、山上掉死掉的，他就不属于好的死的了，那么他的坟地就没有那个门了，因为他不是好鬼，是饿死鬼。小门搞着的，零零碎碎地摆着的就是好的死的那些，就是在家里好

① 2019年3月31日，笔者在同乐其宅对村民B的访谈。

好死的那些老人了。因为在家里，他的尿我也接过了，屎也接过了，到时候我死之前，我的孩子也要来接我的屎尿，我也会好好地在我娃娃手里死了嘛。比如说山上掉死的那些就是坟地没有门了嘛；我也不想理你了嘛。你的命我都没有瞧见，就跌死了那么死了，就是不干净地死的意思了嘛。还有一个呢，他有一个小门，很小的，那种也不是好死的，坏死的。[①]

对凶死者或者说对凶死亡魂的恐惧，也体现在村民所讲述的一些带有鬼神色彩的故事中。同乐大寨的棺材大都是在死者去世后现做的，在油锯、电刨等出现之前，做棺材只能用砍刀、斧头等简陋工具，耗时较多。但大寨里有人去世时，停灵的时间不长。如死者今天早上去世，那就得今天做棺材，明天下葬，从死者去世到下葬一般只有两三天，时间很紧。再加上当时的“尼帕”在丧葬仪式上都比较严谨，需要念的经文一段不落[②]，于是出殡的时间大都拖到午后乃至晚上。在村民的记忆中，先前大寨里都是点着火把或电筒出殡的，夜幕的笼罩给送葬的亲友心里增添了几分恐惧。可见，在傈僳村民的观念里，不但人鬼殊途，各有其生存空间，甚至在死魂内部，同样也有明显边界区隔的两个空间。因而在坟地的修建中，还有门、窗的差异。有门有窗的坟墓是“好死”者死魂所在地，被认为是善性的，其灵魂将在节日等特殊时间节点越过坟地这个空间与后代产生交集，受后代祭拜，并保佑他们。而凶死者的死魂是恶性的，所以需要恪守、固化彼此的边界区隔。但这类死

---

① 2019 年 3 月 31 日，笔者在同乐其宅对村民 B 的访谈。

② 村民在提到送葬时尼帕念的经文时，戏谑地说之前需要念很长时间的经文，在年轻的、不会念的尼帕口里变成了“吃了这些(你)就走吧”。有时候村民也会提醒尼帕，“差不多念一下就行了”。

魂仍然会不合时宜地超越阴阳两隔的空间边界，侵扰、作祟于生者。因此，无论是寿终正寝并得口银（口含）者的善魂，还是凶死者恶鬼，村民皆小心翼翼对待之，目的在于使其各安其所，而不是越域侵扰。

在大寨村民的观念中，人死后，魂将被送往“太阳升起的地方”[①]，但哇忍波的记录与此说法稍异：

> 世上所有的人，都不能不到阴间阎王爷那里去，无论怎么死的，都得到那里。阎王爷居住在西边太阳落下去的地方，那是一块大平地，四处垂柳茂密、枝叶交缠，中间竖着木楞房。木楞房下方竖着一幢两层楼房，边上是石围子（墙）。楼上中间坐着一个红脸的菩萨，旁边坐着的那个要六十年才轮换一次。上边中间坐着的那个，永远不会死，也从不打瞌睡，是用铁棺材保护起来的。天地间所有的生灵都归他总管，他明察人间善恶，能知过去未来，涡撒[②]有时还能受人蒙骗，但他却永远欺骗不了，什么事情都瞒不过他。[③]

可见因受周边民族的影响，民国时期的大寨村民有了“阎王爷”“菩萨”之类的观念，并有兼具汉族与傈僳族特点的阴间想象。[④] 但他们仍认为亡魂的确有一个归处，即送魂的终点。丧葬仪式中的部分环节也相应体现了转世的观念，如画人形、撒灶灰看脚印等，仿若末日审判，死

---

① 讲解时原话如此，大致指送往“东方”，但没有很明确的地名。

② 傈僳族原始宗教中最大的神，又作“乌萨”，或译作“天神”。

③ 哇忍波：《哇忍波自传》，载中国人民政治协商会议云南省维西傈僳族自治县委员会文史资料委员会编：《维西文史资料》第1辑，第4页。

④ “阎王爷”等词汇也可能是前辈做注解和翻译时，依据汉语语境与傈僳语语境做的等同处理，但因未找到原文，本文暂将此观念视为叶枝新乐一带傈僳族的传统观念。

者转世成的生物也有了“优劣”之分。

在村民的讲解中，哇忍波对于自己的前世有很明确的记忆：

> 哇忍波是很会讲的，连自己出生的事情都会讲，连他还没有的时候的故事都会讲的。他是新乐岩瓦洛人，他的前世呢，是在“三里九”[①]人，他是这么说的。以前，五代以前呢，他说是在拉市[②]的梁子上算命的，在拉市的梁子上四岔路那里算命。[③]

哇忍波讲述自己五代以前的前世，自称当时并不在维西境内，而是其南部的丽江拉市，并说是一个算命的人，从而强调自己的神性，这不可不说是一种生存智慧。但需要注意的是，其神性来源不在本民族的“尼帕”，也不是其北部藏族喇嘛，而是纳西族地区的算命人——“东巴”。联系纳西族东巴教里的宗教师“东巴”也主占卜算卦，就说明哇忍波那套神学体系在一定程度上受到了纳西族东巴教的影响。

对于维西一带傈僳族的灵魂及转世的观念，张正东教授做了如下总结：

> 傈僳认为人均有灵魂，而此灵魂系属永存不灭者。人死后灵魂即至阴间，由阴间之官吏查询此人寿限是否届满，如已届满则按此人生前之行为，并遵照天神意旨，分别使其变神，

---

① 又写作“三梨就”“三里足”“三〇九”“309”，同乐行政村下辖的一个自然村，位于同乐大寨西南侧。

② 隶属丽江玉龙纳西族自治县的一个乡镇，位于丽江城区西侧，与城区仅隔一道山梁。

③ 2019 年 5 月 8 日，笔者在同乐其宅对村民 C 的访谈。

> 仍投生为人或改投牲畜。属于第一种情形者为奖励办法;至于第二种情形者,大致为不奖不惩之办法;至于第三种情形,则属于惩戒。盖因此人生前行为不正,如傈僳谓里唱的欠人债者,死后变牛马等。又某傈僳告笔者云:人临死时,如以墨笔皆或其他颜色作符号或文字于身体上,则日后投生之人体上,仍可出现相同之符号与文字。①

可见至1940年代,傈僳族一方面沿袭灵魂不灭,并要通过“尼帕”送回祖先灵魂所在地的观念,但另一方面也有轮回转世的观念,而且依据其生前品行分类托生。这就给其灵魂观念附着上了道德评判功能,从而也有了社会规范意义。

死者的亡魂一般认为是被送到“太阳升起的地方”或“江尾”,但村民认为亡魂依然会对家里或者邻里产生影响。若为家中长者的亡魂作祟,一般情况下可采取去坟地里祭拜、迁坟等方法应对。如2019年清明前夕,一位村民梦到自己死去的父亲,第二天便走不了路、看不见东西。该村民托人请来一长辈,到其父亲的坟地里祭拜了一下。在祭拜的过程中,帮忙祭拜的长辈说要敬不掺水的酒。此细节是同乐大寨一带对于亡魂的一种“讲究”(礼俗),即在家中祭拜的时候若不在酒中掺水,那“他”会醉酒而留在家里,这样对家中不利,而在坟地里祭拜时便可以摆上不掺水的酒,意为让其灵魂“安居”坟地,而不是来家里侵扰生者。在清明节仪式中,村民A开始过清明节的缘由,也是认为家中已

---

① 张征东:《云南傈僳族及贡山福贡社会调查报告》,第52页。

过世的长辈作祟[1]。

凶死者亡魂作祟家中，在村民看来是最麻烦的。而在“尼帕”的解释中，这些凶死亡魂会逗留在意外死亡地，并作祟于生人。那么，凶死者所死地就变成了一个“不干不净”的特殊空间，举凡村民得病，占卜算卦得知是死于此地的凶死鬼作祟，就要请“尼帕”举行祭祀凶死鬼仪式。这样看来，在村民的精神世界里，凶死鬼的游荡兼有汉族与傈僳族特点的阴间想象，其场域（空间）从早期的高山狩猎之地移到了与外界连结的公路上，其原生宗教也与时俱进而具备了现代性。但总而言之，仍然离不开傈僳族人与灵魂（祖灵与鬼灵）不同空间的传统观念，如果在某一时间里彼此超越空间边界而发生交集，那要么是凶死鬼作祟于生者，要么是生者举办仪式将凶死鬼驱赶、安抚回其所应在的空间里，活人才不会遭受病痛灾祸，社会也才不会失序。这一部分中，我们能看到村民所认为的亡魂作祟家里及邻里的情况。若作祟家里，就需通过祭拜、迁坟、撬坟等方法应对；而作祟邻里，则需要通过施以五谷、撒灶灰、用竹竿打等方法来驱赶。其出发点都是死者从时间上——非寿终正寝，空间上——非死于家宅，仪式上——没有接“口银”，不能埋入祖坟，也无“尼帕”为其举办丧礼、念《指路经》，因而其亡魂不能归入“祖先”所在的祖居地这个空间，只能游荡在荒郊野外，产生怨气而作祟于人。人们对其避之不及，这与对“祖先”的态度截然相反。

---

① 村民 A 家中之前并不过清明节，2000 年后，有一段时间其母亲神志不清，多方求医、问卜无果，后来在寿国寺占卜问卦，卜得是其（村民 A 的母亲）过世的老奶奶在“阴间”不顺，怪罪后代不祭拜她。最后，依从卜得的结果，请村里的尼帕寻坟掘骨，无果，便做一衣冠冢，每年清明节都来祭奠她。

二、人有三魂、各处其所的灵魂认知与实践

至于“人有几个魂魄”这个问题，单就丧葬仪式而论，意味着死者魂魄将转世投胎；而在清明节尚未“流行”时，逢年过节需要给祖先们供饭。后者当为另一祖先魂魄，故而人至少当有两个魂魄。对于此问题，据一些调查研究所述，傈僳族认为女人有七个灵魂，而男人有九个灵魂①，村内的一些祭祀场合中也会大致提及与之类似的内容。此外，张桥贵在元谋、武定一带的傈僳族地区调查时提到“三魂说”：

> 傈僳族人死后有三个亡魂：一个赴阴间或天堂，为了让这个亡魂顺利地上天，死者坟头要挂置一弩弓，便于他射杀前来拦截他的饿鬼；一个守在坟山，若坟照料不好，它会到处游荡，变成野鬼，前来作祟害人畜；第三个亡魂需供在家堂中，若对它侍奉不周，也会外出游荡，变成野鬼或白虎精之类，回家来作祟。②

在同乐大寨村民认为宗教、习俗与自己完全一致的邻村打俄底，一位“尼帕”说人有三个灵魂：

---

① 艾伦·Y.德斯圣特：《傈僳族的宇宙观》，刘远东译，载《怒江文史资料选辑》编委会编：《怒江文史资料选辑》第25辑，1997年，第202页。

② 蔡家麒主编：《傈僳族卷》，载吕大吉、何耀华总主编：《中国各民族原始宗教资料集成：纳西族卷·羌族卷·独龙族卷·傈僳族卷·怒族卷》，第722—723页。

老人家说灵魂是有三种的，一个呢是你自己的魂，一个是专门管你的魂，就像是母亲一样了，还有一个就像是附魂一样，像是孩子一样了嘛。最主要的就是你的主魂了，还有一个是管你的魂，一个是附魂。一般是说三个魂都死了，人才断气的。①

这说明各地傈僳族普遍认为人有灵魂，死后魂归祖灵所在地。但各地、各村傈僳人，甚至不同“尼帕”的解释也不同。这便是原生宗教的特点，因无经典可循，对灵魂的认知就有区域性乃至个体性差异。

与元谋、武定一带对比，同乐大寨并没有家堂，如此应该只有两个灵魂。但坟地又被称作“死者的新家”，故而坟地里的魂与年节在家中享受饭食的魂是否为同一个灵魂，以及被送往“太阳升起的地方”的灵魂与转世的灵魂是否为同一个灵魂，这在傈僳村民中出现了众说纷纭的情况，成为不大好解释的问题。而打俄底村“尼帕”的解释则从一种管理式的角度出发，认为人有三个灵魂，并认为三个灵魂都死了，人才会去世。此解析显然是默许了灵魂的灭亡，若是如此，葬礼上的送魂、年节时对祖先的供奉都将变得没有意义。但事实上对于祖先灵魂的祭拜是一直存在的，无论是平日对于“灵魂”的呵护，葬礼上的送魂，以及阔时节的接祖，都从仪式实践的层面表明其根深蒂固的灵魂观念。因此，对于魂魄的数量多寡，还需继续调查研究。

灵魂伴随人的一生，生命的开始便是肉体与灵魂的合一，呱呱坠地的小孩便有灵魂，但因年龄、年份、属相、健康程度等的差异，魂魄也有强弱之分。就年龄而言，一般认为年弱者魂魄较虚弱，如未成年的小

① 2019年10月8日，在同乐村对打俄底村民A的访谈，余忠成翻译。

孩，而成年者则魂魄较稳固。以往，在同乐大寨，人们经常会驱逐一种名为“噩咋尼”的鬼，这是一种能力较弱的专门侵扰小孩的小鬼，对成年人则无法造成伤害。黄昏时分或夜晚，每当小孩啼哭不止，不进食亦难以哄停，则大都认为是受到了“噩咋尼”的干扰。这便是“尼”从其空间超越到人的空间，与人产生时空交集，而对人造成伤害。

傈僳族对人各安其所（空间），并在不同年龄段有其不同的空间笃信不疑，认为在不同的年份，个人在“索玛”①中所处的位置也有所差异。时逢本命年或特定的流年，如属鼠者在属鼠、属马的年份，其魂魄就较虚弱。此外，遭遇大病和意外事故后，人的魂魄也较虚弱。这些魂魄虚弱者，极易受到凶死亡魂、鬼灵的袭扰，故而霉运缠身、疾病难愈，也会被心术不正的杀魂“尼帕”、蓄蛊者盯上，甚至因被杀魂、下蛊而遭遇不测。故而为了保证生人肉体与灵魂合一，衍生出了一系列以固魂、喊魂、卸霉、祈福为目的的仪式。

最终，这种以灵魂与肉体合一作为开端的生命，在各种外力作用下，因灵魂永久离开肉体而结束。但一般认为，这只是人世的结束。其灵魂却不会灭亡，或者通过葬仪列入祖先之列，或者因为“凶死”而成孤魂野鬼，或者轮回投胎……不一而足。总之，傈僳族的灵魂观是非常丰富的。陶云逵就说：

> 栗粟相信人死后为灵或“尼”。但山、石、森林、水、路等均有鬼或灵。唯人死后之灵，与山石树木之灵不同。人死后之鬼，颇像汉人的鬼、精、妖等的有恶化的人形……②

---

① 即前文所述的十二方位占卜，确定的人每一年所处的位置、方位不同。

② 陶云逵：《碧罗雪山之栗粟族》，载《中央研究院历史语言研究所集刊》第17本，第393页。

可见傈僳族关于人的灵魂观念，是其万物有灵观念的内容之一。或者说是肉体与灵魂的时空交集诞生了生命，而死亡或病痛则是灵魂与肉体的疏离。

三、魂归其位、社会归序的仪式实践

傈僳族认为，灵魂作为每位生者都具有的一个“部分”，对于个人的身体健康具有至关重要的作用。同乐大寨傈僳族的观念里，肉体与灵魂的合一是这个人健康的保证，两者紧密联系，任何一方的虚弱都会导致另一方的虚弱。所以，虽然魂魄在常人眼中虚无缥缈，但又是脆弱的，容易在受到惊吓后离开肉体，会在肉体年龄尚小或特殊的年份（本命年）里变得虚弱，亦会在病灾的时候变得虚弱。而生魂的这些变化都会给其所依附的人带来一定的问题，如体虚、霉运、久病难愈。为了让这个人活得顺利、平安与健康，需要通过宗教仪式保证肉体与灵魂的合一，即其灵魂与肉体合一于同一空间，以求祛病防灾。

同乐大寨村民认为在突发意外事故时，人的灵魂会因受到惊吓而游荡在野外，即“失魂”“掉魂”，意思是生魂离开了应在的人体这个空间。村民对此解释说：

> 你挖地啊犁牛啊，犁牛处石头滚了下来，你惊到一下，就把你的魂惊到了。那么你这个人就不舒服了嘛，睡觉睡不着，吃饭吃不起，说明魂不在你身上了，就是这么一个意思了。比如说驮着马驮子，但是马驮子翻下去了，你惊了一下，你的魂

就不在你身上了，意思是这么一个。[①]

在此情况下，未生病的魂被惊吓着，生者会萎靡不振、逐渐消沉，这是生魂离开肉体空间的表现。生者的病则难以好转，所以需要“喊魂”，傈僳语称之为“亚罕枯”，直译为“请魂”，村民一般称之为“喊魂”，有些书又称之为“叫魂”。武定、元谋一带傈僳族的“叫魂”仪式相对简单些：

人活着时，灵魂到处游荡，若受到惊吓，它们就不敢回来，以致走失，失魂者就会患病，需要及时把失去的灵魂招回来，否则本人有生命的危险，因此有为病人“叫魂”的习俗。白天叫魂认为魂容易受到惊吓，只能在一早一晚叫。叫魂时用酒、香、一只鸡、一碗米和一枚鸡蛋。失魂者在何处受到惊吓，就去何处叫，或者到山神那儿叫魂。一面挥动病者的一件衣服或帽子，一面叫其乳名，唤他的魂快快回来。叫魂的人在回来的路上不能与人说话。[②]

实际上这个貌似简单的叫魂仪式颇有深意。此举就是通过叫魂将与其宿主分离的生魂“叫”回来，使生魂与肉体再次交集。在傈僳族学者祝发清的调查中，“喊魂”需要由“尼帕”完成。就祭词内容而言，灵魂仿若游离在人间与阴间，“尼帕”通过告诫灵魂不能去阴间、箐底，把它召回该在的空间——“人类居住处”，亦即人的肉体：

---

① 2019年5月20日，笔者在岔枝村其宅对村民A的访谈。

② 蔡家麒主编：《傈僳族卷》，载吕大吉、何耀华总主编：《中国各民族原始宗教资料集成：纳西族卷·羌族卷·独龙族卷·傈族卷·怒族卷》，第723页。

傈僳族身体不舒服、精神差、体弱、贫血，时常有病，便认为掉魂了，即灵魂离开了人体。因此，要请“尼帕”为他招魂，使走失的灵魂归回身体，人才能恢复健康。请“尼帕”时，先安排一个祭坛（台），在上面摆置酒、香、饭等祭品，“尼帕”便开始招魂，念道：

人不能走阴间，
人不能去阴间箐底。
有七架山只能去一架山，
有七箐底只能去一箐底。
在阴间是冷清清，
在箐底是冷冰冰。
住人之处热乎乎，
有人之处暖烘烘。
不能走阴间，
不能去箐底。
在那里有狗来吠你，
在那里有狗来咬你。
蚊子来叮你，
下雨就淋着你，
露水会湿透你，
下雪能遮盖你。
阴间里的狗像熊一样大，
在箐底的狗似猪一样大，
在阴间永远是下着雨，
在箐底永远是下着雪。

雨水有三人高,
雪花有三丈高。
永远没有天晴时,
永远不会有温暖日。
人不能去阴间,
人不能行那条路,
不能走祖宗走过的路,
不能去祖先去过的路。
要归回人在的地方,
要转回人类居住的地方。
两个弟兄在家喊着你,
三个弟兄在家等着你。
在阴间则冷清清,
在箐底则冷冰冰。
在阴间没有人居住,
在箐底没有人居住。
人在人类住的地方,
人在人的山谷里住,
鬼去了阴间,
人要回到人类居住处。①

祝发清调查的祭词里,生魂与死魂分处于冷与热、阴与阳、雨与晴

① 蔡家麒主编:《傈僳族卷》,载吕大吉、何耀华总主编:《中国各民族原始宗教资料集成:纳西族卷·羌族卷·独龙族卷·傈族卷·怒族卷》,第722页。

截然不同的两个世界(空间),所以生魂只能在人体里。如果离开了人体,便是失序了,就会导致人生病、受伤乃至死亡。同乐大寨村民也认为,若在意外事故中受伤,则需要“喊魂”。喊魂前需要请“尼帕”卜算此次事故是受何种鬼灵骚扰而发生的,随后再做“喊魂”等一系列的仪式。在意外事故中受伤或者受惊而做的喊魂仪式较简单,兹录一案例如下:

2019年8月,受太阳暴晒一天后的傍晚,同乐大寨一带连降几场大雨,村民A的妻子在骑摩托车回家的路上,因路滑导致摩托车侧滑翻下桥而摔伤。

从医院回到家中以后,村民A到事故地插了一根拴有白纸的树枝。村民A说大寨这一带一般都会在事故发生地插一根树枝,上头拴一张白纸。

下午,村里的一位“尼帕”来到家中,经过测算,认为是凶死鬼作祟而导致的事故,此外村民A的妻子在前几天曾经踩过青蛙或者什么[①]。故而当晚煮了一点五谷籽,念咒后泼出去用以祭凶死鬼,傈僳语称为“尼玛基嘛”。“尼帕”说随后要做一下“亚罕枯”“库及玛”仪式,但是当天和第二天日子不好,便走了。

① 据村民A的妻子说,她出事前有一天骑着摩托车压到了一条小蛇,但对于尼帕是否真的算出了这件事存疑,因当天压到小蛇时有同行人员,而做仪式当天尼帕曾与该人在同一户人家帮忙干活。

图 4-2　事故地插着的拴有白纸的树枝

第三天，村民 A 请来另外一个“尼帕”做“亚罕枯”仪式①。仪式在厨房里举行，此处是村民 A 的新房，房屋格局与大寨相似，但是火塘从木楞房里搬到了食宿分离的灶房，从传统的围火塘做饭改为在屋外设置灶台。

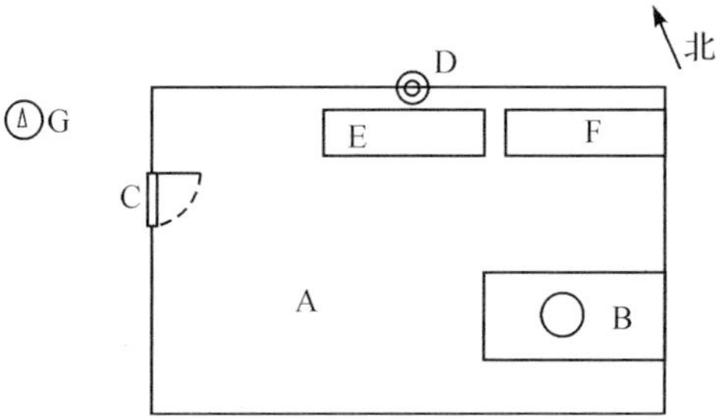

图 4-3　仪式周边布局示意图

① 先前请来的尼帕说第二天日子不好，第三天是属马的日子，可以做喊魂仪式。但实际上第三天属蛇，第四天才属马。第三天另请尼帕来做“亚罕枯”时，他问村民 A 当天属什么，村民 A 随后回答属马，尼帕便视当天属马，并开始念经。

如示意图所示，在厨房A中，B为新式火炉，C为厨房门，门向左开。祭台设在厨房门背后一侧的中柱D下，摆了一张学生用的书桌，并铺了一些青松针，即E。位于E东侧、靠近墙角的F为村民A家的神龛。厨房门外的G处则为开祭前“绰巴记”①的地方，该处有一个大铝盆，铝盆里放着一口炒锅，炒锅在开祭前撒了灶灰用来炒荞子花②，之后便被拿到屋外用于“绰巴记”。

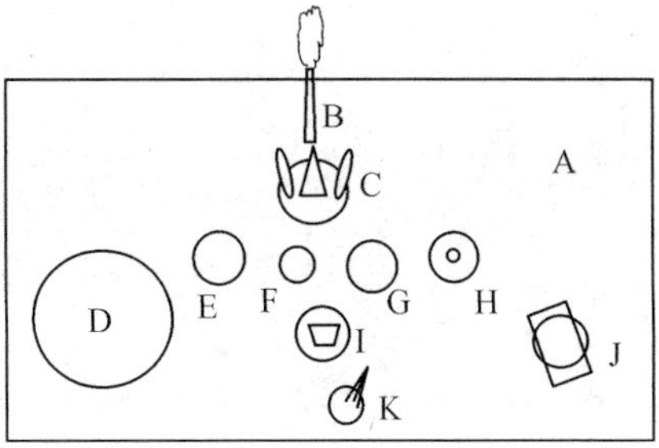

图4-4　祭台摆设示意图

祭台靠墙一侧立一小棵仅留一节树枝的小松树做祭木，上头在两根树枝上各拴一小张白纸，如示意图中B。祭木下摆一盆谷子，即C，正中央插着一块用白纸包着的砖茶，靠上一侧折出冒尖的感觉，砖茶两端斜插着两个玉米棒。砖茶等物品前方，从左到右依次摆上荞子花(D)、熬煮出来的茶(E)、油灯(F)、酒(G)、放有一枚硬币的清水(H)。第二排从左到

---

① 类似于藏族的煨桑仪式，滇西北诸多民族在做仪式的时候，若针对的是神灵而非鬼怪，则多会在仪式开始时“煨桑”，即在点燃的松明上放青松枝、杜鹃枝及酒、肉等祭品。

② 类似于爆米花，一般先在锅里倒入灶灰除去油污，随后待锅在火上烧热以后，倒入部分撒了点水的荞子，荞子便会在锅中受热而爆开。

右则为一碗上头放一块腊肉(肥肉)的生米,在腊肉上还放着一撮盐,即I。最右侧则在一块砖头上放着一个搪瓷铁碗,里头放着火炭搭着干香柏叶,即J。最前排K处放着一小碗用于“绰巴辟”(祈福)的酒,里头插着一小束拴在一起的青松针。

图 4-5 祭台实景

该仪式分为生祭和熟祭两个环节,用一只大公鸡做祭牲,两个环节中有一会儿病人都蹲在“尼帕”后。生祭与熟祭开始前,都要在门外烧青松。

“生祭”环节中,“尼帕”净手、净面并净场,仍然可以看出傈僳族关于里与外、洁净与污浊、安全与危险的空间意识。“尼帕”抱着一只喙与脚都洗过了的公鸡,面向祭台念经,并不时地将荞子花撒向小松树。最终,“生祭”在“尼帕”往松树撒荞子花中结束。“生祭”结束后,“尼帕”与助手将鸡杀死。此时杀鸡并不像平时一样抹脖子,而是像杀羊一般,即先用刀捅穿鸡脖子,再向一侧切开,相当于割开了鸡的半个脖子。鸡毛拔净、鸡身洗净后，鸡被折压成大致的跪拜状[①]，整只煮到锅中。祭台上的米及肥肉也被拿去煮了。

鸡肉煮到变色后便取出，便开始“熟祭”。鸡被取出后放进一个盆子里，放在祭台的左边，即先前放荞子花的D处，而荞子花则被拿到左手边的碗柜上。先前放生米的地方被换成了一大碗刚煮的米饭，摆放在生米上的肥肉被切了一刀，连着皮成了两瓣（皮向下、肉向上）。其余祭品皆无变动。往焚香的搪瓷碗中加入几颗火炭，在厨房门外重新“绰巴记”了以后，熟祭开始了。“尼帕”先向松树上撒了一些荞子花念着经，到后期便手拿鸡肉念经，此时伤者蹲在“尼帕”的后侧。仪式中，“尼帕”有好几次突然停止了念经，盯着小松树的树梢，仿若看到了什么。熟祭的最后阶段，“尼帕”将一小根串着几块鸡身上不同部位的鸡肉的竹签插到小松树上，随后便将祭品一一递给助手，由助手将其摆到神龛上。仪式结束。而小松树被助手带到了村民A家厨房东北方向的山上，插在了一棵栎树下。

图4-6　熟祭环节中摆着的鸡肉与上搭一片肥肉的饭

---

① 鸡脚被折进腹腔里，鸡翅交叉，将鸡头卡在背部，鸡头好似昂起。如此，鸡胸向下，鸡大腿触地。熟祭时会在鸡头和鸡翅的位置交叉放一双筷子。

仪式结束了，意为所失之魂已经被“喊”回。“尼帕”让伤者喝下了几调羹在仪式中放在K处的用于“绰巴辟”的酒。随后还像把脉一般，逐一捏住伤者的左手和右手腕部并询问，村民A说那是在算伤者的魂在的地方。最后吃饭时，“尼帕”打开了鸡头，看鸡的下颌、上颌和两眼之间的骨头，都说没事。

图 4-7 “绰巴记”在屋外进行

图 4-8 被移到神龛处的祭品

此为同乐大寨中针对意外事故进行的喊魂仪式。除此以外，还有一个仪式在同乐大寨被称为“亚罕枯”，实际上该仪式名为“意兹剁”，但因其形式和目的与上述的“喊魂”仪式相近，故而村民一般都称之为“亚罕枯”。该仪式意在将离开其人体空间的魂“喊”回体内，从人体与生魂的疏离、失序中回归正常。但失魂的时间不是固化的，因而其仪式时间也是具有场景性的。家人通常会在“阔时”期间为家中恰逢本命年或体虚的孩子举办此仪式，有时也会给家里的几个孩子一同做此仪式。这种时间与空间皆固化的仪式，更多的是为了“预防”。所以从时间序列上看，“喊魂”仪式是后滞性的，而“意兹剁”仪式是前瞻性的。村民调侃式地说：“意兹剁”就是过生日。此仪式也是“阔时”期间较重要的仪式程序之一，大寨村民会称“阔时”期间做“意兹剁”的人家“当天‘过阔时’”。[①] 这些人家届时将会宴请亲友，请长者为仪式对象祈福。村民说此仪式在纳西语中当为“kvl ssee meil(酷兹昧)”，意为“乞福寿、乞寿禄”。

“意兹剁”与上述案例中的“亚罕枯”相比，二者仪式形式相近，但“意兹剁”更隆重些，如祭木将会是棵有两节树枝、枝叶青翠的松树，松树上会卡上一小根拴有一张白棉纸的白杨树枝，且一般在厨房外举行。在仪式的最后，即“熟祭”结束后，将祭品搬回神龛处，之后还需要做很长时间的“绰巴辟”(祈福)仪式。人的一生中需要做三次“意兹剁”，祭牲由鸡到猪再到羊，以羊为祭牲做过“意兹剁”后便不用再做该仪式。该仪式在村民的解释中稍具预防效果：

“意兹剁”呢对手脚疲软，对还没有生病、疼痛就先开始的

① 2021年2月20日，笔者在同乐其宅对村民L的访谈。

疲劳症状呢，还是有点效果的。①

两个仪式的逻辑与目的是一致的，仪式中所用的树代表“米森”，即山神。仪式的举行是为了请山神将魂魄带回来：

那棵树子呢就是“米森”，人是神仙管着的，那么神仙把你的魂带到你的身边放到你的身边，这么一个意思啊。②

“意兹剁”是“喊魂”“要魂”了嘛，就是尚奉③山神，就请山神把魂喊回来。比如说我要死了，魂已经到阎王殿了，但是如果不是山神去喊的话，人喊是喊不回来的，所以就请山神来喊的，就是请那些神灵把魂挽回来的意思了。④

为了“挽回魂”，“尼帕”需要表现出所有供奉给山神的都是精品、稀缺品。此处独言山神，在于傈僳族是典型的山地民族，山与其生产生活息息相关，因而具有不可取代的地位。所以“喊魂”仪式中不但要有“尼帕”主持仪式，还要敬请山神将失魂带回来。而村民口中的“神仙”“阎王”这些词汇，无疑是从周围汉族、纳西族中借用来的。

在做“意兹剁”时，小松树和白杨树枝很关键，在祭词中那是万里挑一的好树：

① 2019年4月12日，笔者在同乐其宅对村民C的访谈。

② 2019年5月20日，笔者在岔支村其宅对村民A的访谈。

③ 方言，相当于讨好、供奉等意。

④ 2019年4月12日，笔者在同乐其宅对村民C的访谈。

> 念的时候呢，要说是从江边开始找到大场上[①]，终于找到一棵上头没有歇过鸟，底下老鼠那些没有钻过的松树，这个呢就供给您了，要强调换魂了。白杨树也是，还是要从江边一直找到大场上，找的人啊是我的隔壁，手脚相当快，他才能找到。[②]

如此描述祭木，是为了喊（换）回“一年四季叶子不落，木质还硬的树子一样的魂”[③]。此语是以树木比拟人，希望人命四季常青、坚硬无比，从而不受不干不净东西的伤害，即是将美好的愿望寄托于山（神）、树木。

仪式中所用的荞子花，在祭词中被当作“金荞子花、银荞子花”：

> 撒荞子花呢，因为荞子花呢是白的嘛，就是昂贵的意思了嘛，那个呢换什么什么啊，才撒下去的。有些呢是炸稻谷的花，但是多半是荞子花。这个呢就像是天上的星星一样，撒出去，到处都是白的嘛。意思是说最昂贵的已经撒给你了，你（把魂）换回来。在念的时候，都会说金银的，“金荞子花、银荞子花”。[④]

银子、金子被认为金贵，是因为傈僳族从以物易物过渡到了以货币作为媒介的交换关系。而货币中，最金贵、最值钱的莫过于金银。为了

---

① 海拔超3000米的高山牧场，夏季村民会将牛羊赶到该处放牧，所以在方言里村民常称之为“场”“大场”“牛场”。

② 2019年5月20日，笔者在岔支村其宅村民A的访谈。

③ 2019年5月20日，笔者在岔支村其宅对村民A的访谈。

④ 2019年5月20日，笔者在岔支村其宅对村民A的访谈。

表达对于敬拜对象的虔诚，就要用山地作物荞子花替代"金花""银花"。在小松树下的祭品中，那一盆插有砖茶和玉米棒的谷物也是送给"米森"的贵重品：

树子下的盆子里呢，白玉米或者黄玉米都是可以的，但是不能放黑的，上头呢要放茶，茶呢要用白纸包起来供着，然后还要放一百人民币的。两边插两个玉米。那个呢就是给它的意思了。①

供品中的盐、酒、水、茶，都是村民心中很好的"精品"：

放一碗米，上头放一块猪肉，猪肉上头呢撒点盐巴。念的时候呢，会说盐巴不是这里的，是东西南北找来的，以前我家的祖先呢是打猎的人，是用熊掌啊麝香这些换回来的，这不是一般的盐巴。现在的人呢就不知道有没有在说这个了。

此外呢，还有三碗呢。一碗茶，茶呢，我们这里没有，来得不容易。以前呢，说"依赤""哦佐"，也就是从现在的西藏、昆明找回来的了。还有一碗酒，那碗酒呢是我们三四年煮出来的大麦酒。还有一碗水，那碗水呢，耗子脚没有踏过，鸟雀没有喝过，很早的时候就打过来的。(里头的)国币呢，神仙来了，首先呢请你洗手洗脚，国币呢是国家的宝贝，是要放在水

---

① 2019年5月20日，笔者在岔支村其宅对村民A的访谈。

> 里的。它(米森)一到这里以后呢,“您累了吧,请洗手洗脚”。[①]

在20世纪50年代之前,盐、茶、酒、糖这些外来物是村民家中的贵重物品。这饼“贡茶”也富有深意。位处茶马古道沿线的维西,所喝的茶也是从茶马古道运来的。日常送礼、说亲时都少不了茶叶。村民喜欢质地紧实、茶味浓郁的下关砖茶,送礼时也往往要细心包裹,显示出礼物的贵重。在祭祀仪式中不仅用茶水,还要用白绵纸包的茶饼,同样显示了对祭拜神灵的虔诚崇拜心理。而盐作为生活必需品,对于周边并没有盐井的同乐大寨先民来说,显得极其珍贵。因为早年生活中盐的必需性和稀缺性,村民需要跋山涉水去南部的兰坪、云龙或北部的盐井背盐、买盐,外加路途艰辛,在路上去世的不少,于是滇西北一带的村民又将“去世”戏谑地称为“背盐巴去了”。陶云逵在调查中也说:

> 盐糖均是从汉商处买来。盐有两种,一为白盐,栗粟区域用的是由兰坪县的刺鸡井、刺母井及丽江井,云龙县的宝丰井、石门井,以及云南属之德钦设治局与西康土司擦瓦龙地交界之白盐井。二为红盐,均由德钦,擦瓦龙交界之红盐井供给,但亦有两种掺拌起来者。……故土人视盐糖为无上珍品,往往买得一块盐,或一块糖(糖每块有小碗大),舍不得多用,而阖家只在吃饭时,轮流着用舌头去舔吸。[②]

---

① 2019年5月20日,笔者在岔支村其宅对村民A的访谈。

② 陶云逵:《碧罗雪山之栗粟族》,载《中央研究院历史语言研究所集刊》第17本,第347页。

“众人轮流舔吸”的描述被众多学者所引用，以论证早年盐、糖的珍贵。同乐大寨早年用的盐也如陶云逵所调查的一般，主要是兰坪的白盐和藏区的红盐①，年长的村民将这两种盐分别称为“汉人盐”“藏人盐”，一般用粮食通过以物易物的形式换得：

> 解放前，一般都是吃藏盐了，都是用粮食来换的了。我们小时候都是吃藏盐的了，有红的，也有白的，但是藏盐呢大部分都是红的。白盐啊，他们会收起来，只有那些很近的亲戚，他们才会给点。红盐呢，就普遍的卖了，换粮食。红盐啊，他们就在里头掺了土。汉族盐呢，也就是兰坪的盐嘛，有些也吃的，但是多数是吃藏盐的。汉人盐呢，就是走南闯北的“老板”会带着，半个手掌那么大的盐块呢，就是十天、二十天的盐了。用小刀刮了以后放到菜里头。那是兰坪拉井(音)的盐了。
>
> 以前呢，换藏盐呢，一升藏盐要用五升粮食来换。他说要甜荞，那要用五升，他说要苦荞，那么也要用五升，他如果要麦子，那么也得用五升来换。(江边的)纳西呢，用米换，一升米换一升红盐。②

可见该区域傈僳族吃盐不易，当然要把最珍贵的物品作为祭品献给神灵。这仍然是世俗生产生活的神圣性呈现。而对于盐的来历，以

---

① 此处所说的红盐并非喜马拉雅红盐——喜马拉雅红盐是一种盐化石、矿盐，而维西一带所说的红盐是德钦、芒康一带澜沧江畔的卤水晒干后的晶体，该片区盐田的建造材料多为红土，所以盐田里晒的盐在刮收的时候会有部分红土掺杂其中，颜色偏红，所以被称作红盐，桃花盐是其中的上品。在藏盐当中，因盐卤水从盐田中下渗而长年累月形成的钟乳状的白盐属于珍品。

② 2019年5月8日，笔者在同乐其宅对村民C的访谈。

及村民吃盐的习俗的由来，有一个在大寨里流传的故事与之相关：

从前啊，据说人是不会吃盐的。有一户人家里有一个女儿、两个儿子、一个老父亲，母亲已经去世了。这个女儿做的饭非常好吃，而那两个儿子做的饭却不好吃。那个女儿啊，原来是来教世人吃盐的神，是盐的主人。① 饭菜熟了以后呢，她就把尿撒在碗里，然后再加到饭菜里。有一天被她父亲发现了："你居然把尿撒在饭菜里给我们吃。"于是便追赶女儿，但是一直追不上她。一直走到里卡场上头的施巴那一带，老父亲也累了，走不动了，毕竟那天他还没吃饭。那个女儿呢，也累了，于是就坐在了上边随后变成了一个石头。那是一个很大的石头，那个石头下冒出一眼泉水，那是盐水。在那之前啊，人是不会吃盐的，也没有人会吃盐。没吃盐的人啊，肚子疼起来的时候据说会马上死掉。后来呢，就在那个女儿化成石头的那里，不让盐水渗入地里，慢慢地犁着沟把盐水引到了村里，从那次以后村里人才会吃盐的。放多了也不行，放得不够也不行，盐只能放一点点啊。②

该神话讲述的人类从有盐分的泉水里获取盐的故事，可能是从周围以买盐而产生联系的民族、地区传来的。如作为维西盐主要来源的兰坪，与维西山水相连，而且也是傈僳族分布地。尽管自明清以降开始大规模开采以后，盐矿老板多是汉族、白族，但是砍柴、打卤水、背运盐

① 也可以理解为盐神。
② 2019 年 5 月 8 日，笔者在同乐其宅对村民 C 的访谈。

巴的多是碧罗雪山两侧的傈僳族。因此，维西傈僳族与兰坪傈僳族共享盐来源的神话不足为怪。据调查，实际上维西傈僳族还与其他区域的傈僳族共享盐文化，皆表明了盐的重要性。这在音节文字所记载的《祭天古歌》中也有体现，其中的《寻盐祭盐》一篇描述了为寻找祭给“乌萨”的盐而去晒盐的场景。相应地，如同“意兹剁”仪式中对水、白纸的着重描述一般，古歌中另有《造纸》《寻水》等章节。

“亚罕枯”和“意兹剁”仪式的祭词对每一种东西都赋予了“稀缺性”和“珍奇性”，将这些宝物敬献给“米森”后，“米森”便把仪式对象的魂魄“喊了回来”。在村民的记忆中，老一辈的“尼帕”会将喊回来的“魂”捉到手掌里给家人看，并放到“其肉身”上。村里的老人说：

以前的尼帕喊魂啊这些的时候会把魂捧起来给我们看的，白的就不好了，如果是黑的黄的就没事了。①

村中一般会讲究“‘尼帕’是否看得见那些东西”，并通常认为“尼帕”都是看得见的，不然没法主持相关仪式。但在一村民的讲解中，此环节充满了戏剧性：

“魂来了”，然后把魂拿了放到他头上。这个是哄人的，嘴巴倒是可以说，但是魂我们是没看见了。“诶，放到你头上了。”做的时候我告诉他们了，“我是(看)不见”。放也不会放啊，我又没看见，我就只能拿几颗荞子花籽籽，“魂来了”，这么

① 2019年8月12日，笔者在同乐其宅对村民I的访谈。

放到你头上。这个倒是纯粹的哄人了。①

由此可见，同乐大寨傈僳族村民对于“失魂”及“喊魂”有一套较为严密的行为逻辑：一来默认了人的魂魄容易因受惊而远离人体这个空间，在外界游荡，并以神虚体乏或意外事故等情况的出现与否作为是否“失魂”的表征；二来则表明魂魄游荡到其他空间时，只有通过人神交流的媒介——“尼帕”——求助山神“米森”，方能将游荡在外的魂唤回；三来是人、祖先灵魂与孤魂野鬼各安其所、交集有时，是社会归序的保证。实际上，其深层次的含义是人们只有建构好与自然、社会的和谐关系，人体、精神、社会才不至于“乱”——失序。具体表现在喊魂仪式中存在双重的委托关系，“尼帕”作为人神的媒介，受到主人家的请求与委托前来做仪式，并通过敬献供品请“米森”将魂唤回。而随着生产力水平的提高，科学知识与技术的普及，以及医疗卫生条件的改善，人们对于健康、顺利的认知及其行动逻辑，不再仅仅归因于神秘的超自然力量。或者说随着时代发展，自然压力与社会压力逐渐减少，由其幻化成的超自然力量也逐渐消解，从而也使村民对于人、魂的时间想象越来越模糊了。只是到了年节或平时的祭祀仪式中，才又把人们带到这个时空交信场域里。

① 2019年5月20日，笔者在同乐其宅对岔支村村民A的访谈。

第三节　葬俗中的生、死时空转换

一、清末至民国时期丧葬仪式中身心的时空转换[①]

碧罗雪山一带傈僳族的历史至迟可以追溯到元代。在这一族群迁徙发展的过程中，其风俗习惯也有很大的变化，葬俗的演变便是其中一例，呈现的是傈僳族传统的生死观念。具体而言，是通过从生到死的过渡的时空位移，表达傈僳族的宗教与哲学观念。以下则将通过肉体与灵魂的关系时空位移的丧葬仪式探讨傈僳族的灵魂观念和祖先崇拜。

人固有一死。在傈僳族的神话中，万物诞生之后，衰老与疾病才逐渐被"发明""创造"出来，这便成了"死亡"的源头，而其发明者便是"猿猴"：

> 天神木布帕捏造出地球不久，又用泥土捏了一对猕猴，猕猴慢慢长大，变成人形，从此地球上开始有了人。过了多少年，地球上的人逐渐多起来了。
>
> 有一天，猴人背着吃奶的小儿子外出采集，火辣辣的太阳晒得孩子啼哭不止。猴人停下手来，给孩子喂饱了奶，哄孩子

① 身，指死亡后的肉体（尸体）；心，指死者的亡灵。

睡着后，把孩子放在树荫下乘凉，然后自己忙着干活。这时，突然飞来一只鹦鹉啄松子吃，把松球啄落下来，正正打在小孩子的太阳穴上，孩子立即断了气。猴人嚎啕大哭，哭得天昏地暗，山崩地裂。她悲伤地哭了一阵子后，明白是天意也就想通了，于是对天念咒语道："树不倒呀，没有地方再生；人不死呵，地上容纳不下。"从此地球上的人开始有生有死。①

对于死亡的解释，在挽歌中大都会以"猿猴"与"鼠"为源头在词中对仗出现。说明作为山地民族，傈僳族与猿猴、鼠（山鼠、竹鼠）接触甚多，因而对这些动物的死亡思考也同人类的生老病死问题产生了关联。如在《丧葬歌》中唱道：创造死的是老猿猴，发明病的是老母鼠。② 另一版《挽歌》则对这个"死亡"被"创造"出来的过程有更翔实的描写：

生命和死亡创造了，
青春和衰老发明了。
死去不能再复生创造了，
老了不能再年轻发明了。
母猿猴是创造者，
老野鼠是发明者。
她创造出来她死了，
他发明之后他老了。
母猿猴为什么死啊？

① 怒江傈僳族自治州《傈僳族民间故事》编辑组：《傈僳族民间故事》，第3页。
② 李四明等搜集翻译：《丧葬歌》，第1页。

老野鼠为什么老啊？
这是母猿去拣松柴的原因，
这是野鼠去找水东瓜柴的缘故。
松树顶上歇着一只鹦鹉，
水东瓜树上站着一只乌鸦。
鹦鹉要啄松子吃，
乌鸦要啄水东瓜。
松球掉在母猿头上，
水东瓜果打在野鼠头上。
舍不得打死母猿哟，
不忍心砸死野鼠呀！
可是打中了，
可是砸死了！
母猿猴死在松树下，
老野鼠倒在水东瓜树下。①

在傈僳族看来，人与猿猴和野鼠一样，其死亡是创世阶段的一些偶然事件所导致的，并由偶然变为人固有一死的必然性。这就为人有生死找到了一个合理化的解释。逝者已矣，但生者悲切，于是想象出死者不是永远离开生者，只不过是到了祖先所在的特殊时空里。当生者怀念之时，就在过年、清明这样的节日中相聚。为此，需要保证死者顺利度过从“生”到“死”的过渡期，即办好丧葬仪式。可见丧葬仪式是与其

① 祝发清、徐演：《傈僳族》，载杨知勇、秦家华、李子贤编：《云南少数民族生葬志》，昆明：云南民族出版社，1988 年，第 175—176 页。

灵魂不灭、死魂团聚于祖先所在的特殊空间的认知相关联的。

也有一些神话故事构拟出世间原有长生神药，后却被星辰夺去的情节。如《神药的故事》中，一男子因恰好采得神药而大病痊愈，并用它治好了很多人的病痛，但最终太阳、月亮偷走了神药，从而得到了永生。[①] 这说明傈僳族已经认识到了疾病与死亡的关联性。但在封闭的傈僳社会，能够让人远离疾病、摆脱死亡的药毕竟太难得了，因而既有长生药的想象，又说其被太阳、月亮等星辰偷走，给死亡现象以合理化的解释。为何说是太阳、月亮偷去，可能是草有枯荣、人有生死，唯有太阳、月亮永远挂在天上。这样一来，人世的短暂、日月的"永恒"就形成了强烈的时间对比，村落、峡谷一隅与浩瀚天空也形成了空间对比。傈僳族最早的宇宙观就由此萌发。

同乐大寨当下的各种仪式与对应解析中，"死亡"是指肉体的死亡，是受寿限、鬼灵、魂魄等因素作用的结果。如一位长者寿终正寝，那是肉体的寿限如此；因病痛过世，可能是受鬼灵、蛊毒等的作祟，甚至可能是被不好的"尼帕""杀魂""压魂"。不论其死亡的缘由如何，最终的结果都是肉体与魂魄的永久性分离。但肉体的死亡，不一定意味着灵魂的彻底消亡，后者将去往另一个世界——祖先所在地或荒郊野外，所以死亡在一定程度上也是一种新生。前人的研究中提及傈僳族认为只有对死者举行丧葬仪式，死去的"人"才能顺利地到达另一个世界。这个世界是祖先栖居的地方，死者可与祖先和其他先死的人相聚，因此一旦有人死去，死者的亲属和寨子及邻近寨子的亲友就会为其举行隆重的葬礼，以便使其灵魂离开人世这个空间，进入到死者灵魂所在的

---

① 祝发清翻译、徐嘉瑞整理：《神药的故事》，载怒江族傈僳族自治州《傈僳族民间故事》编辑组：《傈僳族民间故事》，第24—28页。

空间。[①]

傈僳族的葬俗以火葬、土葬为主，并经历了从火葬到土葬的变迁。火葬相关的习俗史料记载有：

> (乾隆)《永北府志》：殁后用火焚化……死后火化，抛弃骸骨；
>
> (道光)《云南通志稿》：死后火化，抛弃骸骨；
>
> (光绪)《续云南通志稿》：死后火化，抛弃骸骨；
>
> (光绪)《永北直隶厅志》：死后火化，抛弃骸骨；
>
> (民国)《滇西兵要界务图注》：人死火葬。[②]

一般而言，三江并流区域的傈僳族在雍正年间改土归流之后，就与周围的汉族、纳西族、白族一样，从传统的火葬转型为土葬。但到民国时期，李根源所调查的高黎贡山傈僳族还在延续火葬习俗。[③] 死后火葬，是氐羌系统民笔早期的葬俗，意味着在人世的肉体伴随熊熊燃烧的大火灰飞烟灭了，而其灵魂则随火烟袅袅飘到了祖先所在地，只留下一堆没有灵魂的骸骨，就不再收藏、埋葬，另迁他处。这一方面仍然是出于对死亡和死魂的恐惧迁往他方，形成空间上的区隔；另一方面是因为游猎、游耕与采集经济，需要不断迁徙到更易于生存之地。这也是斯科特的"逃离论"所没有看到的。

---

① 斯陆益：《傈僳族文化论》，第121页。

② 古永继：《傈僳族古代史料汇编》，载林超民主编：《西南古籍研究(2011年)》，第60—144页。

③ 李根源在记述自蛮英到六库的行程时，依托《滇志》对傈僳族做了介绍。其中提到：死后火化，抛弃骸骨。见李根源著，李根沄录：《滇西兵要界务图注》，载方国瑜主编：《云南史料丛刊》第10卷，第789页。

另外需要注意的是，火在早期傈僳族丧葬仪式中发挥着使肉体与灵魂分离、划清生与死边界的作用，原因在于火在其生产生活中的重要性，以及山地柴火容易获得。傈僳族不仅在丧葬仪式中使用火，在日常生活中对火、火塘、火塘上的锅庄石与铁三脚架都有很多的宗教禁忌。火焰升腾、火烟缥缈，总是给人很多的遐想，好似缕缕魂魄离开肉体到辽远的祖先地去了。这样的灵魂观、火崇拜与想象力，使傈僳族的火葬习俗长期保留，而且该习俗也在该区域的纳西族、怒族、独龙族、藏族中长期保留，只是到雍正年间改土归流之后被迫实行土葬。汉族“入土为安”的观念也随之传入，于是，“阴间”“阎王”这些概念时不时在村民口中冒出来。这背后是澜沧江碧罗雪山傈僳族的葬俗、生死观念逐渐与内地趋于一致。

实际上，傈僳族认为火葬后与其骸骨分离了的灵魂所去的是非常遥远、道路艰险的祖先所在地，也是其漫漫迁徙路的宗教仪式展演。而且，即便同在三江并流区域，因为各地傈僳族周围民族不同，接受的汉文化、汉族习俗不同，其从火葬到土葬的变迁也有时空差异。各地傈僳土葬之习俗的史料记载有：

(光绪)《永北直隶厅志》：死后棺葬；

(民国)《中甸县志稿》：力些族[①]仍用棺葬，且有一定墓地；

(民国)《纂修云南上帕沿边志》：亲族齐集抬出置尸于木板或竹篱上，用土掩埋，高与地平，上面用石板空砌如棺状；

(民国)《征集菖蒲桶沿边志》：以竹签卦卜地于屋之左近，

① 傈僳族的同音异写。

挖一土穴,亲友抬出,用土掩埋。[①]

上述可见,永北(永胜)金沙江一带傈僳,因相对靠近内地,早在光绪年间就受到内地汉族移民的影响,而行土葬了。而怒江流域的傈僳族到民国时期的土葬仪式,与汉族的葬俗还是有差异的。

此外,对于傈僳族葬俗的记载多传抄《维西见闻纪》中的"丧则弃尸,不信佛而信鬼",即在鬼的观念下举行丧葬仪式。但有一处例外,前人研究中多认为这是傈僳族受藏传佛教影响,并曾出现过天葬习俗的凭据[②]:

> 滇夷种多,而俗异性殊……惟丽郡中甸维西之把傈、傈傈、模傈[③]剽悍,奉喇嘛,其亲死,必延喇嘛问之,名刀把[④],或擦妈,向尸诵经咒,刀把谓死者无罪,则悬尸山树之极巅以风,曰天葬。谓有罪则笼尸沉诸江,曰水葬,或割尸饲禽兽而火其

---

① 古永继:《傈僳族古代史料汇编》,载林超民主编:《西南古籍研究》,第 60—144 页。

② 张泽洪认为这是傈僳族受藏传佛教、东巴教影响的明证,侯兴华认为这是傈僳族受藏传佛教影响而实行天葬的凭证。见张泽洪:《中国西南的傈僳族及其宗教信仰》,《宗教学研究》,2006 年第 3 期;侯兴华:《傈僳族丧葬习俗概览》,载《傈僳族历史文化探幽》,昆明:云南大学出版社,2010 年,第 165—166 页。

③ 《云南史料丛刊》中,此处的断句为:把傈傈、傈模傈;张泽洪依据《中国西南文献丛书》,将此处的族称断为:把傈、傈傈、模傈,并认为三组词是傈僳族的三个称谓;1936 年刊印的《滇南新语》则写作"把猓猓猓模猓",盖《云南史料丛刊》中抄写有误。如此,按照"把傈、傈傈、模傈"断句更贴切。其中,傈傈之称谓即为傈僳,而"模傈"从发音分析,极有可能是"麽些"的异写,因为在地方发音中,纳西(麽些),与傈僳之"傈"皆为"人""族"之意。"把傈"当为"巴傈"之误,"巴"指今天的普米族,受藏传佛教影响甚大。此处以《云南史料丛刊》为底本,依据其余材料做了改动。见张泽洪:《中国西南的傈僳族及其宗教信仰》,《宗教学研究》,2006 年第 3 期;张泓:《滇南新语》,载王云五主编:《丛书集成初编·大理行记及其他五种》,上海:商务印书馆,1936 年,第 30 页。

④ 纳西族祭司"东巴"的同音异写。

骨，截胫骨作筒吹之，曰火葬，皆梵书舍身喂鹰虎之说也。[①]

此论断的记述者张泓于乾隆六年(1741)至滇，曾在今剑川、鹤庆等处为官[②]，其记述当具有一定的可靠性。然而，对比乾隆三十四年(1769)至维西任通判的余庆远的记载，便可发现其中端倪。《维西见闻纪》中对“古宗”(今藏族)的葬俗记载为：

人死无棺，生无服，延喇嘛卜其死之日，或寄之乔木食鸟，或投之水食鱼，或焚于火，骨弃不收。阿墩子以上，人死，则延喇嘛诵佛经三日，吹笳则雕至，剥肉，抛以食之。剥工取其髅骨一，臁肋骨二以为值。髅为器售之，臁为笳售之。[③]

而该书对傈僳族的葬俗记录仅为“丧则弃尸”[④]。若张泓所言是实，三十年后的余庆远当仍能看到相关的记载，而不是只在“古宗”一条中作相似描述。因此，正如方国瑜对《滇南新语》的评价：是书六十余条，大都为见闻随笔，事多琐碎，编次亦无条理，其间不免有附会且讹传不可信者。[⑤] 是故这一记载可靠性弱，当为“讹传不可信者”。即其对当时该区域各族葬俗的记录也有可能是概而化之，傈僳族与藏族及受藏传教影响更大的纳西族、普米族等存在差异。因此，对于“丧则弃尸”的描述，也需就丧后火化与否认真推敲，因为这涉及灵魂观念。而任何灵魂观念乃至宗教观念，无不是其文化主体基于其所处环境的产物。

---

① 张泓：《滇南新语》，载方国瑜主编：《云南史料丛刊》第11卷，第389页。

② 方国瑜主编：《云南史料丛刊》第11卷，第382页。

③ 余庆远：《维西见闻纪》，载方国瑜主编：《云南史料丛刊》第12卷，第63页。

④ 余庆远：《维西见闻纪》，载方国瑜主编：《云南史料丛刊》第12卷，第65页。

⑤ 方国瑜主编：《云南史料丛刊》第11卷，第382页。

当下同乐大寨的丧葬方式以土葬为主，即通过土葬完成生者与死魂的隔绝，使二者各处各自的生存空间。但需要注意的是，傈僳族对于死魂的隔绝，也是有时间性与场景性的，在有必要的时候就会主动重续关联，使二者同处于一个时空之内。一是年节，主要是在阔时节与清明节期间，前者将善性祖灵请回家里，是为“接祖”，并以好肉好饭好茶好酒敬拜之，在过年几天时间里营造一个祖灵与后人相聚的空间。后者是生者位移到坟地，也是以好饭好肉好酒好茶敬拜逝者，在不长的仪式时间里营造一个祖先与后人相聚的空间。二是年节与平日里的被动性重续关联。如在“阔时”节，村民不得不给成为孤魂野鬼的亡魂一碗水饭；或者当人失魂生病，也得请“尼帕”祭拜。无论情愿与否，无论主动与否，因为灵魂观念与祖先崇拜在人们心中根深蒂固，死者亡魂与生者总是处于一种既区隔又关联的关系之中。

现阶段，同乐大寨仅有部分在外过世的亡者会进行火葬，但在外火葬后的骸骨也可能以“二次葬”的方式入土。如2020年，村内一女性死者在县城火化后，其骨灰被带回，虽未入家门，但家人为其做了丧葬仪式并下葬。日常所见之物，在丧葬仪式空间有可能被神化，从而拥有了神圣性。如傈僳族长期以来重要的生产工具箭矢，被赋予将死者亡灵送往祖先地的功能。这应该是箭矢在傈僳族生产中的重要意义使然，从而也使其山地、狩猎民族的特性得以彰显。

另外，三年坟屋与随葬品经过日晒雨淋而尘归尘、土归土，这跟独龙族的土葬是类似的①。三年的过渡期后，死者的亡灵就彻彻底底到了祖先亡灵这个非物化的空间，生者与死者亡灵终归于异域殊途，只有到年节特殊时空才有交集了。但从傈僳族生存的自然空间而言，这种

---

① 高志英：《独龙族社会文化与观念嬗变研究》，昆明：云南人民出版社，2009年。

做法却体现了非常环保的生态观。既以三年的过渡期给生者精神诉求，同时，三年后坟茔会回归自然，而不再抢占生者的生存空间。这显然也是傈僳族的一种生存智慧。

民国时期，国内外一些学者开始逐渐留意到生活于我国西南的傈僳族，并对其习俗做了诸多调查。其中就有陶云逵、张正东等我国研究傈僳族文化的先驱，他们对碧罗雪山一带的傈僳族的丧葬习俗也做了调查整理。陶云逵经澜沧江、碧罗雪山、怒江、高黎贡山到独龙江，主要是为了进行独龙族的体质人类学调查。但在西南少数民族研究中，陶云逵重点关注宗教，并开启了对傈僳族宗教信仰的研究。如对丧葬仪式进行了细致的描述：

> 病人呼吸断绝后，家族将死人手脚放直，富者更换新衣，贫者仍着旧衣，移放在木板上，停在火塘之旁。富者在木板上铺麻布，贫者铺草。停好脚朝里头朝门外，儿女守尸在死人脚下，不在头前举哀。邻居一闻哭声，即来吊祭。远村亲友，请人通知。此时丧家在死人头前安放祭品，如死者为男子放酒一碗，荞麦饼或饭一碗，活鸡一只（用麻绳捆住一只鸡腿，地上钉一木梢，将鸡系于其上）。并将死人生前用的弩、弓、箭包、烟包、火石等放在一旁；又另外有空竹筒一个，篮子一个（这二件物品是备亲友吊祭时，代死人收受奠敬用）。死者为女子，免除弩弓箭包外，加织布用具，镰刀一把；如死者在生前不会吸烟，烟具亦免。以上的物品，安置完毕，村中能念咒的人或尼耙[①](nêp'a，巫师）请上一位，另外随便再请一位副手（发丧

---

① 即"尼帕"的同音异写。

前这两位念咒人不离丧家)。此时念咒人右手拿一棍。①

从人断气那一瞬间开始,就进入停灵、奔丧环节。更换新衣,是为其到新的时间、空间沐浴更衣。移位停灵,等待亲友奔丧吊唁。献酒献饭,在其尸体旁放生前用具与领受亲友丧礼,对其事死如事生,因为相信其亡灵依旧存在并仍然在亲友中间。献鸡于尸旁,是为"引路鸡",让其引领死者亡灵去往祖先所在地。这一系列行为,为的是与死者(亡灵)做最后的相聚,让其心满意足,能够安心而去,从而实现向"祖先"的身份转型而保佑生者。

在维西云岭雪山一带,尼耙手执三叉形的松树一小棵去针,上用白石灰画着人脸,耳目口鼻俱全。其木叉约须一公尺长,杀一只雄鸡,掐破鸡冠,以血滴于人形之木叉上,又贴鸡毛若干。此人形木叉代表死者,血及鸡毛为醮凶,使其不致伤害巫师。对着死人说"这酒是给你的,这鸡是给你的",一一地将死人头前所有的物品说完为止。另外的一个人,在念咒人说话时将所说的物品拿起来举一举。亲友随到随祭(不跪,仅拱手),祭时念咒人持棍来死人面前,向死人说"某亲某友来祭"。另外一个人,将奠祭酒或粮米拿在死人头前的竹筒或篮子内(酒放竹筒内,粮米放篮内)。主人家杀猪羊待客,杀牲畜前,先将牲畜的四蹄捆好抬至死人面前,牲畜头上或头部绑一绳索,系于死人手中(右手)。乃向死人说"此猪或此牛为送给你

① 陶云逵:《碧罗雪山之栗粟族》,载《中央研究院历史语言研究所集刊》第17本,第380页。

> 的，你要带他走”等语，说完复拉至院中宰杀，无他仪式。杀猪或杀牛后将肉煮熟（脏腑在内），每样切来少许，放在死人头前背篓内，然后再待客。①

此松木棍由人和鬼的媒介——“尼帕”进行了修饰，成为死者的象征而有了神圣性。见棍如见死者（灵魂），并以鸡血、鸡毛粘棍，以免死者亡灵伤害“尼帕”。可见，在傈僳族心目中，人一旦死亡，其亡灵就有可能对生者产生不好的影响，因而要小心翼翼地举办丧葬仪式，将其送往祖灵地。鸡血、鸡毛在此出现，可能是取雄鸡“引”来黎明、驱走暗夜之意，因而具有生命、新的一天的象征意义。气血足，则人康健；鲜血流尽，则人死亡，所以雄鸡血也代表着生命。

另外，还要杀猪杀牛待客，完成生者与死者亡灵的最后聚餐、告别，还以生猪活牛献于其前，并通过以绳相系于其手、煮熟后献肉等环节来表达对死者的感情。而这一场生者与亡灵共享的盛宴，不但将彼此短暂置于同一时空，也将在场的奔丧吊唁者不分社会等级、性别地置于同一时空，使共同体的凝聚力得到增强，因而有助于氏族、村落与区域共同体的建构。

> 尸首多半在家停两天，至第三天早晨发葬。将尸首由木板上移在木架，架子系用两条一人长的棍子作为干，另以较细小之木棍，男用九条，女用七条横结之。相传男魂有九缕，女魂有七缕。死人放在架上后，便请尼来念咒，手持前述之木

---

① 陶云逵：《碧罗雪山之栗粟族》，载《中央研究院历史语言研究所集刊》第17本，第380页。

> 叉。念了数句，即以刀将木叉之中段削一缺口，然后跑到门外站着，面向屋内死尸，高吼"你去了，我不去！"。说完以后，众人即将死尸抬起，另外有人将弩弓、鸡、竹筒、酒、烟管等放入背篓背着，随着死尸送到葬地。在尸首一抬起的时候，尼耙向后一倒，在他后面的人，即将他抱住，大家给他叫魂，就是叫他的名字。同时拿酒拿肉，喂给他吃。尼耙不去送葬。①

送葬是亡灵与死者的最终空间分离，而且以抬尸体横木的九与七的数量差别，表明其灵魂的性别差别。又以死者象征物的木棍（木杈）砍缺一口表达生死永别，还将生前用品随其送到坟茔旁，仍然表明死的只是其肉体，而其灵魂在祖先所在地的另一空间内仍然要生产生活。但从尸体不入棺就抬出家，以及用木板埋葬来看，傈僳族的土葬习俗又有其地方性特点。

在死者尸体抬起之前，"尼帕"一直代替死者亲人在跟亡灵沟通，使生者与尚未离开家人的死者亡灵同处于一个空间。因此，送葬之时需要以叫魂方式将其"叫"回生者的空间。这仍然表明傈僳族认为在丧葬仪式期间与场景内，同时存在着两个隔离而又关联的空间，死者的看不见摸不着的亡灵和能与死者亡灵沟通的"尼帕"正是在此场景（空间）中相互联系。

> 栗粟葬人是葬在其人自己田中，无地理风水或择时日之习。将地挖成一人长的长方形之圹，四面及底共铺五块木板。

① 陶云逵：《碧罗雪山之栗粟族》，载《中央研究院历史语言研究所集刊》第17本，第380—381页。

> 死尸抬到后，即仰放于此坑中。头部微向东方，即日出之方向。无殉葬物品。耳目口鼻中不放任何东西。然后用土埋之。不用木盖板，埋好。于死人头前插一木桩，将背来的竹篮弩弓、烟管等，挂在木桩上。酒肉在篮里。带来之鸡不杀，放开任其行走，不再捉回。礼毕，主人家及吊客等各自回家。①

尸体入土后只用五块木板，也是当时傈僳族葬仪特点之一。而头微向东方，就跟周围怒族、独龙族一样，认为东方日出之地，也是生命的象征，实际上是傈僳族太阳崇拜的葬式表达。而其随葬品，就是挂在坟旁的死者生前的生产生活用品，只不过不随尸体葬入坟中罢了。仍然有祭献给死者的肉饭于坟前，说明傈僳族认为死者亡魂随其尸体位移到了坟地，因而仍然需要以事生如事死的态度祭拜死者（亡魂）。其中建盖坟屋，也是傈僳族的特点。坟屋的人字形架上横棍数量的男九女七之分，同样是其"男魂九、女魂七"的灵魂观念的反映。葬在家附近的田地里，至今也常见，是因为不忍死者灵魂远离（至少在去到遥远祖灵地之前）生者，以便相聚。

至于丧葬仪式开始就出现的那只引魂鸡，在坟地放生，是为了让其引领死者亡灵到祖先所在地。引魂鸡就如尸体脸向东方一样，认为是公鸡的鸣唱使太阳升起，新的一天、新的希望由此而来。此俗赋予鸡以灵性，使之神圣化，相信引魂鸡能引领死者亡魂到祖先所在地，也即完成从生到死、从人世到祖先（灵）所在地的空间位移。

---

① 陶云逵：《碧罗雪山之栗粟族》，载《中央研究院历史语言研究所集刊》第 17 本，第 381 页。

> 葬后三日，家族复至葬地给亡人搭屋杀猪祭奉，以生猪头半个置于坟前。其余的肉煮熟用碗盛祭。坟屋系用十八根木棍结在一个长棍的两旁，由其两端看去作人字形而成九架；女子坟屋七架由十四根木棍做成。云岭雪山一带，只用两根木棍，对搭成人字形。自葬后三天之内其家人不得洗面梳头，不能洗衣及工作，并禁忌拜访亲友，在吃饭时取面饭少许向空泼去，意思是祭死者。三天后一切照常。
>
> 每年秋收后，杀猪取头半个到坟上去祭奠，三年乃止。亡人无牌位，年节无祭奉，坟上搭的木架任其朽坏，坏后不另作标记。[①]

在此需要注意的是，三年后生者不再上坟祭拜，而且死者无墓碑、牌位，而当时在年节也无敬奉仪式。那么，停灵的三天，秋后上坟祭拜的三年，就是生者与死者亡灵处于从关联到分离的两个重要时间点。此后，死者亡灵就彻底离开生者世界，生存于祖先所在地这个空间了。这种生者与死者亡魂的空间区隔，是傈僳族对于亡灵具有善与恶双性的认知使然。即一方面希望祖灵能够保佑生者，另一方面又担心没有列入祖灵的孤魂野鬼作祟生者。因此，要以程序化的丧葬仪式小心翼翼地将死者亡灵送到祖先亡灵所在地。但生死相隔，生者与亡魂异域，经过三天的丧葬仪式与三年的上坟祭奠之后，就永远的人“尼”（祖灵、亡魂、鬼）殊域了。因而傈僳族也忌讳叫死者的名字，认为在非年非节时叫其名字会导致其死魂回来作祟，这就导致三代以上，甚至已去世的

---

① 陶云逵：《碧罗雪山之栗粟族》，载《中央研究院历史语言研究所集刊》第17本，第381页。

第一代祖先的名字很快就会被遗忘，其近族崇拜多数只有三代，而中祖崇拜很淡然，远祖崇拜则很模糊，甚至可谓是神圣化的英雄祖先崇拜的泛化，而并不一定是真正的氏族远祖崇拜。

到 1940 年代，张正东的记录也对该区域傈僳族丧葬习俗多有关注，所记载的具体程序中也可以看出死者身心的时空转换：

> 傈僳人死气绝，掬以冷水注口以受气。若系小康之家，或用银器置口中，于是将死人之眼睛捏合，以便关闭。停尸于木板或篾席之上，缝麻布被窝一幅盖之，请“尼扒”开山引路，嘱去阴间。舀一碗水，将鸡溺毙一只（男用公鸡，女用母鸡）置于胸部，以资镇压。另制一竹帚，置于鸡上，备作驱逐苍蝇之用。生者忌与死者肉体接触。死者面部，由“尼扒”以白纸掩蔽，亲友世谊，前来吊丧者，每携白纸一张，依次掩蔽死者面部，①并以酒祭拜。旁人则执礼赞日：“某亲友来献酒”，即揭开面部白纸，以酒灌注于口。
>
> 人死，殉葬面袋，内分两隔，一放生面，一放炒面。炒面之锅，设于门前，日未出须炒尽，日出则舂之。死者无子，则以女替之。舂碓时，面向外，背向臼。筛面则以直系儿孙之媳行之。门前锅中，留贮温水以备洗尸，但常用之锅，则应忌用。
>
> 洗尸后，穿衣服。所穿之衣为新衣，抑仍穿其生时之衣，视其家境而定。穿衣后孤（哀）子女均须绕灵，男死九巡，女死七巡。死者在家停尸之时间短促。家境清寒者，即日抬埋。

① 张正东按：相传以前某家死一子，家人因思念之故，日必于仿佛之间见其形容，后全家均死绝。是后各家遇有死者，均以白纸盖死者面部，以隔绝阴阳两界而免阴魂缠绕。至以酒祭拜之原因或系傈僳嗜酒之故。

小康之家或停留一、二日后，由家人或亲友以猪、牛、羊致祭。由“尼扒”告死者携去，祭后复将各物杀死，以头之一半陈于灵前，余件以炒面锅煮之饷客。①

1930年代陶云逵调查时未发现的“口银”，过了十年就出现在张正东的材料中，此举盖受周围汉族、白族、纳西族以碎银、米、茶作为“口银”的习俗影响，而陶张二人调查所得的差异还受到二者对丧葬仪式起点的理解差异的左右。“尼帕”主持丧仪，将死者亡魂送往祖先地，则依然如故。以白纸盖脸、以生舂面随葬及其舂面礼俗、死者亲属绕灵的男九女七，以及溺死鸡放死者身上，皆是其灵魂观念与祖先崇拜所致。而且，这一葬俗既有傈僳族的特点，又有与周围民族的共性，显示出傈僳族的宗教观念在恪守传统中又有新变化。接下来张正东记述了出殡与殡葬程序：

出殡时，“尼扒”发矢三，始启灵运行。“尼扒”在先开路，驱鬼、念咒语，并与送丧之男子各取所佩之刀弩在空中舞动示威，发引至墓地。怒江流域之傈僳赴葬则尸不出户，必经破竹垣、穿墙窬抬出。

墓地之选择，傈僳并无定则，大致于其住处不远之地择定之。旧俗选圹穴时，以粗如拇指，长约一尺五寸之栗棍三根，两端削尖，以手丢往七、八尺以外之地。如此三，栗棍均能直立，则即以该处为圹穴；否则，另行选定。待死尸到达择定之墓穴时，先由“尼扒”掘二锄，头尾各一，然后由亲友掘成圹穴，

① 张征东：《云南傈僳族及贡山福贡社会调查报告》，第94页。

左右头尾各置木板一，将死者尸板舁入，上覆以板，即成棺材状；或以大树挖空为之。尸体入后，掩土壅埋成丘。

镇灵之死鸡，掘圹之锄头(去柄)，由"尼扒"弃之。以鸡与锄之方向，①兆其吉凶；头向外则谓魂已消逝，头向内则谓魂尚纠缠。锄则多为"尼扒"拣去。如死者家中需用，则以价取赎。②

傈僳族是善于占卜算卦的民族，在死者坟地选择中也用栗棍占卜的形式选定，将死者埋于符合"天意"之地。在此环节对祭鸡与挖坟锄头的处理上，皆显示出"尼帕"的重要地位。傈僳族对"尼"的重视与崇拜，实际上是对自然压力与社会压力的折射。现实社会中的双重压力越大，作为其化身的超自然力量的"尼"就越多、越强，也越需要"尼帕"沟通生者与死者。死者亡灵便是其中之一，因而需要"尼帕"主持丧葬仪式。

张正东还关注到了墓的形状与方向及挂清情形：

傈僳坟墓形式为长方形或椭圆形。至坟墓方向似不计较。惟傈僳多居山坡上，是死者之头枕于较高之一方，脚则置于较低之一方。故位于江东之傈僳，死者以头东足西；住于江西之傈僳，死者头西脚东。葬竣，视死者为男为女，分用九块板砍九刀或七块板砍七刀盖坟。坟上栽一棵芦草。子孙家事发达与否，并墓地风水好坏，看芦草荣枯而定。除以木板盖坟

---

① 张正东按：锄头与鸡头方向之内外，以其与"尼扒"并死者家人立视之方向同背而定。

② 张征东：《云南傈僳族及贡山福贡社会调查报告》，第95页。

外,有于坟上建木架如屋者,也有取石板架盖于坟之两边及顶面。另于顶面下以石板垒成空格,将男女生前习用之物放入,以代悬挂。死者所用之什物,如烟袋(内盛烟叶少许)、碗筷、酒茶器皿、弩矢、柴刀统置于麻袋内,由孝子负挈至坟地,挂于新冢之侧。女则除弩矢、柴刀外,他如镰刀、竹箩、纺机上零件等,也加入若干,挂于坟侧或坟后①。亲友致祭之牛羊,除于灵前祭拜煮食外,剩余残骨,仍携往坟上挂之。

葬后,儿女将归,"尼扒"以青松、苦蒿之属,蘸以酒水,洒于头上,代以戴帽、头巾。儿女持杖排列,吞声饮泣、插杖而回。夜间儿女扎火把前往暖坟,以慰灵魂之寂寞,如是者三夜。

傈僳死后之祭拜、沐浴、更衣、殉葬,请宗教师作法事、土葬均有与汉人相似之处。但此等仪式在傈僳社会行使之久暂,尚不知悉,故吾人目前尚难骤谓系受汉人影响。②

在埋葬后的三天,之所以要"暖坟",是因为认为死者亡灵尚未完全离开生者的空间。一方面以芦苇测占后代兴衰;另一方面又"祭拜、沐浴、更衣、殉葬,请宗教师作法事、土葬均有与汉人相似之处"③,具体而言是受到周围汉族与接受汉文化比较多的纳西族、白族的影响。因此可以认为,民族间的交往交流,同样丰富了傈僳族的丧葬文化。

丧葬仪式中男女有别也是很值得关注的一个问题,张正东发现:

---

① 张正东按:傈僳之坟旁多立木杆,将死者生前所用各物装入竹器中,悬挂其上,也有将木杆立于坟后者。如坟上搭有木架,则将各物放于竹器中,挂于木架上,不再立杆。至于坟上架石板屋者,多将死人生前所用各物放于石屋前端顶面下之空格内。

② 张征东:《云南傈僳族及贡山福贡社会调查报告》,第96页。

③ 张征东:《云南傈僳族及贡山福贡社会调查报告》,第97页。

死后镇灵之鸡，男用公鸡，女用母鸡；绕灵男九巡，女七巡；盖板男九块，女七块；坟侧悬挂之什物亦有不同等均是。至幼年人死后不开吊，又幼年人死后无为其服丧者，此其分别之荦荦大也。①

从张正东对丧葬仪式中男女老幼区别的总结，可以看出因为观察、描述的多是寿终正寝的老者，所以幼者即幼时夭折者与寿终正寝者的区别在此没有显示。我们只能从对凶死者、孤魂野鬼的态度与不同的祭祀仪式中看出来。但丧葬仪式中男女的区别却很明显，特别是从九与七的数字差异来看，是源于其男魂九、女魂七的灵魂观念。张正东的如下记录也突出了傈僳族丧葬仪式的特点：

傈僳葬时，"尼扒"所用咒语之内容，系指示死者灵魂至阴间之路，嘱其早日投生转世，俾可少受阴间痛苦，并勿祟害活人。至其语句，未获记录译注。②

在此"宗教师所用之咒语"部分，张正东或许是翻译欠缺的缘故，将傈僳族关于"指路"的内容汉化了，即"死亡—巫师指路到阴间—投生转世"。实际上，在傈僳族看来，能够被"尼帕"指路的只有寿终正寝者，而且为其指路，是为了指向祖先（祖灵）所在地，使其位列祖先。之后在年节里受生者祭拜，即彼此发生空间交集是有时间点的，因此不会作祟于

① 张征东：《云南傈僳族及贡山福贡社会调查报告》，第 97 页。
② 张征东：《云南傈僳族及贡山福贡社会调查报告》，第 97 页。

人，而是保佑于人。而非寿终正寝者则不享受“尼帕”指路的待遇，遂成孤魂野鬼四处游荡，不惟年节，平时也会为了索要祭品在时空上与人发生交集，即作祟于人。

> 傈僳遇亲友有丧事，多以实物或银钱馈送，以助丧家之费用，兼示悼念死者之意。通常以茶、酒、米粮、牛、羊、猪、鸡为多。如家中无上述之物，则间以银钱赠送。丧家受亲友礼后，多加记录，以为日后遇机会酬还之根据。①

“送礼”专题中，张正东关注到傈僳族丧礼的种类，应该是以亲疏关系确定丧礼的礼尚往来，实际上也是其社会关系的强化与重构。而银钱也成为丧礼，说明银钱作为货币已经进入该区域傈僳族社会，并发挥货币的功能，因此是傈僳族与外界交往交流的物化表征。那么，阴间、轮回、投胎这些观念与银钱一样传入傈僳族中，也就不为怪了。

> 傈僳遇有丧事，亲友来吊问者，于丧家跳唱。但此时所唱歌词之意为安慰死者家属，谓死人虽可恸，但既已死去，即无法追回。而凡人皆有死，故宜达观乐命。至殡殓时亲友之送丧执绋，则仅哭泣，不唱挽歌。②

在“孝歌”部分，张正东说傈僳不唱挽歌，可能还是出于翻译之故。相反，傈僳族的挽歌是丧葬礼仪中不可或缺的重要内容，而且是以诗的

① 张征东：《云南傈僳族及贡山福贡社会调查报告》，第 97 页。

② 张征东：《云南傈僳族及贡山福贡社会调查报告》，第 97—98 页。

语言表达其对死者的情真意切，恋恋不舍。

> 傈僳死人未闻有服孝者，仅子女遇父母或其他长辈故去时，将所戴之帽或头巾取下，头发不结辫，以示哀悼。同辈中死则年幼者为年长者去帽，但不散发。年长者对年幼者则不服丧。服丧之期普通为死后三日及开吊时三日。
>
> 傈僳祭灵最初者，系于葬后三日内行之。除祭灵外，并宴请亲友。
>
> 葬后数月或一年以后，另择期开吊。开吊时因消耗之酒、肉、菜、米较多，有非丧家所能于短期内储备者，故开吊亦可延至数年后，且可为一个以上之死人同时开吊。开吊在家中举行，由宗教师将死者之灵魂召回，享用祭品。①

张正东所观察到的傈僳族“孝服及除孝”现象与汉族存在显著差别，实际上是人类早期对于死者去世的原初、朴素的表达，虽然并无孝服，但对死者表达感情的方式尤其特殊，还因辈分不同呈现出区别。

对于“祭灵纪念之日期、仪式及费用”，停灵、祭灵大都为三天，可能是便于准备，但更主要的是对于死者与生者的空间区隔：经过三天的过渡期，生者悲切心情有所平复，并再经送葬、祭灵仪式而彻底实现空间上的“阴阳相隔”。

张正东翻译的“开吊”，也被翻译为“发送”。即通过此仪式将处于过渡期的亡魂位居祖先之列，以后在年节里一并受“接祖”“祭祖”与“送祖”的礼仪。因此，这是一个生者与死者亡灵时空隔离的过程，同时又

① 张征东：《云南傈僳族及贡山福贡社会调查报告》，第98页。

为年节里的时空交集奠定了基础。最终,今人与祖先、生者与死者在纵向的时间序列与横向的空间关联中,既有连结又有区隔。由此可知,傈僳族是一个具有灵性的民族,是在灵魂道德规范下繁衍生息、生老病死的民族。

以上学者作为开展傈僳族民族学研究的先驱,对傈僳族的葬俗做了较为精细和全面的记录。但因年代尚早,外加学人的文化背景有所差异,所以他们仅对关注到的文化习俗做了过程性的介绍,而没能进行更加深入的宗教人类学解析。就其谋篇布局而言,20 世纪三四十年代成文的傈僳族葬俗记述盖为访谈所得,而无场景性参与观察,记述较为简练;就行文而论,则有转引雍正年间余庆远所写的"丧则弃尸"等语之感,并未从文化持有者的角度解释葬俗,而具有一定的猎奇色彩。但陶云逵开启了对傈僳族丧葬仪式的宗教人类学研究,却是不可否认的。

二、20 世纪中后期丧葬仪式中身心的时空转化

1950 年代开始,诸多外界学者及傈僳族的地方精英陆续投入傈僳族历史文化的研究,其中不乏对葬俗的详细调查与记述。以下罗列的葬俗相关文本由傈僳族地方文化精英通过访谈、整理而得,并被载入成书于 21 世纪的《维西文史资料》。我们就借此分析该时期维西傈僳族是如何通过丧葬仪式实现死者从生到死,再由死到生(轮回)的时空转换:

> 腊八底傈僳族死后行土葬,老年人提前准备好"寿木"和"老衣",傈僳语叫"么吉",最贫困的家庭也找三块木板拼凑做棺木安葬。

接气、护魂。世代生活在腊八底这块土地上的傈僳族，他们团结和睦，互助互爱，有一家有难全村帮的传统习惯，村里有人病了，闻讯后全村人都背着柴、茶、酒、鸡等来看望。危时亲朋好友昼夜守候，帮忙准备料理后事，病人将断气时亲人要紧握住他（她）的手呼喊着爹（妈）或名字，意思是“接气”，傈僳语叫“色玛咱”，人死刚咽气扒开死者的嘴放入装有碎银、茶的小布包（含口钱）说道：“普色合、普色合”，拿出“含口钱”又说道：“只色合、只色合。”把小碗酒倒进死者嘴里，完毕将嘴合拢。尸体整齐地置于火塘边炕床上，掀开房头板一块，意思是人死后他（她）的灵魂就不朝门口出进，而是从屋梁的缝隙中出入。所以家人为他（她）出入方便，掀开房头板给死者亡魂开一条通道。捉一只半大鸡（男人用母鸡，女人用公鸡）掐死，喊一声死者说道：

“鬼要来吃你的时候，神要来拿命的时刻，地动山摇你别怕，不要东奔西跑，你就跑来躲在鸡下面。”

说完将鸡像抱窝样放在死者胸口位置。傈僳语叫“尼玛木”，意思是说人死后尸魂容易被离散，把鸡放在死者胸口处，死者的魂就会藏于鸡下面不会与尸离散了。尸体用二尺宽一幅麻布或白布从头至脚盖好，傈僳语叫“撵嚯比”。枕边放块木板，供上烟、酒、茶和一碗冷水，孝子脱去帽（当地傈僳族父母在世时儿女要戴帽或裹帕，禁忌光着头外出）向死者磕三个头，然后头上系一匹麻（戴孝）放声痛哭。

村里人闻讯赶来帮忙，吊唁者带肉、酒、茶、粮、柴表示慰问，亲朋好友们怀着沉痛的心情一一向死者敬道别酒，敬酒用一匹山茶树叶（傈僳语叫“世卖撇”）折成小勺放上几滴酒，大喊一声死者说道：

“今天你与我们永别的时候，我敬你一口酒，从此后你我之间别牵挂，你要走你的路，你过你的日子，请喝下我敬的这口酒。”

然后酒直接倒入死者嘴里，拿一抓预先备好的树枝朝死者的头至脚轻轻拍几下，意思是给死者驱赶苍蝇、蚊子。对于为什么用茶花叶向死者敬酒，当地人谁也说不清来历，只是说：“世卖”对在世人没有用处，人死之后去阴间路上才有用，他们不砍山茶树做柴或作它用。①

从上述断气、接气、停灵一系列程序来看，傈僳族丧葬仪式程序越来越复杂，既保留了民族传统，如“尼帕”及其助手主持丧仪，并以分性别的鸡护其魂魄，又吸纳了汉族的放“口银”与披麻戴孝的习俗。说明每个民族文化的丰富性，既与其自身的社会经济发展有关，又与族际交往交流有关，最终在文化上水乳交融，共同形成、共享了区域文化。

占卜找坟址。“叭玛批”（占卜）是当地人在丧葬过程中不可缺少的一项，人死之后，以占卜的方法寻找帮死者找坟地、杀猪宰羊和做饭的人，这三个人是不能随意指定，必须占卜来确定。占卜的方法是请“尼扒”（宗教师）在死者前占卦，占卜用具是找一根桃枝条，取约一寸长，一头削成尖圆形，划为两半，一半打两个“×”字，是属于代表死者方，另一半打一个“×”

---

① 余志贤、余胜涛等口述，余国良翻译整理：《腊八底傈僳族丧葬习俗》，载中国人民政治协商会议云南省维西傈僳族自治县委员会文史资料委员会编：《维西文史资料》第6辑，2005年，第123—124页。

字是属代表在世人一方，先占卦找坟地人，把两半卦具合拢，喊一声死者说道：

“你离开人世了的这天，你要找地基起房盖屋的时候，你请谁做帮你找地基的人，我喊到那个人时，两个‘×’的翻朝上，不要就翻朝下。”

与此喊着村里人的名，一次又一次把卦具往木碗里丢。喊到谁时两个“×”的那半翻朝上，就定谁为帮死者找坟地的人。杀猪宰羊和做饭的人也以此占卦来确定。

“林亥缓”（找坟地），占卜确定的找坟地人，实际上是挖坑砌坟总负责。他把做卦具用剩的枝条取约一公尺一长，两头削尖，傈僳语叫“林独”，走近死者前说道：

“今天你起房盖房的时候，请我帮你找地基，现在我要去帮你找。请不要找在大树下，请不要找大石岩，一找找到好在处，一找找到地脉心。”

然后拿供予死者枕边的酒在“林独”杆两头滴上几滴，就去预先选好的坟地处，“林独”从上往下丢三次，从下往上丢三次，插在哪个位置就在那个位置挖坑。先从上往下挖九锄（男挖九锄，女挖七锄），然后又从下往上挖九锄，在九锄或七锄范围内挖坑塘。为什么男人要挖九锄女人要挖七锄，说法是男人为一家之根骨，女人是“菜”，男为大、女为小，还带着封建社会时期的男尊女卑思想观念。当地傈僳族选坟地不选地势平坦宽阔处，同宗同族也不在同一地方列葬，只有夫妻同葬。①

① 余志贤、余胜涛等口述，余国良翻译整理：《腊八底傈僳族丧葬习俗》，载中国人民政治协商会议云南省维西傈僳族自治县委员会文史资料委员会编：《维西文史资料》第6辑，第124—125页。

在傈僳族诸多创世神话乃至周围民族如纳西族对傈僳族的认知里，占卜算卦均被视作傈僳族的文化特征。陶云逵的《碧罗雪山之栗粟族》中也罗列了傈僳族的多种占卜形式。在文化主体叙述、记录的本个案里，一再用到小竹棍占卜，表明谁人主持、参与皆为神意，坟址选在何处也是神意。至于男魂九、女魂七的观念，可能是来自男女体格的生理特征，特别是对于长期延续狩猎与采集生计方式的傈僳族而言，男女在体能上的差异就显得尤为突出。因此，这并非所谓的封建社会的男尊女卑观念：该区域傈僳族不曾经历过封建社会，而且男魂九、女魂七的观念古已有之。所以，在讨论傈僳族等山地民族文化时仅用汉文化中心主义的视角评判是有欠妥当的。

杀猪宰羊送葬。在丧葬过程中专门负责安排肉食者，傈僳语叫“华尚所”，是经过占卦来认定。肉食负责人首先安排杀一头死者家里的猪（羊），宰杀之前牵到死者前，请“尼扒”（宗教师）举行祭拜，傈僳语叫“尼本底”。孝子按辈前后排列磕头，“尼扒”大喊一声死者说道：

“你离开家人的时候，你离开了人世的今天，你的家人给你一头种畜了，你要牵到你祖父那里去，你祖母那里去，给了你种畜那天后，朝后你莫想，家里你别牵挂，不吉不利事你莫做。路上要翻九架山，路上要跨七沟箐，千万别把种畜放跑了，千万别把种猪（羊）牵丢了。你到祖父、祖母那里后，好好去饲养，一头变两头，两头要变成群，你要赶着走，你要牵起走。”

祭拜完毕立即就地杀死，取猪（羊）的左耳一节，心、脾、肺、肾等各一点穿在树枝条或篾条上(男为九点女为七点)，火塘里稍烧后放在死者枕边，倮倮语叫“华省”。第一头宰杀的畜头肉不能吃，留至最后唤魂时用，每杀一头畜均穿一串“华省”放在死者枕边。死者的亲属儿女各家牵来一头猪或羊“给死者”，倮倮语叫“迪莫阁”。意思是死者离开亲人去阴间时，亲属儿女以送种畜的形式表达心意，牵来“给死者”的牲畜无论大小杀了招待来客。①

“给死者”仪式，同样表达了倮倮族灵魂观念下的时空感，即认为人的肉体死了，其灵魂将发生空间位移，到倮倮语原意中的祖先所在地，也即后来受汉文化影响后所称的“阴间”。死者的亡灵与祖灵一起生活，畜养牲畜，所以要通过占卜所选之人举行“给死者”仪式，让死者在另一生存空间也是牲畜无数，生活富足。跟其他诸多民族一样，“给死者”的牲畜，是在死者亡灵与来客的畜肉共享中完成其“使命”的。所以，“给死者”仪式是打破世俗与神圣、生者与亡灵空间区隔的过渡阶段。

供饭供酒。专门为死者做饭的人，倮倮语叫“玛咱尚所”。死者的“饭”首先要捏三个粑粑，粑粑要做成蘑菇形状，蒸熟放在碗中供给死者，倮倮语叫“玛咱”。缝一个两格的布袋，一边装各种粮食籽种，一边装碓中反背舂了三下的粮，放在死者枕边，倮倮语叫“玛米咱数”，意思是死者去阴间路上的干粮和籽

---

① 余志贤、余胜涛等口述，余国良翻译整理:《腊八底倮倮族丧葬习俗》，载中国人民政治协商会议云南省维西傈僳族自治县委员会文史资料委员会编:《维西文史资料》第6辑，第125—126页。

种。送葬前每吃一顿饭先要供给死者，请“尼扒”（宗教师）祭一次，孝子要磕头，供的食物中必须有一半左边的头肉，每杀一头畜左边一半头肉归死者，人不能吃，最后送葬时与死者生前常用的喜爱之物一道装为一篮，由死者的长子或次子背到葬地陪葬，傈僳语叫“玛靠”。死者若无儿子可请侄子之辈来背。丧事待客不吃酸、辣、苦、甜类食物及菜，不办桌席，安排专人分给来客一个粑粑三坨肉，可多分几次，但一次不得超过一个粑粑三坨肉，傈僳语叫“迪莫华”，汤自行去舀。

丧家待客食品与日常有异，表明傈僳族认为这个过渡空间有别于生者的时空。而来客的主食与肉食的平均分配，则是傈僳社会不分男女老少平均分食的习俗，也是将有限的食物泛及更多的人，以保证氏族内人人有份，从而保证氏族延续的一种生存智慧，而不是外界所言的“原始”“落后”。

送葬不择日子，一般是人死后第二天举行，家庭条件好的多停留一天，第三天发送。送葬前全村人守灵至通宵，大家坐在火塘边，分两方对唱挽歌。叙述死者生平的事迹，说他（她）如何成家立业，种地养畜，生儿育女，赡养老人，历尽艰辛。现已离开人世，儿女为他（她）而悲伤，邻舍为他（她）而难过，最后唱至离别后会如何想念他（她）。死者家人和儿女用烟、酒、茶作答谢来客。

送葬一般在10至12点进行，请“尼扒”举行送葬仪式（“尼本底”），死者前供上酒席，孝子按辈排列磕头，“尼扒”大喊一声死者说道：

“你离开了人世的今天，

你的亲属儿女为你饯行了，

你快起来吃，快起来喝，

从今往后你的亲属儿女们开荒种地的那一天，

播下的粮种你别接了去，

获得的粮你别带走，

不吉不利事情你莫做。

撒下荞子的那一天，荞子大丰收；

播下麦子的那一年，麦穗辫子长。

荞麦成熟的那天，

你的亲属儿女们起早去收割，

翻山越岭找扫帚，

细打粮粒归仓，

粮获满仓畜成群；

到那一天，

会请你吃，会给你喝的。”

以祭品祭拜，以歌声送别，皆表明傈僳族的灵魂不灭观念。而且将其送往祖灵所在地，也给了生者对亲人的生死离别有了灵魂仍存的精神慰藉，减少了对死亡的恐惧，而能坦然面对死亡这一不可避免的自然现象。在此意义上，灵魂不灭观念，以及将死者灵魂送到想象中的祖灵所在地的丧葬仪式，非但不是落后的，反而具有“为生者办丧事”的现实功能，即让生者可以很快从生死离别的悲痛中走出来，使社会重新走向有序。

“现在你已吃饱了，你已喝足了，

该要启程上路了。

跨出门槛后，

阴间路道十二条，
左右你别看，
上下你莫走，
要走中间那一条，
背上猪羊肉，
找着你祖父的脚印走，
找着你祖母的手迹走。
你祖父在处到那时，
你祖母在处到那一天，
七道垭口翻过了，
九道梁子走完了。
你去找祖父，你去找祖母。
遇着祖父那时候，见到祖母那一天，
猪肉做礼物、羊肉做礼品，
左手一把给祖父，
右手一把给祖母；
你就要猪圈，
你就要羊圈。
要着猪圈那时候，
要着羊圈那一天，
养好猪放好羊，
一只要变两只，
两只要变成群。
你祖父有山梁十二处，你就要一处；
你祖母有箐沟十三箐，你就要一箐。

你祖父的房屋有十二间，你就要一间；
你祖母的水井十三口，你就要一口。
从此以后你在那里安心做一家，
地不动的那一天，
山不摇的那一年，
朝后你别想，
朝后你莫回。”

祭拜完毕，儿子要杵根麻秆作棍，立即杵断后说：

“爹（妈）呀，你儿子脚断了手断了，不能给你送行了，你就自己去。”①

傈僳族是诗的民族，也是歌的民族。无歌不讲古，无歌不说事。从停灵告别到送葬，都有亲友日夜唱挽歌、“尼帕”吟《指路经》，皆在于让死者亡灵无牵无挂、顺顺利利地抵达祖先所在地，而且说到非山摇地动就不要想生者，不要回来。由此实现生死时空的隔绝，只有到了年节祭祖时间，才会出现短暂的时空交集。总之，无论是程序烦琐的丧葬仪式，还是年节祭祖，都是为了“取悦”亡灵、讨好祖先，使其能够保佑生者、不侵扰生者。这都是傈僳族的灵魂崇拜与祖先崇拜使然。这背后就是傈僳族仍然承受着沉重的自然压力与社会压力，而借繁琐和秩序化的丧葬仪式建构与自然、社会的和谐关系，这是傈僳族原生宗教的本质。而“给死者”仪式中有如此多的猪羊（实际上还有鸡）被杀、被祭献，则表明在丧葬仪式程序化的时代，傈僳族已经从游猎经济过渡到了养

① 余志贤、余胜涛等口述，余国良翻译整理：《腊八底傈僳族丧葬习俗》，载中国人民政治协商会议云南省维西傈僳族自治县委员会文史资料委员会编：《维西文史资料》第6辑，第126—128页。

殖经济时代。但是游猎仍然占有重要地位，因而三支箭矢的神圣意义仍然存在。

入殓不在屋内，棺木停放门外。祭拜完毕尸体连床板抬出门口，用一扇簸箕遮阴，帮忙者围着洗尸入棺。洗尸用九股麻组成的麻团（女人用七股麻），麻在温水盆内泡软后，先从脚往上擦洗至腰，穿好裤（裙）、袜、鞋。换一次水和麻，又从头往下洗。梳洗剃头完毕，穿衣裹帕（头帕和系带子要朝反方向绕）。入棺前请"尼扒"用一抓刺从棺内上下拖扫躯魂，喊道："哈起！哈起！"（生魂出）然后死者生前盖垫的被单洗干后垫入棺底，再垫一床麻布单，将尸体整齐安放入棺，盖上"撵嚯"（忌讳布扣和金属物入棺）。棺盖由两人抬着朝顺时针方向绕三绕之后才盖。意思是这样做死者就迷失回家路而直去阴间了。

起棺时，孝子从门口往前磕头，朝葬地方向放三支箭，放箭的人大声喊道：

"我不打你是打吃你的鬼，
不打你是打拿你命的神，
不打你是打拦你路的魂，
你莫怕放心往前走。"

背"马靠"（陪葬品）的人要先前走，凡是路过坟边要朝坟丢肉和粑粑，孝子无论是男女都要过沟搭桥至葬地。下葬盖土时大家围着齐声喊"哈起！哈起！"。泥土堆成长凸形，用木板拍紧。按尸体位置用"林独"杆画上一幅像，正胸口位置栽一丛尖刀草。意思是鬼神来撵死者时，死者的灵魂就可躲在草丛里，另一层意思是儿孙就像草一样发旺。

在此环节里，生者对死者的“事死如事生”，皆是出于傈僳族的灵魂不灭观念。既惧于死者灵魂不能抵达祖灵存在处，变成孤魂野鬼侵扰、作祟生者，更希望死者灵魂去到该去的空间，从而心满意足地保佑生者。

砍树盖坟。腊八底傈僳族不兴砌坟垒石，用木板盖坟。盖坟有两种，一种叫“林祖”，坟两头正中间立两棵木马桩，架一根圆木，砍成榫的木板斜搭在园木两边相扣榫连接，坟前倒立一边一块砍有九刀（女七刀）的木板，意思是阴间的门。另一种叫“亥马扁”，坟两头立四棵木马桩，架园木盖木板，坟前同样倒立两块板。盖坟时两边站着扛大刀的人，傈僳语叫“玛转齐扒”，扛刀人大喊一声死者说道：

“今天你起房盖屋的时候，

我不砍你是砍抢你房屋的鬼，

砍抢你衣物的魂，

你别害怕，咦！咦！咦！”

意思是说给死者盖新“屋”的时候，那些无家可归的孤魂野鬼就会来与死者抢房，见到扛着大刀的人守护就不敢来抢了。

盖好坟后孝男孝女朝坟磕三个头，喊一声死者说道：

“从今以后你就做你的一家了，

我们给你戴孝就此为止，

现在起我们就吃酸、甜、苦、辣食物了，

你安心在下，到处别乱走。”

摘下披麻，用梳子或木片朝后梳三下头，抓把篙揉揉手和头,戴上帽或帕与死者告别。装着陪葬物的篮子"玛靠",坟头栽一棵两杈杈的木桩,悬挂在桩上,"玛米咱数"反背撒在坟周围,不立山神树。①

该区域傈僳族丧葬仪式中的洗尸穿衣程序也很有特色,不是人一断气就进行,而是在送葬之前才进行。另外,洗尸会使用具有性别象征意义的麻布团,而且忌讳布扣与金属类物品入棺,即非本地、本族所产物品入棺。这是因为傈僳族认为祖先时代穿的是麻布衣服,亦无金属,所以只有穿麻布衣才能跟祖先相认。麻布衣与上述的猪羊,就成了死者亡灵与祖先时空交集的象征物,同时也是与生者时空隔绝的象征物,由此呈现出生者—死者亡灵—祖先(祖灵)之间在时空上既隔绝又关联的关系。

"尼扒"隔魂。安葬当晚,请"尼扒"隔魂。家里置一簸箕,摆放好粑粑和猪(羊)头肉,撒上荞米花。猪(羊)头肉要用丧葬时杀的第一头猪(羊)的头肉,左边一半属于死者的,翻朝上摆放。拉一根黑线,一头拴在猪(羊)耳朵一头拴在朝死者葬地方向的屋梁上,掀开一块房头板。右边一半猪(羊)头翻朝下,是属于家里人的。拉一根白线,一头拴在猪(羊)耳朵,一头拴在同一方向屋梁上,黑线是阴魂从阳间返回阴间的路道,白线是生魂从阴间返回阳间的路道。"尼扒"在簸箕里唤魂隔魂,送走阴魂唤回生魂。意思是说家人去世后,亲属儿女及左

① 余志贤、余胜涛等口述,余国良翻译整理:《腊八底傈僳族丧葬习俗》,载中国人民政治协商会议云南省维西傈僳族自治县委员会文史资料委员会编:《维西文史资料》第6辑,第128—129页。

> 邻右舍的魂就跟着死者的亡魂送他（她）到阴间。到了阴间后，年老体虚者的魂就一时返回不了阳间，需要呼唤才能返回，而唤回途中阴魂也就随生魂回到阳间，“尼扒”就得阴魂隔开送走。①

“尼帕”隔魂程序，也出自对生魂与亡灵所处的阴、阳两个世界（空间）的想象和认知，即认为生者与死者亡灵应该各安其所，彼此的关系才不会紊乱，世界才不会失序。因此可以说，傈僳族的灵魂观，在一定意义上是其宇宙观——世界万物在神意下井然有序的仪式表达。

> 安葬后连续三晚上儿女要到坟前烧火，煨茶供酒，以慰死者灵魂的寂寞。家人死后三年内每年新粮熟的时候，家里杀一牲畜祭死者。大年初一太阳刚冒出山头，门前摆好酒席祭死者。清明不兴上坟，三年后进行一次扫墓活动，傈僳语叫“轮亥措”，杀猪宰羊大请客，场面十分隆重，村民聚在一起唱“双抓木刮”（苦想调）和“尼双木刮”（伤心调），表示对死者的怀念。请“尼扒”带上猪头三牲到坟前祭拜，修坟扫墓，盖上三块新板，从此后坟墓自行消失。②

腊八底傈僳族的丧葬仪式也有送葬三天后的“暖坟”与三年后的

---

① 余志贤、余胜涛等口述，余国良翻译整理：《腊八底傈僳族丧葬习俗》，载中国人民政治协商会议云南省维西傈僳族自治县委员会文史资料委员会编：《维西文史资料》第6辑，第129—130页。

② 余志贤、余胜涛等口述，余国良翻译整理：《腊八底傈僳族丧葬习俗》，载中国人民政治协商会议云南省维西傈僳族自治县委员会文史资料委员会编：《维西文史资料》第6辑，第130页。

“阴阳相隔”仪式。加之孩子出生礼仪、婚嫁礼仪，就以一种极为神圣的方式将人一生的关键时间节点与各安其所的空间相应合，使处于宇宙万物中的每一个人的生老病死具有了社会性、神圣性。通过这些仪式以及仪式中的各个程序，个体的生与死皆被镶嵌于自然有序的宇宙时空里。这既体现了傈僳族颇具民族特色的宗教观，同时体现了颇具地方特色的宇宙观。其中最为关键的是“时间”与“空间”，其生死隔绝与关联，无不是其生死过程的一部分，也是氏族、村寨、宇宙有序运行的一部分。因而，作为傈僳族人生命终结的丧葬仪式，才如此受到重视，才如此得到隆重的实践。

三、当下丧葬仪式中身心的时空转换

值得注意的是，就对傈僳族葬俗的调查记述而言，族人所整理的文本大都能呈现出一种内外交织的视角：作者在调查和理解习俗的同时，用汉语对习俗进行了概括、命名，不仅对傈僳族的葬俗各个环节与程序做了较详实的描写，还通过翻译经文、进行访谈，对各环节及仪式的文化意涵做了较为深刻的解析，从而让读者体会到汉文化与傈僳文化是如何在丧葬仪式场域中交融的。其共性是完成死者“生—死—再生”的时空转换，以免人畜病患、庄稼歉收、社会失序。以下以笔者参与观察的一个丧葬仪式加以呈现。

火塘边停灵、放“口含”。早年，受限于当时的生产力与技术水平，村民大都缺衣少衾。同乐村的年长者 C 在 1940 年代从丽江亲戚家走回村时，就曾在康普村一户人家借宿，因天冷便只能睡在该户人家的草垛里：

那个时候呢，是冷天，那晚上就在康普一户人家的草堆里睡了，结果我的傈僳文书本也就落在了草堆里。①

可见，除衣物外，火成了傈僳族御寒的“武器”，进而有了“常年不灭的火塘”，并在近代的民族文化介绍与旅游宣传中成为一个标签。对此，1930年代于碧罗雪山一带做民族调查的陶云逵就说过：

栗粟因为是喜欢住在山头，气候较凉的地方，所以用火的时候很多。无论冬夏，其住室的火塘，总是焚着柴。在冬天自然是很寒，但是在夏天一到日落，便也很冷。栗粟不用棉花做衣服，御寒最厚的衣服，就是羊毛披毡。而贴身穿的无论冬夏，就是麻布裤褂，所以火是绝对不可少的东西。火塘常燃着，是为煮饭，取暖以及燃烟之用。②

于是，傈僳族生活的山区中，那可再生又耐烧的木材为火的利用提供了保障，民国年间一位很幽默的贡山设治局长便说道：

“我们这里最富有的是柴，烧不完，用不尽，这一点我们颇足以自豪。”③

---

① 2019年4月21日，笔者在同乐其宅对村民C的访谈。

② 陶云逵：《碧罗雪山之栗粟族》，载《中央研究院历史语言所集刊》第17本，第354—355页。

③ 陶云逵：《碧罗雪山之栗粟族》，载《中央研究院历史语言所集刊》第17本，第335页。

傈僳族社会有尊老爱幼的道德，把温暖且无需频繁移动的火塘的上方，也即正门所对位置设为老人的“专座”。久而久之，因为老人的权威，此位置也有了一定的神圣性，晚辈与客人是不能坐此位置的。白天老人坐此安排生产生活、教育后辈，接待来客，夜晚在火塘边躺下，并适时翻身来烘烤腹背：

> 傈僳族衣单被薄，故不分寒暑，多于晚间睡觉烧火取暖。冬日或雨季柴多潮湿，故烧时烟大难忍，又烧柴燃尽即灭，故冬夜傈僳须随时起身吹火加柴，有傈僳衣被过少，致冬日睡觉有靠火烘烤胸背者，故睡时又须辗转替换被烘部位。①

在同乐村长者的讲述中，离当下时间较近的祖辈也曾如此：

> 我十四岁的时候呢，下大雨，晚上也下，白天也下一些，我就去我表叔家睡。那时候我表叔家也是很苦的，也没有什么可以盖的东西，晚上就烧着火，我表叔就在火塘边背向火塘，烘烤着脊背睡觉了。②

除了缺衣少被之外，山地民族传统的木楞房、木板房、竹篾房的通风性，也使得他们需要依赖火塘来驱寒。加之在没有火柴、打火机的时代，火塘便是火种保存之地。

所以，早年包括傈僳族在内的诸多西南山地民族的饮食起居、家庭

---

① 张征东：《云南傈僳族及贡山福贡社会调查报告》，第121页。

② 2019年4月12日，笔者在同乐其宅对村民C的访谈。

聚会、接待来客皆以火塘为中心。正如张正东所说：

> 至于全家人所用之寝室、造饭、客堂、饭堂，均集中于一室。此在彼等或以为敷用，故虽有多间房子，亦只用一间作全家活动之中心。①

因为火塘是傈僳族生产生活最为重要的空间，所以正常死亡、寿终正寝的人也大都是在火塘边过世的。怒江一带流传的《丧葬歌》中，参与葬礼的亲友在祭司（“尼帕”）的带领下分成两拨，分别以死者、死者亲友的身份唱出逝者前往阴间的决绝与亲友对死者的不舍。其中，在代表死者的一方表明自己去往另一个世界的必要性后，首先提到的位置便是火塘边祖辈曾躺卧过的床：

> （死者）：
> 成熟得要走向巴取②床边，
> 老练得要走近巴普③床旁；
> 走到巴取床边以后，
> 走到巴普床旁以后，
> 不追赶停下一千个好，
> 不堵拦歇下一万个好。
> 我高兴得不得了，
> 我喜欢得不得了；

① 张征东：《云南傈僳族及贡山福贡社会调查报告》，第124页。
② 实心芦苇。
③ 空心芦苇。

我要跟着鬼魂走了，

我要跟着仓那去了。①

……

（亲友）：

我以为要走往什么场所；

原来是走到巴取床边，

原来是走到巴普床旁。

巴取床边不用怕死，

巴普床旁不用愁病。

这里是爷爷成家的地方，

这里是奶奶立业的场所。②

代表死者一方的唱词中，死者从床上起来后，才来到火塘、锅庄石边，并逐渐走出房屋，最终过江越岭，来到了祖先生活的地方，也即祖灵栖息的空间。所以，早年以火塘为中心的起居方式，将傈僳族观念中送魂的起点、逝者魂魄前往祖先居住地的出发点皆设置在了火塘周边。

当人将要去世时，亲友、家人会将其搬到火塘边。在死者将要断气时，一般会往其嘴中放入碎银或是硬币。斯陆益也说过：

人死后，要削一小片碎银塞入死者口中并随死者下葬。傈僳族认为只有这样，死者到阴间才会财源滚滚。③

① 李四明等搜集翻译：《丧葬歌》，第16页。

② 李四明等搜集翻译：《丧葬歌》，第17—18页。

③ 斯陆益：《傈僳族文化论》，第133页。

村民对此举的解释，还有防止走错路、留下路上盘缠、给阴差的费用等。有些记述中提到早年多用水，而家底殷实的人家才会用银：

傈僳族丧葬大都推行土葬，人死后掬以冷水注口以受气，小康人家或用银器。①

部分地区还会放入米、酒，其数量有"男九女七"的区别，并将一只小鸡放入死者口中表示"接气"：

每当人死亡时，家人用一只小鸡，将它的嘴放入死者口中表示接气。盈江地区人临死时用银水（银粉末加水搅拌而成）灌进死者口里，表示人死后去阴间不会走错路，只走一条过去祖先走过的路。武定、元谋一带，凡是老年人正常死亡，在其快要断气时，由儿女的舅舅或长子放一点碎银子、米和酒在其嘴里。男的放碎银子九颗、米九粒、酒九滴；女的放碎银子七颗、米七粒、酒七滴。这些东西是让死者到阴间石羊地府时作见面礼用，否则其亡魂将不被石羊地府接纳。也有用一只雏鸡，将鸡嘴放进垂危者嘴里接气的。禄劝翠华乡一带，凡遇成年人正常死亡，在其要断气时，家人用红布包三粒米和一些碎银子放入其口中，待其断气后马上取出。②

可见在火塘举行的"放口银"仪式，各地傈僳族中既有一致性，也有

① 赵延广：《略谈维西县各民族丧葬习俗》，载中国人民政治协商会议云南省维西傈僳族自治县委员会文史资料委员会编：《维西文史资料》第3辑，1995年，第211页。

② 侯兴华：《傈僳族丧葬习俗概览》，载《傈僳族历史文化探幽》，第168页。

差异性，旨在让死者亡魂能够顺利到达祖先所在地，即借用汉语表述的“阴间”“石羊地府”。在同乐，嘴中是否放了“口含”是死者是否正常死亡的判别依据，届时还需要请“尼帕”念经。当下则多由亲友自己放“口含”，“尼帕”念经的情况也开始变少：

> 以前人死的时候念的多啊，嘴里放一点银子的那个也是要念，就是用白纸包着银子放到嘴里的时候了嘛，那个时候要念。以前，应该是要请东巴[①]来放的了，他要念的，不然其他人是不会念的啊。嘴巴里放东西呢，一般是大气断了以后小股气还在的时候就放了，不然说他死得不好了嘛。以前放这个是要请东巴的了，现在呢就不等了。现在呢，就是邻居啊那些，近的话，去喊，那么马上就放得到了嘛，远处的那些呢是喊不到的啊，只好是家里人来放了嘛。[②]

放“口含”与“尼帕”念《指路经》程序的简化，实际上是傈僳人灵魂观念淡化的缘故，即“似信非信”或信而不笃的变化。这背后仍然是社会的发展，生产生活条件的改善，使得人们不再将灾祸之“果”单一地归咎于死者灵魂的喜怒之“因”。

上屋顶吹号报丧。当逝者心脏停止跳动后，家人便会请在场的亲友到屋顶或院子里，通过开火枪、吹牛角号等形式，告知村民丧讯：

> 人死后，立刻由两名男性登上屋顶，用放火药枪或吹牛角

① 东巴，即借用纳西语对宗教师的称呼，在同乐，“东巴”与“尼帕”都作为傈僳族宗教师的称谓使用。

② 2019年5月15日，笔者在同乐其宅对村民F的访谈。

> 号的方式向村民报丧。死者是男性，放七枪或吹七声；反之，是女性放五枪或吹五声。村民以此便可知哪一家死了人，死者是男还是女。两个放枪或吹牛角号的人从房顶一边走下来一边互相问答："你家嗝敢（敢不敢）死人？"另一人回答说："不敢死！不敢死！"①

部分村寨当下已改为用鞭炮报信。如2021年5月，笔者在维西县康普乡调查时，在一户信教的村民家中听到村里响起了一串鞭炮声。在场受访的民众纷纷站起来找寻声源，并表示当下非节无事，村里有一位老人已如风烛，这当是村里不信教的那户村民在老人去世时发出的讯号。听到枪声、号声、鞭炮声的村民，便会放下手中的活，三三两两不约而同地来到逝者家中，看能帮上什么。

不过可以推断的是，在火药枪、鞭炮传入傈僳族村寨前，最早是吹号以报丧。因为羊角号、牛角号伴随着傈僳族的畜牧业产生，时间更为久远。后来从吹号发展到鸣枪、放鞭炮报丧，皆是与外界交往交流的结果。而要爬到屋顶报丧，是因为傈僳族居住分散，在三江并流区域山地东几户、西几户零散分布，短时间内抵达亲友家中报丧不太可能，因而选择了这些报丧方式。

但无论用什么报丧，报丧声响起，便是死者肉体已死，其灵魂将送往祖灵地的象征。远近亲戚、村民也就主动地前往丧家，与死者灵魂度过最后的同处时间，同时也通过帮助、安慰丧家，增进氏族、村寨共同体的团结。

在火塘边洗尸、换衣、祭奠。当家中有人去世的讯号发出去后，死

① 侯兴华：《傈僳族丧葬习俗概览》，载《傈僳族历史文化探幽》，第168页。

者家中的亲友便会给死者沐浴、梳头（剃头）、更衣。在武定、元谋等地的傈僳族认为，如果没有给死者洗尸，会影响其转世：

> 请村里年长者来给死者用温水从头到脚地擦洗，女的梳好头，男的要把其头发剃光。有的地方，如武定、元谋等地则不管男女都得把头发剃光，穿上新衣服、新鞋子。他们认为，如果不给死者擦洗身子、剃头，则他不能转世。①

早先，同乐村中洗尸、穿戴等事项多由一类被称为“尼玛”的人来完成，这些人并不是宗教师，男女不限，与当下诸多仪式上被称为“布撒”的“尼帕”助手相似。而且，村民也不再以占卜方式“神选”洗尸、穿衣的“尼玛”。

在沐浴、梳头、穿戴好后，亲友会在死者面部盖上一张白纸，头朝墙壁、脚朝门地摆放在火塘边，并在其头的一侧摆上供品，由“尼帕”念经，让死者明了自己已过世：

> 打扮好死者后，就把他的尸体置于火塘边的新草席上，头向墙壁，脚朝大门，这样便于其亡灵走出屋子。头前供酒、饭各一碗，供祭熟肉九块或七块（一般为男供九块，女供七块）。供祭品时，祭司念道：
>
> 你不死之前是个人，
> 你死了以后变为鬼。
> 叫你一声你听不见，

① 侯兴华：《傈僳族丧葬习俗概览》，载《傈僳族历史文化探幽》，第168页。

喊你两声你不答应。
这碗饭是你的“双皮”(魂餐),
这些肉是你的午餐。
你吃这碗饭走吧,
你饮这碗酒去吧!
……①

同乐村的村民对此程序解释道:

他在吃饭之前就死了呢,那么(我们)吃什么摆给他什么就好了。他喝酒的话就摆给他酒、茶,抽烟呢就摆给他几支烟。如果是晚上饭后才死的话,就要在早上早早地给他做一顿的,先要做给他,不能先做我们的。杀一只鸡,煮点饭,米饭了嘛,摆给他一碗。还有筷子啊,酒、茶、水都要摆的,喝酒的人就要摆酒了。②

死者家人用火枪、牛角号通知村内、邻近的亲友后,还需要请在场的亲友去往至亲、近亲所在的村落,传达这一丧讯。离得远的非本村亲友在接到丧讯后,便会赶来死者家中参加葬礼。在前人的记述中,亲友来到死者家里后,会往死者口中灌入部分酒:

死者面部由尼扒用白纸一张掩蔽,亲友世谊前者执绋携

① 木劲松:《福贡傈僳族丧葬礼仪》,载中国人民政治协商会议福贡县委员会文史资料研究委员会编:《福贡文史资料选辑》第2辑,1990年,第139页。

② 2019年5月15日,笔者在同乐其宅对村民F的访谈。

> 白纸一张掩蔽面部,礼成揭开面部白纸,以酒灌于口。[①]
>
> 如死者生前饮酒,带酒奔丧的亲友便给死者喂少些酒,以表哀思。至亲者,则亲口含酒,嘴对嘴地喂给死者,务使死者将酒饮下,以示生离死别之痛苦。[②]

傈僳族的酒文化中,同心酒最有特色,认为宾主脸贴脸、嘴对嘴喝过同一碗酒之后,就是交心的生死之交。所以用嘴喂给死者酒,可能也是为了表达彼此的深情厚谊与不舍之情。

在同乐村,关系较好、较近的亲友会带来盖在棺材上的白布,或带上鸡。若死者在去世前瘫卧了一段时间,家人感觉到其大限将至时,对于死者的临终陪护便开始了。届时,村民会带上酒去往该户人家中,与家属们一同陪护。当下,随着生活条件的改善,村民大都有各自单独的卧室,所以村民的起居不再以火塘作为绝对中心,故人也并不一定在火塘边去世。但很多时候,逝者在去世前就被移到火塘边,并在火塘边沐浴、梳头、穿衣,最后于脸部盖上白棉纸,身上盖上被褥,直至被抬出放入棺材中,才离开以火塘为中心的主屋。

总之,在火塘边,逝者经历了生理性的死亡,一系列的活动、仪式虽然有一定的生死区分,如做饭先做死者的、吃饭前先供给死者,但在这一阶段,死者尚未完成从家人到亡魂乃至祖先的蜕变,他/她仅从尚有生机、能言能食的家人变成了口不能言、手脚不能动弹的家庭成员。将"口含"放入死者口中,便已意味着死者灵魂与肉体的永久性分离,即死

---

① 赵延广:《略谈维西县各民族丧葬习俗》,载中国人民政治协商会议云南省维西傈僳族自治县委员会文史资料委员会编:《维西文史资料》第3辑,第211页。

② 木劲松:《福贡傈僳族丧葬礼仪》,载中国人民政治协商会议福贡县委员会文史资料研究委员会编:《福贡文史资料选辑》第2辑,第137页。

者肉体的生理性死亡。在葬礼结束之前，死者都将处于一种半生半死的从生者到祖先的过渡状态。按照传统认知，此过渡期“不人不鬼(祖先)”的灵魂是危险的，因而有必要举办一系列仪式，消解此危险给生者带来的威胁。

灵棚停灵。在火塘边将死者尸体安置好后，前来帮忙的部分亲友会在院子里搭一个灵棚，其制作用材有一定的地方差异，当下叶枝也常为了防雨而搭雨布。一些擅木工者则会在主人家的安排下制作棺材。亲友将棺材制作好后，尸体会被放入棺中，并开始一系列仪式活动，直至将棺椁扛出院子，院子里搭的灵棚便成为丧葬仪式的第二个重要空间。

> 死者为男性，属猴，1980年生，未婚未育。他本来住在达尼洛，去世以后被家人拉到了大寨里。他家的主房前有一个小院子，用木栅栏围了起来，栅栏门朝向山一侧。院子里用塑料布搭着一个很大的棚子。上午十点到死者家里时，尸体已经入棺，棺椁停放在院子里。栅栏门的左手边棺材头朝向栅栏外。尼帕是邻村白值洛村的，而“布撒”[①]则是村里一位经验较丰富的老人家。[②]

① 即助手，尼帕做仪式时一般都会找一个“布撒”来当下手。

② 2019年5月9日，笔者的田野笔记。

图 4-9　院子里搭建着的灵棚

棺材是昨天现砍现做的,用的是松木,整个棺材被刨木机打磨后,呈现出木质的米白色,并没有上漆。从外观看,也没有上铆钉的痕迹。主房下的旱地里有很多木屑和木块,还有几个木三脚架,这些应该是昨天在这里砍棺材后留下的。①

图 4-10　房子下做棺材的遗迹

① 2019 年 5 月 9 日,笔者的田野笔记。

总体来看，当下该区域傈僳族丧葬仪式与前述20世纪后半期并无大的变化。尸体上盖麻布被子，是因为傈僳族早期的衣被就是手织麻布，认为盖了古时候傈僳人穿的传统麻布，其亡灵才可以与祖灵相认。其目的也是在空间上与生者隔离。那只溺死的“引魂鸡”所起的作用也是如此，可引领死者亡灵到祖先所在地。于是，死者亡灵在过渡仪式这个特殊空间里实现了生者与祖灵之间的关联。

吊唁停灵。邻里亲朋闻讯后，纷纷带上粮、油、鸡、菜、柴火等物，对丧家表示慰问，并在灵前献茶奠酒。丧家院坝日夜烧着火塘，吊唁者大多围坐火塘守候，由老人或“尼帕”唱一些古老的歌谣，借以安慰死者的灵魂。[①] 丧葬仪式的功能如故，特别是借此场域（空间）构建、强化丧家的社会网络，以及展演式地传承民族传统文化，并吟唱古歌将死者亡灵送往祖先地。

> 出殡时先由“尼帕”向空连发三箭，然后起灵。“尼帕”前开道，念咒驱鬼。送丧的男子各执刀、弩向上挥舞，一直走向墓地。墓地一般选于村寨近旁，选圹时，用三根约50厘米长的果木棍削尖两端，抛往2米以外之地，连抛三次均能直立即确定为圹穴，否则另选地址。圹穴先由“尼帕”头尾各挖一锄，然后由亲友动手挖成。尸体抬到墓地，在圹穴的左、右、头、尾各置木板一块，将尸体放入，上面再盖一块木块，掩上泥土垒成坟丘。死者为男，坟丘上盖木板9块；若为女，则盖7块。也有先在坟丘上栽桩搭架然后再盖木板的，或有用石块垒于

---

① 如李四明等搜集的《丧葬歌》，不仅是对家人的慰藉，亦有魂路指引的作用。张正东的报告中强调的是“孝歌”对死者家人的宽慰作用。见张征东：《云南傈僳族及贡山福贡社会调查报告》，第97—98页。

坟顶及两边的。坟前要栽一棵芦草,日后芦草的荣枯预示子孙家世发达与否。死者生前用过的一些东西,如茶罐、茶杯、烟斗、镰刀、碗筷、纺锤等等,都要放置或悬挂于坟前。葬毕,儿孙持杖排列泣哭,“尼帕”以青松枝、苦蒿之类蘸酒及水洒于他们头上。安葬后连续三晚,儿女亲属扎火把到墓地点燃,以慰死者灵魂的寂寞。

三年以后,坟墓自行消失。新中国成立后,多制备棺木,死后即装殓,抬棺埋葬。①

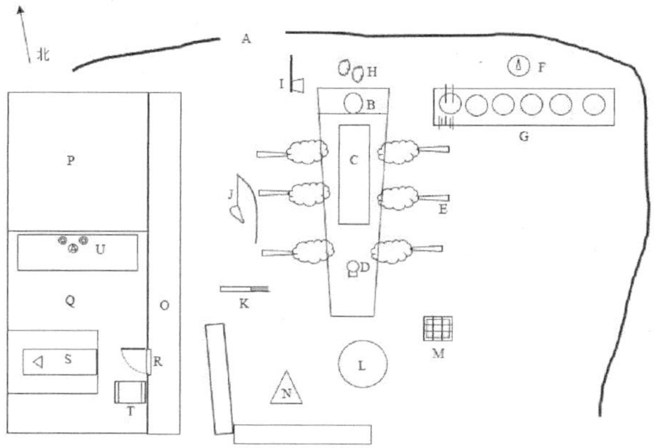

图 4-11　死者家中布置平面图②

如平面图所示:

A 处为该户的栅栏出口。

B 为棺材及死者,死者被放在棺材里,棺材盖并没有盖严,在棺材头的位置空出了一尺左右的距离。死者被放在棺

① 维西傈僳族自治县志编纂委员会编:《维西傈僳族自治县志》,第 153 页。

② 比例稍失调,仅为大致的平面示意图。

材里，面向上，脸上盖着白布。有一床白布平铺在棺材盖上，如图中C处。

棺材盖尾端则是一顶新的解放帽，即图中D处。棺材两侧各放着三棵小松树，下端的枝叶都被砍去，仅留顶部的一节枝叶。树干触地，树尖斜靠在棺材上，如图中E处所示。

死者的左上角有一个点在小碗里的油灯，即图中的F处。油灯下方横放着一块房头板，上头撒着一些青松针，其上摆着六碗供品，如图中G处所示。从左到右，第一碗里盛着一碗饭，上头有代表整只鸡的鸡头、鸡脚、鸡翅，并统一向前摆放，好似一整只鸡头向前地摆在那碗饭上，在这之上还插着一双筷子，两支筷子成平行状；第二碗是含几块鸡肉的稀饭，当是今天凌晨鸡鸣时分摆放的，那些鸡肉块中有鸡头和鸡翅；第三碗里是两个底部相合的馒头；第四碗与第六碗中分别盛放着水和酒，但具体哪碗是酒、哪碗是水未能靠肉眼区分开；第五碗是泡着的茶。在第一碗脚下还有很多烟头，当是亲友点了烟"传"给死者后留下的。

图 4-12　油灯和供品

H处,即棺材头的前方有两个小布袋,分别放着作物种子、舂面。

I处,也就是死者头部的右上角,摆放着斧头、砍刀、铲子、拐杖、衣服等物,其中有一根被削了皮的小灌木枝。此外还有一瓶白酒。

J处插着一根小木棍,上头吊着猪的左耳,稍后将猪的脾也挂了上去。

K处是一根一端被劈碎了的竹棍。

L处为牲猪煮熟后供给死者的部分,被放在一个盆子里。

M处为一只被竹篮罩着的母鸡。

N处为简易的小火塘,周边有两块大木板,供守灵、陪伴的人及"尼帕"等休息。

院子西侧是一栋在同乐大寨较常见的木楞房,由灶房和厨房组成,靠山一侧为灶房,即P。穿过屋檐下的过道O,即为厨房Q的门R。正对门的是一个向西的火塘,即S。

进门左手边是前来探望的村民带来的啤酒、白酒等,前来死者家中吊唁的村民大都带来了一件啤酒,只有两三个人带来了五六斤自酿的白酒,和那些啤酒一同盛放在塑料桶里,即T处所示。

在门的右侧,即"门背后"的位置,放有一个粮柜,粮柜所靠着的木楞墙壁上有伟人、观音、财神画像,柜子上设有简易的神龛,花瓶和两捆苦蒿秆之间点着一盏油灯,如U。在油灯前有一盆肉。①

① 2019年5月9日,笔者的田野笔记。

图 4-13 死者家中的神龛

将死者尸体移动到院坝里的灵棚内，一是便于更多的亲朋好友前来吊唁，安慰生者，送走死者；二是从厨房或卧室等私人空间到了院坝里临时搭成的灵棚，也意味着丧事不再是丧家自己的事，而是所有亲朋好友的事。大家在此空间里守灵吊唁，与死者进行最后的相处、告别，氏族、村寨与区域共同体的认同感从而得到强化。

献敬。牲猪在早上十点钟就已经杀好了。帮忙的人在那里忙着用汽油喷灯烧猪皮上没刮干净的毛。那是一只小黑猪，左耳有一半被削去了，故而棺材旁吊着的猪耳当是猪的左耳。随后猪被解剖，“布撒”还看了一下猪肝，内脏中的脾取出后，和棺材旁的猪耳一同吊在了一根木棍上，即 J。猪头被劈成两半，尾椎被砍成带尾和不带尾的两半，猪头、猪肩胛骨、猪肘、猪脚等部分被整块地煮进了大锅里，其余部分被砍成小块。在砍的过程中，取了两根一端削尖的木棍，一根木棍上插上了一颗肾和各个部位的肉，大致为十二小块；另一根木棍上则穿上了一根带皮的肋骨，这两串肉被拿去烧熟。

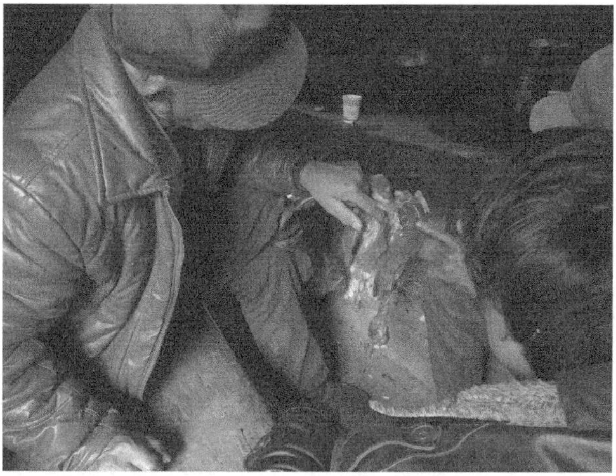

图 4-14　看猪肝

首次念经。“尼帕”站在棺旁诵经，每诵一个段落，助手就在他的示意下，坐到位置Ⅰ附近，在纸杯里倒一点白酒，向后泼往栅栏门外。

图 4-15　诵经

首次赶鬼。 此次"尼帕"在诵经的时候，助手与另外两个人分别站在棺材两侧，手里拿着一根小短棍，在尼帕带领下，在诵经的间隙，向栅栏门外挥小棍，并喊"呕、呕、呕"三声。这一环节结束时，小棍被扔向栅栏门外。

献牲猪。 解剖后整块下锅的猪肉差不多熟了，从外观上看，猪肉已经变色，于是被捞出来放在大盆里，摆在了图中 L 的位置。在尼帕的引领下，摆的是猪头、肩胛骨和尾椎，并按照原初的模样和顺序合好，猪头朝向棺材摆好，又在尾椎两侧各放了一个馒头。烧好的猪肉则插在了死者左上角，即 G 的后方，F 的左侧。

图 4-16　煮熟的猪肉

白布盖棺。 棺材盖上已经铺有一张白布，又有几个亲戚带着白布过来。"尼帕"把那些白布的一端捋齐后，铺在了棺材盖上的那张白布上，靠棺材头的那一端是整齐的。那些白布的最上层是一张粗棉花布。至今不少傈僳族尚有织麻布传统，棺材上盖白棉布，估计是棉布传入该区域傈僳族以后的变化。

二次赶鬼。这一次念经的过程与第一次赶鬼大致相同，只是多了四个人，在棺材两旁各站两人，手里各拿着一根小棍。助手则回到了栅栏门口，在尼帕的带领下，继续向栅栏门外泼酒，而另外那四个人向栅栏门的方向挥舞小棍，并喊“呕、呕、呕”。结束时，那四人将手中的小棍扔到栅栏门外。但在刚刚开始时，尼帕会用K，即一端被劈碎的竹竿敲打棺材盖，先在棺材盖中部敲了三下，随后在棺材盖的尾部[①]敲了三下，再在棺材盖的头部敲了三下。尼帕继续在自己的手上敲打了十下，这之后才开始诵经。

上述驱鬼、献祭与念《指路经》，都是为了把死者亡灵送往祖先所在地，以免变成孤魂野鬼作祟于人。因而前文所引用的一系列传统程序仍然被村民恪守，从而说明导致宗教产生、存在的自然压力与社会压力还在一定程度上发挥着作用，所以需要通过宗教师或长者主持的停灵程序小心翼翼将死者亡灵送往祖先所在地。

揭白纸。第二次赶鬼结束后，“尼帕”拿起棺材尾上放着的帽子走到死者跟前，揭去死者面部的白纸，为死者戴上帽子。被揭去的白纸被丢在一旁不顾。随后将棺材盖盖严。同乐大寨的棺材并不像外地的棺材要上木楔子，棺材头的挡板上有一个凸起，棺材盖仅是卡上去而已。

---

① 以宽的一端为头，窄的一端为尾。

图 4-17　揭去死者面部的白纸并为死者戴帽

撤祭品。棺材盖好后，死者头部左侧的油灯(即 F)被撤走带回厨房里的神龛处，而 G 处的供品不动。此外，L 处的猪肉被撤走，搬到厨房里，放到柜子上的神龛处，即 U 处。

图 4-18　猪肉等供品被放到厨房里的神龛处

砍断棺旁松树。接下来，在"尼帕"的指挥下，有两个小伙子手持砍刀站在棺材两侧，两人口中喊"呕、呕、呕"，向右手边挥刀。就挥刀方向而论,大致为对“脏东西”进行逆时针驱赶的意思。喊完后,二人便拿起棺材旁的小松树,每根砍两刀,砍成三截。在砍的过程中,每次都是一刀砍断,没有补刀的情况。砍断的松树也没有做其余处理,任其散在地上。

图 4-19　被砍断的松树

放走棺旁鸡。小松树被砍断后,死者的弟弟将 M 处竹篮里的母鸡抓出来,抱到 N 处的火堆旁,用炭火烧了一下它的尾巴,随后放掉。期间那只鸡还跑到棺材旁来啄吊着的猪脾,被众人赶开。

叠盖棺白布。把祭鸡放掉后,死者的两个弟弟和弟媳站在 N 处火堆旁的木板外侧,面向棺材。“尼帕”口中念念有词,将棺材盖上的白布折了一折,死者的弟弟和弟媳叩了三次首,叩首的动作有点像鞠躬。“尼帕”继续念着经,将棺材盖上的白纸一折一折地折成一卷,最后拿给死者的弟弟,白布卷被带回家中,放在了柜子上神龛处的油灯前。

在收拾祭品、捆扎棺材、白布折完后,亲友们开始帮忙收东西,棺材头旁 I 处的东西和 G 处的供品被一起放到了先前罩着鸡的竹篮里。死者的弟弟找来了一把弩弓,并拿来了三根篾片做箭。其余亲友将棺材往下移了一段，随后取来两根架粮的松木杆，用绳子捆在棺材两侧。

上述一系列仪式程序都在“尼帕”的主持下有条不紊地进行，实际上前来帮忙的稍有年纪的村民都对这些程序了然于心。院坝灵棚的停灵程序如此繁杂，在于将从生到死这个过渡期的仪式认认真真、完完全全地做完、做好，为的是将其亡灵顺顺利利送到祖先（祖灵）所在地，非在年节不要回来侵扰生者。可见灵魂观念与祖先崇拜观念仍然根植在村民心灵深处。另一方面，参加灵棚丧仪的男女老少，也切身体验了一次民族传统文化教育，使得宗教文化通过仪式程序的现场展演得以传承。

图 4-20　捆绑棺材

亲友送礼。“送山”前亲友带到死者家里的礼主要有：柴、鸡、啤酒、白酒、白布。大都依据礼尚往来的规矩送来，实际上也有的是还礼，因为远近亲疏的亲戚、邻居、朋友间都一贯如此。而且，丧家也专门请人记礼，以便于日后还礼。从这个礼簿就可以窥探丧家的社会关系网络，村民对此网络的延续与强化历来是很重视的。

图 4-21　死者厨房中摆放着的亲友送来的啤酒和白酒、背来的柴火

在灵棚下展开的诸多礼仪程序和活动，是将尸体送出家前的各项准备。在这一阶段，死者已从火塘边移到院子里的灵棚下，并放入棺材中，但是棺盖尚未封死，以便亲友祭拜。死者的身份与其被放置于火塘边时类似，处于生者到祖先的过渡阶段，已经历了生理性死亡，但依旧需要侍奉其三餐，所以就文化角度而言，死者尚未彻底死亡，并在一定程度上仍被认为是家庭成员。只不过此时已置身棺内，是一位即将离开家、前往祖先居住地的家庭成员。因处于特殊的过渡时期，仍然兼有生与死两个属性，是危险的，所以必须用一系列祭祀仪式消除其危害性。

“扛棺上山”。在家人与亲友为死者赶了鬼、供了饭、给了粮种、指了魂路后，死者将要离开家去往他自己的归属地，即出殡、下葬。村民常用“送山”一词描述出殡，简单地说是因为墓地一般都修在同乐大寨背后的山上。而该过程从燃放鞭炮、放火药枪开始，到棺椁被搬出灵棚、扛到墓地，直至通过一系列活动将其下葬。

捆扎好棺材后，众人上前扛起棺材，在院子里调了方向，棺材尾向前，即死者的脚部向前地扛出了家门，并在扛出棺材的时候放了一串鞭炮。

图 4-22　扛棺材上山

在扛着棺材上山的路上，大家几次高呼“啊呼呼”，还有一个人拿着那根一端被劈碎的竹竿敲打棺材。在转弯的地方，人们还特意放了鞭炮。最后棺材被扛到了“一绰辟刮”附近的一块旱地里，坟坑已经挖好了。棺材扛到坟坑旁后，被放在准备砌坟的砖头堆上，棺材头靠山。

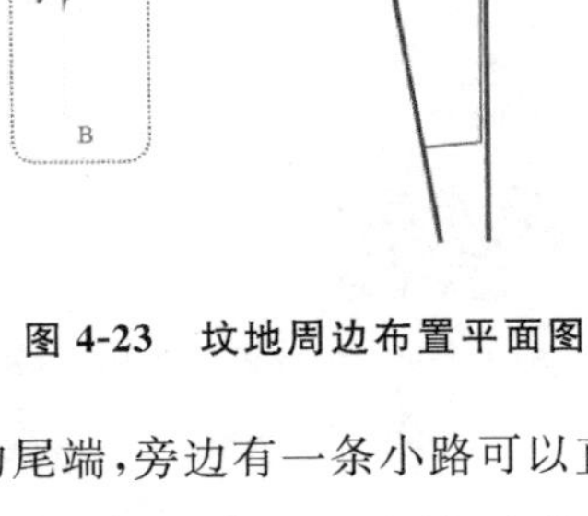

图 4-23　坟地周边布置平面图

坟地位于旱地的尾端，旁边有一条小路可以直接走到村尾，但是坡度很大。坟坑是早上死者家属请人去挖的，砌坟用的砖以及水泥和沙子也已经运到了坟地里。如图所示，A 为被亲友扛到坟地的棺材，B 为坟坑，中间有两支黑刺莓枝，D 处有一个用石头搭起来的简易小火塘，那里还有未烧尽的松枝。火塘后侧插着一根白杨树枝，上头拴着一张小棉纸。

图 4-24 坟坑、拴着白棉纸的白杨树枝

扫坟坑。"尼帕"稍作休息以后，便在坟坑旁边折了根松树枝跳入坟坑中，将黑刺莓枝丢到一边，用松枝从坟坑头部（死者头部位置，即靠山侧）慢慢地往下扫到尾端，扫的过程中还将较大的石子丢了出去。扫完了以后，尼帕重新跳到坟坑里，把没捡干净的几个较大的石头丢了出去。

图 4-25 扫坟坑

颠棺、入土。扫完坑以后，死者亲友在尼帕的指挥下，将棺材抬起来上下颠，一共颠了三次，每次九下，每次颠完都将棺材放下，然后大家短吁一口气。

图 4-26　颠棺

入坑。颠完棺材后，大家把棺材上的松树杆抽出来，拉着绳子将棺材放到坑里，头向靠山侧。随后众人以棺材的中脊线为准，将棺材对向白值洛垭口的一座山包。

图 4-27　棺材入坑

撒石子。棺材放到坑里，且对好方向以后，一位亲友将棺材盖打开，动了一下死者的头，使之稍偏向东方，随后将棺材盖再次盖严。

图 4-28　整理遗容

接下来，人们先在棺材两侧填上较大的石头，固定好方向后继续填土。在两侧的土填得与棺材平齐的时候，尼帕来到棺材的右侧，手抓一把含泥土的小石子，站在棺材周围的村民也从地上各抓了一把。尼帕念了会儿经，随后大吼一声“pou”，大家一起高喊“pou”，将手中的泥土和石子用力地撒向棺材。

图 4-29　往棺材上撒石子和泥土

盖土。在棺材头部依次往下盖上四块青石板，并在倒数第二块石板上画了一个“×”，再继续在石板上盖土。盖了约七八寸厚的土后，七个男子跳到坟坑里，顺时针转着圈，踩踏着，嘴里说着脏话，踩踏了一会儿，待踩踏的位置较平后便结束了踩踏。

图 4-30　在石板上画“×”

图 4-31　在坟坑里踩踏

画人形、射箭。踩踏之前，死者的弟弟将之前在家中摆于棺材头右侧的 I 位置的一根灌木树枝递给了尼帕。踩踏结束后，尼帕来到被踩踏得较平的位置，用死者弟弟递过来的树枝画着人形，从头开始画起，边画边说着“这是你的×××（身体部位）”。画完以后在人像的脖子处用树枝打了两下，并在心口的大概位置扎了一下（大致在为之后种草和松树标位置）。

图 4-32　画人形

射箭。画完人形后，“尼帕”招呼大家，说可以开始砌坟了，大家提醒他说先射弩好了。“尼帕”便来到坟的左后方，拿过死者弟弟递给他的弩弓，边念经边依次向南、东、北各射一箭。射完弩后，尼帕便回去了。

图 4-33　射弩

砌坟、祭献。"尼帕"走后，大家开始搬水泥砌坟。在砌的过程中，因为坟的方向和棺材的方向不大一致，没有正对之前选好的那座山，所以在死者弟弟的要求下做了调整。砌好的坟有一个很漂亮的带拱形顶的坟窗，在坟窗的后侧还砌了一个小洞，以便于清明插柳枝。在坟地的后侧，即棺材头部位置，为防止上头的土垮下来，还砌了一堵小挡墙。

图 4-34　坟窗、坟窗背后的小洞

除帮忙砌坟的人外，其余人则在一旁烤火聊天。扛棺材用的那两根松木被砍成几段烧着，据说这两根松木是必须烧干净的，不然不好。在后期，水泥袋子和一些装沙子的编织袋也被扔到火里烧了。死者家里请人不断地传着烟，还给大家传着啤酒和饮料。那些没有砌坟的亲友也并非完全歇着，找石头是他们的责任。他们去坟地旁的林地里找石头，随后扛在右肩上带回坟地边，几乎没有抱着石头过来的，也很少有用左肩扛的。

图 4-35　大家围坐在火塘边

图 4-36　扛回砌坟用的石头

撒青松针、种植草木、摆供品。 坟砌好后，人们大致在尼帕用树枝扎了一下的位置种下一棵小松树和一棵草。随后大家折了青松枝，把青松针撒在坟上，还在坟窗里铺了一些。这之后众人便把背到坟地上的供品，即先前在家中供着的物件，一一摆在了坟前。刀斧等物件也被摆在坟前，那把刻有死者名字的弩弓（即尼帕用的那把弩弓）被放在篮子里，挂在了坟地左后方的一棵小树上。

图 4-37　撒青松针

图 4-38　坟上的祭品

这些摆设好以后，死者的弟弟在坟前说了一些话，嘱咐了一番，说完后我们就回到了村里。但是我们没有直接回到死者家里，而是来到了邻居家里。他家的木楞房很大，一共摆了四张八仙桌，待客宴在那里举行。菜品比较丰盛。

图 4-39 宴席

来探望的亲友来得比较零散，也比较晚。晚饭后死者家的院子里好像简单地打扫过了，松树枝已不见踪迹。厨房里的火塘边围坐着一些人，喝着酒说笑着，并没有唱歌，一旁柜子上神龛处的油灯还燃着。尼帕已经不在死者家中了。

如上文所述，众人将死者的棺椁扛到墓地，并通过一系列阻隔生死的活动将之埋葬。送葬的亲友回到死者家中时，还得熏用杜鹃叶焚出的烟、用温水洗手洗脸，便意味着原先处于过渡阶段的生者，已从葬礼的阈限中走了出来，完全回归先前的社会关系网络。而对于死者，从棺椁被抬出灵棚的那一刻起，它便不再属于这个时空中的家，其肉体与灵魂都被送往了该去的场所。待棺椁完全葬下，亲友会告诫其好好留守在“新家”里，不要担心老家，随后生者离开墓地。此时，死者在一定程度上已彻底死亡——其肉体已死，而灵魂也被送到了祖先居住地，二者都已不属于生者所生活的这个时空。

若从当下及早年的葬俗后续仪式，以及其余傈僳族地区的丧葬后续仪式来看，死者过渡到祖先的历程在一定程度上也会有所差异。在同乐村，死者下葬后，生者还须到其坟前连续送三天的水，以防其在另一个世界会找不到水，随后便只在年节中供奉，所以就此仪式而言，死者在下葬三天后才完成由生者到祖先的过渡。若就以“开吊”“酬宾”为现实目的、于葬后两三年内举行的大型仪式而论，死者在下葬后便已在文化意义上彻底死亡，但它只有在这些仪式结束后，才真正完成了“生者—死者—亡灵—祖灵”的蜕变。

四、丧葬仪式中的“讲究”及其时空文化意涵

当地傈僳族、纳西族与汉族村民有一个共享的词汇——“讲究”，既是动词，同时也是名词，指的是传统习俗及在言行上恪守其传统习俗。其丧葬仪式的各个环节都有一个明确的时空文化意涵，其“讲究”主要表现在时空的转换中。上一节是对在同乐大寨里所见所闻的丧葬场景进行的描述，但因为尼帕来自邻村，仪式上的部分环节与村里人的记忆有一定的差异，故而此处整合大寨村民和“尼帕”的讲述，对丧葬仪式各个环节的先后顺序和意涵做了梳理。同乐大寨的傈僳族的葬俗以土葬为主，以下描述过程中的死者默认为普通男性村民①，并系在家中寿终正寝。

---

① 尼帕的葬礼与普通民众的有些许差异，本文中不做介绍。

(一)放“口含”的“讲究”[1]

人在家中，并在家人陪伴下去世，那是最理想的状态，即“在儿孙环绕下去世”“在子孙怀中去世”。死者去世时，其身边人需要往死者口中放入金银，即“口含”，现在大都用硬币来代替：

> 人死的时候呢，就会(在嘴里)放一个圆钱，就是现在出的那个圆圆的硬币。用白纸包好，他死的时候就要放到嘴里了嘛，放到嘴里的时候呢，就说“从今天开始你就不在这个家里了，这个呢你上天的时候去用吧”。就是说让他用这个去买吃的意思了嘛，装给他了嘛，那个时候还是念(经)的。[2]

与附近的纳西族、汉族和白族相比，一些傈僳族放“口含”时不放茶和米。但相近的是，是否放到“口含”对死者的亡魂有影响，是对正常死亡与非正常死亡的一个初期认知与分类。一位村民在谈到“口含”时，用诙谐的话语说道：

> 人死掉以后，就必须放点银子、金子在嘴巴里头，米是不放的。放了一点(金银)以后，据说他一进去阎王殿那里呢，“嗯，你的地基费”，(阎王)就来接钱了。“我死了，来这里了。”

---

① 《中国傈僳族》中称之为“赛苗刺”。见欧光明编著：《中国傈僳族》，第161页；祝发清整理的傈僳族丧葬材料中称之为“浦塞荷”，见祝发清、徐演：《傈僳族》，载杨知勇、秦家华、李子贤编：《云南少数民族生葬志》，第170页。

② 2019年5月11日，笔者在同乐其宅对村民G的访谈。

“好了好了，那把地基费给我。”然后把嘴里的金银吐给他就好了。地基费呢[①]，因为你进去的话，就要住了，所以要地基费了嘛。那些没有地基费的，就进不去了，所以据说到处跑着。地基费没有，不好的死的那些，地基费我们就没装着了嘛，所以就到处地跑着，跟在其他鬼后头吃点了嘛。[②]

以“口含”作为给阎王的地基费的形象描述，表明在村民看来，人一旦死亡，到了新的生存空间，就得给那里的主子——阎王地基费，否则将无地可居，成为孤魂野鬼，不能在年节固化时空里受到后人的祭拜而忍饥挨饿。在村民看来，呼吸的停止与否是判断是否死亡的最主要表征。所以放“口含”的时间也就和濒死者的呼吸有关系，很多时候都会被记成“死后放入嘴中”或“断气后放入口中”，实则不然，当是濒死者“大气已落小气未断时”。

人在死亡前，一般伴有呼吸衰竭的表现，这是村民依据呼吸判断死亡的科学依据之一，其中死亡喉音和潮式呼吸是呼吸进入终末期的征象。死亡喉音即为呼吸障碍，呼吸道内分泌物急剧增加，导致呼吸时持续出现阵阵“咔嗒”声，一般出现在死亡前几天、前 48 小时或几小时前。而潮式呼吸是快速深呼吸与平静或看似呼吸中断的交替现象，这是因为呼吸的障碍导致血液二氧化碳浓度升高，刺激呼吸中枢发出信号激发深而快速的呼吸，一旦二氧化碳浓度降低，呼吸又将回归平静甚至中断。潮式呼吸一般出现在死亡前数小时内，被称作“最后的呼吸”。这

① 斯陆益认为此举是“倮倮族认为只有这样死者到了阴间才会财运滚滚”（斯陆益：《倮倮族文化论》，第 133 页）；在欧光明的记录中，逝者断气以后往其口中放入九或七粒米、一些碎银，是为了让他在去往另一个世界的途中可以煮饭吃、买水喝（欧光明编著：《中国倮倮族》，第 161 页）。

② 2019 年 3 月 31 日，笔者在同乐其宅对村民 B 的访谈。

些现象都出现后，在死亡来临的最后一刻，死者只有出的气，而没有进的气。一般村民能观察到濒死者最后一瞬间的出气，而这个动作被误认为“咽下了最后一口气”。同乐大寨里放口含的时间段就是最后出气的时候。

以前，“口含”需由“尼帕”来放，而且放了“口含”以后还有一段经文需要念，据说后来有一位老“尼帕”改变了这种做法：

那个老爷子叫“阿鲁若”，他死之前就说：

“嘴巴里放东西的时候呢不要请‘东巴’了，请‘东巴’来到这里的话，我都已经断气很长时间了，我一断气就把它放进去，不要等‘东巴’了。”

就那么跟家人说了，说嘴巴里的东西就不要请“东巴”了，家里人自己放就好了。以前，应该是要请“东巴”来放的了，他要念(经)的，不然其他人是不会念的啊。嘴巴里放东西呢，一般是大气断了以后、小气还在的时候就放了，不然说他死得不好了嘛。以前放这个是要请“东巴”的了，现在呢就不等了。现在呢，就是邻居啊那些，(“尼帕”住得)近的话，去喊，那么马上就放到了嘛，远处的那些呢是喊不到的啊，只好是家里人来放了嘛：

“不要去请‘东巴’了，我要断气的时候就赶快放掉。”①

可见，放“口含”与否对死者做了一个清晰又模糊的划分，即“死得好”和“死得不好”，但这种划分也不是绝对的。死亡突然来临时的反应

① 2019年5月15日，笔者在同乐其宅对村民F的访谈。

仓促，濒死现象的误判以及指定的放“口含”的仪式专家姗姗来迟，都会导致死者并没有被放到“口含”。早年大寨先民很重视“口含”，都希望家人或亲友寿终正寝、“死得好”，否则就是“死得不好”，是“凶死”。而从“如果家人在旁边也就算放到了”的说法来看[①]，正常死亡与非正常死亡的最基础区分标准当是“死时身边是否有人”，“口含”只是敦促村民在死者去世前进行陪伴的一种手段。如此看来，在一定程度上，放“口含”实则是督促家人对濒死者进行“临终关怀”的一种手段，此做法也是死者子女对后代的一种教育，其目的是让死者在家人的陪伴中享有“口含”，由此减少对死亡的恐惧，安详告别人世。同时也让亲友们面对死亡激发彼此的认同感，使氏族、村寨再次团结，有助于强化氏族和村寨的集体性。

而从傈僳族村民借用纳西族对其宗教师的称呼“东巴”来看，该区域的傈僳族与纳西族在生产生活中长期接触交往，文化上相互影响。放“口含”的习俗及所放“口含”的种类、数量，就反映了汉族放“口银”仪式在纳西族、傈僳族中的传播。这种汉文化在滇西北傈僳族、纳西族、白族中的空间位移，也使得藏彝走廊西部边缘地区的汉文化圈进一步拓展。当然，类似放“口银”的仪式过程、形式、内容与文化解读的本土化的变迁也是不容忽视的。

从宗教的角度看，这也体现了村民对“死得不好”的亡魂的一种恐惧，因为这些亡魂会作祟于人，给家里带来灾祸。这与世界上诸多民族是有共同性的。即基于其灵魂崇拜与祖先崇拜，将失去祖先的亡灵依据是否寿终正寝二分为“好死”与“凶死”两类，而且认为两种死亡方式

---

① 此说法对死亡类型的二分法进行了“再命名”，凶死者在此说法下变成了“死时没人看到”的死者。

的亡灵对生者有保佑、作祟两种功能。[①] 而“好死”与否的标准，便是是否在断气前享有放“口含”仪式。因此，在当下傈僳族宗教师人数减少的情况下，也接受由家人放“口银”的变通。因而这个生与死转型的关键时间节点，也变成了生者与死者做最后告别的特殊时空。其后停灵两三天、暖坟三天以及上坟的三年内，生者是与死者的亡魂相处和告别，而不是像放“口含”之前那样，与死者的肉体与灵魂统一体“相处”与“告别”。丧葬仪式的时空观念及转换也由此开始，其根本动因在于自然压力与社会压力之下的泛灵论根深蒂固，人类生魂死魄都成为双重压力的化身，并被幻化为护佑于人的祖先神与作祟于人的孤魂野鬼。其“孤”其“野”，在于不受祖先神谱成员的时空约束，而是超然其时空地侵扰生者，故而与祖先神灵谱系、与生者在时空上都是一种失序状态。因此，村民一直要恪守传统，做好放“口含”仪式。

（二）入棺前的“讲究”[②]

放过“口含”、洗过尸体并给其穿好衣服后，盖“阴阳纸”，就进入了停灵时空。摆放尸体时，需要在死者脸部盖上一张白纸，即同乐大寨的宗教活动中常见的白棉纸。滇西北的部分地方将其称为“阴阳纸”，即将生者与死者隔开之意。

> 脸上会盖着一张白纸嘛，那个呢，“今后就不要望着我们

---

① 爱德华·泰勒：《原始文化：神话、哲学、宗教、语言、艺术和习俗发展之研究》，第495—497、501、514页。

② 在访谈中，村民表示洗尸环节不是很重要，概为仪式传承中的淡化。但死者若为年龄较大的人，那寿服应当是用家里自己种出的棉花纺裁而成的传统服饰。

了，你也看不见我们了，我们也看不着你了”。[1]

实际上，此习俗最早也是传自汉地。给断了气的死者盖一张薄薄的白纸，白色在丧葬仪式里有哀伤寓意，所以有白孝、白花、白底对联与白纸。其虽薄，却起到检验死者是否假死，是否还有气息的作用。对此，多数村民难说其详，甚至连“阴阳纸”的功能也不是很清楚。人死了，脸上要盖一张白纸，或者脸上盖白纸的是死人，则已经形成思维定式。那么也可以想见，在纸或者白纸传入该区域傈僳族社会中之前，此仪式程序是并不存在的。这也说明傈僳族在与周围其他民族的交往交融过程中，不断丰富了自己的民族文化。从形式到内容，从世俗性到神圣性，傈僳族文化皆有包容性强的特征。

白纸从盖上到拿开，也是颇有“讲究”的。因为如果没有拿开，也会给死者的来世造成影响：

> 那张纸不拿开是不行的，不拿掉的话，会影响新生的人，他们的眼睛会不好，那些新生的人会变成白内障那些。他又投胎的时候，(对)眼睛会有影响。[2]

白内障之类词汇用于死者脸上白纸的文化解释，显然是傈僳族村民的宗教观念伴随社会变迁而演变的结果。正如前文所书，田野调查发现，该区域傈僳族村民的轮回投胎观念，在一定程度上也受到佛道思想的影响。除了佛道观念伴随汉族、纳西族与白族人口迁居此地而传

---

① 2019年5月11日，笔者在同乐其宅对村民G的访谈。
② 2019年5月15日，笔者在同乐其宅对村民F的访谈。

播于此之外，还有其北部藏传佛教的影响，村民因而有了轮回转世的观念。而出于身体的先天因素、生存环境与医疗卫生条件等原因，如果初生婴儿生理有缺陷，傈僳族村民仍然习惯于直观性、机械性地从“前世”找原因。如果是先天性视力障碍，就归因于此白纸未拿开。因此，村民们极其重视拿开白纸这一仪式环节，以免在“阴间”这个时空里视线被挡，导致在投胎时成为盲人。

至于揭开白纸的时间节点，一般认为是在下葬的时候：

> 埋（死人）的时候呢，那张白纸就要拿掉了。那么也就是今后几十年也好，几百年也好，你变出来的时候（投胎转世），做一个好（健康）人吧。所以就把那张白纸拿掉，他也就上天去了嘛。他还没有埋的时候呢，脸上盖着的白纸是不能拿的，就是这个意思了。（这是）我们傈僳族的民族宗教习惯。人还没有抬、埋的时候呢，棺材是开着的，那么脸上就盖了一张纸。他要埋的时候呢，就要拿掉了。①
>
> 没有扛出去之前呢，棺材是有一截开着的，只有要扛出去的时候才会关上。要埋到土里的时候要打开一次，要整理一下他的手啊头啊那些，脸朝哪边，头要朝哪边靠，就给他好好地整理一下，帽子给他戴正，然后才是把那张白纸拿出来，最后才把盖子盖掉，之后就埋了嘛。那张白纸呢一般是坟地里才要拿开的，扛到坟地里以后呢，都要把头啊这些歪了的正过来，袖子那些好好整理一下，帽子好好地理一下，这之后才是

---

① 2019年5月11日，笔者在同乐其宅对村民G的访谈。

把白纸拿开掉，这之后才是盖上盖子，然后埋掉。①

可见，从给死者面部盖上白纸到取掉白纸，这张薄薄的白棉纸贯穿于整个停灵的时空，因而也是停灵阶段的重要物化象征。

（三）戴帽、入棺的“讲究”

对于是否需要给死者戴帽子，村民的讲述稍显含糊。而进行这一动作的时间可以是家中盖棺或者在坟坑里开棺的时候。

他不死的时候还是戴一个帽子，死了盖棺材盖的时候要戴一个新帽子。死的时候是不能不戴了，（因为）他没有死的时候也是戴过帽子的嘛。现在的礼那些讲起来呢，戴着帽子的那些是有媳妇的，有媳妇了才戴帽子的；没有媳妇的学生娃娃那些是不戴帽子的嘛。媳妇都没有，那么戴帽子就不对了。以前没有解放帽的时候呢，就戴羊毛的帽子了，自己编（织）出来戴。②

男性死者是否戴帽子、女性死者是否戴包头，曾是男女性别、婚否，乃至是否有后代为其放“口含”的物化象征。只是到1950年代以后，早期傈僳族已婚男女的黑色大包头在有些村落被“解放帽”所取代，近年来则被市场上销售的帽子所取代而已。但包头与后来的帽子的功能仍

① 2019年5月11日，笔者在同乐其宅对村民G的访谈。

② 2019年5月11日，笔者在同乐其宅对村民G的访谈。

然是“讲究”的，即祖先如何穿戴，死后也要如何穿戴去见祖先。戴帽子之后，就是入棺程序了。

按照以前的习俗，棺材是现做的，那么棺材做好以后便可直接入棺，棺材内也不会放什么物品。当下逐渐有些人家选择提前做好棺材，提前做好的棺材里会放进鸡蛋、米、棘刺等物。

> 一般呢棺材是放在家外头那里，然后放人进去以后呢，就扛去埋了嘛。棺材一般是人死了才搞的，有些是人还没死就弄好了棺材。那是六十多岁才准备棺材那些的，不然是不行的。六十多岁的话，年纪已经过去了，那么提前砍（做）[1]好（棺材），到时候就不用麻烦了。像我的都已经砍好了，装在麦架子下边的。棺材砍（做）好以后呢，里头要放一碗大米，装一个鸡蛋。别的（可以）装里面的呢，如果家里不困难，那么他死的时候要给他穿的啊那些都可以装在里面的。如果没有的话，就放一个鸡蛋、一碗米就可以了，（棘）刺那些就不用放。现在呢，提前准备着的多了，（不然）以后死了会麻烦嘛，提前准备着的话，到时候就不用麻烦了。[2]

从游猎、采集时代临时做棺材，到定居以后年至60岁便做棺材，以及在棺材里放殉葬品和米、鸡蛋，其变化也是傈僳族族际关系、生产生活变迁在丧葬仪式中的反映。

棺材从做好的那一刻起，就有了所属，是某一确定的生者或死者

① 当地方言称“制棺材”“做棺材”为“砍棺材”。

② 2019年5月11日，笔者在同乐其宅对村民G的访谈。

的。为了不让生人的魂魄及好的、佑护后人的“东西”被“关在”或“停留在”棺材里，还要将之“扫”出来。这一仪式在丽江、维西一带的村落较常见，扫的时候大都用刺，但刺的种类稍有不同。

> 老人家死掉以后，还没抬埋、端出去的时候呢，就放在院子里，或者菜地里，放在棺材里。在没有放到棺材里之前，“尼帕”会把棺材里头（不属于这个棺材的看不见的东西）都扫掉。我们用黑刺莓枝，扫我们养儿女养猪牛的“福”[①]都扫出来，还有这前后来帮忙的这些人的魂全都扫出来，也就是念经了嘛。念完以后，“这里是鬼住的地方，是他死掉以后住的地方，我们出来，他说他要睡了，要进去了”。
>
> 就把尸体洗掉，穿好衣服，放到那个棺材里。[②]

尸体入棺后，棺盖的头部并不完全盖死，而是留出一部分，以棺材头部朝向门外的方向停放在院子里。即死者头向门外，脚朝里，脸向上，供亲友祭献。

（四）祭献

依照村民的解释，给死者祭献也颇为“讲究”，其约定俗成的供品大致可以分为吃的、用的、养的。死者享用这些祭供，也就意味着从生到死的转型，即从生前的时空过渡到死后的时空。

---

① 即村民所说的“哇密”，福气神。

② 2019 年 3 月 31 日，笔者在同乐其宅对村民 B 的访谈。

给死者祭献的"吃的"，视其去世的时段而选择什么时候摆，一般摆烟、酒、水、茶以及米饭和鸡肉。鸡肉中会挑选鸡头、鸡翅、鸡脚等部分供上，表示给死者供了一整只鸡。此外还会在下葬前杀一头猪，将其煮熟后挑选一些部位，如猪头、猪膀等，以表示给死者供了一整头猪，摆在棺材旁，即棺材头附近。

> 比如说，他今天早上死了，那么就给他做点饭，杀只鸡给他，做点饭，摆在他的棺材头跟前了，茶也摆着，酒也摆着，什么都摆着，给他吃。送上去之前呢，就不管有没有了，杀一头猪，大小也不管。家里帮忙的那些人，要给点吃的，酒也要敬一点，传些烟，大伙团结地吃一顿饭，然后就把他埋掉了。①
>
> 他在吃饭之前就死了呢，那么（我们）就吃什么摆给他什么就好了。他喝酒的话就摆给他酒、茶，抽烟呢就摆给他几支烟。如果是晚上饭后才死的话，就要在早上早早地给他做一顿的，先要做给他，不能先做我们的。杀一只鸡，煮点饭，米饭了嘛，摆给他一碗。还有筷子啊，酒、茶、水都要摆的，喝酒的人就要摆酒了。②

上述吃喝供品，是以其死亡时间和生前饮食习惯为依据。具体而言，就是死者生前吃喝什么，停灵期间也给祭献什么。而在多类供品中，首先祭献的是食物，是因为民以食为天，对死者也以食为天。供品基本为滇西北山区傈僳族的食物，从荞子、旱谷、小米、高粱、鸡脚稗到

---

① 2019年5月11日，笔者在同乐其宅对村民G的访谈。

② 2019年5月15日，笔者在同乐其宅对村民F的访谈。

玉米(苞谷)、南瓜与红薯等外来物种,再到水稻;酒也从自熬低度酒到高度蒸馏酒,价钱高低不同,可以在市场上购买得到;烟则从无到有,而且有香烟与草烟两类。死者在丧葬仪式中享用到的食品皆越来越丰富,并且越来越市场化,说明该区域傈僳族社会越来越开放了。

祭献用品中的"用的",则包括死者生前所用的生产生活用品,如刀斧、锄头、手机、衣物等。死者是男性时,刀斧是必须放的。在以前陶云逵与张正东等进行调查的民国时期,男性死者还有弩箭,女性死者还有织布工具。[①] 如今男子不再狩猎,女子不再织麻,这些生产工具也就随之退出丧葬仪式时空了。此举除了有让死者在"另一个世界"继续用自己的工具的意思外,还源于大寨村民对死者持有的"远之"的态度:人过世后,他的所有东西都会摆放到坟地里或付之一炬,以防死者挂念。对此,村民B讲道:

> 我们这边不好的一个风俗习惯,老古董这些全部丢完就是从这里开始(的)了。因为这个老人家的东西,他用过的,就全部烧全部丢,什么都不留,所以古董这些呢,老人家死了几个以后就全部没有了,老人家死了三四批以后老古董就一个都没有了。老人家的东西以前多得很,帽子上东西,衣服上的东西,手镯,脖子上套的东西,老人家一批一批地死了嘛,所以这些古董全部丢完了嘛。这些是他的东西,不兴用,一般会这么讲究嘛。"尼帕"念的时候也是这么念的:
>
> "你的东西,你自己收着走"。

---

① 陶云逵:《碧罗雪山之栗粟族》,载《中央研究院历史语言研究所集刊》第17本,第380页;张征东:《云南傈僳族及贡山福贡社会调查报告》,第96页。

然后就这样完了。[①]

这些祭献给死者的生产生活用品，从清代、民国至今，先从少到多，又从多到少，正好与傈僳族从较为封闭的游猎、采集到半猎半农的半定居，进而到定居农业经济的变迁相吻合。因此，无论是事死如事生的心态与观念下的虔诚祭拜，还是阴阳相隔心理作用下的随葬品，皆是其社会经济发展史在丧葬仪式中的呈现。

给死者祭献的第三类物品是“养的”，包括死者在另一时空里“继续生活”所需的粮和猪。其中，农作物的种子要炒熟以后再“给”死者：

要给死人一点种子的，那个种子是炒熟了的，不能给生的，而且要放在袋子里。炒面也要给一点，就像是我们吃的一样，好好地搞着（加工）以后要给他的。种子呢，家里栽什么都要给他的，但是都是要炒熟以后才给的，生的是不能给的。[②]

至于特意将种子炒熟，有一种类似“平衡”的想象——如果给了死者生的粮食种子，死者在“那边”就能“种”出粮食，那样家里会弱下去：

人死的时候呢，就要放籽籽，玉米籽籽啊之类的，那些要炒一下，就是不让它发芽（出）的意思了嘛，人死的地方撒的那些。他上天去了嘛，也不知道是不是，但是有一半是被他拿走，他也要种粮食吃，那么给他炒了的粮食，那么这些就不会

① 2019年3月31日，笔者在同乐其宅对村民B的访谈。

② 2019年5月15日，笔者在同乐其宅对村民F的访谈。

长出来了嘛。他在那边如果什么都好了，他撒荞子、撒麦子、栽玉米这些，那么家里的这些人啊今后会有点困难。所以给他长不出来的种子，那么他那边就不好了嘛，种什么都不好了嘛，种玉米也不好，种麦子也不好，那么我家里边就好吃好喝好在的意思了。那个呢，我们种的，什么都要掺点的，掺点麦子，加点玉米，但是炒过了，那么他拿去撒也就不会出(即长、萌芽)了嘛。是放在袋子里的，然后他埋的时候就撒了嘛。那就是他离开了的意思了：

“你离开了，你就自己去种粮食吃吧。玉米也去种吧，麦子也去撒吧。你好了家里才会好。”①

粮食种子被炒过后就不会发芽，对农民而言是一种基本常识。该区域傈僳族村民恰恰利用这种常识处理死者与生者的关系。出于灵魂不灭与祖先崇拜观念，他们希望死者的灵魂在另一个世界也过得好，从而不侵扰生者；同时，出于生死阴阳相隔与泛灵论的观念，他们认为没有炒过的五谷种子也有灵魂，因而带到另一个世界仍然能够发芽、结果，势必影响到生者世界的五谷之魂，及其魂的多少、强弱乃至庄稼丰欠。因此，“炒种子”实际上是对祖先灵魂又惊又怕矛盾心态下的一种宗教仪式。

此外，给死者“养的”猪即为杀了祭给他的那头。一只猪耳朵在刮猪毛之前被割下并吊在棺材旁，即为送给死者一头猪让他自己去养的意思：

---

① 2019年5月11日，笔者在同乐其宅对村民G的访谈。

一根杆杆上挂着猪耳朵的意思呢,就是送给他的意思了。

“你啊,你上天去了,我们送你一头猪。你自己去养吧!”

就是给他一头猪让他自己去养的意思了。[①]

棺材旁还关着一只鸡,这只鸡也是“送”给死者的。但是并不杀掉,也不放到坟地里,而是在出殡前放掉:

棺材旁边还关着一只鸡,但是不杀,后来就放掉了。后来放掉的意思呢,就是说那只鸡啊,母鸡嘛,以后孵鸡蛋孵得好,孵出来的小鸡养得好的意思了。母鸡下蛋孵鸡蛋的时候呢就最养得成了。孵出来的小鸡呢,成活的会多一点。那只鸡也是送给他的意思了,但是还是放在家里。

“你在的时候,你没死的时候,猪你也养过,鸡你也养过。”

所以就是送给他的意思了。[②]

鸡在上文中也出现过,诸多民族的丧葬仪式中,鸡是不可或缺的,有引魂鸡之说。此次傈僳族男性丧葬仪式中的这只鸡并不因死者的性别做公母选择,而全用母鸡,是出于“鸡生蛋—蛋生鸡—鸡生蛋”的无限循环与发展之意,希望死者在另一个世界里仍然有鸡有蛋。因此,此举与祭猪一样,都是发展养殖业经济后的傈僳族村民对祖先所在的异域空间的想象。

接下来是鸡鸣唤死者。死者入棺停灵后,准备下葬那天凌晨的鸡

---

① 2019年5月11日,笔者在同乐其宅对村民G的访谈。

② 2019年5月11日,笔者在同乐其宅对村民G的访谈。

叫时分，村民会给死者供一次稀饭，里头煮着鸡肉。

> 鸡叫的时候摆给他稀饭是叫醒的意思了，就是送给他了的意思了。别的那些呢，鸡头、翅膀那些装给他吃；剩余的那些呢，就给那些守着的那些人了嘛。就每人吃一点，就这个了。现在呢，（人）还没有死的时候，就有人晚上去看（望）。白天干活，晚上每人拿着一件啤酒去就完成了。就在那里吹牛、玩，年轻人多的地方呢就打扑克，不打扑克就打瞌睡了嘛，打扑克的话打到天亮都可以打的。①

先前，米和鸡肉是煮在一起熬成粥的，但若没吃完，剩下的那些便只能喂猪了。当下挑出鸡头、鸡翅、鸡腿等部分和一点米单独熬煮成稀饭供给死者，剩余的鸡肉便单独煮，再煮点饭，来犒劳守灵的村民。过去以老者讲故事，大部分人围火唱古歌、跳舞熬过的漫漫守灵长夜，而今被喝啤酒、打扑克、麻将等熬夜方式替代。

周边的纳西族的葬俗中也有此仪式，一般在死者出殡当天的凌晨举行，意为唤醒死者，催促死者上路。在该仪式上，纳西族祭司（东巴）需要念经：

> 出殡那天清晨，雄鸡刚鸣头遍，已出阁的死者女儿，跪在灵前用力击三下鼓，然后悲痛地边哭边唤醒死者亡灵，催促其亡灵尽快上路去朝见祖先。此时，东巴在旁诵念《鸡鸣唤死者》一书说：

---

① 2019 年 5 月 11 日，笔者在同乐其宅对村民 G 的访谈。

“在盘神、禅神和蒙利董主等天神居住的天宫里，有一对雄鸡叫唤后离开神宫了。死者啊，你也要赶快起床离开自己生活过的地方。在高原树林里，有一对对白鹇鸟；在高原竹林里，有一对对彩色的飞鸟。鸣叫后，鸟儿也先后离开自己栖息的枝头了。死者啊，你也要赶快起床离开自己生活过的地方。在荒田野地里，有成对的狐狸和野猫；在灌木丛林里，有成对的野鸡和雀鸟；在雪山松林里，有成对的麂子和马鹿；在高原高山上，有成对的老虎和豹子。它们也都先后离开自己居住的地方了。死者啊，你也要赶快起床离开自己生活过的地方。你在世的时候，一年祭三次祖先。现在你要走了，今后儿孙们也会虔诚地一年祭三次成了祖先的你。死者啊，你起床以后，像云间的白鹤飞鸣而去吧！像高山的猛虎纵步而去吧！像林间的马鹿奔跳而去吧！像牧场里的牦牛磨角而去吧！去找你的‘勒者’父亲和‘补冷’母亲，去找你的三代祖父和四代祖母吧！”

东巴念诵毕，孝女端一盆水放在灵前说：“‘勒者’父亲（或‘补冷’母亲），请你洗洗脸！”

又倒一杯茶放在灵前说：“请你喝杯茶！”

又拿饵快、粑粑、煎鸡蛋、水果等放在灵前说：“请你吃一点早点。”

接着，端一碗肉汤放在灵前说：“为了好上路，请你再喝一碗肉汤。”①

---

① 此描述为三坝一带纳西族葬俗中的“鸡鸣唤死者”，维西一带的纳西族中曾经东巴辈出，也有《鸡鸣唤死者》等经书，但这些书籍尚无译本，故参考了此例。见和发源、王世英、和力民：《滇川纳西族地区民俗宗教调查》，昆明：云南民族出版社，2008 年，第 161—162 页。

该区域的傈僳族亦然，在此时此刻需要由“尼帕”念经催促亡灵起身去往祖先所在地。如果联系该区域纳西族、白族（勒默人）、普米族、怒族等的鸡鸣唤死者上路，并“指路”到祖先所在地的仪式在形式与内容上的相似性，不难发现这正反映了藏彝走廊氐羌系统民族漫长而艰险的迁徙图景。

（五）绕棺撵鬼

在同乐大寨的葬俗“讲究”中，棺材两边要摆上四棵小松树和四根马桑树枝。在出殡前的“尼噶”，即撵鬼过程中，还有“绕灵”[①]习俗：两个或四个“尼帕”的助手[②]，手里拿着刀绕棺材行走，顺时针[③]绕男性死者九圈，或逆时针[④]绕女性死者七圈。绕毕，便将四棵小松树和四根马桑树枝砍断。

> 四棵松树（和四根马桑树枝），那个呢送他，然后他上天，送他上天了嘛。

---

① 在张正东教授的《云南傈僳族及贡山福贡社会调查报告》中被称为“绕灵”。见张征东：《云南傈僳族及贡山福贡社会调查报告》，第96页。

② 笔者2019年所参与的葬礼中并无此举，盖因死者家院子稍小，为了腾出生火即亲友休息的空间，且基于地势平坦以保证棺椁稳定等多方面的考虑，棺椁一端紧靠院子的围栏，从而没法在院子里围着棺椁绕灵，只是砍了靠在棺椁上的小松树。依照同乐村民G的讲述，当在绕灵之后将小松树砍掉，则绕灵的人当为砍小松树的人。张正东提到绕灵的一般为“孤（哀）子女”，此个案中因死者无后，砍小松树的为死者的亲友、表亲。见张征东：《云南傈僳族及贡山福贡社会调查报告》，第94页。

③ 村民的讲述中为“从左手边”，即顺时针。

④ 村民的讲述中为“从右手边”，即逆时针。

“你上天了，已经送到太阳出的地方了，有拦你的人，有隔你的人，但你不用怕。”

最后是用刀子砍的嘛。男人死的时候呢要转九转，转了九转之后就砍了；女人死了以后呢，要转七转，然后砍掉。就是把那些不让他上天的，影响他的那些撵走的意思了。转圈，男的是从左手边转(顺时针)，女的呢是从右手边转(逆时针)。就是从东边开始转，然后转九转或者七转了嘛，再把那些树子砍掉，就是撵那些拦他上天的那些的意思了。①

将松树和马桑树枝砍断，是为了驱赶阻拦死者的“那些东西”，而且必须砍成三截，每刀都得一次砍断：

松树那几根呢，是要砍成三截的，四截是不能砍的。两根一起捏着，一刀砍断就顺了。一根一根的也可以砍，两根一起也可以。每根都是要砍成三截，两截是不能砍的，三截以上也是不能砍的。“尼噶”那个时候呢，死的是男子呢，是从左手边转九圈，然后就砍了；女子的话就是从右手边转七圈，然后就可以砍了。那个也是要“东巴”念了以后才开始转的。两个人也好，四个人也可以，就一边站一个或者一边站两个，然后转圈了才砍的。②

这个绕棺程序，既有男女之别，还有撵走影响甚至阻止死者灵魂到

① 2019年5月11日，笔者在同乐其宅对村民G的访谈。

② 2019年5月15日，笔者在同乐其宅对村民F的访谈。

祖先所在地的“东西”之意。在傈僳族看来，生者与死者各有其所，双方各安其所，世界才井然有序。因而人一旦死亡，就必须将其灵魂送往祖先所在之地，否则就会游荡在其所不该在的生者空间，必然会作祟于生者。男人因有九魂，其生命力更强，能力更强，与“脏东西”的接触更多；女人只有七魂，其生命力相对弱。那么，使男性与女性死者灵魂全然离开生者生存空间的绕棺撵鬼的圈数就有所不同，即男九圈，女七圈。这些“讲究”，归根到底皆是其灵魂观念、祖先崇拜使然。

如果是尼帕去世，棺材旁需多摆一棵松树，以及一个类似灯笼的装饰物：

> “东巴”死的时候呢，要另外的搞一根的，那个像是“意兹剁”①一样的一棵松树，就放在棺材头前面了，“东巴”死的时候要这么弄的。还有“玛嗡隆”，用竹子圈出来，底下拴花纹一样的花纸、白纸一圈的，上边有一根绳子，就像是灯笼一样，杆杆的头上拴着，吊着，花纹相当好看的。真正的“东巴”死的时候（才弄的）了。你可能听都没有听见过。“玛嗡隆”呢，（因为）他在世的时候专门搞迷信嘛，所以死的时候（特意）做给他的，意思是这种。②

① 傈僳语音译，同乐大寨一带为家中孩子举行的一种祈福仪式，也称为喊魂，一般在孩子的本命年或其身体较弱的时候举行，依次用鸡、猪、羊做祭牲进行三次即可。

② 2019 年 5 月 15 日，笔者在同乐其宅对村民 F 的访谈。

（六）白布盖棺与“哇密”留家

上文中提到部分亲友给死者带来了白布，并由尼帕铺在棺材盖上。村民认为这些白布和澜沧江边一带汉族、纳西族、白族的“孝布”是一样的，只不过这些民族的孝布是由死者家人发给亲戚。带鸡和带白布作为丧礼也是一样的，选其一即可：

> 在棺材盖上呢，就铺上我们棉花织着的布，现在倒是大部分都是用白布，那个就相当于“孝”一样了。这一块是你家什么人来盖的，那就由尼帕来念了嘛。一层一层地盖了嘛，五家来盖的话就有五层了嘛，六家就有六张，七家就有七张了嘛。有些是带了鸡的，就不用在那里盖了。[①]

以往村民带来的都是自己织的七八寸宽的棉布，大寨村民曾经种过棉花，但因为产量较低，实行“包交提留”[②]后种棉花的越来越少，现在棉花在同乐大寨已绝迹；该区域傈僳族村民也曾用市场上的棉线织布，但当下更多的“傈僳族服饰”，除了腰带、绑腿与挎包等在市场购买不到的需要自己手工织布之外，大部分皆购买市场上的棉布再缝制成民族服饰，所以亲友带来的布当中很多都是买来的白布。出殡前，“尼帕”会折棺材上的白布，最底下那张是死者家里的，而上头的那些都是

---

① 2019 年 3 月 31 日，笔者在同乐其宅对村民 B 的访谈。

② 即包产到户、家庭联产承包责任制，同乐大寨村民一般称之为“包交提留”，原指农业实行联产承包责任制后，承包单位与承包户进行收入分配时应上缴国家和留给集体的收益。见王文元主编：《新编会计大词典》，沈阳：辽宁人民出版社，1991 年，第 356 页。

给死者的[①]：

今天的祝福词全部念完掉，就开始折那些布了。

(边折边念)“这张是××带给你的，这张是×××拿给你的。”

就这样念了以后，最底下那张就由家里(人)来收的。一边折，一边说：“现在我来折呢，折这一折呢，是裹一裹撒麦子的福。”

再折一折是撒荞子的福，养娃娃的，养牛的，养鸡的，什么什么的，全部都要说出来的，折一折说一种了嘛。折好以后，这一张呢就由家里面的家长收走了，别的就全部给他了。[②]

村民B所谓的“福”，在傈僳语里被称为“哇密”。折白布的意涵就是将“哇密”折(卷)回来：

棺材上边放着的白布，卷(折)的时候是要念的，折一折要念一种，折两折就要念两种了，三折就要念三种，卷到最后就没有了。折第一折的时候呢(念)，“你上天去了，今后家里还有人住，那么种粮食要让它好，你不要带走”。

第二折呢(念)，“以后子孙后代，在你上天去以后呢，你不要随便地搞[③]”。

---

① 带棉花布、白布前来的亲友在仪式结束后可以选择把自己带来的布带回去，也可以将其留下。(2020年3月21日，笔者在同乐其宅对村民G的访谈；2020年3月24日，笔者在同乐其宅对村民Q的访谈。)

② 2019年3月31日，笔者在同乐其宅对村民B的访谈。

③ 意指“不要欺侮、骚扰、作祟后人”。

第三折呢，就是（卷）牛、马。“牛马这些你也不要搞了，一半已经送给你了，一半就放在家里了。”就卷牛马了。

（第）四呢就卷猪羊，（第）五呢就卷鸡狗这些。卷了以后呢，就拿给家里人，放到柜子头上了嘛。

“一半送给你，一半留在家里了。今后家里做什么都要搞得成。”①

就是这么卷，是在卷“哇密”了。②

图 4-40　葬礼中卷了哇密后放于神龛处的棉花布

对应“留在家中”的说辞，把“哇密”卷回来的白布要供到火塘旁柜

① 据此段讲述，这里的说辞有“将哇密一分为二”的意涵，但结合村民对哇密的解释，该举动并无此含义。而这一仪式也会出现在凶死者的葬礼上，结合灵魂崇拜中对凶死者的恐惧，此处表述中的“给了你一半”或可作口误理解，也可理解为祭司在葬礼上向死者进行了夸大性的“介绍”。

② 2019 年 5 月 11 日，笔者在同乐其宅对村民 G 的访谈。

子上的神龛处。如此看来，白布的数量就与此家人的“哇密”有关，因而得小心翼翼地折、卷好，并毕恭毕敬地置放于神龛上。说明傈僳族村民认为冥冥之中总是有一种神秘的力量在主宰人们的福气，有的认为是一道亮光，有的认为是类似鸽子的一种鸟，还会很神秘地给家里带(衔)来钱、首饰等物。如果“哇密”离开了家，此家的福气也就不再有了。相反，贫穷、灾难将接踵而至。因此，丧葬仪式上折孝布、卷“哇密”程序至今仍然被村民所重视。

这个既是“孝布”，又是家户“哇密”承载物的白布并非永远祭供着，也可以留作他用，但其用途也有一定的讲究：

> 棺材上最底下的那张是家里边的，那个就叫“哇密”了，那个要折回去放到家里柜子上，以后呢你缝什么都可以缝，裙子啊裤子啊都可以，但是不能缝衣裳(上衣)。男子的裤子、女子的裙子都是可以缝的，口袋那些也是可以缝的，其它的(像)衣服是不能缝的。①

可见“哇密”即是家户的福气神。在一个葬礼上，会有很多血亲与姻亲送白布给丧家，以示吊唁。从礼尚往来的角度看，可以推断死者家属也曾送出去过或未来需要送出和血亲与姻亲相应数量的白布。将作为丧礼的白布与鸡放在同等的位置，那么白布与鸡一样具有了神圣性。特别是因为白布曾经盖在死者的棺材上，是死者被送往坟地前与亲人的最后关联物，将白布留下，就意味着死者把“哇密”留在了家里。白布在亲友，特别是血缘、姻缘亲戚间的流动，实际上是“哇密”所承载的“福

---

① 2019年5月15日，笔者在同乐其宅对村民F的访谈。

气”的流动。因而它被供奉在家族神龛前，享受着家人的祭献。这么做为的是将福气神“哇密”留在家里，使家人多有福气，而少有灾难、贫穷。其根源仍然是不可预知的灾祸威胁着村民的生命财产安全，也即村民所承受的自然压力与社会压力仍然存在，因而寄希望于“哇密”降福消灾。至于白布若另有他用，则不能缝制上衣的“讲究”，其原因为何，村民难以解释，还需进一步考察。

（七）搭桥、送山[①]的“讲究”

前人所调查到的资料中，多提到傈僳族对下葬的时日有选择，即多选属鼠、兔、蛇、猴、鸡、猪日[②]。但就同乐大寨一带的葬俗而言，下葬的时日无须做过多的选择，一般在死者死后的第二天或第三天即下葬，鲜有停灵多天者。扛棺离家到上山、入土、砌坟、上坟等仪式时间序列中的空间位移，也是在一系列“讲究”中完成的。

同乐大寨出殡时，棺材尾端往前，在村民的讲述中这意味着死者的脚朝前，往外走出家门：

> 扛棺材的时候脚先出去了嘛，人没有死的时候是靠脚走的，那么人死了以后也是脚先出去，我们是这么讲的。让他朝外边出去了。我们大寨呢，就说你棺材头先出去的话，就是他回来的意思了。我们大寨这边是这么讲究的。每一个都是脚

① 村民一般将出殡，即将棺椁扛到墓地下葬的过程称之为“送山”。

② 霜锋等调查整理：《碧江县五区卡石、色得洼底村傈僳族社会经济调查》，载《中国少数民族社会历史调查资料丛刊》修订编辑委员会编：《傈僳族社会历史调查》，北京：民族出版社，2009年，第98页。又见斯陆益：《傈僳族文化论》，第132页；《傈僳族简史》修订本编写组：《傈僳族简史》，第188页。

先朝前地扛出去了。①

棺材在扛出去的时候，还有一个“搭桥”仪式，即孝子及亲友跪在地上让棺材从头上过去。在大寨，死者不论老幼，都可以为之搭桥，但一般是由年纪、辈分比死者小的亲友搭桥。就现状而论，年老者去世，来搭桥的会较多；而年轻人去世时，搭桥的人会比较少，甚至没有搭桥这一仪式。搭桥一般搭三次：

> 搭桥呢，老人家不在，或者这些小伙子（不在了）也是可以的。搭桥呢，老人家就不会来给他搭桥了，都是比他小的人来搭了嘛。我们这边呢不是很讲究，就算是小娃娃死了也可以搭桥，但是都是比他小的那些来搭桥了，年龄比他大一点的那些就不用搭桥了。老人家，最老的老人家死的时候呢是要搭桥的。现在呢，搭桥的人不是很多了，以前呢，沾点亲的都是会来搭桥的，现在呢，就是他的子女来搭一下桥就过去了。搭桥呢，就是顺着棺材扛走的方向搭两次，搭了一次以后再跑上去，朝上搭一次。最后一次呢，就头朝下的搭一次，就是逆着棺材扛走的方向搭一次了。前面两次呢是头朝上，最后一次呢就是头朝下。就是送他的意思了嘛。搭给他去西天的桥了嘛。②

除了表明“搭桥”是在为死者搭去西天的桥外，村民还讲道：

---

① 2019 年 5 月 15 日，笔者在同乐其宅对村民 F 的访谈。

② 2019 年 5 月 15 日，笔者在同乐其宅对村民 F 的访谈。

我们这边呢，不在了以后呢，子子孙孙那些，(在他)不敢走的地方搭桥，往上的顺着棺材让棺材从头上过两次，然后反着的，往下的了嘛，让棺材从头上过一次，三次就好了。三次过完了以后，就磕头。

“从今天开始呢，你自己做你自己吃去，你自己喝你自己做去，我们的东西一样都不需要管，心里面不用挂念我们，阿老阿奶上帮忙去，老祖宗上帮忙去，不用管我们了。”

在棺材后面磕头了嘛，这样就完了。据说不搭桥的话，他不敢走的地方就过不了了。子子孙孙这些，孙女啊、媳妇啊、儿子、媳妇啊这些，铺着睡着，让棺材从上头过了嘛，三次以后磕头，就隔开掉了，然后据说死的那个人就没有不敢走的地方了，水里面也可以过，岩(崖)子上也可以过，不敢过的地方没有，所以他好过了，是这么讲究的。[①]

为死者“搭桥”，在汉族、纳西族与白族里也很常见，其解释亦是相同的，即让死者棺材借助晚辈亲友所搭之“桥”顺利到达祖先所在地。言下之意是由此去到该去的地方(世界、空间)，好好地与祖先生活在一起，不要再留恋人间成为孤魂野鬼而作祟于人。而在民国时期陶云逵、张正东等人的调查报告中，当时傈僳族的丧葬仪式中并无“搭桥”程序，说明是后来与周围民族接触、交往增多，在吸纳其佛道教信仰、观念的同时，也采借了一些相应的习俗，并在本土化过程中变成了傈僳族的“讲究”。

上一节曾提到，出殡上山时有人用一根一端被劈碎的竹竿敲打棺

① 2019年3月31日，笔者在同乐其宅对村民B的访谈。

材，此举在村民的解释中，和砍棺材旁的松树及马桑树枝的意涵相近，都是在撵死者去向另一个世界的“路上”拦它的“东西”[①]：

> 那根尖尖（被劈）碎的竹竿，用它来敲打棺材嘛，意思是说他没死的时候呢，绵羊杀过，耗子也杀过，牛羊也杀过，那么他死了以后呢，被他杀了的那些呢，就到处过来包围着他，所以敲那根竹竿是在撵这些了。如果他年轻时候就是撵山啊那些，他杀过（猎物）了嘛，那么他死了以后呢，那些被他杀了的那些就包围着他了，所以就敲棺材，来撵那些了。敲打的时候呢，就会说“尼噶”，就是之前他杀过的那些包围着他了，所以就撵那些了，把那些的魂（鬼）撵开的意思了。[②]

一方面是“搭桥”，让死者（灵魂）能够顺利通过坎坷，另一方面是以“尼噶”程序撵走其生前所杀动物之鬼灵，目的无一例外都是完成“阴阳相隔”程序，使死者抵达祖先所在地。但被死者生前所杀的动物的灵魂围住棺材，影响其去往祖先之地，则是傈僳族祖先崇拜、灵魂崇拜与汉族轮回、报应观的交融。作为长期沿袭狩猎生计方式的民族，一个男人一生猎杀猎物无数，这是氏族和家庭生存、繁衍的需要；但从泛灵论与灵魂不灭观念的视角，世界万物皆有灵魂，而且在其肉体死亡之后，灵魂仍然存在。人如斯，动物如斯，那么在接受了佛教轮回的因果报应观念之后，就想象出生前所杀动物将会“报复”致其不能够顺利离家、上

---

① 据主持该仪式的白值洛村尼帕解释：当有人出殡的时候，村里将死的人的魂魄会坐在棺材上，用一端剖碎的竹竿敲打棺材正是为了驱赶这些魂魄。但是竹竿只能正正地敲打棺材，而不能在棺材上方挥舞，不然容易打到那些魂魄，使得相应的那位生者提前去世。（2021 年 5 月 24 日，在白值洛村对村民 D 的访谈。）

② 2019 年 5 月 11 日，笔者在同乐其宅对村民 G 的访谈。

山。因此,搭桥、驱鬼实际上是死者离开家、离开村寨这一过程中的两个功能相同的程序或环节,是其民族传统宗教信仰与佛道观念交融的产物。

(八)坟地选址、买地的“讲究”

关于坟地的选址,张正东教授调查的葬俗与余国良整理的腊八底葬俗都提到需要通过抛木杆的形式来抉择[①]。虽说是选坟址,但是就其细节而言,其实应该只是坟坑的具体位置的选择,即已提前选好了坟地的大致方位和区域,然后通过“抛杆”在该区域内选择具体的坟坑位置。在大寨尚未询问到很特殊的选址过程、个案、要求,村民大多是找村里的“尼帕”算该地是否适合。有人较幽默地提到:

> 以前是算的,“他说要去这边埋”,“他说要去那边埋”,除了两口子以外,就都是乱埋了。两口子是埋在一起了嘛,算到哪里就埋哪里了嘛。算也是提前想好了去算的。
>
> “嗯,这边没有空地,那边有块空地,帮忙算一下。”
>
> “嗯,那边可以埋。”
>
> 就这种就完了。[②]

当下村民一般都在自家的地里挖一坑埋葬死去的家人。而在邻村

① 张征东:《云南傈僳族及贡山福贡社会调查报告》,第95页;余志贤、余胜涛等口述,余国良翻译整理:《腊八底傈僳族丧葬习俗》,载中国人民政治协商会议云南省维西傈僳族自治县委员会文史资料委员会编:《维西文史资料》第6辑,第125页。

② 2019年3月31日,笔者在同乐其宅对村民B的访谈。

村民的讲述中，白值洛的坟地在朝向上有所“讲究”：

> 我们算坟地的地，都是要看山脉的。好像是说有溪水啊、泥石流垮着的啊，还有江水啊这些下来的地方，不能正正地对着这些。对山，但是不对雪山。他们说雪山是积雪嘛，滑着滑着，地质不稳，垮掉的时候对自己不利。现在呢，你看，我们的坟地几乎都是我们背后的那里啊，他们不对江，也不对太阳出的那边，主要是朝新乐山那边，那边没有雪山嘛。①

就同乐大寨当下的葬礼来看，坟墓的朝向应已有些“讲究”，如上文所提个案中，下葬当日，死者的弟弟几次指向白值洛垭口的山包，来纠正棺材、坟墓的朝向。大寨村民在讲解时提到，不能对向最高的山（主峰）即有积雪的山，是因为如此的话死者下辈子会变成一个杀人犯②。所以，同乐大寨死者下葬时，其坟墓需要对向一座没有水、比较干的山，否则家里会不顺：

> 坟地的朝向呢，还是有点“讲究”的。一般是对向那些没有水的山，达尼洛这边埋的时候就会对向拉波洛那边的那座很干的山了。据说那样家里会好点，我也不知道是为什么。但是即使对着的方向是对的，家里还是不顺的也有。（我也）不知道了。③

---

① 2019 年 4 月 7 日，笔者在同乐村民 A 宅，对村民 A 及白值洛村民 A、B 的访谈。

② 2020 年 3 月 5 日，笔者在同乐其宅对村民 G 的访谈。

③ 2019 年 10 月 3 日，笔者在同乐其宅对村民 F 的访谈。

虽然当下的村民对坟墓朝向的“讲究”只有模糊的认知，但也形成了一个约定俗成的地方性惯习。尽管说不出所以然，但大概懂得，并且会恪守此“讲究”。其目的与此前的搭桥、“尼噶”，以及更之前的放“口含”，盖白纸、卷“哇密”等程序一样，都是趋利避害、消灾避难。

至于亡者魂魄归处，即被宗教师“引导”“送”往何处，村民的解释为：一般呢，按照我们的风俗习惯呢，是送到太阳出的地方。[①]

此外，村民在讲解时，“太阳出的地方”虽然没有一个很明确的地名，但有一个类似汉语语境中的“阴间”的词，被称作“喔咩”。

而以前大寨的墓地主要分布在村落的东侧，即“一绰辟刮”一带：

> 以前都是埋在村旁边，出水的那前后埋的。这几年有了自己家的坟地，就不一定在那边了。现在是砌坟坝了嘛，以前是没有坟坝的。[②]

因为没有坟包，马桑树桩和房头板几年后便烂了，标记也就消失了，所以那一带在一定程度上成了“乱葬岗”：

> 现在有好些自家有自家的坟地，不然以前没有什么你家的坟地我家的坟地，这么分着的没有。他自己算了嘛，去哪边埋倒是要算的。但是埋的时候是没有规矩的，他家的埋这里，我家的也埋这里，他家的埋在那边，你高我矮也没有，乱埋，只要有空地就埋。[③]

---

① 2019年5月11日，笔者在同乐其宅对村民G的访谈。

② 2019年5月11日，笔者在同乐其宅对村民G的访谈。

③ 2019年3月31日，笔者在同乐其宅对村民B的访谈。

村民时常会提到，之前在挖坟坑时偶尔会挖出人骨。这是因为之前的坟地是整个村落的公共坟地，也没有用石头等砌起来，三年之后坟屋腐烂，坟与坟的主人就归为尘土了。后来再有人去世，挖坟坑就有可能挖到人骨。这样就出现了人与人不争地，却要与山神买地埋葬的现象。

据调查，有一个小仪式是必须做的，即在挖坟坑之前，需要在坟坑靠山一侧插一根拴有一张白纸的白杨树或者小松树，并在树底下烧几根青松枝，意为“向神仙买地基”：

> 那个坟地的洞上头插着拴着白纸的那根杆杆，然后“绰巴记”，那个呢也是在供神仙，尚奉土地神仙的意思了。一张白纸，一小根树子，就是尚奉神仙的了，“这一块就是他（死者）的地基了”，这么说了以后才挖的。[①]

祭献山神、向山神“买地基”，仍然是傈僳族万物有灵观念使然。他们认为水有水鬼，山有山神，所以要葬入山上，就得跟山神买坟地的地基。此“绰巴记”仪式的完成，也就意味着死者的灵魂从家这个空间到了山这个空间。

（九）入土、下葬后的“讲究”

棺材入坑之前，需要先将坟坑内部打扫一下，同乐大寨用的是黑刺

---

① 2019年5月11日，笔者在同乐其宅对村民G的访谈。

莓枝，其意图在于将在场生者的魂魄都扫出来：

> 到了坟地以后呢，扫那个洞洞，就是埋的人，到了那个地方是不能马上埋下去的，要用刺扫一下，就是在扫魂了，把来那里帮忙的所有人的魂都扫掉。
>
> “不要在这里，这里是埋鬼的地方了。”
>
> 那么讲那么扫了以后呢，才埋的嘛。①

以棘刺扫坟坑，是为了死者与生者阴阳相隔、各归其位。扫完坟坑以后，刺被扔到一边，众人在“尼帕”的指挥下颠棺材，意为帮助死者去往“要去的地方”。此习俗是从“白值洛”学来的：

> 颠棺材颠三次，就像脚踏的路，楼梯了嘛，就好像同乐大寨这边有一层一层的楼梯（台阶）嘛。那么颠三次的意思呢，就是颠三次把你送到要去的地方的意思了。每次颠九下。那个呢，以前是不搞的，扫倒是以前就会扫的，那个颠的是从白值洛学过来的，是从白值洛年轻人那里学过来的，那样才搞的，老一辈的是不搞的。②

由此可见，同一区域不同村落的傈僳族也是会相互学习一些“讲究”的。如果以同乐大寨为原点，周围还有由近而远的傈僳族、纳西族、白族、汉族、藏族……多民族聚居、杂居村落，彼此相互通婚，经济相互

---

① 2019年5月11日，笔者在同乐其宅对村民G的访谈。

② 2019年5月11日，笔者在同乐其宅对村民G的访谈。

交往、文化相互交流，习俗“讲究”的相互学习采借也就较为普遍，使得各民族文化你中有我、我中有你，水乳交融。

棺材入坑，随后开棺，正如之前所说的需要将脸上的白布拿开，再整理一下尸体。接下来再盖上棺盖，在棺材两侧放上一些石头并填上土，固定住棺材的方向以后，来到坟地里的亲友手里抓着一把小石子，在“尼帕”的指挥下将石子撒向棺材。这意涵与扫坟坑相似，目的是驱赶生者灵魂，不让生人的魂停留在坑里：

> 拿着一把小石头撒到棺材上呢，是说这个人已经死了，一个人都不要在这里，魂也不能在这里，他变成鬼了，埋在鬼的家里了，这里就他这只鬼的家了，我们这些人就不要在这里了，然后喊“pou”。①

至于在棺材上铺石板，是不让坟因棺材烂了而垮掉。但对于在石板上画一个“×”的做法，现有的解释稍显含糊：

> 石板那个呢不铺不行了，铺那个石板呢不会马上垮了嘛。到今后砌坟坝的时候也不会垮了嘛。如果不放石板的话，那么三年就垮掉了，垮了就没法整成坟坝了，搞不成的意思了嘛。四块五块石板，就是不让它快点垮的意思了。不然你就直接埋在土巴里，不放石板，那棺材烂了以后就没有办法砌坟坝了嘛，所以才这么做的。石板上画一个叉叉，那就是心里了

① 2019年5月11日，笔者在同乐其宅对村民G的访谈。

嘛,那个埋着的人的心里。[①]

村民所说的"心",应该是指灵魂。即在石板上画一个"×",意味着坟里所埋死者的肉体已死亡,但其心或者灵魂还在,并且是留在了此坟里。

然后是踩踏、画人形、射弩。[②] 铺上石板后盖上土,随后便有一群小伙在土上踩踏,嘴里说着脏话:

"我的××(生殖器)有马(的)那么大,操鬼能把鬼操死……"

踩踏了一会儿后便结束了,此环节是为了不让这只"鬼"出来,因为傈僳族认为人死了,尸体入土埋了,其灵魂就不再是人类,而是以"尼"(鬼、神、灵魂)的方式在另一个世界里继续生活,因此已经是人鬼异域,就要以坚实的坟土不让"鬼"出来,以免游荡到人的生存空间作祟于人。为此,人们对于此"鬼"充满了恐惧,所以需要阳气十足的小伙子"踩坟",并以带有男性性征的脏话咒骂"鬼"。这样看来,或许傈僳族认为从人死入土后的三年之内,死者的灵魂尚未到达祖先所在地,还徘徊在生者与祖先两个空间之间,因而具有过渡时期的危险性,所以得用厚重的石板、坚实的土层将"鬼魂"压在坟里。

而就其现实目的,则是让坟上的土更结实,防止臭气溢出:

---

① 2019年5月11日,笔者在同乐其宅对村民G的访谈。

② 若死者为女性,则不需要射弩,村民的解释为女性没有用过弩弓,也没有打过猎,所以不用射弩。亦即,如果死者生前未使用过弩弓,则无论男女都不需要射弩。(2020年3月5日,笔者在同乐其宅对村民G的访谈。)

那群小伙子在上头踩啊跳啊，意思就是说“今后你就不要出来了”，一方面是说不要出来了。另外一方面呢，埋深点倒是不怕了，但是就埋着三指膘那么厚的土，那么烂起来的时候呢，又不能吃。你去放牛啊放羊，去那边的话，根本在不了。意思就是臭了嘛。所以人埋着的地方起码都要盖五寸以上，盖上了，下雨了倒是不怕啊，如果雨都不下的话，那么过一段时间就会臭起来了。那些还是要搞的了。①

踩踏结束后，坟坑里会平一些，尼帕便会用“拐杖”在坟坑里画人形，这里含有一定的占卜转世的色彩：

画那个人呢，就是说他死了上天了，那么以后他又变出来，又生出来的时候呢，画的时候呢如果眼睛没有画到，那么生出来的时候呢就会生出来没有眼睛的了。什么都要画的，生殖器那些都要画的，不然你说以后他家生出来的时候没有那些，那就没有办法的。② 因为这么“讲究”，所以什么都要画，手指也好，脚趾也好，手杆也好脚杆也好，什么都要清清楚楚地画的，是在这个意思了。③

① 2019年5月11日，笔者在同乐其宅对村民G的访谈。

② 这种告诫亡者记住此生的身体器官、部件，以防下辈子身体部件缺失的解释，在张正东的报告中亦有相似者：又某傈僳告笔者云：人临死时，如以墨笔皆或其他颜色作符号或文字于身体上，则日后投生之人体上，仍可出现相同之符号与文字。见张征东：《云南傈僳族及贡山福贡社会调查报告》，第52页。

③ 2019年5月11日，笔者在同乐其宅对村民G的访谈。

佛教因果报应、轮回转世等观念传入傈僳族地区之后，跟原来的原生宗教文化体系不是天衣无缝的嵌合，而是有些难以自圆其说之地。所以，上一个时间段还在为死者灵魂送往祖先之地做相应的仪式，下一个便跳跃到了佛教的轮回投生仪式。这样，就可以为新生婴儿出现的先天性缺陷找到了貌似合理的解释，也给父母、家人乃至自己一些释怀的理由。所以说，这些仪式及其文化解释，根本上还是为了弥补村民在现实世界里的缺憾。

在村民的讲述中，人死后还有一种仪式，用以观测死者下辈子转世成什么动物，并认为转世成牛是最苦的①，只有这辈子良心坏的人下辈子才会变成牛，供人驱使，做着犁地等苦活。但就时间而言，村里人说的是下葬当天，而拉波洛一带则说男性死者在第九天、女性死者在第七天回家，也只有到那个时候才能观测到他（她）下辈子变成了什么。

只要这个（死）人抬出去了，那家人就不能在家里了。火塘边人坐的地方了嘛，铲来火塘里的灰，用筛子筛，一边筛了撒在人坐的地方，然后往后退，退回来以后，门槛那里也筛掉了嘛。然后厨房里就不能去了，做饭啊那些也就得另外找地方弄了。厨房大门那里呢就挖一棵刺一棵草，拴着以后，栽在门口，么门是开着了嘛。然后就是抬埋掉以后，那些小伙子那些呢，每人抓一把小石头，有二十个就是二十抓，有三十个就是三十抓，“尼嘎、尼嘎”，说呢意思就是撵鬼了嘛，然后就把小石头撒到房头板、屋顶上。回到家门口呢，就有人用松明烧一

① 张正东的调查报告也提到过傈僳族灵魂转世的观念，即“变成神、人、牲畜三种”，并认为投生为牲畜是一种惩戒。参见张征东：《云南傈僳族及贡山福贡社会调查报告》，第52页。

堆山茶花，然后旁边还有一个倒水给我们洗手的，再用那堆山茶花的烟熏一下，“茶嚯茶嚯”就是把不干净的除掉了嘛。这之后，全部集中着，据说那个时候那个鬼会回来，一进来，“哦，看来我家已经没人住了，我家门口都生草生刺了，我家人都不知道去哪里了”。

因为门口那里栽着一棵草一棵刺嘛，据说那个鬼看到了会这么说。

把刺和草拿掉，不像现在这样有灯嘛，以前，有电筒就用电筒，没有电筒就要重新点松明了。

“今天死掉了的这个人不知道变成了什么。”

因为火塘边筛着灰嘛，就去看脚印，看他变成了什么了嘛。有些说是猫，有些说是猴子。真的有脚印的，小娃娃脚印，我见过，那种跑过去的。因为那些石头往屋顶上一撒，它惊了嘛，就往外跑，所以就有脚印了嘛。有些呢就什么都没有，有些呢脚印很多。

“你看，这个是什么，这个是猴子。”

“这个是耗子。”

“耗子怎么会有那么大的？”

小娃娃脚印啊这些都多得很。那种呢，（看上去）真的是脚印，但是不是真的就不知道了。我们这边变得最不好的就是变成牛了嘛。

“诶，这个人良心不好的样子，你看，牛脚印。”

牛么老火了嘛，犁地嘛。我倒是只见过娃娃的脚印和猴子的脚印，牛和马的脚印倒是没见过。就是这么一个风俗习惯了。然后就打扫了嘛，扫的扫、拖的拖，扫干净以后，来帮忙的那些人就都在木楞房里吃饭。①

此仪式默认了一种现象，即认为死者的亡魂在一定时间以后会回家看看，并且是以"下辈子"的"真身的形体"回到家中，所以只要通过"撵鬼"使之受惊离开，便能预卜到他下辈子成了什么。这些仪式笔者在该区域汉族、纳西族与白族村落中也调查到过，这种因果轮回观念的共享，同样说明区域文化具有一致性。

画好人形以后，便要射弩。据同乐大寨尼帕的讲解，弩将射向西方、东方和南方，北方是不能射的。在射箭的时候还需要念经，向各方射箭都有特定的含义，是为了拦住阻挡死者前往"该去的地方"的"东西"：

射弩弓，是要三支箭的。朝太阳落的那边射一支，朝那边打呢，就是原来死得不好的那些，跳江死的那些，吊绳子死的那些，不要和他们走，用箭拦着他们的意思了，向太阳落的那边。朝太阳出的那边射的那支呢，是说你死了，你要上天了，那么在上天的路上呢，无论是什么来拦你，你都别怕，跟着这个弩弓箭去，这么说了以后到的地方了。南边打的那支呢，是说你小时候年轻的时候什么(猎物)都打过，他们拦你，你也不用怕了，已经用箭打了，这么说了才打的。

"出月亮的时候，出太阳的时候，你走的时候呢，就跟着箭去吧。不要走其他地方，朝东边走。"

---

① 2019年3月31日，笔者在同乐其宅对村民B的访谈。

就是这么说的了，北边是不打的，只打三支箭。[1]

这个射箭数量、方向的“讲究”，是对其生前、死后生产生活的想象：东边——日出之地，是死者灵魂要去跟祖先团聚之地，所射箭有指路之意；南方——多阴雨，为死者生前射杀动物的鬼所在地，为了不被其阻挠，一箭得射向南方；西方——日落之地，为非寿终正寝者的孤魂野鬼所在地，为避免其阻拦死者灵魂去往祖先所在地，需要射一箭驱赶这些孤魂野鬼。可见在村民的宇宙观里，人在中间，其东南西北是各有所在的，所以各处其所、各安其份，世俗世界与神圣世界才能和谐、有序。至于没有解释为何不向北边射箭，或许是当下的村民遗忘了早期的历史记忆之故；又或许是故意“留白”给人与鬼、神在特定时间相会于此空间。

（十）入土后的“讲究”

在丧葬仪式的最后环节，亲友们会在坟地上所画人形的心口位置种一棵小松树和一丛草，并撒上一些青松针。在前人的调查结果中，种着的草和小松树的长势好坏是死者后人是否会兴旺的标志，但在大寨没有问到这些：

今天过后，他的心里面竖着一棵松树一棵草，“今后啊，你就变成了草变成了树”。

这个是埋好了以后，在他心口的位置栽的了。死了的呢

① 2019年5月11日，笔者在同乐其宅对村民G的访谈。

就变草、变树，今后就是不要望我们家的意思了嘛，后头这些人也就不要望着的意思了嘛。你心里呢就变成草变成树的意思了，所以最后栽一棵草、一棵松树就是这个原因了。①

死者入土了，与生者就隔着棺材、石板、土层，特意在画心的位置栽种草和松树这两种生命力极强的植物，当是希望死者的灵魂也有极强的生命力，最终到达祖先所在地，进入护佑生者的祖先之列。另一方面，草也罢，树也罢，皆与生者异类，因而也有生死区隔之意。

早年，同乐大寨在死者埋葬后，是不砌坟头的。村民称之为“坟坝”，即没有坟包。下葬时，踩踏、画人形环节结束后，便种上小松树和草，撒上些青松针。最后环节也就是在坟地的两侧钉上几根马桑树削的树桩，横搭上几根树枝，为男性死者盖着九张房头板，为女性死者盖上七张房头板。树桩较矮，以狗钻不进去为限，如此即可。现在几乎都会为死者砌坟。而且“坟坝”也成了死者家庭社会地位、经济实力的象征。

（十一）归家断阴的“讲究”

当在坟地中帮忙的亲友回到死者家门口时，会有亲友在大门口用松明烧大叶杜鹃花起烟来熏从坟地里回来的村民，并给他们倒温水洗手。这一环节是为了除秽，傈僳语称“茶囖”，即生者归家断阴。②

在此无妨将此环节称为“断秽”，因为在傈僳族村民看来，在寨子之

---

① 2019年5月11日，笔者在同乐其宅对村民G的访谈。

② 意为“除秽”。村民在讲解时一般会省略这个环节，但在现实的葬礼中可以看到这个环节留下的痕迹。

外，尤其是举行入土仪式的坟地，充满了各种孤魂野鬼，包括死者生前所杀动物的亡灵，也包括非正常死亡且未享受到念《指路经》丧葬仪式者的孤魂野鬼。这些鬼秽会跟随到山上坟地的亲友回到家里，作祟于家人。因此，到坟地者除了“尼帕”之外，就是身强力壮的小伙子，对鬼秽有震慑作用。他们返回家里，跨进家门之前，还要进行烟熏水洗的除秽程序。仍然是出于对所谓的“鬼秽”的恐惧，实际上是对自然压力与社会压力幻化成的超自然力量的恐惧，于是以唯恐避之不及的态度对待它们。

图 4-41　死者家门口“茶嚯”后的遗迹

假使今天下葬，依俗（“讲究”），从明天早上开始，需要连续去坟地里送三天水，因为同乐大寨的村民认为死者尚未适应死后的生活，还不会自己找水喝。送了三天后便让它自己去找水喝了：

> 坟坝那些整完了，好好地埋着了，那么人就下来，在家里吃饭了嘛，其他的就没有了嘛。其他的也不是没有，有倒是有点的，三天，孙子那些拿着水去，因为他不会自己去找水吃，所以就要送三天水。三天以后呢，“水在哪里，你就自己去哪里找了喝吧”。
>
> 这样就完了。（坟）门前装了的水呢，剩余的那些都是要把盖子开了的，一般说他不会自己打开盖子自己喝水，所以要打开，是不是倒不知道了。要这么弄三天的，早上太阳出来的时候就要去了，今天埋掉了，那么明天太阳出来的时候呢就要从家里拿给他一点水，把盖子打开让他喝，第二天也要拿水给

他。第三天呢,也要带水去,但是就说"你自己去找水喝吧,我也不再送水过来了,哪里有水就去哪里找了喝吧"。①

《云南傈僳族及贡山福贡社会调查报告》中还提到,生者需要到坟地里生火陪伴它②,但是在同乐大寨村民的讲述中并没有此环节。联系到前述同乐建寨前找水过程的神圣化,说明位处澜沧江峡谷的傈僳族虽看得见江水,但吃水用水还是得靠就近的山上泉水,因而也将人世对水的看重搬到了死后的世界,就在入土后的三天里连续给死者送水。常言道"水火不容",但不同时期或不同村寨的傈僳族用到坟地烧火、送水的方式,仍然将死者当作尚未彻底离开人世的家人,以此让其顺利度过这三天的过渡期。因此在本场景中,水与火的用意都是一样的。

(十二)上坟、接"哇密"的"讲究"

以前同乐大寨的坟地没有坟坝(坟头、坟包),当年下葬后,还有后续三年的仪式。前两年的仪式称为"吕尼",而第三年也就是最后一年的仪式称为"吕西措",都需要宴请亲友。其中,"吕西措"的规格最大,要"大吃大喝"。如今,这两个仪式的"较完整版"已绝迹。按照古俗,第三年的"吕西措"做完以后就可以砌坟,但不砌坟也可以。这两个仪式的目的是再次祭拜死者,并如"意兹剁"仪式一般,将"哇密"接回家。

这些仪式做过了以后,坟地便不用再去打理,可任其自行消失。

---

① 2019年5月11日,笔者在同乐其宅对村民G的访谈。

② 张正东提到:"夜间儿女扎火把前往暖坟,以慰灵魂之寂寞,如是者三夜。"在滇西北的诸多民族中存在这种现象,新坟,尤其是一个家族的新坟,需要在葬后三日,每天日落黄昏时去坟地里生火作伴一会儿。见张征东:《云南傈僳族及贡山福贡社会调查报告》,第96页。

（十三）丧葬仪式中"物"的空间位移"讲究"

礼物的空间位移。之前说到亲友会带酒、鸡、白布、柴等礼物来死者家里，这是古俗的一种延续。其中，柴需要去山里现砍，而不能背家里的去。其余物品则可直接从自己家里带到死者家中。这些礼物一般都直接拿给死者家属。此外，村民还会依照自己的经济状况和死者家中回礼的情况带上其余礼物，如白酒、粮食（玉米、谷子、米、荞等）、钱等，这些一般会带到"账房"，由死者家属请来的"账房先生"记录，村民称这一过程为"挂礼"。村民生活的改善也带来了所挂的"礼"的变化，礼物由粮食变成了钱：

> 送给他一点钱呢，"我吃我的饭，帮你一点"的意思了。我拿去一百，在了两天也好，那么我在那里吃饭，你呢困难了，所以我们就帮你一点。那么说了才搞（送礼）的。不然空手地走掉，就什么都帮不着了。吃的呢还是各吃各的，那么就是我在我自己家里吃了饭，然后来帮你，是这个意思了，拿着几角钱的那些。我们还是团结的，一个村里的都来的。现在呢，如果不是结婚啊这些，是不能发请客单的。如果发了请客单，弄了典礼入新房啊这些啊是犯法的。
>
> 我们小的时候，就带着一点米，带一斤酒，就是帮忙了嘛。（死者）家里有点肉，也就埋了嘛。现在倒是形势好了，你也帮忙一点（钱），我也帮忙一点（钱），（但）各家各户这样可不是准备着的。结婚那里是提前准备好的了，出事的那里是准备不了了嘛，你哪天死谁会知道啊，就搞不成了嘛，准备不成了。

你想一下，好好的一点病痛都没有，骑着摩托，轻轻地一下，就翻下去了。这个准备不了啊，怎么准备？结婚倒是可以提前准备帮忙点什么，不去都可以的。但是困难的（出事的）这些家里是必须去的。柴那些呢，以前就要背下去的，每家一背，拿着一点酒。家里有米呢，就背个一升左右，拿一斤酒，再背一背柴，就去困难的那家看了嘛。现在就不是那样了，背柴去的就少了，一般都是背啤酒去了。他病的时候去探望呢，就背一件啤酒去看。死的时候呢，就拿点钱去，帮忙他家一天。①

从对村民的访谈可知，丧礼也是有“讲究”的：丧礼有来有往，意为相互帮忙；做丧客与做喜客不同，前者是不请自来的主动性帮忙；丧礼发生了从物到现金、啤酒的变化。但送柴火的传统却一直保留着，而且恪守着现去山上砍的“讲究”。这些丧礼从奔丧的亲友到死者家的空间流动，有助于村落各氏族的团结。

棺材的空间位移。村民认为，扛棺材时如果感觉很重，那就是村里有人快要去世的标志，是将死之人“坐”在棺材上，导致棺材变得很重。

下葬时，女性是不能去坟地里的，所以只有“尼帕”与年轻力壮的男性去。

扛棺材用的松木要在坟旁烧干净：

扛棺材去的柴呢，是要烧掉的，他埋在哪里就要烧掉的。②

① 2019年5月11日，笔者在同乐其宅对村民G的访谈。
② 2019年5月11日，笔者在同乐其宅对村民G的访谈。

之前葬礼上大寨里是不会唱“调子”的，近几年中曾经有过一个特例，慢慢也成了一种约定俗成的“讲究”。

以前人死的时候呢，调子是不能唱的，是要哭，该哭出来的人要哭，（棺材）扛出去的时候呢，他家媳妇也好娃娃也好，子孙姊妹也好，要一排一排地哭了，我们小小的时候那么搞，更伤心啊。那个也是不好，我觉得。

后来呢，我们村子里有一个老倌，他生前说要给他唱一晚上的调子，唱了一晚上，这是他死之前就这么说着的。

“不要哭，眼泪掉不得，眼泪不要掉。”

是这么说着的，那个老爷子呢叫“阿鲁若”。他说：“不要哭。来看望的人呢就让他们玩着，给我唱一晚上调子吧。”所以就唱了一晚上。那个老倌呢，也是东巴的，他什么都会做，但是就是不做，迷信这些也是会的，但是他不做。[①]

慢慢地，唱调子在不少村落也成了一种见怪不怪的规矩。可见，同乐村民口中的讲究，也不是一成不变的。

上述丧葬仪式所有的讲究，实际上就是规矩、习俗、禁忌，无外乎小心翼翼恪守生与死的时空边界，使生者与死者各在其所、各安其分，以免越界造成生者世界的失序。恪守这些“讲究”，其目的就是建构人与自然、人与社会的和谐关系。其中“帮忙”的柴火不能从家里背去，而是要去山上现砍，可能是将家里的柴火也当作一种“哇密”，即福气、财富，因而不能将自己家的“哇密”背到别个家里去。这与上述诸多“讲究”一

① 2019年5月15日，笔者在同乐其宅对村民F的访谈。

样，仍然是为了生者的平安、富裕，说明该区域傈僳族对平安、富裕的诉求之强烈，从而表明平安、富裕的难得。所谓宗教所求，人间所缺。陶云逵对该区域傈僳族的调查有所关注，也有所缺漏。估计是调查时间所限，也可能是语言障碍所致。

生老病死是村民都将经历的，就如同天空日升月落、星辰明暗，如同山间草木抽芽枯萎、花开花谢，以及那颗终将落下或蒸发的水珠。对周遭事物的观察及人事记忆的积累，使得傈僳族对于时间的单向线性发展的不可逆特点有所认知，并让这一特点成了时间观念里默认的常识和惯习。人死不能复生，“放着又不能吃”，所以需要对尸体进行处理，即下葬。雍正年间的《维西见闻纪》中记载“丧则弃尸”，另迁他方。其后是火葬，肉体焚烧，亡灵“升天”——去往祖先（祖灵）所在地。之后又受汉文化影响加以土葬，尸体入土，亡灵“归祖”。总之，傈僳族通过丧葬仪式，完成死者的灵与肉的空间分离。因此，生前通过各种仪式加以保护的灵魂在肉身死后，便离开了“居所”成为“尼”，“尼”又依据其善恶属性有相应的“去处”，各安其所，各负其责。出于对凶死者亡魂作祟的恐惧，人们需要在死者去世前加以关照，以求死者的亡魂能够成为善鬼，回到祖先的居地，保佑后代。

纵观整个丧葬仪式，村民在表达对死者的不舍、惋惜之余，亦对亡魂充满了恐惧。村民通过讲述死者生前的故事来回忆以前的美好，将大家的思绪带回以前的时空，追溯他（她）的功劳，这是村民对死者的不舍，也是对时间不可逆的“反叛”，即对“时间可逆性”的追求。但人与鬼、生魂与亡魂之间的人“尼”殊途，也使得村民不得不小心而又细致地完成每一个环节。“死者即将离我们而去，去往另一个世界”，为了让他（她）在另一个世界能够吃得饱穿得暖，需要给他（她）作物种子和牲畜种。但村民又担心这些行为会给家里造成负面影响，所以将种子炒熟、将祭牲杀死以示区别。村民通过搭桥、指路、驱赶鬼灵等方式扫清死者去往“另一个世界”的阻碍，希望他（她）顺利到达另一个世界，但又通过烧毁或丢弃所有死者生前用过的、属于他（她）的东西等众多方式来断其后路，以防他（她）不分时空地惦记、回头、侵扰生者。

总之，亲友们细致地完成安葬死者的每一道工序，加固墓地防止被动物掘尸、被滚石砸中，又通过扫坟坑、抛石子、踩踏等举措防止自己的魂魄和死者待在一起。如此种种，生者与死者在丧葬仪式上每时每刻都交织在一起，但生与死的区隔和界限却被一次又一次地重复和明确。村民在默认时间单向性的基础上，借助仪式将亡灵送往另一个世界，以保证生者所处的人间的安宁。

花谢花开，潮涨潮落，这些时间小周期在单向的时间线上构成了一个个“循环圈”，虽然时间一直向前，但是日出日落、循环往复的自然现象的一致性构成了现象上的可逆性，仿若是时间的循环所致。所以除了讲述死者的故事，以求在思绪上对抗时间的不可逆性，并暂时回到过去的时间点外，如同四季循环一般的生死循环观念也是对抗时间不可逆性的另一体现。

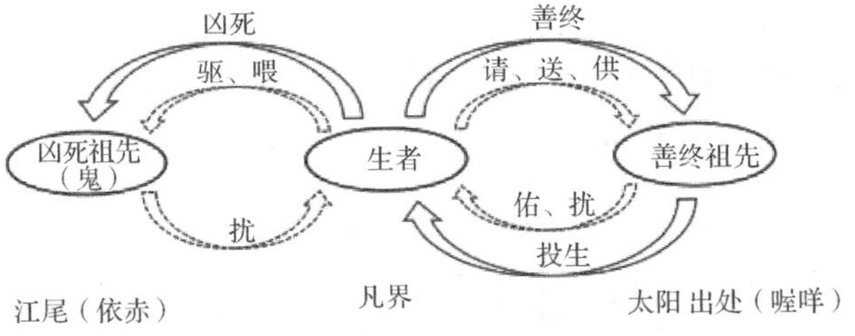

图 4-42　生者与祖先间关系示意图

正如前文所说，逝去的祖先被分为善终的祖先和凶死的祖先两类，善终的祖先被送往“太阳出的地方”“阴间”，凶死的祖先则被赶往江尾。

虽然两者去往了与村民生活的凡界处于同一时间线上的不同空间①，但仍对生者生产生活的凡界存在影响。于是，生者与善终的祖先之间由此构成了一个生死循环圈。生者在善终后将与善终的祖先为伍，在“喔咩”过了“一辈子”，即在“喔咩”再次“死”后，将会“穿过针眼”，来到人间，投生为人或其余动物。两者之间存在一个互惠互利的关系，生者在年节中将善终的祖先请回，供奉施食，随后送走；相应地，祖先会就护佑后人作为回报。但有时善终的祖先如有索求而无法得到满足，便会在非年非节时产生时空交集、骚扰后代，后代通过请“尼帕”占卜等方式得知是何祖先骚扰导致的病痛或不顺，并明确善终的祖先的需求后，会通过供奉、迁坟等形式来满足祖先，以求再次得到祖先的护佑，而非骚扰。这样，经由护佑、供奉的关系，生者与善终的祖先之间形成了一个互惠互利圈。

不过，寿终正寝的祖先亡灵的善性，使其在更多的时空里与生者有着明确的时空分隔。如果产生时空交集，多数不会在“不合时宜”的非年非节里。因此，“阔时”节里的接祖、敬祖与送祖才显得尤为重要，也长期受到村民的重视。盈江等地的傈僳族会将自己民族的原生宗教称为“祖宗教”。②

但这样的循环无法在生者与凶死的祖先（鬼）之间建构。生者在凶死后将与凶死的祖先（鬼）为伍，但凶死的祖先（恶鬼）成了“尼玛基嘛”，

---

① 怒江一带的怒族中，在讲述人因触犯山神而被山神抓去的故事里，通常会有“在山神界生活了一段时间（一天）寨内却已过月余、身处山神树周遭却始终不为亲友所见”的用以表达神灵与生人生活在不同时间线、位于同区域却分处不同时空的情节。在同乐大寨暂未发现此类故事，故认为是处于同一时间线上。

② 2011年8月17日，笔者在盈江县支那乡白岩村对余“尼帕”的访谈。

无法再次投生①。所以,以魂魄为主要代表的个体在这两个空间内无法形成循环,生者的灵魂在凶死后进入了凶死祖先(鬼)的队伍,无法再回到凡界。② 再而,凶死的祖先(鬼)与生者之间存在单向性的索取,而无互惠互利关系。凶死的祖先(鬼)在年节中会得到家人、邻里泼的"鬼饭",但这仅是一种不让其干扰善终的祖先,即不让其抢善终祖先(善灵)的祭品,并讨好它不让其作祟家中的举措,并非虔心的供奉,仅是施舍性的"喂饭"。所以,凶死的祖先(鬼)会对生者进行义务性的侵扰,而生者会通过简单地煮些五谷、念咒后泼洒,来满足"尼玛基嘛"的"需求",或用米饭、肉、茶、鸡血等掺杂的"鬼饭"将其诱出,再用竹竿殴打③,以达到驱赶的目的。

需留意的是,善终的祖先(善灵)与凶死的祖先(鬼、恶灵)都会对生者进行干扰,其目的都是满足自身需求。后者因不受供奉,所以会不定期、长时间地进行干扰,本文称之为"义务性"干扰。此外,善终的祖先除了在下葬时可能会因仪式不当而"压着"或"关着"某人的生魂之外,一般只会干扰自己的后代,即家人。凶死祖先(恶鬼)则不然,它会侵害任何人,无所谓亲疏,而且不分时空。鉴于此,生者得把死者(亡灵)移动到另外的世界,实现时空相隔,以免侵扰生者。但死的方式不同,既

① 张正东的调查报告中提到,傈僳族认为寿满的死者会直接去往阴间,随后投生;而寿未满的死者则不能进入阴间,只能留在阳间走动,祟人致病以图若干酒饭和用具,等待寿限届满再前往阴间。参见张征东:《云南傈僳族及贡山福贡社会调查报告》,第 52—53 页。

② 在对村民的访谈中,我们得到一种"凶死者如被判刑一般,需要度过一定的时日再回到祖居地"的解释,与上一条注释中张正东的记述一致,但此解释并没有得到村内祭司的认同。

③ 还有一种"填埋"的方法:先在地上挖一个小洞,在洞口放上拌有生鸡血、茶、肉等的"鬼饭",待"尼玛基嘛"走进洞里,便迅速罩住洞口,再用土填洞。(2019 年 10 月 3 日,笔者在同乐其宅对村民 F 的访谈;2020 年 3 月 24 日,笔者在同乐其宅对村民 Q 的访谈。)

有寿终正寝者，也有非正常死亡者。这决定了死者亡灵必然分道扬镳，前者将与祖先（祖灵、善灵）相聚，并遵守与生者（家人）的时空交集默契。这类祖先善灵，在佛教因果报应、轮回转世思想传入傈僳族地区之后，也被人们“安排”了回归人世空间的情境。但那些不幸意外死亡，即凶死者的亡灵没有得到放“口含”与“尼帕”念《指路经》等仪式待遇，因而是带着怨气的，是恶性的恶灵，而且永远不能轮回转世。

综上所述，从生到死的空间位移前的死亡形式与死后的丧仪差异，以及祖先亡灵善恶分化后的时间循环差异，皆吻合自然环境生老病死的自然规律，但并非皆与枯木发荣、死而复生的自然规律一致。实际上就是生者与部分死者（恶灵）在时空关联上失序了，才导致人间有诸多的疾病、灾难、贫困……总之，时空有序，是傈僳族灵魂观的出发点，是傈僳族在认识自然规律与社会现象基础上形成的信仰体系，最终是傈僳族对万事万物的时空认知也即宇宙观，尽管显得朴素、直观，且充满了想象，但也是对自然规律与等级社会现实的积极探索。

结论与讨论

陶云逵的《碧罗雪山之栗粟族》作为国内第一部研究傈僳族的民族志，对傈僳族乃至西南民族的文化研究都有着至关重要的奠基作用。这位自德国学成归来的人类学家，在云南这片多元文化资源的土地上，通过不断地调查、研究，从一个对云南文化的“陌生人”变成了首屈一指的“云南通”“西南研究的先驱”。可惜天妒英才，这位本可在西南民族研究领域进一步大放异彩的学者，只给我们留下了为数不多的佳作，《碧罗雪山之栗粟族》便是其中之一。

陶云逵通过长达月余的实地走访、调查和参与观察，顺利地系统掌握了大量的一手资料，这是以古籍史料及外文文献的系统梳理作为基础的。因此，陶云逵可谓是系统梳理中外傈僳族历史文献的第一人，也是首位将历史文献搜集与分析、田野调查方法有机运用于傈僳族研究的第一人。这使其时间跨度有限的傈僳族田野调查事半功倍，成果斐然，首次开启了真正意义上对傈僳族的人类学民族志研究。该民族志以中国传统线性历史观下的史料记载与他自己所见所闻的文化现象、民族分布格局示人，生动呈现了碧罗雪山区域傈僳族生产生活与时间、空间的关联性，为后来者对傈僳族的深入研究打下了坚实的基础。本重访民族志专著的完成，意欲在陶云逵等前人的研究基础上，通过对仪式化的傈僳族文化事项进行“深描”，尽可能细致、深入、系统性地分析和呈现傈僳族的时空观及其变迁，揭示其与自然环境、社会环境的内在关联，并以其变化作为傈僳族社会变迁的明镜，透视傈僳族社会、经济与文化变迁史实与当下样态。

首先，傈僳族传统的花鸟历源于所处自然环境的四季物候变化。在陶云逵描述的傈僳族生产生活的四季轮回中就已经呈现出明显的自然节律，傈僳族就是通过对自然规律、自然环境的长期观察与知识积累，产生了对应自然节律的时空观，并逐渐形成了因时制宜、因地制宜的生产生活时空安排。有序、正常，使得傈僳族社会不至于失序、反常。与此同时，傈僳族人又试图以占卜算卦方式预知时间演进、空间变化中的事态发展的规律，并在对自然万物泛灵论的自然崇拜基础上，衍生出自然图腾崇拜以及祖先崇拜、图腾崇拜与生殖崇拜。富于想象力的创世神话，旨在建构、强化与自然界的亲密关系。这是傈僳族顺应自然规律、适应自然变化的一种生存智慧，也是陶云逵的傈僳族民族志中所重点关注的内容。

其次，随着傈僳族与外界交往交流的增多，先后吸纳了汉族的农历与来自西方的公历，并在其生产生活的时空安排中做到了并行不悖，从而使得村寨内外的生产生活活动安排呈现出多元时间制度与多维空间性的和谐有序，体现出傈僳族文化的包容性与开放性，也拓展了生产生活空间，因而获得更多的外界知识、技术与社会资源。但这些历法始终与创世神话里的时空节点相关联，使傈僳人生前有来处，死后有去处，并立于多民族同源异流时空之中。这在陶云逵论述的傈僳族族际关系中也有涉及，由此可以明显看到族际关系、生计方式与国家力量的交互作用。换言之，傈僳族时间观与时间实践的多元化，在于其与周围民族的长期交往交流交融。这不仅是对陶云逵所看到的傈僳族社会、经济、文化变迁中的族际关系研究的推进，也是对费孝通所言藏彝走廊氐羌系统民族迁徙，乃至各民族交往互动的历史、民族、文化空间的傈僳模式的呈现。

傈僳族时间观的变迁，与空间观的变迁同步，这在诸多宗教祭祀仪式中有生动的呈现。基于所受自然压力与社会压力而萌发并长期沿袭的虔诚宗教观念中，傈僳族想像出与人类世界在时空上既并置又区隔的祖先（祖灵）地。由此衍生出了具有道德审判意义和功能的各种神灵，以其对生者（家人、邻居、村民）赐福与作祟两种“表现”，对人们的言行是否吻合所处时空进行道德评判。其早期是将异源异流、功能同中有异、所处空间及与生者的时空交集迥然不同的祖先恶灵（“尼”“尼玛基嘛”）和祖先善灵（“搓木”）按善恶、高低分类，然后又吸纳了来自周围汉族、藏族、纳西族与白族的佛教因果轮回观念，分别赋予孤魂野鬼与祖先（善性祖灵）不同的空间分布格局、不同的善恶属性与功能，以及是否轮回转世的“待遇”，更进一步强化了祖先崇拜（包括灵魂崇拜、自然崇拜与图腾崇拜）的宗教道德意义。具体而言，祖先亡灵与生者各安其所，只是在特定时空里发生交集，两者相安无事，保佑、赐福由此而来，作祟、灾祸也由此而消。因此，傈僳族用日常生产生活中的诸多禁忌避免生者和死者跨越彼此的时空边界，并以一系列祭祀仪式修补失序、错乱的关系。

中国傈僳族因主要分布于怒江、澜沧江与金沙江三江并流区域而被称为“三江之子”，又因居处高山、长期迁徙而被称为山地民族、迁徙民族。从本重访民族志的主要田野点——迪庆州维西县叶枝镇同乐大寨来看，当地居民自清代开始就从游猎、游耕与采集生计方式向定居农业，兼行狩猎、养殖、采集过渡，而今又产生了药材种植业、文化产业与外出打工等多种生计方式。这种生计方式的变迁，必然使同乐村民不断思考人与自然、人与社会的关系。前者决定了傈僳族所信仰神灵的种类、功能与所处空间，并以一系列宗教仪式禳解“不洁”“危险”，同时保证“洁净”与“安全”。当村民与外界接触交往增多，或者说来自外界的政治力量、文化因素日渐渗透到村落空间时,又随之产生了一套与外界社会相适应的信仰体系。于是,既有管控一方、赐福一面的职能神,又有类至上神“乌萨”。所以,无论是神鬼不分时代的祖先崇拜,还是祖先神灵分类、阶序化的时代,信仰体系的日渐完善正体现了傈僳族建构人与自然、人与社会和谐关系的深入与推进。以曲折甚至颠倒的方式呈现自然与社会压力的“哇密”、祖先善灵、孤魂野鬼,以及各种自然神灵“尼”,它们各安其所、各负其责,与人类因时、因地发生时空交集,表面看是傈僳族的宗教观及其宗教仪式,实质上无不反映傈僳族基于所处自然环境与社会环境产生的时间和空间认知、观念与实践探索,因而也构成了傈僳族的哲学观,是傈僳族对中华民族传统文化体系的有益贡献。而对此不带文化偏见地进行调查、分析、研究,由陶云逵开始。笔者以《时间·空间·仪式:陶云逵〈碧罗雪山之栗粟族〉重访民族志》为题,正是旨在从时间、空间与生产生活展演性质的宗教仪式切入,进一步解构傈僳族社会及其变迁的特点、动因与表现。

具体而言,本书旨在从政治、经济、文化三个层面和时间、空间两个维度,揭示傈僳族在三江并流区域与周围纳西、藏、汉、白等民族的交往交流交融,从而融入中华民族共同体的动因、背景、历程、内容和形式。故此,本重访民族志基于陶云逵的首部傈僳族民族志,又试图超越或聚焦于傈僳这个“三江之子”融入中华民族共同体的历史主脉。

参考文献

历史文献

《民国维西县志》,《中国地方志集成·云南府县志辑 83》,南京:凤凰出版社,2009 年;

《云南维西县志续编》,王国瑞手抄本,1966 年;

陈文修,李春龙、刘景毛校注:《景泰云南图经志书校注》,昆明:云南民族出版社,2002 年;

樊绰著,赵吕甫校释:《云南志校释》,北京:中国社会科学出版社,1985 年;

樊绰撰,向达校注:《蛮书校注》,北京:中华书局,1962 年;

樊绰撰,向达原校,木芹补注:《云南志补注》,昆明:云南人民出版社,1995 年;

方国瑜主编:《云南史料丛刊》(第 1—13 卷),昆明:云南大学出版社,1998—2001 年;

傅恒等编著:《皇清职贡图》,沈阳:辽沈书社,1991 年;

丽江县县志编委会办公室翻印:《丽江府志略》,1991 年;

倪辂辑,王崧校理,胡蔚增订,木芹会证:《南诏野史会证》,昆明:云南人民出版社,1990 年;

怒江州志办公室编:《怒江旧志》,1998 年;

屈之春:《云南维西县地志全编》,1921 年手抄本;

尸佼著,汪继培辑,朱海雷撰:《尸子译注》,上海:上海古籍出版社,2006 年;

谢圣纶辑,古永继点校,杨庭硕审定:《滇黔志略点校》,贵阳:贵州人民出版社,2008 年;

尹明德:《滇缅界务北段调查报告》,1940 年铅印本;

尹明德:《天南片羽》,1940 年铅印本;

尹明德:《云南北界勘察记》,1933 年铅印本;

云南省博物馆:《木氏宦谱》,昆明:云南美术出版社,2001 年;

赵尔巽等撰:《清史稿》,北京:中华书局,1977 年。

研究论著

《傈僳族简史》编写组、《傈僳族简史》修订本编写组:《傈僳族简史》,北京:民族出版社,2008 年;

《中国少数民族社会历史调查资料丛刊》修订编辑委员会编:《独龙族社会历史调查·二》,北京:民族出版社,2009 年;

《中国少数民族社会历史调查资料丛刊》修订编辑委员会编:《傈僳族社会历史调查》,北京:民族出版社,2009 年;

K. 里德伯斯编:《时间》,章邵增译,北京:华夏出版社,2011 年;

阿诺尔德·范热内普:《过渡礼仪》,张举文译,北京:商务印书馆,2010 年;

爱德华·泰勒:《原始文化:神话、哲学、宗教、语言、艺术和习俗发展之研究》,连树声译,桂林:广西师范大学出版社,2005 年;

爱弥尔·涂尔干:《宗教生活的基本形式》,渠东、汲喆译,北京:商务印

书馆,2011 年;
奥古斯丁:《奥古斯丁忏悔录》,向云常译,北京:华文出版社,2003 年;
白兴发:《彝族文化史》,昆明:云南民族出版社,2002 年;
蔡家麒主编:《傈僳族卷》,载吕大吉、何耀华总主编:《中国各民族原始宗教资料集成:纳西族卷·羌族卷·独龙族卷·傈僳族卷·怒族卷》,北京:中国社会科学出版社,2000 年;
道格拉斯:《洁净与危险》,黄剑波等译,北京:民族出版社,2008 年;
范稳:《人类的双面书架:高黎贡山解读》,昆明:云南人民出版社,2000 年;
费孝通、张之毅:《云南三村》,北京:社会科学文献出版社,2006 年;
弗雷德里克·巴特主编:《族群与边界:文化差异下的社会组织》,李丽琴译,马成俊校,北京:商务印书馆,2021 年;
高志英、苏翠薇:《云南原始宗教史纲》,昆明:云南大学出版社,2016 年;
高志英:《藏彝走廊西部边缘民族关系与文化变迁研究》,北京:民族出版社,2010 年;
高志英主编:《刀杆节》,北京:光明日报出版社,2014 年;
郭大烈、和志武:《纳西族史》,成都:四川人民出版社,1994 年;
汉刚、汉维杰译注:《傈僳族音节文字古籍文献译注(上下册)》,潞西:德宏民族出版社,2013 年;
汉刚、李贵明译注:《傈僳族音节文字文献译注·祭天古歌》,昆明:云南民族出版社,2017 年;
浩杰辉、汉刚译注:《傈僳族音节文字文献译注·占卜经》,昆明:云南民族出版社,2016 年;
和发源、王世英、和力民:《滇川纳西族地区民俗宗教调查》,昆明:云南

民族出版社,2008年;
和志武编:《东巴经典选译》,昆明:云南人民出版社,1998年;
李世忠编著:《百年维西》,昆明:云南民族出版社,2015年;
李四明等搜集翻译:《丧葬歌》,昆明:云南民族出版社,1992年;
李维宝:《云南少数民族天文历法研究》,昆明:云南科技出版社,2000年;
丽江地区地方志编纂委员会:《丽江地区志·上》,昆明:云南民族出版社,2000年;
林茨:《福音谷》,石家庄:河北教育出版社,2003年;
马凌诺斯基:《西太平洋的航海者》,梁永佳、李绍明译,北京:华夏出版社,2002年;
木玉璋、汉刚、余宏德译注:《祭天古歌:傈僳文、汉文对照》,昆明:云南民族出版社,1999年;
木玉璋:《傈僳族音节文字及文献研究》,北京:知识产权出版社,2006年;
木玉璋:《傈僳族音节文字文献资料汇编》,北京:知识产权出版社,2006年;
怒江傈僳族自治州《傈僳族民间故事》编辑组:《傈僳族民间故事》,昆明:云南人民出版社,1984年;
怒江傈僳族自治州地方志办公室编:《怒江傈僳族自治州志·下》,北京:民族出版社,2006年;
欧光明编著:《中国傈僳族》,银川:宁夏人民出版社,2012年;
斯陆益:《傈僳族文化论》,北京:民族出版社,1999年;
斯陆益主编:《傈僳族文化大观》,昆明:云南民族出版社,1999年;
陶云逵:《碧罗雪山之栗粟族》,载《中央研究院历史语言所集刊》第17

本,1948 年;
陶云逵:《陶云逵民族研究文集》,北京:民族出版社,2012 年;
田汝康:《芒市边民的摆》,昆明:云南人民出版社,2008 年;
汪宁生:《民族考古学探索》,昆明:云南人民出版社,2008 年;
王建民:《中国民族学史:1903～1949(上卷)》,昆明:云南教育出版社,1998 年;
王铭铭:《社会人类学与中国研究》,北京:生活・读书・新知三联书店,1997 年;
维克多・特纳:《仪式过程:结构与反结构》,黄剑波译,北京:中国人民大学出版社,2006 年;
维西傈僳族自治县人民政府:《云南省维西傈僳族自治县地名志》,1987 年;
维西傈僳族自治县志编纂委员会:《维西傈僳族自治县志》,昆明:云南民族出版社,1999 年;
许烺光:《祖荫下:中国乡村的亲属人格与社会流动》,王芃、徐隆德译,台北:南天书局,2001 年;
杨福泉:《东巴教通论》,北京:中华书局,2012 年;
杨福泉:《纳西族与藏族历史关系研究》,北京:民族出版社,2005 年;
杨庆堃:《中国社会中的宗教:宗教的现代社会功能及其历史因素之研究》,范丽珠译,上海:上海人民出版社,2006 年;
尤中:《云南民族史》,昆明:云南大学出版社,1994 年;
约瑟夫・洛克:《中国西南古纳西王国》,刘宗岳译,昆明:云南美术出版社,1999 年;
詹姆士・斯科特:《逃避统治的艺术:东南亚高地的无政府主义历史》,王晓毅译,北京:生活・读书・新知三联书店,2016 年;

张征东:《云南傈僳族及贡山福贡社会调查报告》,成都:西南民院图书馆,1986年;
赵心愚:《纳西族与藏族关系史》,成都:四川人民出版社,2004年。

学术论文

艾伦·Y.德斯圣特:《傈僳族的宇宙观》,刘远东译,载《怒江文史资料选辑》编委会编:《怒江文史资料选辑》第25辑,1997年,第194—218页;
苍山:《陶云逵与边疆人文研究室》,《云南大学学报(社会科学版)》,2014年第3期,第2、115页;
陈久金、木玉璋:《汪忍波獐皮书中的傈僳太极图》,《中国科技史料》,1988年第3期,第79—86页;
方国瑜:《麽些民族考》,《民族学研究集刊》,1944年第4期,第79—109页;
费孝通:《物伤其类——哀云逵》,《费孝通文集》第3卷,北京:群言出版社,1999年,第143—149页;
冯魄:《"粟栗"与"栗粟"考》,《民族研究》,1990年第5期,第71—78页;
高丙中:《中国"民俗志"的书写问题》,载朱雄全、林继富主编:《民俗志理论与实践研究》,北京:中央民族大学出版社,2016年,第11—23页;
高丙中:《作为公共文化的非物质文化遗产》,《文艺研究》,2008年第2期,第77—83页;
高志英、邓悦:《族群认同、区域认同与国家认同的跨境互构——以中、缅、泰傈僳族弩弓文化的位移与重构为视角》,《云南师范大学学报

(哲学社会科学版)》,2020 年第 5 期,第 96—106 页;
高志英、段红云:《20 世纪前半期云南边政学研究述评》,《学术探索》,2013 年第 6 期,第 43—50 页;
高志英、李勤:《族际关系对中缅北界傈僳族的跨界迁徙与民族认同的影响》,《学术探索》,2010 年第 5 期,第 80—85 页;
高志英、徐俊:《元明清“藏彝走廊”西端滇、藏、缅交界地带民族关系发展研究》,《甘肃社会科学》,2008 年第 6 期,243—247 页;
高志英:《流动的文化和文化的流动——唐代以来傈僳族的迁徙及其文化变迁研究》,《学术探索》,2007 年第 3 期,第 117—121 页;
高志英:《唐至清代傈僳族、怒族流变历史研究》,《学术探索》,2004 年第 7 期,第 98—102 页;
古永继:《傈僳族古代史料汇编》,载林超民主编:《西南古籍研究(2011 年)》,昆明:云南大学出版社,2011 年,第 60—144 页;
韩汉白、崔明昆、闵庆文:《傈僳族垂直农业的生态人类学研究——以云南省迪庆州维西县同乐村为例》,《资源科学》,2012 年 34 卷第 7 期,第 1207—1213 页;
韩立坤:《傈僳族时间观念初探》,《民族论坛》,2016 年第 11 期,第 12—16 页;
李国太:《陶云逵:绽放“云之南”》,《中国民族报》,2013 年 6 月 14 日第 7 版;
侯兴华、张国儒:《傈僳族支系划分探究》,《思想战线》,2011 年第 6 期,第 133—134 页;
李汝春:《关于傈僳族的历法》,载《维西文史资料》第 5 辑,2005 年 10 月,第 8—14 页;
李松、王学文、张远满:《重视传统节日的文化内涵》,《节日研究》,2018

年第1期,第2—23页;
李松:《节日的四重味道》,《光明日报》,2019年2月2日第10版;
李松:《节日文化的传播与传承》,《节日研究》,2012年第1期,第3—5页;
刘茂棣:《维西土司》,载《维西文史资料》第7辑,第1—113页;
罗米拉·塔帕尔:《早期印度的循环时间观和线性时间观》,载K·里德伯斯编:《时间》,章邵增译,北京:华夏出版社,2011年,第23—40页;
木玉璋:《傈僳语话语材料——天翻地覆的故事(创世记)》,《民族语文》,1986年第5期,第65—78页;
聂蒲生:《论抗战时期在滇民族语言学家对云南汉语方言和少数民族语言的调查研究》,《学术探索》,2003年第4期,第84—87页;
秦树才:《论雍正、乾隆时期汛塘制度在云南的发展及变化》,《云南民族大学学报》,2004年第4期,第112—116页;
瞿同祖:《悼云逵》,《边政公论》,1944年第3卷第9期;
哇仁波:《一年天气情况测算结果》,汉刚、李汝春译,载《维西文史资料》第5辑,2000年,第15—48页;
哇忍波:《哇忍波自传》,木玉璋翻译,李道生整理,载《维西文史资料》第1辑,1989年,第1—11页;
邢公畹:《抗战时期的南开大学边疆人文研究室——兼忆关心边疆人文研究的几位师友》,载南开大学校史研究室编:《联大岁月与边疆人文》,天津:南开大学出版社,2004年,第357—378页;
杨清媚:《文化与民族精神:陶云逵及其作为“精神科学”的人类学遗产解读》,载杨清媚编:《车里摆夷之生命环:陶云逵历史人类学文选》,北京:生活·读书·新知三联书店,2017年,第1—63页;

杨绍军:《陶云逵先生在西南联大》,《学术探索》,2010 年第 3 期,第 145、147 页;

杨毓才:《对〈“粟栗”与“栗粟”考〉一文的校正》,《中央民族学院学报》,1992 年第 5 期,第 24 页;

余国良翻译整理:《腊八底傈僳族丧葬习俗》,载《维西文史资料》第 6 辑,2005 年,第 123—130 页;

岳小国:《试析德奥传播理论在中国的传播及影响》,《贵州民族研究》,2008 年第 3 期,第 57—62 页;

张莞:《民族村寨非物质文化遗产的保护传承与旅游利用研究——基于云南维西傈僳族自治县同乐村“阿尺木刮”的田野调查》,《民族论坛》,2017 年第 4 期,第 76—83 页;

张劲夫:《被吃掉的文字:拉祜族文字神话与书写的人类学分析》,《民俗研究》,2019 年第 1 期,第 91—97 页;

仲为民:《“西方中心论”的“非”与“是”》,《人民论坛 · 学术前沿》,2020 年 9 期,第 84—92 页;

祝发清、徐演:《傈僳族》,载杨知勇、秦家华、李子贤编:《云南少数民族生葬志》,昆明:云南民族出版社,1988 年,第 175—176 页。

网络资料

《人类学家陶云逵:殒身边陲之地的学者》,西南联合大学在昆建校暨云南师范大学建校 80 周年专网,2018 年 10 月 21 日,http://80th.ynnu.edu.cn/info/1008/1479.htm;

数字乡村数据统计查询系统:同乐行政村(2017 年数据),http://www.ynszxc.net/villagePage;

张莉：《魁阁：一代学人的坚守与担当》，《云南日报》2018 年 10 月 26 日第 6 版，http://yn.yunnan.cn/system/2018/10/26/030102403.shtml。

后　记

中国早期留德人类学家陶云逵其人其事，笔者早在 20 世纪末读硕期间就有一些了解。进入 21 世纪，笔者继续投师林超民教授读博至今，一直从事傈僳族历史文化研究。笔者团队的田野调查足迹，也不受限于陶云逵重点关注的碧罗雪山区域，而是远达缅甸、泰国、美国、澳大利亚与中国台湾。三江并流区域诸多民族认为，人在临死之前，会将所有走过的地方走一遍，将所有脚印收走才断气。笔者每次远行田野，就会想到如果此言是真，那我需要收的脚印就太多了。由此也想到上百万傈僳族分布于如此多的区域、国家，并且语言相通、习俗相通，是基于什么样的历史(时间)、什么样的区域(空间)认知，才能够有“天下傈僳是一家”的共同认同。傈僳族内部如此，那么，对于自然呢？对于外界社会呢？……诸多问题一直萦绕于怀，因而在调查、研究中也多有关注。

云南大学开启第一期“双一流”建设之后，我有幸受命领衔“西南民族研究”方向。那就得做点拿得出手的实绩来，于是协助何明老师策划了“反思民族志丛书”与“重访民族志丛书”，从而有机会与丛书参与同仁一起完成傈僳族、独龙族的反思与重访民族志。其中之一的《时间·空间·仪式：陶云逵〈碧罗雪山之栗粟族〉重访民族志》，既是对陶云逵田野点的重访，对其研究的对话、推进，同时也是对三江并流区域山地、迁徙民族时空观的一次总结。如果能够将该区域傈僳族在陶云逵研究中意犹未尽的时空观及其建构人与自然、人与社会和谐关系的生存智慧挖掘并呈现出来，则与贤棣杨晓龙的加盟、努力分不开。晓龙本为该区域纳西族，从小熟悉傈僳族习俗，在田野中结拜了傈僳异族兄弟，学会了傈僳语，使得文本能够尽量将主位与客位视角统一，并结合同时完成的《中国节日影像志·阔时节》的长达一年半的丰富田野调查资料，得以使本研究尽量突出人类学的“深描”特点。

时间观，说到底既是自然宇宙观，同时也是宗教观、哲学观，更伴随着笔者学术进路的不断深化。在此要特别感谢商务印书馆编辑老师不厌其烦的校对、编辑，没有你们的耐心、细心，也就没有此专著的问梓面世！

高志英

2022 年 5 月 30 日于昆明玖如堂陋室